웨슬리가 전한
산상수훈

웨슬리가 전한
산상수훈

The Sermon on the Mount
According to J.Wesley

존 웨슬리 지음
양재훈 번역·주해

kmc

웨슬리가 전한 산상수훈

간판만 감리교회, 무늬만 감리교인

나는 감리교 목사의 아들로 태어났고 감리교 목사를 만들어 내는 감리교 목사다. 그러나 오랜 세월 동안 감리교라는 것은 그저 내가 나고 자란 교회가 속한 교단의 이름이라는 것, 그 이상도 그 이하도 아니었다. 물론 아버지의 서재에서 웨슬리라는 이름을 많이 보았고, 신학교에 다닐 때에도 웨슬리라는 이름은 많이 들었다. 그리스도인의 완전이라는 말도, 성화라는 말도 좀 들어보기는 했다. 그러나 평신도 시절에도 그러했고, 신학생 시절에도 마찬가지로 감리교도라는 것이 도대체 무슨 특별한 의미가 있는지 잘 다가오지 않았다. 신학생 시절 감리교 신학에 대한 수업도 듣고 성적도 좋게 받았지만 그때 무엇을 배웠는지 하나도 기억나지 않는다. 아니, 평신도 시절에 교회에서 듣던 그런 내용과 딱히 다를 것도 없었던 것 같다.

내가 웨슬리에 대해 조금 더 구체적인 관심을 갖기 시작한 것은 영국에서 유학생활을 하면서부터였다. 내가 박사학위를 하면서 살았던 동네는 웨슬리가 태어난 엡워스와 자동차로 불과 한 시간도 채 안 되는 가까운 거리에 있는 도시였다. 그래서 엡워스도 자주 가 보았고, 브리스톨, 카디프, 런던 등 웨슬리의 흔적이 있는 곳에도 많이 가 보았다. 하기야, 내가 살던 동네에도 웨슬리가 찾아와서 야외설교를 했으니, 그곳도 웨슬리의 흔적이 새겨진 곳이었다. 특히 영국감리교회(BMC)에서 visiting minister로 사역하면서 나는 웨슬리에 대한 애정과 관심을 더욱 갖게 되었다. 내가 속한 지방에는 목회자가 부족했기에 웨슬리처럼 나 역시 주일 아침에는 이 교회, 오후에는 저 교회, 그리고 저녁에는 또 다른 지역의 교회에 가서 설교했다. 도시의 큰 교회로부터 시작해서 어르신 몇 명 모이는 한적한 시골 교회에 이르기까지 돌아다녔다.

그러나 그때까지도 나는 웨슬리를 '직접' 알지는 못했다. 신학생 시절에 수업에서 들었던 것도 한 다리 건너서 들은 것일 뿐, 내가 직접 웨슬리의 글을 읽은 것은 아니었다. 웨슬리가 나고 자란 곳, 사역하던 곳도 많이 다녀 보고, 웨슬리처럼 이곳저곳 다니며 영국 감리교회에서 설교도 많이 했지만, 웨슬리의 글을 직접 읽으며 연구한 것은 아니었다. 내가 웨슬리를 본격적으로 만난 것은 신학대학에 와서 학생들을 가르치면서부터였다. 약 10년 전 학교에서 학생들을 가르치던 중 나는 개인적으로 큰 어려움을 겪었고, 그 시련과 고난의 시간에 내가 붙들었던 것은 산상수훈 말씀이었다. 그리고 산상수훈을 연구하면서 우연히 보게 된 웨슬리의 표준설교가 내가 웨슬리와 개인적으로 직접 만나게 된 첫 번째 계기가 되었다.

그러고 보면 나 자신부터 많은 부끄러움을 느끼지 않을 수 없다. 웨슬리는 1763년 '모범 고시문'(Model Deed)을 통해 "연회에서 임명을 받은 교역자들은 네 권의 책으로 만들어진 설교문(sermons)과 신약성서 주석(Notes on the New Testament)에 포함된 도리 이외의 다른 것을 설교하지 않아야 한다."라고 말했는데, 감리교 목사로서 많은 설교를 했던 나는 그동안 표준설교를 읽어 본 적도 없었기 때문이다. 그동안 나는 감리교 목사로서 감리교에 대해 잘 안다고 생각했고 감리교 목사 행세를 했지만, 정작 감리교 목사라면 무엇을 가르치고 무엇을 어떻게 선포해야 하는지 크게 고민하지 않았던 것 같다. 다행히 2005년과 2006년에 걸친 개인적 어려움을 통해 나는 웨슬리의 산상수훈 설교에 더욱 깊이 빠져들게 되었고 산상수훈에 더 큰 매력을 갖게 되었다.

웨슬리의 표준설교는 44편, 43편, 53편 버전이 따로 있다. 43편으로 이루어진 표준설교는 사실 출간된 후 곧바로 정정되었기 때문에 큰 의미는 없고, 다만 44편 표준설교와 53편 표준설교, 두 가지 버전이 있다. 1763년 '모범 고시문'에서 웨슬리가 말한 네 권의 책으로 구성된 설교집은 1746년에 제1권, 1748년에 제2권, 1750년에 제3권, 그리고 1760년에 제4권으로 만들어져 나온 표준설교를 가리키며, 이 표준설교는 44편의 설교로 구성되어 있다. 이후 9편의 설교가 추가되어서 총 53편으로 구성된 표준설교집이 출간되었고, 이렇게 해서 44 표준설교와 53 표준설교가 각각 탄생되었다. 영국감리교회는 44 표준설교를, 미국감리교회는 53 표준설교를 각각 표준설교로 받아들인다.

어찌 되었든, 표준설교는 감리교의 핵심적 세계관을 모두 담고 있는 중요한 설교집이다. 이 설교들은 웨슬리가 실제로 한 것이기도 하지만, 추측하건대 감리회 설교자들을 위한 표준설교집을 만들기 위해 따로 다시 다듬은 것으로 보인다. 따라서 표준설교는 그 문체나 구성이 상당히 논리적으로 잘 이루어져 있으며 세심하게 잘 다듬어져 있음을 알 수 있다. 즉, 이 표준설교는 감리회 설교자들이 설교할 때 원고로 삼아서 그대로 읽으라고 주어진 것이 아니라, 이 설교들을 기초로 하여 이러한 신앙관이 성도들에게 잘 전달되도록 하라고 주어진 것이다. 그러므로 표준설교는 단순히 설교원고가 아니라 감리교의 신학과 세계관 등이 잘 정리된 일종의 감리교 교리서와 같다고 볼 수 있다.

실제로 우리 감리교가 지향하는 신학적 체계, 교리들이 이 표준설교 안에 다 담겨 있다고 보아도 무방하다. 따라서 감리교 목회자뿐만 아니라 감리교회에 출석하는 모든 감리교도는 마땅히 표준설교를 읽고 공부해야 한다. 다행히 협성대학교 신학대학 교수들은 약 10년 전부터 웨슬리 포럼을 구성하여 매주 수요일에 웨슬리의 표준설교를 함께 모여 연구했고, 신학대학원에서는 약 6년 전부터 모든 학생들이 두 학기에 걸쳐서 필수과목으로 표준설교를 공부하고 있다. 협성대학교 신학대학원에서 표준설교에 대한 공부 과정은 현재 더욱 강화되고 있는 추세인데 이는 상당히 고무적이다.

조직신학자들이 정리해 준 내용을 주워들은 것을 갖고 감리교 신학이란 이것이라고 어설프게 생각하는 시대는 이제 끝나야 한다. 웨슬리 신학은 조직신학자들만의, 신학대학 교수들만의 전유물이 아니라 목사로부터 시작하여 신학생, 직분을 맡은 이들, 평신도, 그리고 주일학교 어린이들에 이르기까지 모든 감리교도가 연구하고 공부해야 할 내용이다. 나는 한국감리교회가 교회 현관에 걸어 놓은 간판으로만 기독교대한감리회가 아니라, 실제로 감리교인이 된다는 것이 무엇을 의미하는지 어느 누구에게도 확실하게 설명해 줄 수 있고, 실제로 삶에 있어서도 감리교인인 감리교도들로 구성된 교회이어야 한다고 생각한다.

감리교 협성대학교 신학대학에 파송 받은 목사들이 이 일을 본격적으로 시작하여 현재까지 매진하고 있으며, 신학대학원 학생들이 실제로 그 일을 하고 있다. 나는 감리교란 무엇이며, 감리교도가 된다는 것이 무엇을 의미하는지에 대한 연구와 고민이 신학교에서만 이루어져서는 안 된다고 생각했고, 내가 소속한 교회에서 다른 목회자들과 힘을 합해 평신도들을 대상으로 표준설교 공부를 시키고 있다. 그리고 거기에서 훈련받은 이들은 다른 평신도들에게 표준설교를 통해 감리교도가 된다는 것의 의미를 가르칠 것이다. 나는 이 연구와 고민이 다른 신학대학과 한국의 모든 감리교회로 번져 나가기를 소망한다. 왜냐하면 나는 한국 교회의 희망을, 한국 사회의 희망을 감리교회에서 찾을 수 있다고, 감리교회가 그 역할을 감당해야 한다고 확신하기 때문이다.

왜 산상수훈인가?

표준설교 44편은 다양한 내용으로 구성되어 있다. 웨슬리는 감리교 설교자들이 설교할 때 일종의 표준으로 삼을 것으로서 표준설교를 제시했기 때문에, 44편을 고를 때 매우 신중했을 것으로 보인다. 따라서 44편의 설교들이 성경 본문이라든지 내용 등에 있어서도 매우 다양한 모습을 보인다. 특히 각 설교들은 주제설교로 이루어져 있어서 설교마다 특정한 메시지에 대해 집중해서 가르치고 있다. 그런데 독특한 것은 이 표준설교에 말씀을 강해한 강해설교 시리즈가 포함되어 있다는 점이다.

44편이라는 설교가 많다고 보면 많겠지만, 수만 번 설교했던 웨슬리를 생각하면 사실 굉장히 추리고 또 추려낸 것임을 알 수 있다. 여기에 포함시켜야 할 것들이 얼마나 많았겠는가! 그래서 웨슬리는 각기 다른 본문과 주제와 내용으로 이 44 표준설교를 구성하기도 했지만, 무려 13편이나 되는 설교를 본문 강해설교 시리즈로 넣었는데, 이는 사실은 상당히 눈여겨볼 만한 것이다. 분량으로 치면 산상수훈 강해설교는 표준설교의 삼분의 일을 차지한다. 그렇다면 왜 웨슬리가 이 산상수훈을 이렇게 특별히 취급했는지에 대해 의문을 품을 수 있다.

웨슬리는 산상수훈의 메시지가 감리교의 신앙적 고백을 잘 담아내고 있다고 생각한 것으로 보인다. 실제로 그는 첫 번째 강해인 표준설교 16번에서 기독교의 모든 면모를 산상수훈만큼 온전하게 담고 있는 것이 없다고 말한다. 그는 산상수훈을 기독교 신앙의 핵심이라고 생각했고, 그래서 감리교 또한 그것을 중시해야 한다고 생각한 것으로 보인다. 이러한 이유에서 그는 44편으로 추리고 또 추린 표준설교 가운데, 무려 13편이나 되는 설교를 산상수훈에 대한 강해로 편성하여 표준설교에 채워 넣었다. 실제로 산상수훈 강해를 보면 감리교가 지향하는 신학적 세계관이 다른 표준설교들과 긴밀히 연관되어 있음을 알 수 있다.

이 책을 읽는 방법

이 책을 번역할 때 나는 몇 가지 사항들을 염두에 두었다.

1) 편하게 읽기보다는 연구하는 데 도움을 주는 쪽으로 좀 더 치중하여 번역했다. 따라서 이 책은 될 수 있는 대로 원문에 충실한 문자적 번역(literal translation) 방식을 선택했고, 의미 전달이 모호해질 수 있는 부분

은 유진 나이다의 역동적 의미 동등성(dynamic equivalence) 방식을 최소한으로 선택하여서 혹시 있을지 모르는 오해를 줄이려고 했다. 따라서 필요한 경우 본문을 직접 크게 의역하기보다는 직역에 가깝게 하고 대신에 각주를 붙여서 보충설명을 했다.

2) 연구용이기 때문에 용어 번역의 통일성에 신경을 썼다. 번역을 하다 보면 똑같은 영어 단어도 문맥에 따라, 혹은 보다 효과적인 메시지의 전달을 위하여 다른 한국어 단어로 번역하는 것이 일반적이고도 자연스러운 번역 방식이다. 그러나 연구를 위하여 될 수 있는 대로 다소 어색하더라도 같은 영어 단어 – 특히 중요한 용어일 때는 더욱 – 는 같은 한국어 단어로 대응되도록 번역했다.

3) 연구를 위하여 성경관주 작업을 했다. 웨슬리는 '한 책의 사람'이라는 별명답게 설교문 가운데 자연스럽게 성경 말씀을 사용한다. 그럴 경우 본인이 직접 성경 출처를 밝히기도 하지만, 그것은 극소수이고 대부분의 경우 마치 자신이 말하듯이 성경을 사용해서 말한다. 따라서 나는 웨슬리의 설교 한 구절 한 구절마다 성경인용을 어떻게 하고 있는지 찾아보았다. 사실 이 작업은 무척 힘이 들었고, 한 편의 설교에 성경관주 작업을 하는 것에는 그 설교 한 편을 번역하는 것과 비슷한 시간이 소용되었다(특히 웨슬리가 보았던 영문 킹제임스 성경을 갖고 성경관주 작업을 했기 때문에 더 시간이 소용되었다). 왜냐하면 웨슬리가 어떤 표현을 사용했을 때 그가 어떤 성경 구절을 염두에 두고 그런 말을 했을까 일일이 추측해 가면서 성경관주를 찾아야 했기 때문이다.

특히 성경관주를 보면 설교 본문과 해당 성경 구절의 표현이 다른 것들이 종종 발견될 것이다. 그 이유는 성경관주 작업을 할 때 웨슬리가 사용한 것으로 믿어지는 킹제임스 성경(KJV) 구절을 갖고 검색했고, 우리말 번역은 우리말 성경을 기초로 삼아서 그 부분의 설교 본문을 번역했기 때문이다. 즉, 성경관주와 설교 본문이 서로 잘 맞아떨어지지 않는 것을 독자가 발견했다면, 비록 우리말 성경에는 좀 다르게 표현되었지만 그 부분의 웨슬리

설교 영어원문과 영문 킹제임스 성경은 서로 표현이 같거나 비슷하게 되어 있다는 것을, 즉 웨슬리는 그 부분을 말할 때 킹제임스 성경의 해당 구절을 염두에 두고 자신의 설교문을 작성했다는 것을 기억하기 바란다.

4) 설교 번호 표기방식은 다음과 같다. 설교 번호는 보통 세 개의 번호로 되어 있다. 첫 번째 번호는 그 설교 번호를 뜻한다. 이 설교 번호는 53 표준설교가 아닌 44 표준설교 번호를 따랐다. 두 번째 번호는 그 설교 안에 있는 파트 번호다. 설교문 안에는 로마자 번호로 표기되어 있다. 세 번째 번호는 해당 파트 안에 있는 문단 번호로서, 설교문 안에는 아라비아 숫자로 표기되어 있다. 이 모든 번호는 웨슬리의 표준설교 원문에 표기된 번호다.

예시: 16.2.3은 16번 설교(산상수훈 강해 1번)의 두 번째 파트(설교 본문에는 로마 숫자 II로 표기되어 있음)의 3번 단락(설교 본문에는 아라비아 숫자 3으로 표기되어 있음)을 뜻한다.

예시: 16.0.1은 16번 설교, 로마 숫자 I이 시작하기 이전 파트(설교 본문에는 아무런 표시가 없음)의 1번 단락(마찬가지로 설교 본문에는 아라비아 숫자 1로 표기되어 있음)을 뜻한다.

예시: 23.13은 23번 설교의 13번 단락(아라비아 숫자 13으로 표기되어 있음)을 가리킨다. 23번 설교의 경우, 로마 숫자로 파트 구분이 없고 처음부터 아라비아 숫자로 단락 표기로만 되어 있다.

5) 주요 용어 해설(Glossary)을 뒷부분에 첨가했다. 감리교의 신학적 체계에 있어서 중요한 몇 가지 개념들을 선택하여 간략하게 해설을 덧붙였다. 이 해설은 체계적이고 심도 있는 신학적·교리적 해설이 아니라, 몇 줄로 간단한 용어의 개념을 파악하는 것이기에 깊이가 떨어진다는 점을 염두에 두기 바란다. 다만, 용어 해설을 함에 있어서 나의 생각을 통해 걸러서 나온 것은 절제하고, 될 수 있는 대로 웨슬리가 설교 본문을 통해 직접 말한 것을 정리해서 독자들이 직접 웨슬리의 목소리를 듣도록 했다. 이 용어들은 표준설교에 나오는 것으로만 국한했기에 깊이나 넓이에 있어서는 제한적임을 밝혀 둔다.

6) 각 설교문 앞에 한 페이지 정도로 간략하게 그 설교문이 작성된 배경(있는 경우에만)과 그 설교문의 내용을 요약했다. 그래서 독자들이 나중에 그 설교의 내용을 정리하여 기억하는 데 도움을 주려고 했다. 다만, 독자들이 설교 본문을 직접 읽어보지 않고 이 요약과 해설에만 의지하지 않기를 바란다. 웨슬리 신학을 제대로 알려면 웨슬리의 설교문을 직접 다 읽어야 한다는 점을 기억하기 바란다.

7) 이 설교문 번역 작업은 단순히 독자들이 설교문을 읽고 끝나지 않도록 방향설정을 했다. 이 작업은 그저 설교문을 읽고 끝나는 것이 아니라, 다시금 내용을 새기고 연구하고 이 설교문을 갖고 자신의 삶을 되돌아보도록 하는 것에 목표를 두었다. 따라서 각 설교가 끝난 뒤에 그 설교문으로 개인적으로나 그룹별로 공부할 수 있도록 문제지를 첨가했다. 이 문제지는 해당 설교문에서 말하고자 하는 중요한 핵심 메시지들을 다시금 점검하는 것에 일차적 목표를 두었고, 더 나아가서 그것을 바탕으로 교인들이 자신의 삶을 돌아보고 신앙적인 고민과 도전을 서로 던지는 데 도움이 되도록 했다. 따라서 각 교회에서 이 책을 속회 모임이나 성경공부, 혹은 제자 훈련의 교재로 활용할 수 있도록 했다. 만일 이것을 교재로 삼아 공부한다면 13주 코스로 구성할 수 있고, 새로 복음을 접한 초신자를 대상으로 해도 무방하나, 새신자 훈련 과정을 마친 사람들의 제자 훈련 교재나 평신도 지도자 훈련 교재로 활용하는 것이 더 좋을 것으로 보인다.

아무쪼록 나의 부족하고 자그마한 섬김을 통하여 이 땅에 훌륭한 감리교도들이 조금이라도 더 생겨나고, 한국의 감리교회와 한국 교회가 하나님과 이 땅의 이웃을 더욱 사랑하는 빛과 소금의 역할을 감당하여 하늘에 계신 하나님께 영광을 돌리게 되기를 간절히 기도한다.

2015 초봄
아이올라 브엘라헤로이에서

차 례

웨슬리가 전한
산상수훈

The Sermon on the Mount
According to J.Wesley

표준설교
16

우리 주님의
산상수훈에 대하여

▶ 강해 1

요약과 해설

이 설교는 웨슬리가 1739년 7월 22일 일요일에 야외에서 했던 설교다. 첫 번째 야외설교는 1739년 4월 1일 일요일에 브리스톨에서 했는데, 이 설교 역시 산상수훈을 갖고 한 것이었다. 1739년 3월 31일에 브리스톨에 온 웨슬리는 야외설교를 하는 것이 좋겠다는 조지 윗필드의 제안을 받았다. 그러나 당시만 해도 웨슬리는 야외설교에 대해 상당히 망설였다. 아직까지 교회 건물 밖에서 설교하는 것이 어색했던 웨슬리는 예수님께서 하셨던 산상수훈이 야외에서 이루어진 것이었다는 점에서 야외설교의 정당성을 생각하고 야외설교를 시작했다. 그래서 그는 첫 야외설교의 본문으로 산상수훈을 선택한 것이다. 이 산상수훈 강해 1번 설교는 이러한 맥락에서 이루어진 것으로서, 그의 야외설교 초창기 시절에 했던 것이다. 이 7월의 야외설교에는 사실 산상수훈 강해 1번부터 3번에 이르는 세 편이 모두 포함된다. 아마도 다른 표준설교가 그러하듯이, 기본 골격을 바탕으로 표준설교집 출간을 위해 다시 편집한 것으로 보인다.

그의 일기를 보면 산상수훈 강해 1번부터 3번까지 '복의 선언'(팔복)에 대한 설교를 할 때 어려움이 있었던 흔적이 보인다. 아마도 많은 군중이 모인 자리에서 폭행 소동이 벌어졌던 것 같다.

나는 두 번째로 주님의 산상수훈에 대하여 해석하기 시작했다. 22일 일요일에 나는 "심령이 가난한 자는 복이 있나니"라는 말씀으로 약 3천 명 정도 되는 사람들에게 설교했는데, 우리는 우리의 심령이 어떠한 상태에 있는지 모두에게 설명할 좋은 기회를 얻었다. 그런데 설교하는 도중에 폭도들이 몰려와서 청중 가운데 한 사람을 붙잡았다(그대, 법을 배웠다는 자여! 영국법 마그나 카르타 대헌장이 자유와 재산에 대하여 뭐라 하는가? 이 나라에서 폭도들이 사람들을 괴롭히고 있는 이런 일들이 제대로 된 일이란 말인가?). 그런데 다른 사람들은 그저 서서 구경만 할 뿐 누구 하나 입을 열어 뭐라고 하거나 손을 들어 그 폭도들에게 대항하는 사람이 없었다.

(1739년 7월 21일 토요일 일기)

이 첫 번째 강해는 몇 가지 내용으로 구성되어 있다. 먼저 산상수훈의 말씀을 주시는 예수님께서는 어떤 분이신지, 그 가르침의 내용은 무엇인지, 그리고 그 가르침을 받는 사람들은 누구인지에 대해 다룬다. 이 질문은 산상수훈을 이해하는 데 있어서 상당히 중요한 문제이기도 하며, 특히 가르침의 대상에 대한 문제는 2천 년가량 이어져 온 산상수훈 해석의 역사에 있어서 매우 중요한 주제이기도 하다. 이 문제에 관해 웨슬리는 산상수훈은 시대와 공간을 초월해 모든 사람들이 마땅히 지켜야 할 명령으로 인식함으로써 진보적 입장을 보인다. 이어서 심령이 가난한 자와 애통하는 자에 대해 설명한다. 심령이 가난하다는 것은 자신의 무능력함을 하나님 앞에 겸손히 인정하고 그분을 늘 의지하는 신앙의 태도를 가리킨다. 애통한다는 것은 두 가지를 말하는데, 하나는 개인적 신앙의 후퇴를 가슴 아파하며 다시 하나님을 찾는 것이고, 다른 하나는 이 땅에 아직 하나님의 나라가 온전히 이루어지지 않은 현실을 가슴 아파하는 것이다.

우리 주님의 산상수훈에 대하여

▶ 강해 1

예수께서 무리를 보시고 산에 올라가 앉으시니 제자들이 나아온지라. 입을
열어 가르쳐 이르시되, 심령이 가난한 자는 복이 있나니 천국이 그들의 것임이요,
애통하는 자는 복이 있나니 그들이 위로를 받을 것임이요. 마 5:1~4

1. "요한이 감옥에 갇혔을 무렵"(마 4:12)부터 우리 주님께서는 "온 갈릴리
를 두루"(마 4:23) 다니시면서 "그들의 회당에서 가르치시며 천국 복음을 전
파하실" 뿐만 아니라 "백성 중의 모든 병과 모든 약한 것을 고치셨습니다."
이 때문에 "갈릴리와 데가볼리와 예루살렘과 유대와 요단 강 건너편에서
수많은 무리가 따랐습니다"(4:25). 예수께서는 회당에 - 설령 그 근처에 그
런 회당이 있었다 하더라도 - 다 들어갈 수 없을 만큼 많은 "무리를 보시고
산에 올라가셨습니다." 왜냐하면 거기에는 사방에서 그분께 몰려드는 사람
들에게 넉넉한 공간이 있었기 때문입니다. 유대인들이 하는 방식대로 "예수
께서 앉으시니 그의 제자들이 그에게로 나아왔습니다. 그리고 그분은 자신
의 입을 여시고 (이것은 엄숙한 강론이 시작된다는 것을 말할 때 사용하는 표현입
니다.) 그들을 가르쳐 말씀하셨습니다."

2. 이제 우리가 어떻게 들어야 할지 주의를 기울이는 차원에서 말씀하고 계시는 분이 누구신지에 대해 살펴보도록 합시다. 그분은 하늘과 땅의 주님이시요, 모든 만물의 창조주이십니다. 따라서 그분은 자신의 모든 창조물을 처분할 권리를 갖고 계십니다. 우리의 통치자이신 주님의 나라는 영원하며 그분은 모든 것을 다스리십니다.[1] 그분은 위대한 법 제정자로서 자신의 모든 법을 집행하실 수 있으시며,[2] "살리기도 하시고 멸망시킬 수도 있으신"[3] 분으로서, "자신의 얼굴과 그의 힘의 영광을 떠나 영원한 멸망의 형벌을 받도록"[4] 하시는 분이십니다. 이분은 우리가 어디에서 만들어졌는지 알고 계시는 영원하신 지혜의 아버지이시며, 우리의 가장 깊은 내면의 틀을 알고 계십니다. 그분은 우리가 어떻게 하나님과 연결되어 있는지, 어떻게 서로에게 이어져 있는지, 그리고 하나님께서 만드신 피조물들과 어떻게 연결되어 있는지 알고 계십니다. 따라서 그분은 하나님께서 우리로 하여금 처하도록 만드신 모든 상황에 각각 제정하신 모든 법을 어떻게 적용하실 것인지도 알고 계십니다. 그분은 "모든 인간을 사랑하시며, 그의 자비는 자신이 만드신 모든 만물에 미칩니다." 이 사랑의 하나님은 자기를 비워 영원한 영광을 버리시고 인간들에게 자신의 뜻을 선포하기 위해 아버지로부터 떠나오셨으며,[5] 다시 아버지께로 돌아가셨습니다. 그분은 눈먼 자들의 눈을 뜨게 하시고 흑암에 앉은 자들에게 빛을 주시기 위해 하나님께로부터 오신 분입니다.[6] 그분은 주님의 위대한 선지자이시며, 하나님께서도 "누구든지 내 이름으로 전하는 내 말을 듣지 아니하는 자는 내게 벌을 받을 것"(신 18:19)이라면서 오래전에 이분을 두고 엄숙히 선언하셨습니다. 사도 베드로 역시 이 말씀을 "누구든지 그 선지자의 말을 듣지 아니하는 자는 백성 중에서 멸망

---

1) 시 145:13
2) 웨슬리의 산상수훈에 대한 입장을 엿볼 수 있다. 그는 단순한 권면적 설교보다는 당위적 명령으로 산상수훈을 바라본다.
3) 삼상 2:6
4) 살후 1:9
5) 빌 2:6~8
6) 마 4:16; 사 42:7

받으리라"(행 3:23)는 말로 표현했습니다.

3. 그렇다면 그분께서 가르치시는 내용은 무엇입니까? 하늘로부터 오신 하나님의 아들은 여기에서 우리에게 하늘로 가는 길을 보여 주고 계신 것입니다. 그분은 자신께서 우리를 위해 준비하셨던 장소, 즉 그분께서 창세 이전부터 갖고 계셨던 영광으로 가는 길을[7] 우리에게 보여 주고 계십니다. 그분은 우리에게 영원한 생명에 이르는 참 길을 가르쳐 주고 계십니다. 이 길은 하늘나라로 인도하는 왕도(王道)이고 유일한 참 길입니다. 이 길 말고 다른 길은 없으며, 다른 모든 길은 파멸로 이끌 뿐입니다. 이 가르침을 말씀하시는 분의 성격으로 미루어 볼 때 우리는 그분께서 하나님의 온전하고도 완전하신 뜻을[8] 선포하셨다는 것을 확신할 수 있습니다. 그분은 일점일획도 자신이 하나님께로부터 받은 것 이상으로 더 말씀하지도 않으셨고 그 이하로 줄여서 말씀하지도 않으셨습니다.[9] 그분은 하나님의 모든 규율을 거리낌 없이 모두 선포하셨습니다. 그분은 자신을 보내신 하나님의 뜻에 어긋난 것이나 잘못된 것을 말씀하지 않으셨습니다. 모든 것에 있어서 그분께서 하신 모든 말씀은 참되고 올바르며, 영원히 설 것입니다.[10]

그분께서는 신실하고도 참된 이 말씀을 설명하고 확증하실 때 서기관과 바리새인들의 잘못, 즉 하나님의 말씀을 왜곡시킨 당시의 유대 선생들의 잘못된 해석을 반박하셨을 뿐만 아니라, 어느 시대의 기독교 교회에서도 발생할 수 있는 바, 구원의 도리에 어긋나는 실천적인 실수들에 대해서도 논박하셨습니다. 이 잘못된 해석들은 어느 시대, 어느 나라에든 있는 소위 말하는 기독교 교사들이 하나님의 말씀을 왜곡시켜, 조심성 없는 사람들로 하여금 자신의 인생에서 실수하여 사망을 쫓아가도록 만드는 것입니다.[11]

---

7) 살전 2:12
8) Cf. 롬 12:2
9) 요 12:50
10) 시 119:160; 사 40:8
11) 표준설교 27('산상수훈 강해 12')을 보라.

4. 그러면 그분께서 가르치고 계시는 그 대상이 누구인지 살펴보겠습니다. 그 가르침의 대상은 단지 사도들로 국한되지 않습니다. 만일 그 가르침의 대상이 사도들뿐이라면 예수께서 굳이 산으로 올라가실 필요까지는 없었을 테니까요. 마태의 집이나 혹은 다른 제자의 집이라면 이 열두 명이 모이기에 충분하니 말입니다. 그리고 예수님께 나아온 제자들이 그 열두 명의 제자들뿐이었다고 할 수도 없습니다. "그의 제자들"(*hoi mathetai autou*)이라는 표현에 특별히 어떠한 별도의 의미를 두지 않고 있기 때문에 이것은 예수님께로부터 가르침을 받기 원하는 모든 사람들을 가리킨다고 볼 수 있습니다. "입을 열어 [그들을] 가르쳐 가라사대"라고 하는 구절에서, 그들이라는 말이 예수님과 함께 산에 올라간 모든 군중을 가리킨다는 것이 분명하다는 것은 7장 결론부 구절을 살펴보면 알 수 있습니다: "예수께서 이 말씀을 마치시매 무리들이 그의 가르치심에 놀라니, 이는 그 가르치시는 것이 권위 있는 자와 같고 그들의 서기관들과 같지 아니함일러라."

그분께서 이 구원의 길에 대한 가르침을 주신 것은 단지 그분과 함께 그 산에 올라갔던 군중뿐만 아니라 모든 인류에게도 주신 것입니다. 모든 인류라 함은 아직 태어나지 않은, 앞으로 태어날 사람들, 심지어는 이 생명의 말씀을 듣게 될 세상 끝에 사는 사람들까지도 포함합니다.

5. 그런데 어떤 사람들은 이 말씀이 그 일부분에 한해서만 모든 사람들에게 주어진 것이라고 합니다. 예를 들면, 심령이 가난함에 대한 것이 모든 사람들에게 주어진 것이라는 점을 부정하는 사람은 없습니다. 하지만 많은 사람들은 다른 부분들이 단지 사도들이나 초기 기독교인들, 혹은 성직자들에게만 해당되는 사항이라고 말합니다.[12] 이들은 이 가르침들이 모든 일반인에게 주어진 것이 아니며, 따라서 그들 모두와 상관있는 말씀이 아니라고 합니다.

---

12) 이것은 산상수훈 해석의 역사에 있어서 토마스 아퀴나스(*Summa Theo.* 2.1, q. 108, art. 4)가 산상수훈을 해석하는 이중기준의 원리(Double Standard)를 염두에 두고 말한 것이다. 이러한 이중기준 원리의 시초는 2세기 초 문서인 디다케에서 생각하는 원리와 같다(Didache 6.2~3).

그러나 우리는 이 가르침의 일부분이 단지 사도들이나 사도 시대의 기독교인들, 혹은 성직자들에게만 해당되는 것이라는 주장에 대해, 그것이 과연 올바른 것인지 의문을 품지 않을 수 없습니다. 단지 그렇다고 주장하는 것은 이렇게 중요한 논점을 뒷받침하기에는 충분한 근거가 될 수 없습니다. 우리 주님께서 자신이 주신 가르침의 일부분이 모든 사람들에게 주어진 것이 아니라고 우리에게 말씀하셨다는 것입니까? 만약에 그렇다면 그분께서는 우리에게 그 점을 분명하게 밝혀 주셨을 것입니다. 이렇게 중요한 사안을 빠뜨리고 언급하지 않으셨을 리가 없으니까요. 그런데 예수님께서 그렇게 말씀하신 적이 있던가요? 어디에서 그렇게 하셨습니까? 이 산상수훈 말씀에서 그것을 밝히셨던가요? 아닙니다! 그런 암시조차도 주신 적이 없습니다. 그렇다면 다른 곳에서 그것을 말씀하셨습니까? 예수님의 다른 가르침에서요? 우리는 그분께서 군중이나 자신의 제자들에게도 그렇게 말씀하신 부분을 그 어디에서도 전혀 찾아볼 수 없습니다. 예수님의 제자들이나 혹은 성경을 기록한 사람들이 이런 사실을 남긴 적이 있던가요? 전혀 없습니다! 하나님의 말씀 그 어디에도 이러한 것을 찾아볼 수 없습니다. 그렇다면 하나님보다 더 현명한 사람들은 누구입니까? 성경 말씀보다 훨씬 더 지혜로운 사람이 누구란 말입니까?[13]

6. 그들은 이 가르침의 성격 자체 때문에 그러한 대상의 제한을 둘 수밖에 없다고 말할 수도 있을 것입니다. 만일 그들의 주장대로라면 다음 두 이유 가운데 하나일 것입니다. 즉, 그러한 제한을 두지 않는다면 이 가르침은 분명히 말도 안 되기 때문이든지, 아니면 성경의 다른 부분과 모순이 될 것이기 때문이라는 것이지요. 하지만 이것은 맞지 않습니다. 몇몇 특별한 부분들을 자세히 살펴보아도 우리 주님께서 여기에서 모든 인류에게 요구하신 모든 것들을 적용하는 데는 아무런 이상한 점이 없습니다. 또한 그 가르

---

13) Cf. 욥 38:2

침들이 예수님께서 다른 곳에서 가르치셨던 것들과도 아무런 모순점이 없으며, 그 외의 성경 어느 부분과도 모순을 보이지 않습니다. 그렇습니다. 이 산상수훈의 일부가 아닌, 모든 가르침들이 모든 사람들에게 보편적으로 적용되는 것이라는 점은 분명합니다. 그것들은 아치를 이루고 있는 돌들처럼 서로 긴밀히 연결되어 있어서, 그 가운데서 어느 하나라도 뺀다면 그 아치가 우르르 무너져 내리는 것과 같습니다.

7. 이제 우리는 마지막으로 우리 주님께서 여기에서 어떻게 가르치고 계신지 살펴보려고 합니다. 분명한 것은, 예수님께서는 늘 그러하시겠지만 특별히 이 산상수훈에서는 "사람들이 말하는 것과 같지 않게" 말씀하십니다.[14] 그 옛날의 성자가 말하듯 하신 것도 아닙니다. 물론 그 사람들도 "성령의 감동을 받아서"[15] 그렇게 말한 것이긴 하지만 말입니다. 예수님은 베드로, 야고보, 요한, 혹은 사도 바울과 다르게 말씀하셨습니다. 이 사람들은 물론 주님의 교회를 세운 현명한 건축 지도자들이었습니다. 그러나 여기에서, 이 하늘의 지혜의 등급에 있어서는 하인들은 그 주인만 못 합니다. 그어느 때고, 그 어떠한 경우에 있어서도 그러합니다. 어떤 곳, 그 어떤 때에도 그분의 종교의 모든 계획들을 한꺼번에 펼쳐 보인 적이 없습니다. 또한 산상수훈에서처럼 기독교의 모든 면모를 우리에게 보여 주신 적도 없습니다. 이처럼 주님을 볼 수 있는 유일한 길인[16] 거룩함의 특성에 대해서 전반적으로 기술한 적이 없었습니다. 물론 예수님께서는 이러한 가르침을 수없이 많은 계기를 통해 부분적으로 말씀하시기는 했지만, 이처럼 그분께서 그 모든 것들에 대한 보편적인 관점을 일부러 우리에게 주신 적이 산상수훈 말고는 없습니다. 그렇습니다. 성경의 다른 곳 그 어디에도 이런 것이 없습니다. 물론 굳이 예외를 찾는다면 하나님께서 시내 산에서 모세에게 내려 주신 열 가

---

14) Cf. 마 7:29
15) 벤후 1:21
16) 표준설교 39.3.2('신생')를 보라.

지 계명에서 거룩함에 대한 간략한 스케치 정도는 찾아볼 수 있겠지요. 그러나 그 십계명과 예수님의 산상수훈은 천지 차이입니다! "영광되었던 것이 더 큰 영광으로 말미암아 이에 영광될 것이 없으나"(고후 3:10).

8. 무엇보다도 먼저 하나님의 아들께서는 여기에서 놀라운 사랑으로써 하나님 아버지의 뜻을 인간들에게 나타내셨습니다. 그분은 우리를 "불이 붙는 산과 침침함과 흑암과 폭풍"[17]으로 다시금 데려가시지도 않습니다. 그분은 "하늘에서 우렛소리를 내시며"[18] 말씀하실 때처럼 그렇게 말씀하지도 않으십니다. 그분은 지존자께서 "천둥과 우박과 숯불을 내리실 때"[19]처럼 말씀하지 않으십니다. 그분께서는 우리에게 잠잠하고도 작은 목소리로 말씀하십니다.[20] "심령이 가난한 자는 복이 있나니", "애통하는 자는 복이 있나니", "온유한 자는 복이 있나니", "의에 굶주린 자는 복이 있나니"[21], "자비로운 자는 복이 있나니", "마음이 성결한 자는 복이 있나니"[22] 그들의 결말은 행복하며, 그들의 길은 행복하며, 그들은 이 세상에서와 영원한 세상에서의 삶에서 행복을 누립니다. 그분께서는 "생명을 사랑하고 좋은 날 보기를 원하는 자가 누구인가[23] 보라, 내가 너희에게 네 영혼이 갈망하는 것을 보이리라! 네가 그토록 헛되이 추구하던 길, 하늘과 땅의 즐거움과 평안, 화평으로 가는 길을[24] 보라!"고 말씀하십니다.

9. 이와 동시에 예수님께서는 큰 권위로써 가르치고 계십니다. 그분은 "서

---

17) 히 12:18
18) 삼하 22:14
19) 시 18:13
20) 왕상 19:12
21) 웨슬리는 "의 때문에 굶주림"이라고 하지 않고, "의를 갈급해하는 것"(hunger after)이라고 이해한다. 이에 대한 자세한 것은 표준설교 17.2.1~6('산상수훈 강해 2')을 보라.
22) 웨슬리가 사용하는 'pure/purity'라는 단어는 '순수, 순결'이라는 의미보다 '성결'이라고 사용하며, 따라서 이 책에서는 이 단어를 "성결한/성결"이라고 번역한다.
23) 벧전 3:10
24) 표준설교 7.1.7, 10~11('하나님 나라로 가는 길')을 보라.

기관들과 같지 않게" 가르치십니다. 그분께서 말씀하시는 방식(그러나 이것은 말로 표현될 수는 없습니다.)과 그 분위기를 한번 보십시오. 그분은 하나님의 종인 모세와 다릅니다. 하나님의 친구였던 아브라함과도 다릅니다.[25] 그분은 어떤 선지자나 어떤 인간들과도 다릅니다. 그분의 권위는 그 어떤 인간들이나 그 어떤 피조물의 것보다 뛰어납니다. 그분은 모든 만물을 지으신 분의 권위로 말씀하십니다. 하나님, 하나님께서 직접 나타나신 것입니다! 그렇습니다. 그분은 "알파요 오메가",[26] 모든 존재하는 것들의 존재, 야훼, 스스로 계시는 자,[27] 가장 뛰어나신 분, 만유 위에 계시며[28] 영원히 복되신 하나님 그분이십니다.

10. 이 하나님의 가르침은 가장 뛰어난 방법으로 전달된 것이며, 뒤에 나오는 부분들은 앞서 나온 부분들을 설명하고 있습니다. 그 가르침은 주요한 세 부분으로 적절히 나뉘어 있습니다. 첫째 부분은 마태복음 5장, 둘째 부분은 6장, 그리고 셋째 부분은 7장에 담겨 있습니다. 첫째 부분에는 모든 참 종교[29]의 모든 것들이 여덟 개의 조항들로 상술되어 있습니다. 이 여덟 개의 조항이 끝나면 5장의 나머지 부분에서는 인간들이 그럴듯하게 말하는 거짓된 가르침을 경계하고 있습니다.[30] 둘째 부분에서는 외적으로 나타나는 모든 행동들에 있어서 우리가 주의해서 지켜야 할 선한 의도에 대한 규범을 말하고 있습니다. 이 선한 내적 의도는 우리가 세상적인 욕망이나 심지어는 실생활에 필요한 것들에 대해 염려할 때조차도 주의해서 지켜

---

25) 약 2:23
26) 계 22:13
27) 출 3:14
28) 엡 4:6
29) 기독교를 가리킨다.
30) 이것은 5장 21~48절에 이르는 여섯 초월제(six superthesis)를 가리킨다. 웨슬리는 산상수훈 강해에서 다른 구절들과는 달리 이 여섯 초월제 부분을 따로 떼어 설교하지 않고 다른 부분을 설교하는 본문 가운데 설명하고 있다. 제1초월제는 설교 17.1.8~11, 제2초월제는 18.1.2~4, 제3초월제는 18.1.2, 5에서, 제4초월제는 18.1.9~10에서, 제5초월제는 18.3.12에서, 그리고 마지막 제6초월제는 18.3.13에서 각각 설명하고 있다.

야 하는 것들입니다. 마지막으로 셋째 부분은 신앙생활을 할 때 방해가 되는 몇 가지 주요한 것들에 대해서 경고하는 것을 담고 있으며, 이것은 이 모든 가르침을 실천에 옮기는 것으로 마무리합니다.

I

1. 우리 주님께서는 모든 참 종교의 모든 것들을 여덟 개의 항목으로 나열하셨습니다. 이 부분은 인간들이 그럴듯하게 말하는 거짓된 가르침에 대해서 주님께서 경계하며 설명하신 부분으로서 마태복음 5장의 끝 부분까지 이르고 있습니다.

어떤 사람들은 주님께서 기독교인들이 약속된 땅으로 향해 나아가는 여정의 몇 가지 단계들을 말씀하시기 위해서 이 부분을 말씀하셨을 것이라고 말합니다. 또 어떤 사람들은 여기에 언급된 항목들이 모든 시대의 모든 기독교인에게 해당되는 것들이라고 말합니다. 이러한 의견들을 받아들이지 못할 이유는 없겠지요. 이것들 사이에 서로 일치하지 않는 것은 무엇입니까? 심령이 가난하다는 것과 여기에서 언급된 다른 모든 성품들[31]이 비록 그 정도에 있어서는 차이가 좀 있긴 하겠지만 모든 시대를 초월해서 모든 기독교인에게서 찾아볼 수 있는 것들입니다. 마찬가지로 참 기독교는 심령의 가난함에서 시작하여 여기에서 언급된 그 순서대로 진행되어서 "하나님의 사람들이 온전하게 될 때까지" 이릅니다. 우리는 하나님께서 주신 이 선물들 가운데서 가장 낮은 단계로부터 시작합니다. 그렇다고 해서 하나님께서 더 높은 단계로 올라오라고 부르실 때에 우리는 물러서지 않습니다. 도리어 우리는 "이미 얻은 것을 굳게 잡고" 우리 앞에 놓인 것을 향해서, 예수 그리스도 안에서 하나님께서 주시는 가장 높은 축복을 향해 나아갑니다.[32]

---

31) 온유함, 애통함 등 팔복에 언급된 사람의 성격에 대한 것들을 가리킨다.
32) Cf. 빌 3:12~16.

2. 이 모든 것들의 가장 기본적인 기초는 심령의 가난입니다. 그래서 우리 주님께서 이 말씀으로 시작하신 것입니다. 예수님께서는 "심령이 가난한 자는 복이 있나니 천국이 저희 것이다."라고 말씀하십니다.

물론 우리 주님께서 주변에 둘러앉은 사람들을 보아하니 부자는 별로 없고 대부분이 세상에서 가난한 사람들인지라, 이러한 것에서 착안하셔서 잠시 머물다 가는 이 세상의 것에서 영적인 것들로 방향을 돌린 것이라고도 생각할 수 있습니다. 예수님께서는 "심령이 가난한 자는 복이 있다[복이 있다(blessed)는 표현은 이 구절뿐만 아니라 다음에 나올 때도 **행복하다**라고도 번역할 수 있습니다.[33]]"라고 말씀하십니다. 예수님께서 이 말씀을 하실 때에 "가난하다"는 것은 외적인 상황을 가리켜서 말씀하신 것은 아닙니다. 왜냐하면 거기에 앉아 있던 사람들 가운데는 보좌에 앉아 있는 왕들과 이 사람들이 멀리 떨어진 것만큼이나 행복이라는 것과는 거리가 먼 사람도 있었을 것이기 때문입니다. 그러나 "심령이 가난한 자들"은 자신들의 외적인 상황이 어찌 되었든 상관없이 실제적이고도 근본적인 행복 – 이 세상에서든 혹은 앞으로 맞이할 세상에서든 상관없이 – 을 향한 첫 번째 걸음에 해당하는 이 마음의 상태는 가질 수 있습니다.

3. 어떤 사람들은 여기에서 심령이 가난한 사람이라는 말이 가난을 좋아하는 사람을 의미한다고 주장합니다. 즉, 탐욕이나 돈을 사랑하는 사람, 부를 탐하는 것보다 도리어 그것을 경계하는 사람을 가리킨다는 것입니다. 어쩌면 이런 주장을 하는 사람들은 이 용어 자체에 대해 자신들이 갖고 있는 생각 때문에 그렇게 판단하는지도 모릅니다. 혹은 사도 바울이 "돈을 사랑하는 것이 모든 악의 뿌리"[34]라고 말했던 것을 생각해서 그렇게 주장하는

---

33) 그래서 웨슬리는 그의 신약성서 번역(New Testament)과 신약성서 주석(Note on the Bible, New Testament)에서는 "Blessed"라고 표현한 킹 제임스 성경(웨슬리의 성경 인용을 보면 그가 킹 제임스 성경을 기초로 삼고 있음을 알 수 있다.)과는 달리 "Happy"라고 번역했다.
34) 딤전 6:10

것인지도 모릅니다. 이는 어쩌면 많은 사람들이 부요함뿐만 아니라 모든 세상적인 물건들을 전적으로 기피했기 때문에 그러했는지도 모릅니다. 또한 로마 가톨릭에서 자발적 가난에 대한 서약이 일어났기 때문에 그렇게 생각할 수도 있습니다. 이렇게 뛰어난 근본적인 은혜가 '천국'을 향한 큰 발걸음임에 틀림없다고 여겼기에 그렇게 생각했는지도 모릅니다.

그러나 이러한 주장을 하는 사람들은 우선 바울이 말한 표현을 어느 정도 제한을 두어 이해해야 한다는 것을 간과한 것 같습니다. 만일 그렇게 하지 않으면 바울의 말은 거짓이 됩니다. 돈을 사랑하는 것은 모든 악의 유일한 뿌리가 아니기 때문입니다. 우리가 삶 가운데서 안타깝게도 매일 경험하게 되는 것처럼, 이 세상의 악은 수천 가지의 뿌리를 갖고 있습니다. 바울이 말하고자 한 것은 돈을 사랑하는 것이 '많은' 악의 뿌리가 될 수 있다는 것일 뿐, 그 외에도 많은 악덕이 있습니다. 두 번째로 "심령이 가난하다."는 말을 이런 식으로 이해한다면, 기독교의 전체 틀이 세워지게 되는 보편적인 기초를 놓고자 하시는 우리 주님의 의도와는 맞지 않게 됩니다. 주님의 의도는 어떤 특정한 한 가지 악덕을[35] 경계하는 것으로써 설명될 수 없습니다. 이것이 주님께서 뜻하신 바, 그 일부분에 해당할 수는 있어도 그 전부는 될 수 없습니다. 세 번째로, 만일 이것이 주님께서 뜻하신 것의 일부분이라고 주장하려면 주님께서 같은 말을 번복해서 말씀하셨다는 점을 지적해야 합니다. 만일 심령의 가난함이 단지 탐욕이나 돈을 사랑하는 것, 혹은 부를 탐하는 것으로부터 자유로운 것만을 가리킨다고 한다면, 그것은 나중에 주님께서 언급하신 것과 일치하는 것이며,[36] 마음의 성결의 한 일부분일 따름이라고 할 것입니다.

4. 그렇다면 "심령이 가난한 자"는 누구입니까? 두말할 나위도 없이 그들

---

35) 돈을 사랑하는 것을 뜻함.
36) 마 5:8에서 말하는 마음의 깨끗함/성결에서 말씀하심으로써 번복하게 된다는 뜻.

은 겸손한 자들입니다. 그들은 자기 자신을 알고 있으며, 자신들이 죄인이라는 것을 분명히 인지하고 있습니다. 하나님께서는 이러한 자들에게 먼저 회개하는 마음을 주셨는데, 이것은 그리스도를 믿는 믿음에 앞서 가져야 하는 것입니다.[37]

이러한 사람들은 "나는 부자라 부요하여 부족한 것이 없다!"[38]고 더 이상 말하지 않습니다. 왜냐하면 그들은 "곤고한 것과 가련한 것과 가난한 것과 눈먼 것과 벌거벗은 것"을 이제 알고 있기 때문입니다.[39] 이 사람은 자신이 영적으로 가난하다는 것을 분명히 알고 있습니다. 그는 자기 자신 안에 영적으로 선한 것이 도무지 없다는 것을 알고 있습니다. 그는 "내 안에 선한 것이 거하지 않으며"[40] 도리어 온통 악하고 혐오스러운 것들만 있다고 말합니다. 그는 모태에서 나올 때부터 가지고 나와서 자신의 모든 영혼을 둘러싸고 있으며,[41] 자신의 모든 힘과 기능을 부패하게 만드는 악성 피부병과 같이 역겨운 것들을 뼈저리게 느낍니다. 그는 그 악의 뿌리에서 더욱더 많은 악한 기질들이 솟아나오는 것을 인식합니다. 그 기질들은 교만과 영적인 오만, 마땅히 자신에 대해 생각할 정도를 넘어서서 더욱 자기 자신을 높게 생각하도록 하는 끊임없는 성향,[42] 허영심, 사람들로부터 오는 명예심과 공

---

37) 구원의 단계에 대하여 웨슬리는 칭의-신생-성화를 제시한다(표준설교 39, '신생'을 보라). 웨슬리는 하나님 나라로 가는 첫걸음으로서 회개를 제시한다(표준설교 7.2.1). 이 회개는 자기가 죄인임을 각성하고 자력 구원의 불가능함(helplessness)을 인정하는 것을 가리킨다. 그러나 다른 한편으로 웨슬리는 회개 이전에 믿음이 앞선다고 주장하기도 한다. 표준설교 4.3.1~6('믿음에 의한 의'), 특히 4.3.3을 보라. 칭의라는 개념에 대해 웨슬리는 "하나님께서 당신의 아들을 통해 우리를 위해 하신 일"(표준설교 5.2.1, '믿음에 의한 칭의'), 즉 죄의 용서(5.2.5)라고 설명한다. 즉, 인간이 먼저 회개하고 그 후에(다시 말하면 어떤 자격을 갖춘 후에) 죄의 용서의 선포, 칭의가 이루어지는 것이 아니라(5.3.1~2를 보라), 죄인임에도 불구하고 일방적, 무조건적으로 죄의 용서를 선포하는 것이다. 그렇다면 회개와 칭의의 관계를 생각해 보았을 때 회개의 개념을, 특히 죄 사함의 선포(칭의)와 관련하여 회개의 개념을 어떤 행위의 업적(예를 들면 자기의 의지나 자기의 의를 세우는 방안으로서)의 개념보다는 하나님 앞에서 자신이 죄인임과 동시에 스스로의 힘으로 구제받을 수 없는 무기력한 존재(helplessness)임을 고백하는 겸손(humility, humble)의 개념으로 이해할 수 있을 것이다. 이 설교에서도 이런 맥락으로 접근한다.
38) 계 3:17
39) 계 3:17
40) 롬 7:18
41) 시 51:5
42) 롬 12:3

명심을 추구하는 것, 미워함, 시기심, 질투와 복수심, 분노, 악덕, 혹은 비꼬는 것, 하나님과 이웃을 향한 타고난 적개심(이것은 수만 가지 모양으로 나타납니다.), 세상을 사랑함, 아집, 어리석고 해로운 욕심[43](이것은 사람의 가장 깊은 영혼의 내면까지 파고듭니다.) 등을 가리킵니다. 이 사람은 자신이 그 혀로 얼마나 많은 죄를 저질렀는지 인식하고 있습니다. 그 혀로 지은 죄에는 신성 모독이나 적절치 못한 말, 진실하지 못한 말이나 불친절한 말뿐만 아니라 "덕을 세우는 데 유익하지 않은" 말이나 "듣는 이들에게 은혜가 되지 않는" 말도 해당되는데,[44] 이것은 하나님 보시기에 타락한 것이며 성령을 슬프게 만드는 것들입니다.[45] 이 사람의 눈에는 이제 이러한 악들이 스스로 보기에도 악하게 보이며, 이제 이러한 악한 것들을 헤아릴 때에 그는 그것들을 말로 이루 다 표현할 수 없다는 것을 느낍니다. 이 사람은 그것들이 빗방울이나 바다의 모래알, 혹은 영원이라는 것 가운데 있는 나날들처럼 많다는 것을 인식하게 됩니다.[46]

5. 이제 이 사람의 죄책감은 그의 얼굴에도 나타납니다. 그는 자신이 마땅히 받아야 할 형벌이 오직 자신의 육신의 마음, 전적이고 우주적인 자기 본성의 타락 때문이라는 점을 압니다. 그렇다면 하물며 자신의 악한 탐욕과 생각, 자신의 악한 말과 행동 때문에 받는 형벌은 오죽하겠습니까? 그는 이러한 악한 것들의 가장 사소한 것조차도 "벌레도 죽지 않고 영원히 그 불이 꺼지지 않는"[47] 지옥의 형벌에 해당한다는 것을 잠시라도 의심하지 않습니다. 그는 무엇보다도 "하나님의 독생자의 이름을 믿지 않는" 죄악이 얼마나 큰 것인지 뼈저리게 느낍니다.[48] 그는 내가 어떻게 하면 "이렇게 큰 구원

---

43) 딤전 6:9
44) 엡 4:29
45) 엡 4:30
46) 집회서 1:2
47) 막 9:48
48) 요 3:18

을 등한히 여기는"[49] 사람들처럼 되지 않을까라고 말합니다. "믿지 않는 자들은 이미 심판을 받았고 하나님의 진노가 그 위에 있습니다."[50]

6. 그렇다면 하나님의 공의로우신 심판 아래 놓인 자신의 영혼을 위해 이 사람이 대신 무엇을 내놓아야 하겠습니까? "그가 무엇을 갖고 주님 앞에 나아올 수 있겠습니까?"[51] 그가 빚진 것을 갚기 위해 무엇을 내놓겠습니까? 설령 그가 이 순간부터 하나님의 모든 계명을 완벽하게 순종한다고 하더라도 단 하나의 죄악, 그가 지난날에 저질렀던 단 하나의 불순종한 행위도 바로잡을 수 없습니다. 그가 지금 이 순간부터 영원토록 자신이 할 수 있는 모든 봉사를 하나님께 바친다고 하더라도 그것은 불가능합니다. 설령 그가 그렇게 할 수 있다고 하더라도 이것은 그가 지난날에 했어야만 했던 것들을 바로잡는 역할을 할 수 없습니다. 따라서 심령이 가난한 이 사람은 자신이 지난날에 저질렀던 죄악들을 속량하는 데 있어서는 전혀 무기력한 존재라는 사실을 알고 있습니다. 그는 자기 영혼을 위한 어떤 몸값도 지불할 수 없으며, 하나님께 어떠한 변상도 해 드릴 수 없음을 알고 있습니다.

그러나 설령 하나님께서 이 사람이 앞으로 다시는 죄를 저지르지 않는다는 이 단 한 가지 조건에 근거해서, 즉 앞으로 하나님의 모든 계명을 온전하고도 변함없이 지킨다는 조건에 근거해서 그가 저지른 지난날의 모든 잘못을 용서해 주신다고 하더라도, 심령이 가난한 이 사람은 자신이 결코 그렇게 할 수 있는 존재가 아니기에 그러한 약속이 그에게 아무런 도움도 되지 않는다는 사실을 잘 알고 있습니다. 이 사람은 하나님께서 요구하신 외적 행동[52]의 명령조차도 순종할 수 없다는 것을 잘 알고 또한 잘 느끼고 있습

---

49) 히 2:3
50) 요 3:18, 36
51) 미 6:6
52) 웨슬리는 외적으로 드러나는 행위와 마음속에서 이루어지는 내적 태도를 구분한다. 내적 태도에 대하여 웨슬리는 '의도의 순수성'을 말하는데, 이것은 산상수훈 강해에서 웨슬리가 중요하게 여기는 요소다. 여기에서 웨슬리가 말하는 것은 마음속에서 이루어지는 의도의 순수성 여부는 차치하고라도 단지 외적 행동만을 따졌을 때조차도 인간은 하나님의 계명을 온전히 수행할 수 없다는 것이다.

니다. 그는 자기 마음이 본성적인 죄악과 타락 가운데 여전히 남아 있는 한 그러한 계명에 순종할 수 없음을 인식하고 있습니다. 이것은 나쁜 나무가 좋은 열매를 맺을 수 없는 것과 같은 것입니다.[53] 그러나 그는 이 죄악으로 가득한 마음을 성결하게 할 수 없습니다. 인간의 힘으로는 이것은 불가능합니다. 그는 하나님의 계명을 따라 그 길을 걷는 것을 어떻게 시작해야 하는지조차도 전혀 모르고 있습니다. 그는 그 길에서 어떻게 해야 한 발자국이라도 나아갈 수 있는지 모릅니다. 죄와 슬픔과 두려움에 사로잡힌 채 헤어날 길을 찾지 못한 이 사람은 "주님, 나를 구원하소서! 내가 죽게 되었습니다!"[54]라고 부르짖는 도리밖에는 없습니다.

7. 따라서 심령의 가난함이라는 것은, 그것이 우리가 우리 앞에 놓인 경주를 달리는 첫걸음이라는 것을 암시하듯이, 우리 안과 밖에 있는 우리의 죄를 인식하는 것이며, 또한 우리가 죄인이라는 것과 아무런 힘도 없는 존재라는 사실을 인식하는 것입니다.[55] 어떤 사람들은 이것을 '겸손의 미덕'이라는 말로 크게 치장하여 우리가 저주를 받아 마땅한 존재라는 사실을 알고 있다는 것을 자랑스럽게 여겨야 한다고 가르치고 있습니다. 그러나 우리 주님께서 말씀하신 것은 이와는 전혀 다른 것입니다. 그분께서 이 말씀을 하실 때는 그저 우리가 자신의 부족함과 벌거벗은 듯이 다 드러난 죄악, 그리고 그 저지른 죄악에 대해서 어떠한 자구책도 스스로 찾아낼 수 없는 무기력하고도 비참한 존재일 뿐이라는 것을 일컫는 것입니다.

8. 저 위대한 사도가 죄인들을 하나님께로 인도하기 위해서 했던 다음과

---

53) 표준설교 27('산상수훈 강해 12')을 보라.
54) 마 8:25
55) 웨슬리는 우리가 하나님의 자녀가 된 것을 하나님의 영이 우리의 영과 더불어 증거해 준다고 말하는데, 이러한 확신이 단지 우리 자신의 인간적인 추측에서 온 것인지 아니면 하나님의 영이 증거해 주시는 것인지 구별하는 방법 가운데 하나로서 자신의 죄로 인한 무거운 짐을 느끼고 자기 스스로 구원하는 것에 대한 철저한 한계(helplessness)를 경험한 것인지를 손꼽는다(표준설교 10.2.4, '성령의 증거, 강론 1').

같은 말이 이것을 잘 표현해 주고 있습니다. 그는 "하나님의 진노가 불의로 진리를 막는 사람들의 모든 경건하지 않음과 불의에 대하여 하늘로부터 나타나나니"(롬 1:18)라고 말했습니다. 그는 여기에서 이교도들을 향해서 이 말을 한 것인데, 여기에서 그는 그들이 하나님의 진노 아래 놓여 있다고 밝힙니다. 그는 이어서 유대인들도 그들에 비해서 나을 것이 없으며, 따라서 그들도 같은 심판 아래 놓여 있다고 말합니다. 그리고 이 모든 것은 그들이 "고상한 겸손의 미덕"을 얻기 위함이 아니라, "모든 입을 막고 온 세상으로 하나님의 심판 아래에 있게 하기 위한 것"입니다.[56]

바울은 계속해서 그들이 죄를 저지른 자들일 뿐만 아니라 아무런 자구책도 없는 무기력한(helpless) 존재라는 것을 보여 줍니다. 이것을 잘 보여 주는 말씀은 "그러므로 율법의 행위로 그의 앞에 의롭다 하심을 얻을 육체가 없나니"라는 말씀입니다.[57] "그러나 이제 하나님의 의가 나타났으니, 이는 율법이 아닌 예수 그리스도를 믿는 믿음에 의한 것입니다."[58] "그러므로 사람이 믿음의 행위가 아닌 믿음으로 말미암아 의롭게 되는 것입니다."[59] 이 모든 말씀들은 같은 요점을 말하는 것인데, 그것은 "사람들의 교만을 꺾고"[60] 자신들의 겸손을 미덕으로 생각하도록 가르치지 아니하고 순전히 겸손하게 낮아지도록 하는 것입니다. 이것들은 또한 사람들로 하여금 자신들이 죄악이 가득하고 철저하게 무력한 존재라는 것을 분명히 인식하여서 모든 것을 버리고 오로지 강하신 구원자(Helper)이신 의로운 예수 그리스도만을 의지하도록 하기 위한 것입니다.

9. 따라서 우리는 기독교가 세상적인 도덕이 끝나는 곳에서 비로소 시작된다는 점을 알 수 있습니다. 이것은 곧 심령의 가난함, 자신이 악한 존재라

---

56) 롬 3:19
57) 롬 3:20
58) 롬 3:21~22
59) 롬 3:28
60) 롬 3:27

는 확신, 자기를 부정하는 것, 우리 자신의 의를 부정하는 것(이것은 예수 그리스도를 믿는 데 있어서 가장 첫째 되는 것입니다.), 모든 이교도의 종교에서 떠나는 것을 말합니다. 이 사실은 이 세상의 지혜로운 자들에게는 감추어져 있던 것입니다. 모든 로마 시대의 언어에서도, 심지어는 문명이 발달했던 아우구스투스 황제 시절에서조차도 **겸손(humility)**이라는 말을 담아내는 말은 없었습니다(humility라는 단어는 로마어에서 차용된 말인데, 우리가 잘 알다시피 이 라틴어 단어는 전혀 다른 뜻을 갖고 있습니다).[61] 위대한 사도가 이러한 의미로써 말하기 이전까지는 이 말은 매우 풍성한 어휘를 가진 헬라어에서도 찾아볼 수 없는 것이었습니다.

10. 오! 그들이 표현할 수 없었던 것을 우리는 느낄 수 있기를! 죄인들이여, 일어나십시오! 그대 자신을 아십시오! 그대가 "죄악 가운데 만들어졌음을" 아십시오! "그대의 어머니가 죄 중에 그대를 잉태했음을 아십시오!"[62] 그리고 그대가 선과 악을 구별할 수 있게 된 때부터 지금까지 계속해서 죄위에 죄를 더하여 쌓고 있다는 사실을 깨달으십시오! 그대가 영원한 사망의 형벌을 받게 된 존재라는 사실을 인지하여 전능하신 하나님의 손에 온전히 잠기십시오! 그리고 자기 스스로의 힘으로 자신을 구원할 수 있다는 헛된 생각을 벗어버리고, 그런 생각을 부정하고, 또한 혐오하십시오! 그대의 모든 희망을 그분의 피에 씻김을 받고 전능하신 그분의 영에 의해 새로워지는 것에 두십시오![63] 그분은 "우리의 모든 죄를 자신의 몸에 지시고 십자가에 달리신 분"이십니다. 그러면 그대는 비로소 "심령이 가난한 자는 복이 있나니 천국이 저희 것이다."라고 증언할 수 있을 것입니다.

---

61) 겸손(humility)이라는 말은 라틴어 humilitas에서 왔는데 이 라틴어는 '겸손'이라는 뜻이 아니라 '천하다'는 의미를 담고 있다.
62) 시 51:5
63) 딤전 6:17

11. 이것이 바로 우리 안에 있는 천국, 하나님의 나라입니다. 거기에는 "성령 안에서 의와 평강과 희락"이 있습니다.[64] "의"라는 것은 우리 안에 있는 하나님의 생명입니다. 그것은 예수 그리스도 안에 있는 마음이며, 우리 마음속에 하나님이 인을 치셔서 그것을 창조하신 하나님의 형상에 따라 이제 새로워진 것입니다. 하나님께서 우리를, 자신을 위하여 우리 모든 인류를 사랑하셨으니, 이것이 하나님의 사랑이 아니면 무엇이겠습니까?

"평강", 즉 하나님의 평강이라는 것은 영혼이 잠잠하면서도 평온한 상태를 뜻합니다. 그것은 예수의 피에서 달콤한 휴식을 취하는 것으로서, 그분께서 우리를 받아들여 주셨다는 것을 확증해 줍니다. 또한 여기에는 어떠한 두려움도 없으며,[65] 단지 우리가 - 그의 자녀들인 우리가 - 하늘에 계신 사랑이 넘치는 아버지를 거역하지는 않을까 걱정하는 것만 있습니다.[66]

이 내적인 천국에는 성령 안에서의 "희락"도 있습니다. 이 성령은 우리의 마음속에 "예수 안에 있는 구속하심"[67]과 "지난날의 죄과를 사하시기 위해서" 우리에게 주시는 그리스도의 의를 확증하시는 분이십니다.[68] 성령은 의로운 재판장이신 주님께서[69] 그날에 우리에게 주실 면류관을 우리가 확실히 받게 될 것이라는 "기업의 보증"을 지금 우리에게 해 주십니다.[70] 이것이 바로 "하늘나라"라고 하는 것입니다. 이것은 이미 우리들의 마음속에 활짝 열려 있습니다. 이것은 하나님의 우편에서 영원토록 흘러나오는 기쁨의 강이 이제 처음 흘러나오기 시작한 것입니다.

12. "천국이 저희 것임이요." 그대가 누구이든지 상관없이 하나님께서 그대의 "심령이 가난하도록" 해 주셨다면, 그래서 자기 자신이 가망이 없어서

---

64) 롬 14:17. 표준설교 7('하나님 나라로 가는 길')을 보라.
65) 표준설교 9.3.4('노예의 영과 아들의 영')를 보라.
66) 요일 4:18
67) 롬 3:24
68) 롬 3:25
69) 딤후 4:8
70) 엡 1:14

오직 그분의 자비하신 은혜만 의지할 수밖에 없는 존재가 되었다고 느껴지게 되었다면, 그대는 거짓이 없으신 하나님의 은혜로운 약속으로 그 나라를 받을 권리를 갖게 된 것입니다.[71] 그 나라는 그대를 위해서 어린 양의 피를 대가로 지불하고 얻어낸 것입니다.[72] 그 나라는 아주 가까이에 있습니다. 그대는 그 천국의 가장자리에 와 있습니다! 이제 몇 발자국만 더 가면 그대는 의와 평강과 희락의 나라로 들어갑니다.[73] 그대는 지독한 죄인입니까? 그렇다면 "세상 죄를 지고 가는 하나님의 어린 양을 보십시오!"[74] 그대는 거룩하지 못합니까? 그렇다면 "하나님 아버지께 우리를 위해 변호해 주시는 의로우신 예수 그리스도"[75]를 보십시오! 그대가 자신이 저지른 아주 사소한 죄악조차도 해결할 수 없는 존재라고 느껴지십니까? "그분은 그대의 모든 죄를 씻어주시는 분"[76]이십니다. 이제 주 예수 그리스도를 믿으십시오. 그리하면 그대의 죄가 없어질 것입니다! 그대의 영혼과 몸이 온통 더럽습니까? 여기에 "죄와 부정을 깨끗하게 할 샘"이 있습니다.[77] "일어나서 그대의 죄를 씻으십시오!"[78] 그 약속을 향해 나아갈 때에 불신앙으로 인해 더 이상 비틀거리지 마십시오. 하나님께 영광을 돌리십시오! 믿으십시오! 이제 마음속 깊은 곳으로부터 부르짖으십시오!

> 마침내 나는 내려놓습니다.
> 주님의 피의 음성을 듣고
> 내 죄를 사하시는 하나님께
> 나의 모든 죄와 함께
> 나 자신을 내어놓습니다.

---

71) 표준설교 7.2.5~9('하나님 나라로 가는 길')를 보라.
72) 벧전 1:19
73) 롬 14:17
74) 요 1:36
75) 요일 2:1
76) 행 22:16
77) 슥 13:1
78) 행 22:16

13. 이제 그대는 하나님을 알아 "마음이 낮아진" 자가 될 것입니다. 이것이 참되고 진실한 그리스도인의 겸손이니, 이것은 그리스도 예수 안에서 우리와 화해를 이루신 하나님의 사랑을 느끼는 것에서 비롯되는 것입니다. 심령이 가난하다는 것은 자신이 악한 존재라는 것과 하나님의 진노가 끝난다는 것을 느끼게 될 때 비로소 시작됩니다. 심령의 가난은 우리가 모든 선한 생각과 말과 행동에서 전적으로 그분을 의지한다는 것을 계속해서 느끼는 것입니다. 심령이 가난하다는 것은 하나님께서 "매 순간 우리에게 물을 주지 않으시면"[79] 우리가 절대로 선한 일을 자력으로 할 수 없는 존재라는 것을 느끼는 것입니다. 심령이 가난하다는 것은 오직 하나님만이 찬양받으시기에 합당하신 분이라는 것을 알기에, 사람들로부터 칭송받기를 싫어하는 것을 말합니다. 이러한 마음에는 하나님께서 용서해 주셨던, 그리고 아직도 우리 마음에 남아 있는 – 물론 우리는 이러한 것들이 우리를 정죄하지 않는다는 것을 알고 있습니다. – 우리의 지난날의 잘못들로 인해 생기는 하나님 앞에서 수줍은 겸손함과 사랑스러운 부끄러움도 있습니다. 그럼에도 불구하고 우리는 타고난 죄성이 매일 더 깊어만 간다는 것을 분명히 인식하고 있습니다. 우리가 은혜 가운데 자라갈수록 우리는 우리의 마음이 사악하다는 것을 보게 됩니다. 우리가 주 예수 그리스도를 통해서 하나님의 사랑과 그분에 대한 지식 안에서 자라갈수록[80](이것은 하나님의 구원의 권능을 알지 못하는 사람들에게는 큰 신비입니다.) 우리는 우리가 하나님과는 머나먼 존재라는 것을 알게 되고, 우리 육적인 마음속에 있는 적개심을 발견하게 되며, 따라서 우리가 의와 참된 거룩함으로 전적으로 새롭게 되어야만 하는 존재라는 사실을 알게 됩니다.[81]

---

79) 사 27:3
80) 벧후 3:18
81) 엡 4:24

II

1. 그러나 이제 막 내면의 천국에 대해 알기 시작한 이 사람이 이 모든 것을 다 이해하지 못하는 것 또한 사실입니다. "내가 형통할 때에 말하기를 영원히 흔들리지 아니하리라 했도다. 주께서 나를 산 같이 굳게 세우셨도다."[82] 이 사람은 죄라는 것이 이제 자신의 발아래 완전히 뭉개져서 자기 안에 남아 있다고는 생각하지 않습니다. 유혹도 이제 잠잠히 잦아들어서 더 이상 달콤한 목소리를 내지 않습니다. 그것은 이제 그에게 가까이 다가오지 못하고 저 멀찌감치 떨어져 있습니다. 그는 희락과 사랑의 마차를 타고 저 높이 떠 있습니다. 그는 "독수리의 날개를 타고"[83] 솟구쳐 오릅니다. 그러나 우리 주님께서는 이러한 승리의 상태가 오랫동안 지속되지 못한다는 점을 잘 알고 계십니다. 그래서 주님께서는 이제 "애통하는 자는 복이 있나니 저희가 위로를 받을 것이다."라고 이어서 말씀하신 것입니다.

2. 이러한 약속의 말씀은 단지 이 세상일로 인해 슬퍼하는 사람들에게만 주어진 것이 아닙니다. 이것은 이 세상에서 닥친 문제나 실망감, 예를 들면 명성을 잃게 되었다든지 친구를 잃었다든지, 혹은 운이 따르지 않았다든지 하는 것과 같은 세상적인 것 때문에 낙심하고 슬퍼하는 사람에 대한 것이 아닙니다. 잠시 있다가 사라지는 얼마의 악한 것들을 겁내어서 자기 스스로를 괴롭게 하는 이들에게 이러한 말씀은 어울리지 않습니다. 걱정으로 얼굴이 수척해지는 사람이나 "마음을 병들게 하는"[84] 세상적인 것들을 갈망하는 사람에게도 마찬가지입니다. 이런 사람들은 "주님께로부터 어떤 것도 받지 못할 것"입니다.[85] 이런 사람은 도무지 생각이 없는 자입니다. 따라서

---

82) 시 30:6~7
83) 사 40:31
84) 잠 13:12
85) 약 1:7

이런 자들은 "그림자 같이 다니고 헛된 일로 소란"합니다.[86] 이런 자들에게 주님께서는 "너희가 내 손에서 얻을 것이 이것이니 곧, 너희가 슬픔 가운데 누우리라."[87]고 말씀하셨습니다.

3. 우리 주님께서 여기에서 말씀하시는 애통하는 자는 전혀 다른 이유로 애통하는 자들을 가리킵니다. 여기에서 말씀하시는 애통하는 자는 하나님을 갈망하여 애통하는 자를 가리킵니다. 그들은 하나님께서 그들에게 "좋은 것을 맛보게" 해 주셨을 때, 용서의 "말씀과 앞으로 올 세상의 능력"을[88] 주셨을 때 말로 형용할 수 없는 기쁨을[89] 그분 안에서 누렸습니다. 그러나 하나님은 "그 얼굴을 숨기셨고, 그들은 곤경에 빠졌습니다."[90] 그들은 짙은 구름에 가려 하나님을 뵐 수 없습니다. 도리어 그들은 영영 떠나가서 다시는 찾아오지 않을 거라고 기분 좋게 생각하던 죄와 유혹들이 다시금 일어나서 자신들을 힘껏 따라오고 있으며, 사방에서 자신들을 붙잡고 있다는 것을 깨닫게 됩니다. 이들의 영혼이 유혹과 죄로 인해 혼란스럽고 이것들에 짓눌려 고통당하고 있다면 그것은 전혀 이상한 일이 아닙니다. 이 사람들의 원수인 마귀도 틀림없이 일을 만들어 냅니다. 그 원수는 "너의 하나님이 지금 어디 계시느냐? 네가 말하던 복되신 분이 지금 어디에 계신다는 말이냐? 천국이 비로소 찾아왔다고? 그래, 하나님이 '네 죄가 용서함을 받았느니라' 라고 말씀하셨다는 말이냐? 아니, 하나님은 그렇게 말씀하신 적이 없어. 그건 단지 네가 꿈을 꾼 것이지. 그저 환상, 네가 꾸며낸 환상일 뿐이야. 만약에 네 죄가 용서함을 받았다면 네가 지금 왜 그러고 있지? 죄 사함을 받았다고 하는 사람이 그렇게 불경건하냐?"라고 말합니다. 이런 일이 찾아오면 이 사람들은 하나님께 곧바로 아뢰지 않고 자신들보다 더 똑똑한 이 마귀

---

86) 시 39:6
87) 사 50:11
88) 히 6:5
89) 벧전 1:8
90) 시 104:29

와 논쟁을 벌입니다. 그래서 결국 그들은 마음이 무거워지고 슬픔에 가득 차 말로 형용할 수 없는 고뇌에 빠지게 됩니다. 그렇습니다. 하나님께서 그 영혼에 다시 빛을 비춰 주셔도, 그래서 하나님께서 베푸셨던 자비에 대한 모든 의심을 없애 주신다 해도, 믿음이 약한 이 사람은 닥쳐올 것들 때문에 유혹을 받고 곤경을 당할 수도 있습니다. 특히 마음속으로 저지르는 죄가 다시금 들고 일어나서 그를 아프게 할 때 그는 실족하여 넘어질 수 있습니다. 그때 그는 이렇게 부르짖습니다.

> 나는 두려운 죄악 가운데 있네,
> 내 마지막 실을 다 짰을 때
> 바닷가에서 죽어 사라지겠지.

내가 믿음의 난파를 당하지 않기 위해서, 내 마지막이 처음보다 더 나빠지도록 하지 않기 위해서 -

> 내 모든 생명의 빵이 헛되이 되지 않기를!
> 이 상태 그대로 지옥에 가라앉지 않기를!

4. 물론 이러한 "괴로움"은 "당시에는 즐거워 보이지 않고 슬퍼 보이나 후에 그로 말미암아 연단 받은 자들은 의와 평강의 열매를 맺는" 것입니다.[91] 그러므로 "주님께서 더디 오신다고"[92] 하면서 늑장을 부리거나 이 세상의 보잘것없는 위로에 기대면서 그 길에서 돌이키려는 노력을 하지 않는 그런 사람이 아니라면, 애통하는 그 사람은 복이 있습니다. 죄와 어리석음과 허영이 주는 달콤한 모든 위안을 과감히 거부하는 애통하는 자는 복이 있습니

---

91) 히 12:11
92) 벧후 3:9

다. 이 세상의 모든 오락이나 쾌락을 거부하는 그 애통하는 자는 복이 있습니다. 영혼을 무감각하게 만들고 마비시켜 그 영혼이나 하나님에 대한 감각도 느끼지 못하게 만드는 "한때 쓰다가 곧 사라지고 마는"[93] 모든 쾌락을 거부하는 애통하는 자는 복이 있습니다. "주님을 알기 위해 매달리는" 자, 그 외의 다른 어떠한 위안도 굳게 거절하는 자는 복이 있습니다. 그들은 성령이 주시는 위로를 받게 될 것입니다.[94] 그들은 새롭게 나타나는 하나님의 사랑으로 위안을 받을 것입니다. 그들은 어느 누구도 떼어갈 수 없는, 예수 그리스도 안에서 하나님께서 영접해 주시는 그러한 증거로써 위안을 얻을 것입니다. 이 "확고한 믿음"[95]은 우리를 괴롭히는 모든 두려움과 의심을 삼켜버립니다. 하나님께서는 그들에게 변함없는 유업의 확실한 소망과 "은혜로 말미암은 큰 안위"[96]를 주십니다. "한때 빛을 받고 하늘의 은사를 맛보고 성령에 참여했다가 타락한"[97] 자들에게도, 이것이 가능한지의 문제에 대해서는 그들 위에 머물러 있는 능력에 의하여 이렇게 말하면 충분할 것입니다: "누가 우리를 그리스도의 사랑에서 끊으리요? … 내가 확신하노니 사망이나 생명이나 천사들이나 권세자들이나 현재 일이나 장래 일이나 능력이나 높음이나 깊음이나 다른 어떤 피조물이라도 우리를 우리 주 그리스도 예수 안에 있는 하나님의 사랑에서 끊을 수 없으리라"(롬 8:35~39).[98]

5. 하나님이 안 계신 것으로 인해 슬퍼하는 것과 그분을 다시 뵈어서 기쁨을 회복하는 이 모든 과정은 우리 주님께서 고난당하시기 전날 밤에 사도들에게 하셨던 다음과 같은 말씀에 암시되어 있습니다: "조금 있으면 나

---

93) 골 2:22
94) 행 9:31
95) 히 10:22
96) 히 6:18
97) 히 6:4~6
98) 이와는 좀 다르게 웨슬리는 이 히브리서 6:4~9의 말씀으로 그리스도인의 완전한 타락을 말한다. "한 번 빛을 받았던 자들이 새롭게 되어 회개에 이르는 것이 불가능하다."는 말씀을 배교라는 것으로 설명한다. 이에 대하여는 표준설교 19.1.8('산상수훈 강해 4')을 보라.

를 보지 못하겠고 또 조금 있으면 나를 보리라 하므로 서로 문의하느냐? 내가 진실로 진실로 너희에게 이르노니 너희는 곡하고 애통하겠으나 세상은 기뻐하리라."[99] 그들은 마치 여러분들의 소망이 이제 끊어진 것처럼 승리감에 젖어 기뻐할 것입니다. 의심과 두려움과 유혹과 크나큰 욕망으로 인하여 "그대는 슬픔에 젖을 것"입니다. 그러나 그대를 사랑하시는 하나님께서 다시 찾아오시기 때문에 "그대의 슬픔은 기쁨으로 변할 것"입니다. "여자가 해산하게 되면 그 때가 이르렀으므로 근심하지만, 아기를 낳으면 세상에 사람 난 기쁨으로 말미암아 그 고통을 다시 기억하지 아니합니다. 지금은 그대가 근심합니다."[100] 그대는 애통하며 위로를 받지 못합니다. "그러나 주님께서 그대들을 다시 볼 것이니" 그윽한 내면의 기쁨으로 "여러분의 마음이 기쁠 것이요, 여러분의 기쁨을 빼앗을 자가 없을" 것입니다(요 16:19~22).

6. 비록 위로자께서 다시 찾아와 주심으로 인하여 이 애통함이 이제 끝나고 거룩한 기쁨 가운데 완전히 사라졌다 하더라도 여전히 또 다른 것이 있습니다. 이것은 복된 애통함인데, 그것은 하나님의 자녀들 가운데 있는 것입니다. 이들은 인류의 죄와 불행을 애통해합니다. 그들은 "우는 자들과 함께 웁니다." 그들은 자기 자신들을 위해 우는 것이 아니라 자신들을 대적하는 죄인들을 위해 울고 있는 것입니다. 그들은 어느 정도 죄에서 구원함을 받은 자들의 연약함과 믿음 없음을 인하여 애통해합니다. "누가 약하면 내가 약하지 아니하며 누가 실족하게 되면 내가 애타지 아니하더냐?"[101] 이 사람들은 하늘과 땅의 왕이신 분께 끊임없이 자행되는 불손함 때문에 가슴 아파합니다. 그들은 항상 이러한 것들을 끔찍하게 여기며, 그들의 영혼은 이것을 매우 심각하게 받아들입니다. 그들은 점점 더 많이 이것들을 심각하게 받아들이는데, 이는 그들이 밑도 끝도 없이 수많은 사람을 삼켰으며,

---

99) 요 16:19~20
100) 요 16:20~21
101) 고후 11:29

아직 남아 있는 것들마저 삼켜버리려고 하는[102) 거대한 영원의 바다를 계속해서 보기 때문에, 그들이 이해하는 안목이 활짝 열려졌기 때문입니다. 그들은 여기에서 하늘의 영원한 하나님의 집을 바라봅니다. 그들은 또한 열린 지옥과 파멸을 봅니다. 그리하여 그들은 지금 나타났다가 영원히 사라지고 마는 매 순간이 얼마나 중요한지 몸소 느낍니다.

7. 그러나 이러한 하나님의 지혜는 세상에게 있어서는 어리석음입니다.[103) 그들은 애통해하는 것이나 심령의 가난함에 대한 모든 것들을 어리석고 멍청한 것으로 여깁니다. 그렇습니다. 그들이 이런 것들에 대해서 그렇게 판단하는 것이 어쩌면 당연한 일입니다 – 만약에 그들이 이런 것들을 그저 침울하고 우울한 것, 혹은 미친 짓으로 여기지 않는다면 말입니다. 하나님을 알지 못하는 이들이 이렇게 생각하는 것이 결코 놀랄 만한 일이 아닙니다. 두 사람이 함께 걷고 있는 장면을 한번 생각해 보십시오. 그 두 사람 가운데 한 사람이 갑자기 멈춰 서서 두려움과 놀라는 몸짓을 크게 하면서 소리를 지릅니다. "우리가 절벽 끝에 서 있잖아! 우리가 하마터면 떨어져서 산산조각이 날 뻔했어! 한 발자국만 더 갔더라면 저 낭떠러지로 떨어졌을 거야! 멈춰 서! 난 절대로 안 갈 거야!" 그런데 자기도 그만큼 날카로운 눈을 갖고 있다고 믿는 다른 한 사람이 앞을 내다보니 그런 것이 보이지 않는 겁니다. 그러니 이 사람이 그렇게 소리를 지른 친구를 어떻게 생각하겠습니까? 분명히 미쳤다고 하겠지요. "이 친구 머리가 제정신이 아니구먼? 종교를 믿더니 (만일 그가 공부를 많이 한 사람이 아니라면)[104) 돌아 버렸구먼?" 하고 생각하지 않겠습니까?

8. 그러나 하나님의 자녀들이여! "시온의 애통하는 자들이여!" 이런 것에

---

102) 표준설교 27.0.3('산상수훈 강해 12')을 보라.
103) Cf. 고전 3:19
104) 여기에서 웨슬리는 사도행전 26장 24절에서 베스도가 바울에게 했던 말을 생각했던 것 같다.

흔들리지 맙시다. 여러분의 눈은 밝아졌으니 아직도 어둠 가운데 걷고 있는 자들로 쓸데없이 신경 쓰지 마십시오. 여러분은 헛된 그림자를 따라 걷지 않습니다. 하나님과 영원은 분명한 실재입니다. 하늘과 지옥의 문은 여러분 앞에 분명히 열려 있습니다. 그리고 여러분은 이 둘 사이의 커다란 틈 끝머리에 서 있습니다. 그 깊은 틈은 말로 다 헤아릴 수 없이 많은 나라들과 족속들과 사람들을 이미 삼켰습니다. 그런데도 그것은 사람들이 그것을 알아보든 알아보지 못하든 상관없이 어리석고 불행한 그 인간들을 아직도 더 삼키려고 입을 벌리고 있습니다. 오! 큰소리로 외치십시오! 주저하지 마십시오! 태풍처럼 임하는 파멸로부터[105] 구원을 얻을 수 있도록 시간과 영원, 여러분과 여러분의 형제들을 손에 넣고 계시는 하나님께 부르짖으십시오. 이 파도와 폭풍을 뚫고 안전하게 나와서 하늘나라에 들어갈 수 있도록 부르짖으십시오. 하나님께서 그대의 눈에서 눈물을 닦아 주실 때까지[106] 그대를 위하여 우십시오. 또한 만유의 주님께서 불행과 죄에 종지부를 찍으실 때까지, 그분께서 모든 얼굴에서 눈물을 씻어 주실 그 날까지, 그리고 "물이 바다를 덮음 같이 여호와를 아는 지식이 세상에 충만할"[107] 때까지 이 세상에 임하는 불행을 위해서 우십시오.

---

105) 잠 1:27
106) 계 21:4
107) 사 11:9

웨슬리와 함께 공부하는 산상수훈

1 웨슬리는 산상수훈을 말씀하시는 예수님을 어떤 분으로 묘사하고 있는지 정리해 보십시오. (16.0.2)

2 웨슬리는 산상수훈을 통해서 예수님이 가르치려고 하신 것이 무엇이라고 말합니까? (16.0.3)

3 예수님께서(수여자) 주시는 산상수훈 가르침을 받는 이(수혜자)는 누구입니까? (16.0.4~0.6)

4 웨슬리는 과거의 모든 가르침들과 비교해 볼 때 산상수훈이라는 가르침이 기독교에서 어느 정도의 위치를 차지하는 것으로 설명하고 있습니까? (16.0.7)

5 웨슬리는 산상수훈을 크게 몇 부분으로 나누고 있으며, 각각의 부분은 어떤 내용으로 되어 있습니까? (16.0.10)

6 기독교 신앙의 가장 기초가 되는 첫걸음에 대해 웨슬리는 무엇을 손꼽고 있습니까? (16.1.2)

7 심령이 가난하다는 것은 무엇을 가리키는 것입니까? (16.1.4~7)

8 "세상적인 도덕이 끝나는 지점에서 기독교가 비로소 시작된다."(16.1.9)는 말이 무슨 뜻인지 설명해 보십시오.

9 "심령이 가난한 사람"은 하나님과의 관계에 있어서 어떤 모습을 유지하게 됩니까? (16.1.13)

10 심령의 가난함을 통해 천국의 기쁨을 맛본 사람이 머지않아 그 승리와 기쁨의 상태가 시들해질 때가 있는데, 이것을 대비해서 예수님께서 주신 약속의 말씀은 무엇입니까? (16.2.1)

11 웨슬리는 "애통하는 자"가 무엇에 대해 애통해하는지 두 가지를 언급합니다. 첫 번째로 그는 무엇에 대해 애통해합니까? (16.2.3)

12 "애통하는 자"는 두 번째로 무엇에 대해 애통해합니까? (16.2.6)

표준설교

17

우리 주님의
산상수훈에 대하여

▶ 강해 2

요약과 해설

　표준설교 17번, 산상수훈 두 번째 강해는 1793년 7월 22일에 했던 야외설교다. 이 설교는 앞에 나왔던 강해 1번과 뒤에 나오는 18번 설교인 강해 3번과 함께 같은 날에 선포되었던 말씀으로서, 웨슬리가 1735년 회심(각성) 이후 얼마 되지 않아서 한 설교다. 웨슬리는 복의 선언(팔복)을 갖고 그리스도인의 신앙의 여정을 설명하는데, 그 첫걸음이 심령의 가난함이며, 이어지는 것이 애통함이었다. 이 두 번째 강해 역시 이러한 신앙의 여정의 그다음 단계로 이어지는 것으로서, 이 여정에 있는 그리스도인들에게 하나님을 향해 시선을 고정시키고 그분을 향한 신뢰를 더욱 깊게 가질 것을 요구하며, 더 나아가서 이웃을 향해 눈을 돌리는 성숙함으로 나아갈 것을 강조한다.

　이 두 번째 강해는 복의 선언(팔복) 가운데 세 가지, 즉 온유한 자, 의에 주리고 목마른 자, 그리고 긍휼히 여기는 자에 대한 내용을 다루고 있다. 온유한 자는 어리숙하거나 마음이 순하고 세상 물정을 모르는 사람이 아니라, 평정심을 가진 사람을 의미한다. 평정심이라는 것은 그저 성격이 낙관적이어서 쉽게 동요하지 않는 것을 의미하는 것이 아니라, 주변의 어떤 환경이나 처지, 여건에 따라서 흔들리지 않는 것을 뜻한다. 이것은 하나님에 대한 신뢰, 즉 믿음이 있어야만 가능하다. 온유한 사람은 세상의 약삭빠른 눈치로 자기 몫을 챙기는 것이 아니라 손해를 보더라도 하나님의 뜻에 순종하는 삶을 살며, 대신에 하나님은 그 사람의 삶을 현세와 내세에서도 책임져 주신다.

　의에 주리고 목마르다는 것은 오직 하나님만을 추구하고 그분 안에서만 참된 만족을 얻고자 하는 태도를 뜻한다. 하나님을 사랑하는 이러한 사람은 자연스럽게 이웃을 향해 관심을 확장시키게 된다. 이웃을 향한 이 마음은 긍휼히 여기는 마음이며, 이웃을 내 몸과 같이 사랑하는 마음이다. 웨슬리는 이 사랑의 마음을 바울이 고린도전서에서 말한 사랑의 노래를 갖고 설명한다.

우리 주님의 산상수훈에 대하여

▶ 강해 2

온유한 자는 복이 있나니 그들이 땅을 기업으로 받을 것임이요, 의에 주리고 목마른 자는 복이 있나니 그들이 배부를 것임이요, 긍휼히 여기는 자는 복이 있나니 그들이 긍휼히 여김을 받을 것임이요. 마 5:5~7

I

1. "겨울이 지나고, 노래하는 때가 올 때, 산비둘기의 소리가 땅에 울려 퍼질 때"[1], 애통하는 자를 위로하시는 그분께서 "그들과 영원히 함께하시려고"[2] 이제 돌아오실 때, 그분의 임재하심의 광채로 모든 의심과 불신의 구름이 사라지고 두려움의 폭풍이 멀리 물러갈 때, 슬픔의 파도는 잦아들고, 그들의 영혼이 이제 다시 구세주 하나님 안에서 기뻐할 때, 이때 비로소 이 말씀은 온전히 성취됩니다. 이때 비로소 그분으로부터 위로하심을 받은 이들은 "온유한 자는 복이 있습니다. 왜냐하면 저들이 땅을 기업으로 받을 것이기 때문입니다."라고 증언할 것입니다.

---

1) 아 2:12
2) 요 14:16

2. 그런데 "온유한 자"란 누구입니까? 이들은 세상 물정에 대해 아무것도 몰라서 슬퍼할 줄도 모르는 그런 사람을 가리키는 것이 아닙니다. 이들은 선과 악을 구별할 줄도 모르기 때문에 악에 대해서 동요하지도 않는 사람을 가리키지도 않습니다. 어리석을 정도로 신경이 둔해서 인생 가운데 어떤 충격적인 일이 벌어져도 그것과 무관한 듯 사는 사람을 가리키는 것 또한 아닙니다. 이들은 천성적으로든 살아가면서 그런 성품을 갖게 된 것이든 아니든 상관없이, 아무것도 느끼지 못하기 때문에 마치 막대기나 돌덩이처럼 어떤 일에도 화를 내지 않는 사람을 가리키지 않습니다. 비이성적인 철학자들은 이런 것에는 완전히 무관심합니다. 냉담하다는 것은 온유함과는 거리가 멉니다. 따라서 순수한 시대의 기독교인들, 특히 교부 시대의 기독교인들이 이러한 것들을 혼동해서 이 어리석은 이교도의 오류를 마치 참 기독교의 한 분파로 오해했다고 쉽게 단정하여 생각하는 것은 곤란합니다.

3. 또한 기독교인들의 온유함이 하나님에 대한 열정도 없이 그저 무시해 버리는 행동이나 무감각한 것에 지나지 않는다고 하는 것은 잘못된 것입니다. 온유함이란 이러한 것들이 아닙니다. 온유함이란 지나치지도 모자라지도 않는 것, 극단적인 것을 멀리하는 것입니다.[3] 온유함은 감정을 파괴시키지 않고 도리어 균형을 이루게 하며, 자연을 다스리시는 하나님께서는 당신의 은혜로써 이러한 감정을 없애지 아니하시고 도리어 적절하게 규제하셨습니다. 온유함은 우리의 마음이 바르게 있도록 해 줍니다. 그것은 분노와 슬픔, 두려움의 감정에 있어서 평정을 유지하도록 해 주어서 어떠한 삶의 상황에서도 좌로나 우로 치우치지 않도록 균형을 이루게 합니다.[4]

4. 따라서 온유함이란 우리 자신들과 관계된 문제처럼 보입니다. 하지

---

3) 여기에서 동양철학의 중용의 덕을 생각해 볼 수 있다.
4) 잠 4:27

만 이것은 우리 자신보다는 하나님이나 우리 이웃과 관계된 것입니다.[5] 이 평정의 마음이 하나님과 관계되었다고 하면, 우리는 이것을 종종 "하나님께 모든 것을 맡겨드리는 것"(resignation)이라고 부릅니다. 이것은 하나님의 뜻이 무엇이든지 상관없이, 심지어 그 뜻이 나 자신의 본성에 있어서 달가운 것이 아니라 할지라도, 그 뜻에 묵묵히 따르는 것을 의미합니다. 온유함은 "하시는 이가 주님이시니 주님 보시기에 좋으실 대로 하십시오."라고 말하는 것입니다. 이것을 우리 자신에 대한 것으로 좀 더 엄밀하게 생각해 본다면 '인내'나 '만족하는 것'이라고 말할 수 있겠습니다. 이 말을 다른 사람과의 관계로 더 나아가서 본다면, 선에 대해서는 '부드럽게 대하는 태도'(mildness)이며 악에 대해서는 '신사적인 태도'(gentleness)[6]라고 말할 수 있습니다.

5. 참으로 온유한 사람은 악한 것을 분명하게 분별해 낼 수 있습니다. 또한 그들은 그 악을 감내해 낼 수도 있습니다. 이들은 이러한 모든 악한 것들에 매우 민감합니다. 그렇지만 그들은 그러한 가운데서도 악을 통제합니다. 온유한 자들은 "만군의 주를 향한 열심"[7]을 아주 많이 갖고 있습니다. 그러나 그들의 열심은 항상 지식에 의해 통제를 받고 있으며, 모든 생각과 말과 행동에 있어서 하나님에 대한 사랑뿐만 아니라 사람들에 대한 사랑으로써 조절되고 있습니다. 그들은 하나님께서 바람직한 결실을 얻을 목적으로 그들의 본성 가운데 심어 두신 감정들을 없애려고 하지 않습니다. 도리어 그들은 그러한 감정들을 자신들의 아래에 두고 다스리며, 그것들을 그 선한

---

5) 웨슬리는 19.1.3에서 온유함을 여기에서와 마찬가지로 하나님과의 관계와 이웃과의 관계라는 두 차원에서 설명한다.
6) 신사적인 태도(gentleness)는 빌립보서 4장 5절에서 말하는 바, "모든 사람에게 보이는 관용"을 말한다고 보기 힘들다. 비록 아래 17.1.6에서 빌립보서 4장 5절의 표현을 인용하고 있지만, 17.1.2와 5에서 웨슬리가 악에 대한 단호한 분노의 감정 혹은 거룩한 분노의 태도를 지지하고 있는 것으로 미루어 볼 때, 'gentleness'이라는 표현을 악에 대한 너그러운 태도를 가리킨다고 보기보다는, 단호하지만 다른 한편으로는 신사적이고도 부드러운 태도로써 악한 사람들 대하는 것을 의미한다고 보는 것이 적절하다.
7) 왕상 19:10, 14; 왕하 10:16

목적에 부합하는 데만 사용합니다. 따라서 가혹하고 심지어는 기분을 상하게 하는 감정조차도 고상한 목적에 부합하도록 사용할 수 있는 것입니다. 미움이나 분노, 두려움의 감정도 죄에 대항하는 것이라면, 그리고 믿음과 사랑에게 통제를 받는다면, 이러한 감정들은 영혼의 방호벽이 되어 주기 때문에 사악한 자들이 그 영혼을 해치려고 감히 접근하지 못하게 됩니다.[8]

6. 그러므로 하나님께서 우리에게 주신 이 온유의 감정은 그저 우리에게 머물러 있게만 하지 말고 도리어 매일매일 우리 가운데서 커져야 합니다. 온유의 덕은 연단을 받고 점점 커져서 우리가 이 땅에 사는 동안 결코 부족해지지 않도록 해야 합니다. "우리에게 인내가 필요한 것은, 우리가 하나님의 뜻을 행하고" 감내한 "후에 약속하신 것을 받기 위함"입니다.[9] 우리는 그분 앞에 모든 것을 내려놓을 수 있어야 합니다. 그래서 어떠한 상황에서든지 "내 뜻대로 마시고 당신의 뜻대로 하십시오."[10]라고 말할 수 있어야 합니다. 우리는 "모든 사람들에게 신사적인 태도(gentleness)를 보이되" 특히 악하고 감사할 줄 모르는 사람들에게 그러해야 합니다. 만약에 그렇지 못하면 우리는 선으로 악을 이기는 게 아니라 도리어 악에게 패배를 당하게 될 것입니다.[11]

7. 온유함은 그 옛날 바리새인들과 서기관들이 가르쳤던 것처럼 단지 외적으로 드러나는 행동에 국한되어서는 안 됩니다. 하나님께로부터 가르침을 받지 못한 불운한 선생들은 어느 시대에서든지 그것을 항상 외적인 것만으로 생각합니다. 하지만 우리 주님께서는 이것을 경계하시어, 그것이 어느 정도까지 이르러야 하는지를 다음과 같은 말씀으로 보여 주셨습니다: "옛

---

8) Cf. 엡 4:26
9) 히 10:36
10) 막 14:36. 웨슬리는 이로써 예수 그리스도를 온유함의 모범을 보이신 분으로 그리고 있다.
11) 롬 12:21

사람에게 말한 바, 살인하지 말라. 누구든지 살인하면 심판을 받게 되리라 했다는 것을 너희가 들었으나, 나는 너희에게 이르노니, 형제에게 노하는 자마다 심판을 받게 되고 형제를 대하여 라가라 하는 자는 공회에 잡혀가게 되고, 미련한 놈이라 하는 자는 지옥 불에 들어가게 되리라"(마 5:21~22).

8. 우리 주님께서는 여기에서 분노가 마음속에서만 머물고 외부적인 행동으로 드러나지 않는 것조차 살인 행위나 다름없는 것으로 여기십니다. 비록 그 분노가 불친절한 모습, 아니, 감정 섞인 언사로 바깥에 드러나지 않았다 하더라도 말입니다.[12] "누구든지 그 형제에게" - 우리 모두는 형제이니만큼 이 세상에 사는 모든 사람들에게 - "노하는 자는 누구든지", 그 마음에 불친절한 마음을 갖고 있는 자는 누구든지, 사랑에 반하는 어떠한 감정을 품고 있는 자는 누구든지, 특별한 이유나 충분히 납득할 만한 이유 없이 화를 내는 자는 누구든지 "심판을 받게 될" 것입니다. 이 말은 하나님께서 의로우신 심판을 하실 때에 상당히 심기를 거스른다는 말입니다.

그런데 어떤 사람들은 "납득할 만한 이유 없이"라는 단어가 없는 사본을 더 선호합니다.[13] 하지만 이것은 좀 지나친 것이 아닐까요? 만일 다른 사람에 대해 분노하는 것이 사랑이라는 것에 반대되는 행동이라면, 거기에 무슨 충분한 이유라는 것이 있을 수 있겠습니까? 하나님 보시기에 그것이 정당화되겠습니까?

하지만 우리는 죄악에 대한 분노는 허용합니다. 이것은 우리가 분을 품어도 죄는 짓지 않는다는 바로 그 말입니다.[14] 이런 맥락에서 우리 주님께서도 친히 분노하셨던 것입니다. "그들의 마음이 완악함을 탄식하사 노하심으로 그들을 둘러보시고"[15]라고 하신 말씀이 바로 그것입니다. 예수님께서는 죄

---

12) 표준설교 35.2.26('그리스도인의 완전')을 보라.
13) a², D, K, L, W 사본 등에서는 "까닭 없이"(*eike*)라는 단어를 넣고 있다. 토마스 아퀴나스 역시 합당한 이유가 있다면 화를 낼 수도 있다는 예외를 주장한다(*Summa 2*, q. 158).
14) 엡 4:26
15) 막 3:5. 그러나 평행본문인 마태복음 12장과 누가복음 6장에서는 예수께서 분노하신 모습을 없앤다.

인들에 대해서는 탄식하시고 죄에 대해서는 노하셨습니다. 그리고 이것은 분명히 하나님 보시기에 바람직한 모습이었습니다.

9. "누구든지 그 형제에게 라가라 말하는 자는"이라는 말은 화를 내어서 경멸하는 말을 내뱉는 사람을 가리킵니다. 주석가들에 따르면 "라가"라는 말은 시리아어인데, 이 말에는 '텅 비었다', '헛되다', '바보 같다'는 뜻이 담겨 있습니다. 이런 표현들은 내가 별로 좋아하지 않는 사람들에게 일상에서 사용할 수 있는 말로서, 그다지 끔찍한 말은 아닙니다. 하지만 이런 표현조차도 우리 주님께서는 그런 말을 하면 "공회에 잡혀간다."고 분명히 말씀하셨습니다. 이런 말들은 주님께 있어서 매우 끔찍한 것들이며, 따라서 세상의 재판장이신[16] 주님께 엄한 심판을 받게 됩니다.

"미련한 놈이라 하는 자는"이라는 말은 마귀에게 넘어가서 의도적으로 꾸짖는 말이나 오만불손한 말을 내뱉으며 욕을 하는 것을 뜻하는데, 이런 사람들은 "지옥 불에 던져질 것"입니다. 이런 사람들은 그 즉시 가장 무거운 심판을 받게 될 것입니다. 우리가 눈여겨볼 것은, 우리 주님께서 이 모든 것들이 매우 중대한 형벌을 받도록 만드는 것이라고 보신다는 점입니다. 먼저 하위급 재판에서 판결을 받는 이는 보통 매달아 놓는 판결을 받습니다. 두 번째로 예루살렘에서 벌어지는 큰 의회에서는 돌을 던져 죽이는 판결을 받습니다. 그런데 세 번째로 가장 죄질이 나쁜 사람에 대한 최상급 판결에서는 '힌놈의 아들 골짜기'에서 산 채로 태워 죽임을 당하는 벌이 내려집니다. 힌놈의 아들(*Gai Ennom*)이라는 말에서 우리가 '지옥'(hell)이라고 부르는 말이 유래된 것이 틀림없습니다.[17]

10. 사람들은 자기들이 어떤 의무를 정확하게 잘 수행하면 하나님께서

---

16) 시 94:2
17) 헬라어의 지옥을 뜻하는 게헨나(*geenna*)라는 말은 히브리어의 힌놈(*Ennom*)의 골짜기(*Gai*)라는 말에서 유래한 것이다.

자신들의 잘못을 눈감아 주실 것이라고 생각하는 경향이 있습니다. 하지만 다음 구절에서 우리 주님은 사람들이 흔히들 그렇게 알고 있는 그러한 헛된 망상을 떨쳐 버리라고 하십니다. 그분께서는 죄인들이 하나님과 소통하는 것이 불가능하다는 것을 보여 주십니다. 하나님께서는 어떠한 것을 눈감아 주는 대가로 사람들이 무엇을 해내는 것을 받아 주시지도 않으시며, 어떤 것을 조금 순종했다고 해서 나머지 모든 것들에 대해서는 넘어가 주시는 분이 아닙니다. 그분께서는 우리가 하나님께 대한 의무를 다했다고 해서 우리 이웃에 대한 의무를 소홀히 해도 된다고 생각하는 것에 대해 경고하십니다. 경건의 행위(works of piety)를 했다고 해서 우리가 하나님으로부터 면죄부를 받는 것이 아닙니다. 만약 우리가 하나님께 대한 것은 잘하면서 그 반대로 이웃을 위한 자비의 행위(charity)는 소홀히 한다면, 이것은 우리가 하나님께 잘했던 것조차 그분 앞에서 혐오스러운 것으로 만들 뿐입니다.[18]

"그러므로 예물을 제단에 드리려다가 거기서 네 형제에게 원망들을 만한 일이 있는 것이 생각나거든" – 그대가 그 사람에게 던진 불친절한 말 때문에, 그대가 그 사람을 "라가", '바보 같은 녀석'이라고 부른 것 때문에 마음이 꺼림칙하여 하나님께 제물을 드린다면, 그 제물 덕분에 그대가 그렇게 이웃에게 분을 품은 죄가 용서받게 될 것이라고 생각하지 마십시오. 그대의 양심이 회개하지 않은 죄에 대한 죄책감으로 더럽혀져 있는 한 그렇게 한다고 해서 하나님께서 그대를 용납해 주시리라고도 생각하지 마십시오. "예물을 제단 앞에 두고 먼저 가서 형제와 화목하고" (화해하기 위해서 적어도 할 수 있는 모든 일을 하십시오.) "그 후에 와서 예물을 드리라" (마 5:24).

---

18) 웨슬리는 자신의 산상수훈 강해 곳곳에서 하나님께 대한 책임과 이웃을 향한 책임의 균형을 강조한다. 그는 하나님께 대한 것을 '경건의 행위'(works of piety)로, 이웃에 대한 사회적 책임은 '자비의 행위'(works of charity, works of mercy)라고 지칭한다. 특히 산상수훈 여섯 번째 강해인 표준설교 21번을 참고하라. 하나님 사랑과 이웃 사랑, 이 두 가지는 표준설교 2.2.1~2('이름뿐인 그리스도인', Almost Christian)에서 온전한 그리스도인(altogether Christian)으로 하여금 이교도(heathen)나 거의 그리스도인(almost christian)과 구별되도록 해 주는 주요한 특징 가운데 하나로 언급된다.

11. 그대의 영혼과 깊이 관련된 일에는 지체해서는 안 됩니다. "너를 고발하는 자와 함께 길에 있을 때에 급히 사화하라." - 지금 당장, 바로 그 자리에서, 가능하다면 그가 그대의 눈에서 멀리 사라지기 전에 화해하라는 말입니다. "그 고발하는 자가 너를 재판관에게 내어 주지 않도록" - 그가 모든 만물의 재판장이신 하나님께[19] 아뢰기 전에 그렇게 하라는 말입니다. "재판관이 옥리에게 내어 주어" - 이 말은 하나님의 진노하심에 따라 형을 집행하는 사탄에게 넘김을 당하는 것을 말합니다. "옥에 가둘까 염려하라." - 이것은 마지막 심판을 받는 날까지 머물게 되는 지옥으로 던져지는 것을 뜻합니다.[20] "진실로 네게 이르노니 네가 한 푼이라도 남김이 없이 다 갚기 전에는 결코 거기서 나오지 못하리라." 그러나 당신이 남김없이 다 갚는다는 것은 불가능합니다. 왜냐하면 당신은 지불할 아무것도 갖고 있지 못하기 때문입니다. 그러므로 만일 당신이 그 감옥에 들어가게 된다면 그대의 고통의 연기는 "영원히 타오를 것"입니다.[21]

12. "온유한 자는 땅을 기업으로 받을 것"이라는 말을 살펴보겠습니다. 이 말은 세상적인 관점에서 볼 때는 어리석기 그지없는 말입니다. 세상의 지혜로운 사람들은 그들에게 거듭해서 이렇게 말해왔습니다: "너희들이 그런 대접을 받는 것에 대해 화를 내지 않는다면, 그렇게 비참하게 당하는데도 가만히 있다면 너희들은 이 땅에서 살아남을 수 없을 것이다." 그들은 이런 사람들이 살아가는 데 꼭 필요한 평범한 물품조차도 챙기지 못할 것이라고 말합니다. 자기들이 갖고 있는 것마저 빼앗길 것이라고 그들은 말합니다. 온유한 사람들은 평안을 기대할 수도 없고, 무엇 하나 마음 편하게 갖고 있을 수도 없으며, 그 어떤 것도 즐길 수 없을 것이라고 그들은 말합니다. 만

---

19) 시 94:2
20) 웨슬리는 이 구절을 알레고리적으로 해석하여, "길에서"라는 말은 지금 당장이라는 것을 가리키는 말로, "재판장"은 하나님으로, "옥리"는 사탄으로, "감옥"은 지옥으로 말한다.
21) 계 14:11

약 이 세상에 하나님이 안 계시다면, 하나님께서 인간들에 대해서 전혀 무관심하시다면 그들이 하는 대부분의 말은 사실 맞는 말입니다. 그러나 "하나님께서 심판하시고 이 땅의 온유한 자들을 돕기 위해서 일어나실 때"[22] 하나님께서는 이 세상의 모든 지혜를 경멸하듯 비웃으실 것이며, 온유한 자들을 향했던 "그 사람들의 사나움을 하나님을 향한 찬미로" 바꿔 놓으실 것입니다. 하나님께서는 그들을 특별히 돌보셔서 그들이 경건하게 살아가는 데 필요한 모든 것들을 채워 주십니다. 하나님은 당신께서 만드신 모든 것들을 그들에게 주셔서 그들을 안전하게 돌보십니다. 비록 사람들은 그 온유한 자들을 힘으로 밀어붙이고 사기를 쳐서 속이기도 하며 악하게 굴기도 하지만, 하나님께서는 이 온유한 자들을 지켜 주셔서 그들이 풍성하게 누릴 수 있도록 해 주십니다. 하나님께서 주시는 그것이 많든 적든 상관없이 그것은 온유한 자들에게 있어서는 매우 달콤한 것들입니다. 온유한 자들이 인내로써 자신들의 영혼을 간직하고 있듯이, 그들은 하나님께서 자기들에게 주신 모든 것들을 진정으로 소유한 자들입니다. 그들은 항상 자족하며, 자기들이 갖고 있는 것에 항상 만족하고 있습니다. 그들은 자기들이 누리고 있는 것에 기뻐합니다. 왜냐하면 그것들이 하나님을 기쁘시게 하기 때문입니다. 이 사람들의 마음과 욕구와 기쁨이 하늘에 있는 한, 그들은 진정으로 "땅을 기업으로 받은" 자들이라 말할 수 있을 것입니다.

13. 이 말에는 이 외에도 더 깊은 의미가 있으니, 그것은 바로 그들이 "의가 있는 곳인 새 땅"[23]에서 더 뛰어난 자리를 차지하게 될 것이라는 것입니다. 이 기업에 대해서는 요한계시록 20장에서 전반적으로(보다 구체적인 것은 후에 알게 될 것입니다.) 성 요한이 말했습니다. "또 내가 보매 천사가 하늘로부터 내려와서 … 용을 잡으니 곧 옛 뱀이요 … 잡아서 천 년 동안 결박하

---

22) 시 76:9
23) 벧후 3:13

여 … 또 내가 보니 예수를 증언함과 하나님의 말씀 때문에 목 베임을 당한 자들의 영혼들과 또 짐승과 그의 우상에게 경배하지 아니하고 그들의 이마와 손에 그의 표를 받지 아니한 자들이 살아서 그리스도와 더불어 천 년 동안 왕 노릇 하니, (그 나머지 죽은 자들은 그 천 년이 차기까지 살지 못하더라.) 이는 첫째 부활이라. 이 첫째 부활에 참여하는 자들은 복이 있고 거룩하도다. 둘째 사망이 그들을 다스리는 권세가 없고 도리어 그들이 하나님과 그리스도의 제사장이 되어 천 년 동안 그리스도와 더불어 왕 노릇 하리라."[24)]

II

1. 우리 주님께서는 지금까지 참된 종교를 가로막는 것을 제거하는 데 집중하셨습니다. 예를 들면 교만 같은 것이 바로 그것인데, 이것은 신앙생활에 가장 크고 첫째 되는 장애물이며 그것은 심령의 가난함을 통해 없앨 수 있습니다. 경박함과 사려 깊지 못함은 신앙이 그 사람의 마음에 뿌리내리지 못하도록 방해하는 것인데, 이것은 거룩한 애통함을 통해 비로소 없앨 수 있습니다. 분노, 부족한 인내심, 불만 등과 같은 것은 기독교인의 온유함을 통해 고칠 수 있습니다. 그리고 이러한 장애물들, 즉 우리 영혼 가운데서 끊임없이 잘못된 열망들을 솟아나게 하고 그 영혼을 병적인 식욕으로만 채우는 영혼의 악한 질병들이 제거된 이후에는 하나님께서 만들어 주신 자연스러운 식욕이 다시금 돌아옵니다. 그리하여 그 영혼은 의를 먹고 싶어 하며 마시고 싶어 합니다. "의에 주리고 목마른 자는 복이 있나니 저희가 배부를 것이기 때문입니다."

2. 앞서 살펴보았듯이, 의는 하나님의 형상이며 그리스도 예수 안에 있는

---

24) 계 20:1~6

마음입니다.[25] 의라는 것에는 모든 거룩함과 하늘의 성품이 담겨 있습니다. 의는 구속자이신 우리 아버지 하나님을 사랑하고 그분으로 말미암아 모든 인류를 사랑하는 것에서 시작하여 그 안에서 끝을 맺습니다.[26]

3. "주리고 목마른 자는 복이 있다."는 말씀을 온전히 이해하기 위해서 우리는 먼저 굶주림과 목마름이 우리 신체의 욕구 가운데 가장 강한 것이라는 점을 생각해야 합니다. 이와 마찬가지로, 영혼의 굶주림, 하나님의 형상을 갈구하는 목마름은 일단 우리 마음속에 그것을 느끼게 된다면 우리 영혼의 식욕 가운데 가장 강한 것이 됩니다. 그래서 영혼의 굶주림과 갈급함을 느끼게 되면 다른 모든 욕망은 사라지고 우리를 창조하신 그분의 모습처럼 새롭게 됩니다. 다음으로 우리가 배고픔과 갈증을 느끼는 순간부터 이러한 식욕은 충족되거나 우리가 죽기 전에는 결코 멈추지 않으며, 우리는 그것을 도리어 더욱더 끈질기게 갈망하게 됩니다. 이와 마찬가지로, 우리가 그리스도 안에 있는 모든 마음을 굶주려 하고 목말라하는 순간부터 이러한 영적인 식욕은 결코 멈추지 않으며, 더욱더 그것들을 끈질기게 찾습니다. 영적인 생명이 우리 가운데 남아 있는 한, 이것들이 충족될 때까지 결코 그 갈망은 멈추지 않습니다. 세 번째로, 우리는 배고픔이나 갈증은 음식이나 물로써만 충족될 수 있다는 것을 알 수 있습니다. 배고픈 사람에게 좋은 옷이나 전국에서 가장 멋진 장식품, 이 세상의 모든 보화, 엄청나게 많은 금과 은을 한번 줘 보십시오. 그 사람이 원하든 원치 않던 상관없이 그에게 한번 온갖 명예를 다 줘 보십시오. 그 사람은 이 모든 것에 전혀 관심이 없을 것입니다. 그 사람은 "이런 것은 내가 원하는 게 아냐. 내게 먹을 것을 주라고! 안 그러면 죽을 것 같아!"라고 말할 것입니다. 진정으로 의를 굶주려 하고 목말라하는 모든 사람도 꼭 이와 같습니다. 의가 아닌 다른 그 어떤 것에

---

25) 표준설교 16.1.11을 가리킨다.
26) 표준설교 7.1.7('하나님 나라로 가는 길')을 보라.

서도 그는 만족할 수 없습니다. 부, 명예, 쾌락 등, 그 외의 모든 것들은 별로 가치가 없으며 그는 "이것은 내가 원하는 게 아니오! 내게 사랑을 주시오. 안 그러면 난 죽고 말 거요."라고 말할 것입니다.[27)

4. 살아 계신 하나님을 갈급해하는 그런 사람을 세상 사람들이 행복을 안겨 주는 것이라고 생각하는 종교라는 것으로 만족시키는 것은 불가능합니다. 세상 사람들이 말하는 종교라는 것에는 다음 세 가지가 담겨 있습니다. (1) 남에게 해를 끼치지 않고 도적질이나 강도질, 공공연히 맹세하는 것이나 술에 취하는 것 등과 같이 수치스러운 행동들을 하여 밖으로 드러나게 죄를 짓지 않는 것. (2) 착한 일을 하고 가난한 사람들의 고통을 덜어 주며, 소위 말하는 자선행위를 하는 것. (3) 은혜의 수단들(means of grace)[28)을 사용하는 것. 예를 들면 예배 모임에 출석하거나 성만찬에 참여하는 것. 위와 같은 세 가지 항목에 두루 해당하는 사람들을 가리켜서 세상 사람들은 '종교적인 사람'이라고 부릅니다. 하지만 이렇게 한다고 하나님을 갈망하는 그를 만족시킬 수 있을까요? 아닙니다. 그러한 것은 이 사람에게 양식이 될 수 없습니다. 그는 더욱 고상한 종교를 원합니다. 그는 그보다 더 심오한 종교를 원합니다. 그는 "동풍으로 그 마음을 채우는 것"[29)과 같은 이렇게 천박하고 얄팍하며 형식적인 것들을 먹고살 수 없습니다. 물론 그는 모든 악의 모양이라도 멀리하려고 조심합니다.[30) 그는 선행을 하려고 노력하며 하나님의 모든 계명을 준수합니다. 그러나 그것이 그가 갈망하는 전부가 아

---

27) 표준설교 13.1.12~13('마음의 할례')을 보라.
28) 은혜의 수단은 감리교에 있어서 매우 중요한 개념 가운데 하나다. 웨슬리는 그리스도인의 완전을 이루는 방편으로 은혜의 수단들(means of grace)을 제시했는데, 여기에는 크게 일반적 은혜의 수단(general means of grace), 제의적 은혜의 수단(instituted means of grace), 그리고 상황적 은혜의 수단(prudential means of grace)이 있다. 일반적 은혜의 수단으로는 모든 계명을 준수하고 자기를 부인하며 십자가를 지고 주님을 따르는 것을 말했고, 제의적 은혜의 수단으로는 '기도', '금식', '성경연구', '성만찬', '크리스천 콘퍼런스' 등과 같은 다섯 가지를 꼽았다. 또한 상황적 은혜의 수단으로는 선행과 해를 끼치지 않는 것을 말했다. 은혜의 수단에 대해서 자세히 보려면 웨슬리의 표준설교 12('은혜의 수단', Means of Grace)를 보라.
29) 욥 15:2
30) 살전 5:22

닙니다. 이런 것들은 그가 갈망하는 종교의 겉모양에 지나지 않습니다. 그리스도 안에서 하나님을 아는 지식,[31] "하나님 안에서 그리스도와 함께 감추어진 생명",[32] "주와 연합하여 하나가 되는 것",[33] "성부와 성자와 더불어 교제하는 것",[34] "하나님께서 빛 가운데 거하시는 것처럼 빛 가운데 걸어가는 것",[35] "주께서 깨끗하신 것처럼 자신을 깨끗하게 하는 것",[36] 이러한 것이 그 사람이 갈구하는 종교이며 이 사람은 하나님 안에서 이와 같이 안식하기 전에는 결코 안식을 누리지 못합니다.

5. 따라서 "의를 배고파하며 목말라하는 자는 복이 있나니 저희가 배부를 것"입니다. 이들은 자기들이 그렇게 갈망하는 것, 즉 의와 참된 거룩함으로 채워질 것입니다. 하나님께서는 그들에게 당신의 선하심의 복, 당신께서 특별히 골라 주시는 지극한 복락을 얻게 됩니다. 하나님께서는 그들에게 하늘의 양식,[37] 당신의 사랑의 만나로 먹여 주실 것입니다. 하나님께서는 그들에게 마시는 자마다 결코 다시는 목마르지 않는[38] 강에서 길어낸 하나님의 기쁨의 물,[39] 그 생명의 물로 마시게 해 주실 것입니다.[40] 이 목마름은 영원히 지속될 것입니다.[41]

---

31) 고후 4:6, 웨슬리는 인간이 타락하면 하나님에 대한 두 가지, 즉 하나님에 대한 지식과 하나님에 대한 사랑을 상실한다고 말한다(표준설교 39.1.1~4, '신생'). 이것은 하나님의 생명과 형상을 상실한 것, 즉 영적인 죽음을 가리키는데(39.1.3), 영적으로 죽은 자, 영적으로 깊은 잠에 빠진 자의 특징이기도 하며(표준설교 3.1.8, '잠자는 자여 깨어나라'), 이 끔찍한 어둠 속에 있는 자는 자신이 거듭나야 한다는 필요성을 느끼지 못한다(39.1.1; 16.1.4).
32) 골 3:3
33) 고전 6:17
34) 요일 1:3
35) 요일 1:7
36) 요일 3:3
37) 시 105:40
38) 요 4:14
39) 시 36:8
40) 계 21:6
41) 의에 주리고 목마른 사람들은 그럼에도 불구하고 계속해서 영적인 것을 갈급해 한다는 의미임.

고통스러운 갈증, 달콤한 욕망,
주님의 임재하심의 기쁨으로 인해 다 사라지리.
그러나 내 충만한 영혼은 아직도 갈급하나이다.
그 영원한 사랑의 전부를.

6. 당신이 누구이든 상관없이, 하나님께서 그대에게 "의에 주리고 목마름"을 허락하셨다면 그대가 그 헤아릴 수 없는 선물을 잃지 않도록, 그 하늘의 신령한 식욕이 멈추지 않게 해 달라고 하나님께 부르짖으십시오. 다른 사람들이 그대에게 이제 그만 자기 자신을 좀 편하게 놔두라고 나무라거든 전혀 신경 쓰지 마십시오.[42] 도리어 "주님 예수여, 나를 불쌍히 여기소서!"라고 더욱 소리를 높여 부르짖으십시오.[43] "나 자신을 죽게 하시고 그 대신 당신이 거룩하신 것처럼 거룩하게 하소서!"[44] "양식이 아닌 것을 위하여 돈을 지불하고 배부르게 하지 못할 것을 위하여 수고"[45]하지 마십시오. 땅에서 행복을 캐낼 수 있다고, 이 세상 것들에서 행복을 얻을 수 있다고 생각하십니까? 오! 이 모든 쾌락들을 발아래 짓밟으십시오. 세상이 주는 명예를 멸시하십시오. 세상의 부를 오물처럼 여기십시오.[46] 그렇습니다. 해 아래 있는 모든 것들은 "그리스도 예수를 아는 지식의 뛰어남"에 비하면 아무것도 아닙니다.[47] 그대의 영혼은 원래 하나님의 형상대로 지으심을 받았으며, 그 형상을 따라 완전히 새롭게 된 그대의 영혼에 비하면 그것들은 아무것도 아닙니다.[48] 세상이 '종교'라고 부르는 것, 형식적인 종교, 바깥으로 보이는 종교로써 복된 굶주림과 갈증을 가라앉히지 않도록 조심하십시오. 이

---

42) 거짓 선지자들은 좁은 길, 작은 문으로 들어간 자들에게 이런 말을 하여 그들이 그 길에서 벗어나도록 한다고 웨슬리는 말한다. 표준설교 27.2.5; 27.3.11('산상수훈 강해 12')을 보라.
43) 막 10:48
44) 갈 2:20; 레 19:2; 20:26; 벧전 1:16. Cf. 마 5:48
45) 사 55:2
46) 빌 3:8
47) 빌 3:8
48) 골 3:10

러한 종교는 그대의 마음을 영원토록 세속적이고도 감각적인 존재로 만들 뿐입니다. 오직 경건의 능력만이,[49] 영적이고도 생명 있는 종교만이 그대를 만족시키게 하십시오. 그대가 하나님 안에 거하고 하나님께서 그대 안에 거하게 하면[50] 그대는 영원 안에 거하게 될 것입니다. 그대는 이렇게 함으로써 자신의 영혼을 만족하게 하십시오. 샘솟는 보혈로써 "휘장 안으로" 들어감으로써,[51] 그리하여 "그리스도 예수와 함께 하늘의 성소 안에" 앉음으로써[52] 자신의 영혼을 만족하게 하십시오.

III

1. 그들이 더욱 하나님의 생명으로 채워질수록, 그들은 더욱 세상에서 하나님 없이 살아가는 이들과 여전히 죄악 가운데 죽어 있는 이들에게 많은 관심을 보이게 됩니다. 그들이 이들에 대해 그런 관심을 보일 때 그들은 반드시 그 보상을 받게 될 것입니다. "자비한 자는 복이 있나니 저희가 자비함을 얻게 될 것임이요."

여기에서 우리 주님께서 말씀하신 이 구절은 우선 남에게 동정심을 보이고 부드러운 마음을 갖는 것을 뜻합니다. 주님께서 가리키시는 사람들은 하나님을 그다지 갈망하지 않는 사람일지라도 경멸하지 않으며 도리어 그들에 대해서 안타까워하는 사람들을 가리킵니다.

일반적인 용어로써 전반적으로 아울러 말하자면, 여기에서는 형제애 가운데서 뛰어난 점(eminent part of brotherly love)을 가리킨다고도 하겠습니다. 즉, "자비로운 자"라는 말이 담고 있는 전반적인 의미는 이웃을 자기 자신처럼 사랑하는 사람을 가리킵니다.[53]

---

49) 딤후 3:5
50) 요 15:4; 고전 7:24
51) 히 10:19~20
52) 엡 2:6
53) 마 22:39 par.

2. 이 사랑은 무척 중요한 것이기 때문에 하나님께서는 사도 바울을 통해서 다음과 같이 그것을 구체적이고도 완전하게 설명해 주셨습니다. "내가 사람의 방언과 천사의 말을 할지라도 사랑이 없으면, 내가 예언하는 능력이 있어 모든 비밀과 모든 지식을 알고 또 산을 옮길 만한 모든 믿음이 있을지라도 사랑이 없으면, 내가 내게 있는 모든 것으로 구제하고 또 내 몸을 불사르게 내줄지라도 사랑이 없으면 내게 아무 유익이 없느니라."[54] 이 말씀을 통해서 우리는 자비를 얻게 되는 자비한 사람이 누구인지 가장 분명하게 분간해 낼 수 있습니다.

3. "자비"(charity) 혹은 사랑(나는 사람들이 이 단어를 좀 더 신중하고 깊이 생각하기를 바랍니다. 왜냐하면 이 말이 사실 자비라는 말보다는 훨씬 명확하고 덜 모호한 용어이기 때문입니다.)은, 즉 그리스도께서 우리를 사랑하셨던 것처럼 우리의 이웃을 사랑하는 것은 "오래 참습니다."[55] 사랑은 모든 사람들을 참아 줍니다. 사랑은 하나님의 자녀들이 갖고 있는 모든 약함과 무지와 실수, 불완전함, 모든 고집과 적은 믿음을 견디고 받아 줍니다. 사랑은 이 세상의 자녀들이 갖고 있는 모든 악의와 사악함을 견뎌 냅니다. 사랑은 단지 잠시 동안만 이것들을 견뎌 내는 것이 아닙니다. 사랑은 끝까지 견딥니다. 사랑은 우리의 원수들이 굶주렸을 때 그들의 배를 채워 줍니다. 그들이 목마르거든 그들에게 마실 것을 줍니다.[56] 그리하여 사랑은 계속해서 "그의 머리 위에" 사랑의 "숯불을 올려놓는" 일을 합니다.[57]

4. 그리하여 "선으로 악을 이기는"[58] 이 바람직한 최종의 목표를 향해 한 걸음씩 나아갈 때에 "사랑은 친절한"(크레스튜에타이, 'chresteuetai', '친절

---

54)·고전 13:1~3
55) 고전 13:4
56) 잠 25:21
57) 롬 12:20
58) 롬 12:21

한'이라는 말은 쉽게 번역하기 어렵습니다.) 모습을 보입니다.[59] 이것은 '부드럽다', '온화하다', '좋다'는 뜻입니다.[60] 이것은 까칠한 성격이나 남을 가혹하게 대하는 것, 영적으로 신랄한 성격 등과는 거리가 먼 것입니다. 그것은 고통당하는 이로 하여금 가장 그리운 달콤함이나 가장 열렬하고 부드러운 따스한 감정을 떠오르게 합니다.

5. 따라서 "사랑은 시기하지 않습니다."[61] 사랑이 그렇게 한다는 것은 불가능합니다. 그것은 해로운 성질과는 정반대입니다. 모든 사람들을 향해서 이 사랑의 감정을 갖고 있는 사람은, 하나님께서 지으신 모든 사람들이 이 세상에서 사는 동안, 그리고 앞으로 다가오는 세상에서 받을 세상의 모든 축복과 영적인 모든 축복을 받기를 진심으로 간절히 원하는 사람은 하나님께서 모든 사람들에게 좋은 선물을 주시는 것에 대해 속상해하지 않습니다. 이 사람은 다른 사람이 자기가 받은 것과 같은 것을 받았다고 해서 속상해하지 않고, 도리어 그 사람이 자기와 같은 좋은 선물을 받았다는 것으로 인해 기뻐합니다. 만일 그 사람은 받았는데 자기는 받지 못했다면 이 사람은 비록 자신은 못 받았지만 대신 자기의 형제가 하나님의 선물을 받았다는 것만으로도 하나님께 감사드리며, 이로써 자기는 그 선물을 받은 형제보다도 더 행복해지는 것입니다. 이 사람은 그 사랑이 커지면 커질수록 세상의 모든 사람들이 받은 축복으로 인하여 기뻐합니다. 그에게는 세상의 어떠한 피조물을 향해서라도 일말의 시기심과 같은 것은 남아 있지 않습니다.

6. 사랑은 "잘난 체하지 않습니다."[62] 이 구절은 바로 다음에 나오는 말과

---

59) 고전 13:4
60) 헬라어의 'chrestos'에서 유래한 말로서, '좋다', '친절하다', '유익하다', '너그럽다' 등의 뜻을 갖고 있다.
61) 고전 13:4
62) 고전 13:4

뜻이 같습니다. 그런데 사실 이 말은 이 구절의 뜻 자체가 적절하게 의미를 잘 담고 있듯이 남을 판단하는 데 있어서 무모하거나 성급하지 않은 것을 뜻합니다.[63] 사랑은 어떤 사람이든 성급하게 정죄하지 않습니다. 사랑은 어떤 일을 경솔하거나 즉흥적으로 바라보고 바로 혹독하게 판단을 내리지 않습니다. 사랑은 특히 고발당한 사람의 편에 서서 과연 그 사람이 그렇게 고발당한 것이 합당한지 모든 증거를 면밀히 살펴봅니다. 이웃을 진정으로 사랑하는 사람은 가장 민감한 사안인데도 불구하고 "작은 것을 보고 큰 것으로 여겨서 곧바로 결론을 내려버리는" 일반적인 사람들과는 다르게 행동합니다. 아닙니다. 그는 매 단계마다 무척 조심스럽게, 그리고 모든 상황을 두루 살펴보면서 차근차근 나아갑니다. 그는 그 옛날 어느 이교도가[64](아! 요즘 기독교인들 가운데서 이런 사람이 어디에 있다는 말입니까!) "나는 누가 다른 사람에게 불리하게 말하는 것을 경솔하게 믿지도 않을 것이며, 그가 자기 자신에 불리하게 말하는 것도 쉽게 믿지 않을 것이다. 나는 항상 그에게 한 번 더 생각해 보라고 하고, 그것을 여러 번 돌아보라고 할 것이다."라고 했던 것을 기꺼이 참고하여 받아들일 것입니다.[65]

7. 그다음으로 사랑은 "교만하지 않습니다."[66] 사랑의 사람은 "마땅히 자신이 생각할 바 이상으로 자신을 생각하지"[67] 않습니다. 사랑은 도리어 냉정하게 생각합니다. 그렇습니다. 그는 자기 자신을 티끌과 같이 여기면서 낮춥니다. 사랑은 교만을 낳는 모든 높은 생각들을 떨쳐 버립니다. 사랑은 우리가 아무것도 아닌 존재이며 작고도 조악하며, 모든 만물 가운데 가장 낮아서 만물의 종이라는 것을 기뻐하도록 합니다. "형제를 사랑하여 서로 우

---

63) Cf. 표준설교 27.3.9('산상수훈 강해 12')
64) 세네카를 가리킴.
65) 표준설교 25.13('산상수훈 강해 10')을 보라.
66) 고전 13:4
67) 롬 12:3

애하는" 자들은 "존경하기를 서로 먼저" 합니다.[68] 한마음으로 같은 사랑을 가진 자들은 낮은 마음으로 "각각 자기보다 남을 낮게 여깁니다."[69]

8. "사랑은 무례히 행치 않습니다."[70] 이 말은 어느 누구에든지 예의 없이 행동하거나 일부러 기분을 상하게 하지 않는다는 말입니다. 사랑은 "모든 이들에게 자기들이 해야 할 몫을 하며, 두려워할 자는 두려워하고 존경할 자는 존경합니다."[71] 사랑은 세상 모든 사람들에게 예의 바르고 정중하며 인도주의적으로 대하며 "모든 사람들을 존경"합니다. 최근에 어떤 작가는 좋은 교육을 받고 자랐는지를 가장 잘 보여 주는 것, 즉 예의 바른 태도를 가리켜서 "모든 드러나는 행동에 있어서 항상 남을 기쁘게 해 주려는 것"이라고 말했습니다. 만일 그의 말이 맞는다면 모든 인류를 사랑하는 사람들인 기독교인들처럼 잘 양육 받은 사람은 없을 것입니다. 왜냐하면 기독교인들은 "사람들의 유익을 세우기 위해 그들을 기쁘게 하고"[72] 싶어서 견디지 못하기 때문입니다. 그들은 그런 마음을 숨기지 못합니다. 그래서 그 마음은 사람들과 어울려 지내는 가운데 결국 드러나게끔 되어 있습니다. 왜냐하면 그의 "사랑에는 거짓이 없기"[73] 때문입니다. 그것은 그의 모든 행동과 대화 가운데 드러날 것입니다. 그렇습니다. 그는 비록 악의는 없지만 "어찌해서든 몇 사람이라도 더 구원하기 위해서 모든 사람들에게 모든 모양의 사람이 되려고"[74] 노력합니다.

9. 모든 사람들에게 모든 모양으로 되려는 것에 있어서 "사랑은 자기의 유

---

68) 롬 12:10
69) 빌 2:3
70) 고전 13:5
71) 롬 13:7
72) 고전 10:33
73) 롬 12:9
74) 고전 9:22

익을 구하지 않습니다."[75] 모든 사람들을 기쁘게 하려고 애쓰기 때문에 사람들을 사랑하는 사람은 일시적인 자기 자신의 유익을 전혀 돌아보지 않습니다. 그는 다른 사람의 금이나 은, 의복을 탐내지 않습니다. 그는 오직 그들의 영혼이 구원을 받는 것만을 바랄 뿐입니다. 그렇습니다. 어떤 의미에서 그는 *자기 자신의* 영적인 – 그저 잠시 주어지는 것 이상의 – *유익*을 추구하지 않는다고도 말할 수 있겠지요. 왜냐하면 이 사람은 다른 사람들의 영혼을 사망에서 구해내느라 온 힘을 쏟는 바람에 미처 자기 자신은 신경 쓰지 못하기 때문입니다. 하나님의 영광을 향한 그의 열정이 그를 집어삼키기[76] 때문에 그는 자기 자신을 생각하지 않습니다. 그렇습니다. 때로는 이 사람의 사랑이 너무 과해서 마치 그가 부르짖는 동안 자기 자신의 영혼과 육신은 포기해 버린 것처럼 보일 수도 있습니다. 마치 모세가 "이 백성이 큰 죄를 범했나이다. 그러나 이제 그들의 죄를 사하시옵소서. 그렇지 아니하시오면 원하건대 주께서 기록하신 책에서 내 이름을 지워 버려 주옵소서."(출 32:31~32)라고 말했던 것처럼 말입니다. 혹은 사도 바울이 "나의 형제 곧 골육의 친척을 위하여 내 자신이 저주를 받아 그리스도에게서 끊어질지라도 원하는 바로라."(롬 9:3)라고 말했던 것처럼 말입니다.

10. 이러한 "사랑이 성내지 않는 것"[77]은 그리 놀랄 일도 아닙니다. 이 말을 살펴보면, "쉽게"라는 단어가 이상하게도 번역 가운데 들어가 있습니다. 하지만 원래는 그렇지 않습니다.[78] 성 바울이 하는 이 말은 단순명료하며 어떠한 조건도 들어가 있지 않습니다. "사랑은 성내지 않습니다." 사랑은 어느 누구에든지 분을 일으키어 불친절하게 대하지 않습니다. 화를 일으키는 다양한 종류의 일들은 종종 일어납니다. 하지만 사랑은 결코 그런 충동에

---

75) 고전 13:5
76) 요 2:17
77) 고전 13:5
78) 개정개역, 개역한글, 표준새번역, 공동번역 등 대부분의 권위 있는 우리나라 번역본에는 "쉽게"라는 말이 없다. 그러나 NIV, KJV 등의 영어 성경에는 "쉽게"라는 말이 들어가 있다.

넘어가지 않습니다. 도리어 사랑은 그 모든 것을 이깁니다. 모든 시험이 닥쳐오더라도 사랑은 예수님만 바라보며, 그분의 사랑 안에서 모든 것을 정복합니다.

우리 성경을 번역한 사람이 사도 바울에게 핑계를 주기 위해서 성경에 "쉽게"라는 단어를 일부러 삽입했을 수도 있습니다.[79] 그 번역자들이 생각했던 것처럼, 만약에 이 단어를 뺀다면 사도 바울은 자신이 그토록 아름답게 묘사했던 바로 그 사랑이 부족한 사람처럼 비쳐질 수도 있기 때문이었을 것입니다. 이 번역자들은 아마도 사도행전에서 이것을 추측해서 그렇게 한 것으로 보이는데, 사실 그 사도행전 구절 역시 매우 부정확하게 번역된 것입니다. 바울과 바나바가 요한 마가의 문제로 갈등을 벌일 때 성경 번역자는 "그들의 갈등이 너무 심해서 그들은 각자 헤어져서 떠났다."(행 15:39)라고 번역합니다. 이 부분을 읽어 보면 독자들은 당연히 이 두 사람 모두 똑같이 날이 서 있었다고 생각하게 됩니다. 그리고 독자들은 그 문제와 관련해서는 물론 의심의 여지가 없이 옳았던(전에 그들을 버리고 달아났던 요한을 다시 데리고 간다는 것은 매우 적절치 못한 행동입니다.) 성 바울이 화를 낼 수밖에 없는 원인을 제공했던 바나바만큼 분을 냈고, 그래서 성령에 의해 따로 준비해 왔던 그 사역을 당연히 그만두었다고 생각하게 됩니다. 그러나 성경 원문을 보면 그렇지 않습니다. 거기에는 성 바울이 분을 냈다고 하는 것이 나오지 않습니다. 그저 말 그대로 "갈등이 있었다."(에게네토 운 파록수스모스, *egeneto oun paroxusmos*), 즉 분노의 파록수스모스(*paroxusmos*)가 있었습니다. 그 결과 바나바는 성 바울을 떠나서 요한을 데리고 자기 갈 길을 간 것입니다. 그리고 바울은 "실라를 선택하여 형제들로부터 하나님의 은혜를 기원하는 인사를 받고 떠났던"[80] 것입니다. 여기에는 바나바에 대하여는 나오지 않습니다. 바울은 "시리아와 길리기아를 두루 다니면서 교회

---

79) 이 부분은 웨슬리 당시의 영어 성경 – 아마도 KJV이었을 것이다 – 에 "쉽게"라는 단어가 삽입되어 있었음을 보여 준다.
80) 행 15:40

들을 굳건히 하고"[81] 돌아왔습니다.

11. 사랑은 온갖 분을 낼 만한 일들을 가로막아 억누릅니다. 왜냐하면 사랑은 "악한 것을 생각하지 않기"[82] 때문입니다. 물론 자비로운 사람이라고 해서 수많은 악한 것들을 모르고 살 수는 없습니다. 그도 마찬가지로 자기 눈으로 그런 악한 것들을 직접 봐야 하고 자신의 귀로 직접 듣고 살 수밖에 없습니다. 사랑이 그의 눈을 빼어 버리는 것은 아니기 때문에, 그도 역시 세상에서 그런 악한 일들이 벌어지는 것을 보고 삽니다. 사랑을 한다고 해서 바보가 되는 것도 아니기 때문에 그것들이 악하다는 것을 알 수밖에 없습니다. 예를 들면, 어떤 사람이 자기의 이웃을 때리는 것을 봤거나 그가 하나님을 모욕하는 말을 그가 들었다고 칩시다. 그렇다면 당연히 그는 벌어진 일이나 자기가 들은 말에 대해서 왜 그런지 생각하지 않겠습니까? 그 사람들의 행동이 악한 것이 아닌가 하고 한번 생각해 보지 않겠습니까? 그럼에도 불구하고 그 사람은 악한 것을 생각하지 않습니다(우 로기제타이 토 카콘, *ou logizetai to kakon*). 생각한다는 말(로기제타이, *logizetai*)은 우리가 보거나 듣는 행위, 혹은 우리가 무의식적으로 처음 생각하는 그런 행동을 가리키지 않습니다. 이것은 우리가 굳이 할 필요가 없음에도 불구하고 *일부러 생각하는 것*을 가리킵니다. 이 행동은 아무것도 없는데도 불구하고 우리가 악한 것을 머릿속으로 자꾸 추론해 내는 행동을 가리킵니다. 그것은 우리가 보지도 않은 것들에 대해서 *추측해서 펼쳐 나가는 것*을 뜻합니다. 우리가 보거나 듣지도 않았음에도 불구하고 그것에 대해 *짐짓 가정하는* 행동을 가리킵니다. 사랑은 바로 이런 행동들을 완전히 없애 버립니다. 사랑은 우리가 제대로 알지도 못하면서 *상상하는* 모든 것들을 뿌리째 뽑아 버립니다. 사랑은 모든 시기심, 모든 악한 추측, 악한 것을 믿으려고 하는 모든 태도를

---

81) 행 15:41
82) 고전 13:5

없애 버립니다. 사랑은 거짓이 없고 열려져 있으며, 의혹이 없습니다. 사랑은 꾸며낼 것도 없기 때문에 악한 것을 두려워할 이유도 없습니다.

12. "사랑은 불의 안에서 기뻐하지 않습니다."[83] 그리스도인들은 자신의 원수가 고통을 당하거나 잘못하거나 죄를 범했을 때에 그 모습을 보고 기뻐하는 것에 대해 양심의 가책을 느껴야 하건만, 그리스도의 이름을 달고 다니는 사람들 가운데서도 이런 바르지 못한 모습이 종종 발견됩니다. 특히 어떤 한 당파에 깊숙이 관여된 사람일수록 이런 바람직하지 못한 모습을 피하기란 그리 쉽지 않습니다. 자신의 반대파에 속한 사람들이 어떤 잘못을 범했을 때 - 규율이나 실천의 문제에 있어서 그들이 실제로 어떤 잘못을 범했거나 혹은 그렇게 했다고 추측될 때 - 그것을 보고 기뻐하지 않는 것은 그들에게 있어서 참으로 어려운 일입니다. 어떤 마음씨 좋은 변호가라 하더라도 이것들로부터 깨끗할 수 있을까요? 과연 그 누가 이런 문제로부터 자유로울 수 있겠습니까? 나와 반대파에 속한 사람이 스스로 잘못 걸음을 내디디는 바람에 내가 반사이익을 얻게 된다면 그 누가 그것을 기뻐하지 않겠습니까?[84] 오직 사랑의 사람만이 이런 것들로부터 자유로울 수 있습니다. 오직 사랑의 사람만이 자신의 원수가 어리석은 죄악을 범했을 때 그것을 슬퍼하며 애통해합니다. 그는 자신의 원수가 그런 행동을 했다는 말을 듣고 그것을 기뻐하거나 그런 소문을 퍼뜨리는 짓을 하지 않습니다. 도리어 그는 그 사람의 허물이 영원히 잊혀지길 바랍니다.

13. 도리어 그는 "진리 안에서 기뻐합니다."[85] 그는 그 진리가 누구에게 있든지 상관없이, "경건함을 좇는 진리"[86] 안에서 기뻐합니다. 그는 마음의

---

83) 고전 13:6
84) 잠 24:17~18
85) 고전 13:6
86) 딛 1:1

거룩함(holiness of heart)과 행실의 거룩함(holiness of conversation)[87]이라는 알맞은 열매를 맺습니다. 그는 자신을 대적하는 사람이라 할지라도 그 사람의 생각이나 행실의 한 부분에서 그가 하나님을 사랑하는 사람이라는 것을 발견하거나, 혹은 다른 부분들에 있어서 그의 괜찮은 점들을 발견하고는 그것을 기뻐합니다. 그는 그 사람들의 좋은 점들을 듣고 기뻐합니다. 그리고 그는 무슨 말이든지 항상 진리와 공평함에 어긋나지 않도록 합니다. 이 사람은 선이 어느 시대, 어느 곳에 사는 사람에게 발견되든지 상관없이 그 선을 자기의 영광이요 기쁨으로 여깁니다. 이 세상에 사는 한 사람의 시민으로서 이 사람은 세상 사람들의 행복을 자기의 행복으로 여깁니다. 그도 역시 사람이기 때문에 사람들의 안락한 삶에 대해 관심을 갖고 있습니다. 그러나 무엇보다도 먼저 그는 하나님께 영광을 돌리는 것을 좋아하며, 사람들 가운데 평화와 호의를 증진시킵니다.[88]

14. "사랑은 모든 것을 덮어 줍니다."[89] (판타 스테게이, *panta stegei*를 이렇게 번역하는 것은 의심의 여지가 없습니다. 만일 그렇지 않다면 "모든 것을 견딥니다."라는 의미를 가진 판타 휘포메네이, *panta hupomenei*라고 썼을 것입니다.)[90] 왜냐하면 자비로운 사람은 불의를 기뻐하지 않으며 그것을 입에 올리는 것조차 꺼리기 때문입니다. 이 사람은 자기가 어떤 악한 것을 보거나 듣거나, 혹은 알고 있다고 하더라도 자신이 "다른 사람의 죄악에 동참하지 않으면

---

87) Cf. 표준설교 18.2.1('산상수훈 강해 3')
88) 눅 2:14
89) 고전 13:7
90) 스테게인(stegein) 이라는 동사에는 뚜껑 등을 '덮는다'는 의미와 더불어서 '견뎌 낸다'는 의미를 모두 갖고 있다. 그래서 만일 이 동사를 '덮어 준다'는 말이 아닌 '견뎌 낸다'는 의미로 번역하면, 결국 "사랑은 모든 것을 견딥니다."라는 말이 7절 안에 중복되어 나타나기 때문에 웨슬리는 스테게인(stegein) 동사를 '견뎌 낸다'가 아닌 '덮어 준다'는 의미로 번역해야 한다고 말하는 것이다. 현재 개역개정 성경은 "모든 것을 참으며 … 모든 것을 견디느니라."라고 번역하여 스테게인(stegein) 동사를 '참는다'는 의미로 이해했다. 그러나 표준새번역 성경은 "사랑은 모든 것을 덮어 주며 … 모든 것을 견딥니다."라고 번역하여 웨슬리와 같은 입장을 취했다.

서"[91]) 그 허물을 덮어 줍니다.[92] 이 사람은 자신이 어디에서 누구와 함께 있든지 상관없이 만일 옳지 못한 것을 보게 된다 하더라도 그것을 절대로 자기 입 밖에 내지 않습니다(예외적으로, 만약에 자신이 말을 함으로써 그 일에 연루된 형제를 얻게 된다면 그 당사자에게는 말을 합니다). 이 사람은 다른 사람이 잘못이나 실수를 저질렀을 때, 그 사람에 대해 좋게 말하는 경우가 아니라면 그가 없는 자리에서 그것을 자신의 대화의 화제로 올리지 않습니다. 그는 여기저기 말을 옮기는 사람이나 뒤에서 헐뜯는 사람, 수군거리는 사람이나 남의 흉을 보는 사람을 살인자같이 여깁니다. 다른 사람의 명예를 죽이는 행동을 하는 사람들은 머지않아 자기 이웃의 목을 칼로 베는 행동을 하게 될지도 모릅니다. "여기저기 화살을 쏘아 대고 불을 놓고 죽음을 퍼뜨리면서도", "난 그저 재미로 하는 겁니다."라고 말하는 사람은 머지않아 기분 전환을 하기 위해서 이웃집에 불을 지르는 행동을 하게 될지 모릅니다.[93]

모든 것을 덮어 주는 사랑의 행위에는 한 가지 예외가 있습니다. 이 사람은 만약 그것이 하나님의 영광을 위한 것이거나 자기 이웃에게 유익이 되는 것이라는 생각이 들 때에는 그 악을 덮어 주지는 않습니다. 이러한 경우, 그는 무고한 사람들의 유익을 위해서 어쩔 수 없이 그 잘못을 드러내는 것입니다. 그러나 이러한 행동을 할 때조차도 (1) 그는 자신이 온전히 사랑, 지고한 사랑에 통제를 받기 전에는 절대로 아무 말도 하지 않습니다. (2) 그는 단지 사람들이 흔히 말하는 선한 행동을 한다거나 하나님의 영광을 위한다는 생각에 빠져서 그렇게 하지도 않습니다. 그런 행동을 할 때 그는 확실한 어떤 결과를 분명히 직시하고, 자신이 추구하는 분명한 어떤 선이라는 것을 확실히 인식할 때에만 그렇게 합니다. (3) 그럼에도 불구하고 그 사람은 이러한 방법이 그 궁극적인 목적에 꼭 필요한 것이라는 확신이 들 때, 다른 방법을 통해서는 그러한 목적을 제대로 이룰 수 없는 불가피한 것이라는 확신

---

91) 딤전 5:22
92) Cf. 벧전 4:8
93) Cf. 삿 15

이 들 때만 어쩔 수 없이 그렇게 합니다. (4) 이 사람은 그렇게 할 때조차도 그렇게밖에 할 수 없다는 사실에 대해서 무척 가슴 아파하며 어쩔 수 없이 마지못해서 그렇게 하는 태도를 보입니다. 마치 독을 제거하기 위해서 독을 사용해야만 하듯이 급박한 상황에서 응급 처치의 수단으로서 마지막으로 가장 나쁜 약을 처치하는 것처럼 그렇게 합니다. 따라서 (5) 이 사람은 어떻게 해서든지 그것을 조금만 하려고 합니다. 그리고 그것을 할 때도 너무 말을 많이 하여서 사랑의 법을 어기는 결과를 초래함으로써 차라리 아무 말도 안 하고 입을 다물고 있는 것만 못한 결과가 되지 않도록 하기 위해서 두렵고 떨림으로 그렇게 합니다.

15. 사랑은 "모든 것을 믿습니다."[94] 사랑은 항상 가장 좋은 것을 생각하려고 합니다. 사랑은 매사에 가장 좋은 방향으로 건설적인 생각을 합니다. 사랑은 누가 되었든 그 사람에게 유익이 되는 쪽으로 믿어 주려고 합니다. 사랑은 누가 되었든 그 사람의 순수성과 인격을 기꺼이 신뢰해 줍니다. 행여 그 사람이 잘못했다고 할지라도 그 사람이 뉘우치면 그 사람의 회개가 진실한 것이라고 믿어 줍니다. 사랑은 어떠한 잘못이라도 기꺼이 용서해 줍니다. 사랑은 잘못을 범한 사람이라도 어떻게 하든 덜 정죄하려고 하며, 하나님의 진리를 거스르지 않는 범위 안에서 행해지는 인간의 연약함을 모두 봐주려고 합니다.

16. 그러나 더 이상 믿을 수 없게 되면 사랑은 "모든 것을 바랍니다."[95] 혹시 누가 어떤 악을 행했습니까? 이럴 경우 사랑은 아마 그렇지 않을 거라고 생각하면서 그럴 리가 없기를 바랍니다. 과연 그것이 확실합니까? 그때 사랑은 "아니야, 그런 상황에서 그렇게 하지 않았을 거야. 설령 그것이 사실이

---

94) 고전 13:7
95) 고전 13:7

라 할지라도 생각만큼 그렇게 나쁘지는 않아."라고 바랍니다. 그 행동이 명백하게 부인할 수 없는 나쁜 짓이었습니까? 그럴 때도 사랑은 그것이 원래 일부러 의도했던 것이 아니라고 생각해 줍니다. 그 악한 행동이 분명하게 일부러 계획된 것입니까? "그럴 때조차도 사랑은 그것이 원래 그 사람의 마음이 천성적으로 악해서 그렇게 한 것이 아니라, 그냥 즉흥적으로 그랬든지 아니면 그 사람의 혼을 쏙 빼어 놓을 정도로 매우 큰 유혹에 넘어가서 그랬을 것이라고 생각합니다." 설령 그 모든 행동이 전혀 의심할 여지없이 계획된 것이고 그 사람의 성격 또한 원래 악해서 그렇게 한 것이라고 하더라도, 사랑은 하나님께서 친히 팔을 걷어붙이고 나서서 친히 승리하시기를 소망합니다. 그리하여서 "회개할 것이 없는 아흔아홉 사람보다 죄인 한 사람이 회개함으로 인해서 하늘에 큰 기쁨이 넘치기를" 바랍니다.[96]

17. 마지막으로 "사랑은 모든 것을 견딥니다."[97] 이것으로써 참으로 자비로운 사람의 성품은 비로소 완전하게 됩니다. 이 사람은 그저 조금만, 혹은 많이 견디지 않습니다. 거의 대부분을 견디는 것도 아닙니다. 이 사람은 완전히 *모든 것을 빠짐없이 다* 견딥니다. 잔인한 사람들이 어떠한 불의와 악으로써 그 사람을 괴롭히더라도 그 사람은 능히 견뎌 낼 수 있습니다. 그의 사전에는 참지 못할 일이란 없습니다. 그는 결코 "이건 도저히 못 참겠어."라고 말하지 않습니다. 이 사람은 그에게 능력을 주시는 그리스도를 통해서 모든 것을 할 수 있을 뿐만 아니라 모든 것을 견뎌 낼 수 있습니다.[98] 그가 이런 아픔을 당한다고 해서 결코 그의 사랑이 사그라지거나 조금도 손상되지 않습니다. 사랑은 모든 것을 막아 냅니다. 사랑은 깊은 심연에서도 타오르는 불꽃과 같습니다. 그의 사랑은 "많은 물로도 끌 수 없고", "홍수도 그

---

96) 눅 15:7
97) 고전 13:7
98) 빌 4:13

사랑을 삼킬 수 없습니다."[99] 사랑은 모든 것을 이깁니다. 시간의 영원 속에서도 "사랑은 결코 없어지지 않습니다."[100]

<blockquote>
하늘이 선포하는 것에 따라

지식도 없어지고 예언도 그치리라;

허나, 영원한 사랑은 더욱 크게 군림하리니,

사랑은 시간도 묶어 둘 수 없는 것,

사랑은 썩어 없어지지도 아니하는 것.

사랑은 행복한 승리감 속에서 길이 살아가리니,

사랑은 끝없는 선을 퍼뜨리고 끝없는 찬미를 받을 것이라.
</blockquote>

그리하여 "자비로운 자는 자비함을 얻을 것입니다."[101] 하나님께서는 그들의 길을 복되게 해 주실 뿐만 아니라, 그들이 자신들의 형제들에게 보여 준 그 사랑을 천 배나 크게 하여 그들 마음 가운데 갚아 주실 것입니다. 또한 그들은 "창세로부터 그들을 위해 예비하신 나라"[102]에서 "비교할 수 없이 영원하고 큰 영광을"[103] 받게 될 것입니다.

18. 잠시 동안 그대는 "메섹에 머물며 게달의 장막 중에 머무는 것이 내게 화로다."[104]라고 말할 것입니다. 그대는 이 땅에서 참되고 진실한 사랑을 잃게 된 것을 그대의 영혼을 쏟아내면서 탄식할 것입니다. 진정 잃어버렸습니다! 그대는 "이 *기독교인들이라는 사람들이* 서로 어떻게 사랑하는지 한번 보십시오."라고 말할 것입니다(옛날 사람들이 말했던 것과는 달리 탄식하면

---

99) 아 8:7
100) 고전 13:8
101) 마 5:7
102) 마 25:34
103) 고후 4:17
104) 시 120:5

서). 기독교인들의 나라라고 하면서 서로들 밥그릇 싸움을 하고 있고, 칼과 불로써 서로를 죽이고 있습니다! 이 기독교 군대가 서로 수천 명, 수만 명을 지옥으로 마구 밀어내 보내고 있습니다! 이 기독교인들의 나라들이 뒤엉켜서 전쟁을 하고, 당파는 당파대로 갈려서 맞섭니다. 이 기독교인들의 도시는 그 길바닥에서 사기와 속임수, 탄압과 잘못된 행동, 강도와 살인이 넘쳐납니다! 이 기독교인들의 가정은 서로 갈라져서 시기와 질투, 분노, 티격태격 다투는 소리가 헤아릴 수 없을 정도로 끝도 없이 이어집니다.[105] 그렇습니다. 그중에서도 가장 끔찍한 것, 무엇보다도 가장 통탄할 것은 바로 교회입니다! 이 교회들은("이 사실을 가드에 알리지 마십시오!"[106] 하지만 아! 그런다고 그것이 유대인이나 터키인, 혹은 이교도들에게 감춰지겠습니까?) 평화의 왕이신 그리스도의 이름을 지니고 있는 것들입니다. 그런데도 이 교회들은 끊임없이 서로 전쟁을 벌이고 있습니다! 이 교회가 죄인들을 산 채로 불살라서 개종시키고 있습니다! 교회는 "성도들의 피에 취해" 있습니다.[107] 이 말이 "큰 바벨론, 땅의 음녀들과 가증한 것들의 어미"[108]에게만 해당하는 말이겠습니까? 천만의 말씀입니다. 소위 개혁교회라고 하는 것이 이 음녀의 뒤를 잘 따르고 있습니다. 개신교 교회 역시 자기들 손에 권력을 쥐고 있을 때 어떻게 탄압하는지, 심지어 피를 흘리는 것도 마다하지 않으면서까지 탄압하는 방법을 잘 알고 있습니다. 그렇게 하면서 이들은 서로를 욕하며 서로에게 지옥 아랫목에나 가라고 저주를 퍼붓습니다! 그들 가운데는 분노와 다툼, 악의와 비꼬는 것이 어디에나 있습니다. 심지어 그들이 의견만 조금 다를 뿐 근본적인 문제에 있어서 일치를 보는 부분이나 종교적인 부분 가운데 그다지 중요하지 않은 부수적인 것들에 있어서조차도 그렇게 서로 퍼

---

105) 표준설교 26.1.5('산상수훈 강해 11')를 보라.
106) 삼하 1:20
107) 계 17:6
108) 계 17:5

부어 댑니다.[109] 그 누가 오로지 "화평을 이루고 서로 덕을 세우는 일들"[110] 만 추구하려고 하겠습니까? 오, 하나님! 얼마나 더 오래 참아야 합니까? 주님의 약속은 정녕 사라지고 마는 것입니까? 두려워 말라, 그대 어린 양이여![111] 소망이 없는 곳에서 소망을 믿으십시오! 그대가 이 땅을 새롭게 하는 것이 바로 그대의 하늘 아버지께서 기뻐하시는 일입니다. 분명히 이런 가슴 아픈 것들은 다 사라질 것입니다. 그리고 이 땅의 모든 사람들이 의를 배워 알게 될 것입니다. "이 나라와 저 나라가 칼을 들고 서로 치지 않을 것이며, 다시는 전쟁을 알지 못할 것입니다."[112] "주의 전의 산이 모든 산 위의 꼭대기에 설 것이고",[113] "이 땅의 모든 나라는 우리 하나님의 나라가 될 것입니다.",[114] "그들은 그의 거룩한 산에서 서로 해하거나 파괴하지 않을 것"[115] 이며 "성벽을 구원이라, 문을 찬양이라." 부르게 될 것입니다.[116] 그들은 흠과 티가 없게 될 것이며, 그리스도께서 우리를 사랑하셨듯이 서로를 사랑하게 될 것입니다.[117] 그대가 아직 추수할 단계에 이르지 못했다면 첫 열매에 속하도록 하십시오. 그대의 이웃을 그대 자신처럼 사랑하십시오. 주 하나님께서는 그대의 마음을 모든 영혼을 향한 사랑으로 가득 채우셔서 그대가 그 영혼을 위하여 기꺼이 그대의 생명까지 내려놓을 수 있도록 하십니다. 바라건대, 그대의 영혼이 끊임없이 이 사랑으로 충만하여져서 그분께서 그대를 사랑의 나라로 부르실 그 날까지 모든 불친절하고 거룩하지 못한 성품들을 삼켜버리게 하시고, 그리하여 그대가 거기에서 그분과 영원토록 다스릴 수 있게 하시기를 바랍니다.

---

109) 표준설교 33('편협한 신앙에 대한 경고')을 보라.
110) 롬 14:19
111) 눅 12:32
112) 사 2:4
113) 사 2:2
114) 시 22:28
115) 사 11:9
116) 사 60:18
117) 표준설교 2.2.2('이름뿐인 그리스도인')를 보라. 온전한 그리스도인(altogether Christian)은 그리스도께서 사랑하신 그 사랑을, 이웃을 향한 사랑의 출발점으로 삼는다.

웨슬리와 함께 공부하는 산상수훈

1 산상수훈 강해 2번은 '복의 선언'(소위 팔복) 중에서 어떤 복에 대한 내용을 다루고 있습니까?

2 산상수훈에서 말하는 "온유한 자"에 대한 일반적인 오해는 무엇입니까? (17.1.2)

3 산상수훈에서 말하는 "온유한 자"는 어떤 마음을 가진 사람입니까? (17.1.3)

4 온유한 사람은 사람에게는 어떤 모습으로 나타나며(17.1.6~11), 하나님께 대해서는 어떤 모습으로 나타나게(17.1.4~5) 됩니까?

5 온유한 자에게 주어지는 "땅을 기업으로 받는다."는 말에 대해서 웨슬리는 두 가지로 설명합니다. 각각 어떤 의미입니까? (17.1.12~13)

  1)
  2)

6 웨슬리는 팔복을 통해 신앙의 성숙 과정을 설명합니다. 제1복 심령이 가난한 자에 대한 복부터, 제3복 온유한 자에 대한 복을 이러한 성숙 과정 단계로 볼 때 각각 어떻게 설명하고 있으며, 제4복 의에 주리고 목마른 자에 대한 복은 그다음 단계로 볼 때 어떤 위치를 차지하고 있습니까? (17.2.1)

7 의에 주리고 목마르다는 것은 무엇을 갈급해하는 것을 말합니까? (17.2.3~4)

8 그들이 배부르게 될 것이라는 것은 그들에게 무엇이 채워진다는 말입니까? (17.2.5)

9 성화의 여정에 있어서 하나님의 생명으로 채워진 자(그들의 배가 부름)는 성숙한 신앙인으로서 그들의 눈을 어디에서(17.2.3~4) 어디로 돌리게 됩니까? (17.3.1)

10 긍휼히 여긴다, 자비롭다는 말은 무엇을 가리킵니까? (17.3.1)

11 웨슬리는 긍휼히 여기는 것이 무엇인지 설명하기 위해서, 신약성서 가운데 어느 구절을 다시 강해하고 있습니까? (17.3.5~17)

12 사랑은 자랑하지 않는다는 것은 무슨 뜻입니까? (17.3.6)

13 A. 웨슬리는 남의 허물을 덮어 주지 않는 예외를 두 가지 말하고 있습니다. 무엇입니까? (17.3.14) B. 그리고 그 드러내는 행동을 할 때 어떤 행동지침을 제시합니까?

A:

B:

표준설교
18

우리 주님의
산상수훈에 대하여

▶ 강해 3

요약과 해설

표준설교 18번, 산상수훈 강해 3번 역시 앞의 두 편의 설교와 연속해서 같은 날, 1739년 7월 22일에 설교된 것이다. 이 설교는 복의 선언(팔복) 마지막 부분으로서, 마음이 성결한 자, 화평케 하는 자, 의를 위하여 핍박받는 자에 대한 내용으로 구성되어 있다. 마음의 성결에 대한 부분을 설교하면서 웨슬리는 간음과 이혼, 맹세에 대한 초월제 가르침의 내용을 갖고 이 부분을 설명한다. 마음이 성결하다는 것은 모든 육과 영의 더러움으로부터 깨끗하게 되어서 하나님의 거룩하심을 본받아 거룩하게 된다는 것을 의미한다. 이 내적 성결, 즉 거룩함을 이룬 그리스도인은 그 거룩함이 외적인 모습으로 드러나야 하는데, 웨슬리는 이것을 화평케 하는 자에 대한 복의 선언을 갖고 풀어나간다. 웨슬리는 화평을 만드는 행위를 두 가지 개념으로 말하는데, 첫 번째는 말 그대로 사람들 사이에서 평화의 관계를 만들어 내는 것이고, 두 번째는 모든 사람들에게 선을 행하는 행위를 가리킨다고 말한다.

내적 성결, 즉 내적 거룩함을 평화를 일군다는 외적 거룩함으로 실천하는 사람은 세상에서 어려움을 겪게 되는데 웨슬리는 이것을 의를 위하여 핍박받는 것으로 풀어나간다. 그리스도인들은 하나님께 속한 자, 즉 성령으로 난 자들이며, 이들이 박해받는 것은 그들이 세상에 속하지 않았기 때문이다. 이들을 박해하는 자들은 육으로 난 자, 세상에 속한 자들이며, 영과 육은 서로 반대이기 때문에 이런 문제가 발생한다. 그러나 박해하는 자나 박해받는 자나 모두 하나님의 주권 아래 있으며, 따라서 박해 행위 역시 하나님의 섭리 안에서 이루어진다. 그러므로 웨슬리는 박해받을 때 어떻게 해야 하는지 설명하고 특히 그중에서 기뻐할 것, 겸손과 온유와 사랑과 선행을 그치지 말 것, 즉 선으로 악을 이기는 모습을 지킬 것을 권면한다.

표준설교

18

우리 주님의 산상수훈에 대하여

▶ 강해 3

마음이 청결한 자는 복이 있나니 그들이 하나님을 볼 것임이요, 화평하게 하는 자는 복이 있나니 그들이 하나님의 아들이라 일컬음을 받을 것임이요, 의를 위하여 박해를 받은 자는 복이 있나니 천국이 그들의 것임이라. 나로 말미암아 너희를 욕하고 박해하고 거짓으로 너희를 거슬러 모든 악한 말을 할 때에는 너희에게 복이 있나니, 기뻐하고 즐거워하라 하늘에서 너희의 상이 큼이라 너희 전에 있던 선지자들도 이같이 박해하였느니라. 마 5:8~12

I

1. 예수님께서 이웃사랑에 대해서 얼마나 훌륭한 말씀을 하셨습니까! 그것은 "율법을 완성하는 것"[1)]이며 "계명의 마침"입니다.[2)] 이웃을 사랑하지 않는다면 우리가 가진 모든 것, 우리가 하는 모든 행동, 우리가 견뎌 내는 모든 것들이 하나님 보시기에는 아무것도 아닌 것이 됩니다. 그런데 이 이웃사랑이라는 것은 하나님의 사랑에서 비롯되는 것입니다.[3)] 만일 그렇지

---

1) 롬 13:10
2) 롬 10:4
3) 웨슬리는 표준설교 2번, '이름뿐인 그리스도인'에서 세 부류의 사람들을 언급한다. 첫 번째는 이교도이고, 두 번째는 이름뿐인 그리스도인(혹은 '거의 그리스도인', almost Christian), 그리고 온전한 그리스도인 (altogether Christian)을 말한다. '거의 그리스도인'은 일반적으로 보기에도 거의 완벽에 가까운 그리스도인 이다. 그런데 '거의 그리스도인'은 '온전한 그리스도인'이 아니며, 많은 그리스도인이라고 하는 이들이 '거의 그

않다면 그 이웃사랑은 아무것도 아닙니다.[4] 그러므로 우리가 이웃을 사랑하는 것이 무엇에 기초한 것인지 자세히 살펴볼 필요가 있습니다. 과연 그것이 하나님의 사랑에 근거한 것인지, "하나님께서 먼저 우리를 사랑하셨기 때문에 우리가 하나님을 사랑하는지",[5] 우리가 깨끗한 마음으로 그렇게 하는지 살펴보아야 합니다. 왜냐하면 이것은 절대로 흔들리지 않는 든든한 기초이기 때문입니다. "마음이 성결한 자는 복이 있나니 그들이 하나님을 볼 것임이요."

2. "마음이 성결한" 사람은 "하나님께서 친히 깨끗하신 것처럼 그 마음을 깨끗하게 해 주신"[6] 사람들을 가리킵니다. 이런 사람들은 예수 그리스도의 피를 믿는 믿음으로 말미암아 모든 거룩하지 못한 감정으로부터 깨끗케 된 사람들입니다. 이들은 "모든 육과 영의 더러움으로부터 깨끗케 되어" 사랑의 "하나님을 두려워하는 가운데 완전히 거룩한"[7] 사람들을 가리킵니다. 그들은 하나님의 은혜의 능력을 통하여 가장 깊은 영적 가난함으로써 교만으로부터 깨끗케 되었습니다. 그들은 온유함과 신사적인 태도로써[8] 분노와 모든 불친절함과 격한 감정으로부터 깨끗케 되었습니다. 그들은 이제 자신들의 모든 영혼을 이제 사로잡고 있는 의를 굶주려 하고 목말라하는 것

___

리스도인' 수준에 머물러 있다고 말한다. 웨슬리는 이것을 자신의 경험을 통해 잘 알고 있다고 하는데(2.1.11), 아마도 자기가 1735년에 회심(혹은 각성)하기 이전의 자신의 모습을 '거의 그리스도인'의 모습으로 여기는 것 같다. 그는 그리스도인들이 지향해야 할, 참 그리스도인의 모습으로 '온전한 그리스도인'을 말하는데, '거의 그리스도인'과 '온전한 그리스도인' 사이의 중요한 차이는 하나님 사랑과 이웃 사랑에 있다고 말한다. 이 두 그리스도인이 하는 하나님 사랑과 이웃 사랑의 중요한 차이는 그 사랑의 출발이 자기 자신의 의지나 힘, 노력에 있지 않고 예수 그리스도를 통한 하나님의 사랑에서 비롯된 것으로 말한다(2.2.2). 즉, 비유를 들어 말한다면 '거의 그리스도인'의 사랑은 자기의 노력이나 힘, 의지에서 비롯된 스스로 비춘 별빛 사랑이고, '온전한 그리스도인'의 사랑은 하나님의 사랑에서 온전히 비롯된, 자기의 의지나 노력이나 힘에서 비롯되지 않고 단지 하나님의 사랑을 받아 그것을 그대로 반사하는 달빛 사랑이라 할 수 있다. 별은 자기 스스로 빛을 내지만 달은 태양 빛을 그대로 반사하는 것이며, 이런 차원에서 '거의 그리스도인'과 '온전한 그리스도인'의 차이를 별빛과 달빛에 각각 비유할 수 있을 것이다.
4) 이것이 이름뿐인 그리스도인과 온전한 그리스도인의 차이를 만드는 중요한 요소다.
5) 요일 4:19
6) 요일 3:3
7) 고후 7:1
8) '신사적인 태도'(gentleness)에 대하여는 표준설교 17.1.4('산상수훈 강해 2')를 참조하라.

으로써, 모든 정욕으로부터 깨끗하게 되어서 하나님을 기뻐하게 되었으며, 더욱더 그분을 알아가고 사랑하게 되었습니다. 그리하여 이제 그들은 자신들의 주 하나님을 모든 마음과 혼과 생각과 힘을 다해서 사랑합니다.[9]

3. 그러나 모든 세대의 거짓 교사들은 이 마음의 깨끗함을 중요하게 여기지 않았습니다. 그들은 하나님께서 일일이 언급하여 금하신 외적 부정함과 같은 것들을 멀리하라는 것만 겨우 가르쳤습니다. 그러나 그들은 마음을 지적하지는 않았으며, 이것을 경계하지 않은 결과 내적인 타락을 사실상 지지한 꼴이 되어 버렸습니다.

우리 주님께서는 이런 것에 대한 좋은 예를 5장 27절에서 우리에게 말씀해 주셨습니다: 예수님께서는 "또 간음하지 말라 했다는 것을 너희가 들었으나"(27절)라고 말씀한 다음에 이것을 설명하시면서, 소경을 이끄는 소경들은 그저 사람들에게 외적으로 드러나는 행동만 주의할 것을 말한다고 꼬집으셨습니다.[10] 그러나 예수님께서는 "나는 너희에게 이르노니 음욕을 품고 여자를 보는 자마다 마음에 이미 간음했느니라."(28절)라고 말씀하셨습니다. 왜냐하면 하나님께서는 마음속에 보이지 않는 진실을 요구하시기 때문입니다. 그분께서는 마음을 살피고 시험해 보십니다.[11] 만일 그대의 마음이 불의에 치우쳐 있다면 주님께서는 그대의 기도를 듣지 않으실 것입니다.

4. 하나님께서는 부정하게 만드는 그 어떤 것을 유지하는 것에 대해 어떤 핑계도 용납하지 않으십니다. 그래서 "만일 네 오른 눈이 너로 실족하게 하거든 빼어 내버리라. 네 백체 중 하나가 없어지고 온 몸이 지옥에 던져지지 않는 것이 유익하다."(29절)라고 말씀하십니다. 만약에 그대의 오른쪽 눈만큼이나 소중한 사람들이 그대로 하여금 하나님께 죄를 짓도록 만드는 요인

---

9) 신 6:5
10) 마 23:16. 표준설교 27.3.11('산상수훈 강해 12')을 보라.
11) 대상 28:9

이 된다면, 즉 그대의 영혼 안에 거룩하지 못한 욕망을 일으키는 수단이 된다면, 지체하지 말고 억지로라도 그 사람들과 결별하십시오. "또한 만일 네 오른손이 너로 실족하게 하거든 찍어 내버리라 네 백체 중 하나가 없어지고 온 몸이 지옥에 던져지지 않는 것이 유익하니라"(30절). 만약에 그대의 오른손만큼이나 그대에게 꼭 필요한 사람이 그대로 하여금 죄를 짓게 하고 불결한 욕망의 - 설령 그 욕망이 말이나 행동으로 드러나는 것까지 나아가지는 않고 그저 마음속에 있기만 한다고 하더라도 - 요인이 된다면, 그 사람들을 끊어버리고 그대는 온전한 몸통에 붙어 있도록 하십시오. 그들은 단박에 잘라내야 합니다. 하나님 앞에서 그들을 포기하십시오. 어떤 손실이 있더라도, 어떤 쾌락이나 물질이나 친구를 잃는다 하더라도 차라리 그것이 그대의 영혼을 위해서는 더 유익한 일입니다.

그런데 이렇게 단호하게 결별하기에 앞서 두 가지 단계를 밟아야 합니다. 첫 번째, 혹시 부정한 영이 금식이나 기도를 통해 과연 쫓아낼 수 없었던 것인지,[12] 그대가 악의 요인이라고 생각되었던 것에 대해 언행을 삼가거나 그런 것들을 보지 않음으로써 물리칠 수 있었던 것은 아니었는지 생각해 보아야 합니다. 두 번째로, 만일 그대가 이러한 노력을 하여도 이겨낼 수 없다면 그대의 영혼을 보살펴 주는 사람에게 도움을 요청하든지, 그도 아니면 적어도 하나님의 길에서 그러한 것을 경험했던 사람들에게 언제 어떤 방식으로 결별해야 하는지 조언을 구하십시오. 하지만 혈과 육의 사람과는 상의하지 마십시오. 그래야만 그대가 "미혹에 넘어가 거짓말을 믿게"되지[13] 않기 때문입니다.

5. 거룩하고 소중한 결혼이 우리의 욕망을 위한 방종의 빌미로 사용되어서도 안 됩니다. "또 일렀으되 누구든지 아내를 버리려거든 이혼 증서를

---

12) 막 9:29. 권위 있는 사본들은 이 구절에서 기도만을 제시한다. 그러나 다른 사본에는 기도와 금식을 말하며, 웨슬리가 사용하는 킹제임스 성경은 기도와 금식을 언급하고 있다.
13) 살후 2:11

줄 것이라 했으나." 이 말에는 모든 것이 다 좋다는 것이 내포되어 있습니다. 즉, 특별한 이유 없이 그저 남편이 아내를 좋아하지 않거나 자기 아내보다 다른 여자가 더 좋아져서 아내를 버리는 것도 이혼 증서 하나로 해결되는 것입니다. 하지만 예수님께서는 "나는 너희에게 이르노니 누구든지 음행한[여기에서 음행이라는 단어를 가리키는 포르네이아(*porneia*)는 기혼이든 미혼이든 상관없이 일반적으로 성적으로 부정한 것을 뜻합니다.] 이유 없이 아내를 버리면 이는 그로 간음하게 함이요, 또 누구든지 버림받은 여자에게 장가드는 자도 간음함이니라."(31~32절)라고 말씀하십니다.

우리 주님께서 남편이 살아있는데도 다시 결혼하는 여성은 간음한 것이라고 분명히 밝히신 이 구절에서 일부다처제는 분명하게 금지되어 있습니다. 남성도 마찬가지입니다. 비록 아내와 이혼했다 하더라도 그 아내가 버젓이 살아 있는 상태에서 다른 여성과 재혼한다면 그것은 간음입니다. 만약에 그 이혼 사유가 불륜 때문이라면 그것은 예외입니다. 이 경우에서만큼은 재혼을 금지한 성경 말씀은 없습니다.

6. 이러한 것이 하나님께서 요구하시는 마음의 성결이며 그분의 아들을 믿는 사람들이 하는 행위들입니다. 그리고 그렇게 "마음이 성결한 자들은 복이 있습니다. 왜냐하면 그들이 하나님을 뵐 것이기 때문입니다." "세상 사람들에 자신을 잘 드러내지 않으실 뿐만 아니라" 자신의 자녀들에게조차도 잘 나타나시지 않으셨던 하나님께서 "그들에게는 친히 자신을 드러내실" 것입니다.[14] 하나님께서는 성령님과 가장 명확하게 소통할 수 있도록 그들을 축복하시어서 그들이 "아버지와 아들과 더불어 가장 친밀한 교제를 나누도록"[15] 하실 것입니다. 하나님께서는 그들 앞에 자신의 얼굴을 계속 비춰 주실 것이며, 그 얼굴의 광채는 그들 위에 빛날 것입니다.[16] 그들은 끊임

---

14) 요 14:22
15) 고후 13:13
16) 민 6:25~26

없이 "주님께 간구하오니 저에게 당신의 영광을 보여 주옵소서!"라고 기도합니다. 그리고 이들은 하나님께 구한 기도의 응답을 받습니다. 그들은 하나님께서 하신 가장 미천한 것들 가운데서조차도, 자신들을 둘러싸고 있는 모든 것들에서, 그리고 하나님께서 창조하시고 만드신 모든 것들 가운데서 믿음으로 그분을 봅니다(이전에는 육신으로 가려져 있던 베일이 투명하게 됩니다).[17] 그들은 가장 높은 것에서, 그리고 가장 밑바닥의 것에서 그분을 봅니다.[18] 그들은 만유 가운데서 만유를 충만케 하시는 그분을 봅니다.[19] 마음이 성결한 자들은 만물들 안에 충만하신 하나님을 봅니다. 그들은 창공 안에서 그분을 보고, 그분께서 빛으로 걸으시는 달 속에서, 장사가 자기의 길을 달리기를 기뻐하는 듯[20] 태양 속에서도 그분을 봅니다. 그들은 그분께서 "구름으로 자기 수레를 삼으시고 바람 날개로 다니시는"[21] 것을 봅니다. 그들은 그분께서 "가축을 위한 풀과 사람을 위한 채소를 자라게 하시며 땅에서 먹을 것이 나게 하시는"[22] 것을 봅니다. 그들은 만물의 창조주께서 모든 것을 지혜로 다스리시며, "그의 권능의 말씀으로 모든 것을 보존하시는 것"을 봅니다.[23] "오, 우리의 통치자이신 주여! 주의 이름이 온 땅에서 어찌 그리 뛰어나신지요!"[24]

7. 마음이 성결한 자들은 하나님께서 자신들의 영혼과 육체를 위해서 해 놓으신 모든 것들 가운데서 특히 하나님을 더 잘 봅니다. 그들은 그분의 손이 영원토록 자신들을 덮어 주심을 보며,[25] 그분께서 그들의 머리카락

---

17) 고후 3:18
18) 골 1:17; 2:9
19) 엡 1:23;
20) 시 19:5
21) 시 104:3
22) 시 104:14
23) 히 1:3
24) 시 8:9
25) 지혜서 5:16

숫자도 세시어[26] 그들에게 모든 것을 부족함 없이 주시며, 그들에게 보호막을 쳐 주셔서 그들이 가진 모든 것들을 지켜 주시고,[27] 당신의 지혜와 자비의 깊음에 따라 그들의 삶의 모든 상황들을 알아서 처리해 주시는 것을 봅니다.

8. 그러나 그들은 좀 더 특별한 방식으로 그분의 계명 안에서 하나님을 봅니다. 이들이 많은 회중 가운데서 "그의 이름에 합당한 영광을 돌리기 위해서"[28] 회중 가운데 있을 때, "아름답고 거룩한 것으로 그분께 예배할 때",[29] 혹은 "자신들의 골방에 들어가서" 자신의 마음을 "은밀한 중에 계신 아버지께"[30] 쏟아 놓을 때, 그들이 하나님의 계율을 찾을 때, 혹은 그리스도의 대사들이 구원의 기쁜 소식을 전할 때, 혹은 구름을 타고 "그분께서 다시 오실 때까지 그분의 죽음을 드러내는" 그 빵을 먹고 그 잔을 마실 때, 하나님께서 정하신 이러한 모든 방법들을 통해 그들은 말로 다 표현할 수 없는 그분의 임재를 보게 됩니다. 그들은 그분을 있는 그대로, 얼굴과 얼굴을 맞대고 바라보며,[31] "마치 사람이 자기 친구에게 하듯 그분과 이야기를 나눕니다."[32] 이것은 그들이 그분을 뵙게 될 하늘의 처소를 준비해 두신 바로 그것입니다.[33]

9. 그러나 이전에 그들이 "거짓 맹세를 하지 말고 네가 주께 맹세한 것은 다 지키라고 옛 사람이 했던 말을"(33절) 들었을 때 그들이 얼마나 하나님을 보기 힘들었습니까! 그들은 이 말을 주 여호와로 맹세할 때 거짓으로 맹세

---

26) 마 10:30; 눅 12:7
27) 욥 1:10
28) 시 29:2; 96:8; 대상 16:29
29) 시 96:9
30) 마 6:6
31) 고전 13:12
32) 출 33:11
33) 요 14:3

하지 말라는 것으로 해석했습니다. 그들은 이 말씀을 "주님을 두고 한 서약들을 이행해야"[34] 하지만 다른 서약들에 대해서는 하나님은 상관하지 않으신다는 뜻으로 풀이했습니다.

바리새인들은 그렇게 가르쳤습니다. 그들은 일상의 대화 가운데서 모든 형태의 서약을 허용할 뿐만 아니라 사소한 것들에 대해서는 거짓으로 맹세하는 것도 말했습니다. 단지 그들은 하나님이라는 특별한 이름으로 맹세하지 않은 것뿐이었습니다.

하지만 우리 주님께서는 여기에서 거짓 맹세뿐만 아니라 모든 종류의 일상적인 맹세도 엄하게 금하셨습니다. 그분께서는 참 맹세든 거짓 맹세든 상관없이 그것 자체가 똑같이 악한 것이라는 점을 보여 주셨습니다. 주님께서는 모든 만물이 하나님의 것이고 그분께서는 어디에나 계시며, 모든 것 안에, 모든 것 위에 계신다는 점을 말씀하셨습니다. "그러나 나는 너희에게 말한다. 아예 맹세하지 말라. 하늘을 두고도 맹세하지 말라. 그것은 하나님의 보좌이기 때문이다"(34절). 따라서 이것은 하늘 위에 앉아 계신 그분을 두고 맹세하는 것과 같은 것입니다: "땅을 두고도 맹세하지 말라. 그것은 하나님께서 발을 놓으시는 발판이기 때문이다"(35절). 그분께서는 하늘에서처럼 땅에서도 가까이 계십니다. "예루살렘을 두고도 맹세하지 말라. 그것은 크신 임금님의 도성이기 때문이다. 네 머리를 두고도 맹세하지 말라. 너는 머리카락 하나라도 희게 하거나 검게 할 수 없기 때문이다"(36절). 명약관화하게도 이것은 그대의 것이 아니라 하늘과 땅의 모든 것들을 홀로 주관하시는 하나님의 것이기 때문입니다. 그대가 대화를 나눌 때에 "단지 예 할 때에는 예라는 말만 하고, 아니라 할 때에는 아니라는 말만 하십시오"(37절). 이에 지나쳐서 확언한다거나 부정하는 것은 "악에서 나오는 것"입니다.[35] "엑 투 포네루 에스틴(*ek tou ponerou estin*)"은 악한 자의 것(of

---

34) 민 30:2
35) 마 5:37

the evil one)이라는 뜻입니다. 이것은 악마에서 나오는 것이고 그의 자녀 라는 표징입니다.[36)

10. 우리 주님께서는 여기에서 우리가 판사 앞에서 하는 것처럼 "진리와 공평으로 맹세"[37) 하는 것을 금하신 것은 아닙니다. 이러한 것은 (1) 거짓 맹세와 일반적인 맹세에 대한 그분의 가르침 - 그분께서는 이것의 남용을 꾸짖으십니다. - 의 일부분일 경우인데, 예를 들면 판사 앞에서 서약하는 것은 당연한 것입니다. (2) 그분께서는 여기에서 일반적인 결론을 말씀하신 것입니다. 즉, "단지 예 할 때에는 예라는 말만 하고, 아니라고 할 때에는 아니라는 말만 하십시오."라는 것입니다. (3) 그분께서 직접 본을 보이신 것인데, 주님께서 유대 지도자들의 재판정에서 직접 서약하여 말씀하셨던 일이 바로 그것입니다. 대제사장이 그분께 "내가 살아 계신 하나님을 걸고 그대에게 명령하니, 우리에게 말해 주시오. 그대가 하나님의 아들 그리스도요?" 라고 물었을 때 예수님께서 곧바로 그에게 확실하게 "당신이 말했소."(이것은 사실입니다.) "그러나"(혹은 *뿐만 아니라*) "내가 당신들에게 말하오. 이제로 부터 당신들은, 인자가 권능의 보좌 오른쪽에 앉아 있는 것과, 하늘 구름을 타고 오는 것을, 보게 될 것이오."(마 26:63~ 64)라고 말씀하셨습니다. (4) 심지어 하나님 아버지에게서도 그 예를 찾아볼 수 있는데, 하나님께서도 "그 약속을 상속받는 사람들에게 하나님의 뜻이 변하지 않는다는 것을 더욱 환히 나타내 보이시려고, 맹세로써 보증해 주셨습니다"(히 6:17). (5) 우리가 생각하기에도 하나님의 영을 갖고 자기 주인의 마음을 충분히 헤아린 자라고 보이는 사도 바울에게서도 그 예를 찾아볼 수 있습니다. 그는 로마 교인들에게 "내가 기도할 때마다 언제나 여러분을 생각하는" 것에 대해 "하나님이 나의 증인이시다."라고 말합니다(롬1:9). 고린도 교인들에게도 "내 목숨을

---

36) 포네루(ponerou)는 "악"도 되고 "악한 자"라는 뜻으로 다 풀이할 수 있다. *ek tou ponerou estin*이라는 구절을 새번역 성서에서는 "악"이라고 번역하는데, 웨슬리는 "악마"라고 본다.
37) 렘 4:2

걸고서, 나는 하나님을 증인으로 모시렵니다. 내가 아직 고린도에 가지 않은 것은 여러분을 아끼기 때문입니다."(고후 1:23)라고 말합니다. 빌립보 교인들에게도 "내가 그리스도 예수의 심정으로, 여러분 모두를 얼마나 그리워하고 있는지는, 하나님께서 증언하여 주십니다."(빌 1:8)라고 말합니다. 따라서 사도 바울이 주님의 말씀의 뜻을 알았기 때문에 중요한 일에 있어서 서로 서약하는 것을 금하지 않았다는 것이 이제 명백히 드러났습니다. 그렇다면 법정에서 판사에게 서약하는 것이야 두말할 나위가 있겠습니까? 또한 마지막으로 저 위대한 사도께서 일반적으로 엄숙한 서약에 대해 확증한 것이 있습니다(만일 주님께서 이것을 전적으로 금하셨더라면 이 사도가 이렇게 말한 것에 대해 비난을 받지 않을 수 없었겠지요.): "사람들은 자기보다 더 위대한 이를 두고서 맹세합니다. 그런데 맹세는 그들에게 모든 논쟁을 그치게 하여 주고, 확정을 지어 줍니다"(히 6:16).

11. 그러나 복되신 우리 주님께서 이 예를 통해서 여기에서 가르치신 위대한 교훈은 바로 하나님께서 모든 것 안에 계신다는 것과 우리는 모든 피조물의 유리창을 통해 창조주를 보아야 한다는 점입니다. 또한 우리가 이세상 어떤 것도 하나님과 분리해서 사용하거나 생각해서는 안 된다는 점입니다. 만일 그렇다면 그것은 실질적으로 무신론의 일종이라고 할 수 있습니다. 그러나 진실로 위대한 생각으로 하늘과 땅, 또한 그 안에 있는 모든 것들을 하나님께서 친히 그 손에 쥐고 계신 것으로 바라볼 때, 그분께서 친히 존재하는 모든 것들을 그 손안에 갖고 계신다는 점을 생각할 때, 그리고 모든 피조세계를 편만하게 하시고 그것들이 돌아가게 하신다는 점을 생각할 때, 진정한 의미에서 그분은 우주의 영이십니다.[38]

---

38) Cf. 골 1:16~17; 행 17:24~28.

II

1. 지금까지 우리 주님께서는 기독교의 핵심을 가르치시면서 보다 직접적인 방식으로 말씀하셨습니다. 그분께서는 그리스도인들이 무엇이 되어야 하는지 보여 주셨습니다. 그분께서는 계속해서 그들이 무엇을 해야 하는지 또한 보여 주십니다. 즉, 내적인 거룩함이 어떻게 외적인 행실에서 이루어져야 하는지에 대한 것입니다. 그분께서는 "화평케 하는 자는 복이 있나니 저희가 하나님의 자녀라 불리게 될 것이라."[39]고 말씀하십니다.

2. "화평케 하는 자": 이 말의 원어는 호이 에이레노포이오이(hoi eirenopoioi)입니다. 에이레네(eirene)[40]가 성경에서는 영혼이 되었든 육체가 되었든, 한시적인 것이든 영원한 것이든 상관없이 모든 모양의 좋은 것을 뜻한다는 것은 익히 알려진 사실입니다. 따라서 사도 바울이 자신의 편지 제목에서 로마 교인들이나 고린도 교인들에게 "하나님의 자유로우신 뜻에 따라 그분의 은혜로 주시는 사랑과 은총으로 주어지는 영육 간의[41] 모든 축복을 여러분이 누리기를 바랍니다. 하나님께서 사랑하시는 자들을 위해 준비하신 모든 선한 것들을 여러분이 누리기를 바랍니다."[42]라는 식으로 은혜와 평화를 빌었던 것입니다.[43]

3. 따라서 "화평케 하는 자"라는 용어가 얼마나 광범위하게 이해될 수 있는지 우리는 쉽게 알 수 있습니다. 이 말의 문자적인 의미는 모든 종류의 마찰이나 논쟁, 다툼을 너무나 싫어하고 혐오하며 하나님과 사람을 사랑하는

---

39) 마 5:9
40) '평화'라는 뜻의 헬라어.
41) "spiritual and temporal", 이것은 영원한 영적인 것과 한시적인 이 땅의 것을 의미하는데, 여기에서는 후자를 "육"으로 번역하여 영과 육의 짝을 만들었다.
42) 고전 2:9
43) 롬 1:7; 고전 1:2~3; 고후 1:2

사람들이라는 것을 내포하고 있습니다. 이러한 사람들은 이러한 지옥의 불씨가 붙여지는 것을 막기 위해, 또한 만일 그런 불씨가 붙었을 때에는 그 불길이 폭발하지 않도록, 그리고 만약에 그것이 폭발한다면 그 불길이 더 이상 퍼져나가는 것을 막기 위해서 최선을 다하는 사람입니다. 이러한 사람들은 사람들의 영혼에 이는 폭풍을 잠재우고 그들의 격한 감정을 잔잔하게 하며 갈등하고 있는 두 편의 마음을 부드럽게 하고, 할 수만 있다면 서로 화해하도록 노력합니다. 이들은 모든 선한 기술을 다 사용하고 자신들이 할 수 있는 모든 힘을 다 쏟으며, 하나님께서 자신들에게 주신 모든 달란트를 사용해서 평화가 있는 곳에서는 그 평화가 유지되도록 하고 그렇지 못한 곳에서는 평화가 회복될 수 있도록 합니다. 그들은 사람들 사이에서, 특히 하나님의 자녀들 가운데서[44] 아무리 작은 일이라 하더라도 그 안에서 서로 선한 뜻을 증진시키고 그것을 다지며 키워가는 가운데 자신들의 기쁨을 찾습니다. 그들은 모두 "한 주님, 한 믿음"[45]을 가졌으며 "부르심의 한 소망 안에서 부르심을 받았습니다."[46] 따라서 그들은 모두 "부르심을 입은 부름에 합당하게 행하여 모든 겸손과 온유로 하고 오래 참음으로 사랑 가운데서 서로 용납하고 평안의 매는 줄로 성령의 하나 되게 하신 것을 힘써 지킵니다."[47]

4. 그러나 이 말을 좀 더 광의적으로 보면, 화평케 하는 자라는 말은 기회가 닿는 대로 "모든 이들에게 선을 행하는"[48] 사람을 가리킵니다. 이 사람은 하나님과 모든 사람들에 대한 사랑으로 가득 차서, 그 사랑을 단지 자기 집 식구나 친구들, 혹은 자기와 안면이 있거나 자기편에 있는 사람, 혹은 자기와 의견을 같이하는 사람에게만 표현할 수 없는 사람입니다. 그들은 절대

44) 갈 6:10
45) 엡 4:5
46) 엡 4:4
47) 엡 4:1~3
48) 갈 6:10

로 이런 사람, 즉 소중한 같은 믿음을 함께 나누지 못할 그런 사람이 아닙니다. 그들은 이런 협소한 모든 범위를 두루 포괄할 뿐만 아니라, 모든 사람들에게 선을 행하여서 이런저런 방법으로써 자신의 사랑을 이웃과 모르는 사람들, 친구와 원수들에게 골고루 보여 주는 사람입니다. 그는 모든 이들에게 기회가 닿는 대로, 즉 모든 가능한 경우에 선을 행합니다. 따라서 이들은 그렇게 하기 위해서 "세월을 아낍니다."[49] 그들은 모든 기회를 살리며, 매시간을 더욱 나은 모습으로 만들어 가고, 어떤 한순간이라도 허비하지 않고 그것을 유익하게 사용합니다. 그는 선을 행하되, 어떤 특별한 부분에서만 아니라 전반적으로 선을 행하며, 가능한 모든 방법으로 선을 행합니다. 그는 자신이 갖고 있는 모든 재능을 사용하며, 자신의 영과 육의 모든 능력으로, 자신이 갖고 있는 모든 재산으로, 자신의 모든 관심과 자신이 갖고 있는 명성을 사용해서 선을 행합니다. 그가 바라는 것은 단 하나, 주님께서 오셨을 때 주님께서 자기에게 "잘했도다, 착하고 충성된 종이여."[50]라고 말씀해 주시는 것입니다.

5. 그는 자신이 갖고 있는 최대한의 능력을 사용하여서 사람들의 육신적인 문제들을 위해서 선을 행합니다. 그는 "굶주린 자에게 자신의 먹을 것을 주고, 헐벗은 자에게 입을 것을 주기를"[51] 기뻐합니다. 만약에 나그네가 있다면 그는 그를 맞아들여서 그 사람이 필요로 하는 것들을 채워 줍니다. 혹시 병든 자나 옥에 갇힌 자가 있습니까? 그렇다면 그는 그를 찾아가서 그들이 가장 필요로 하는 것들로 도와줍니다. 그러나 이 사람이 이런 일을 할 때, 사람에게 하듯 하지 않습니다. 그는 그분께서 "지극히 보잘것없는 사람 하나에게 한 것이 곧 내게 한 것이다."[52]라고 하셨던 말씀을 기억합니다.

---

49) 엡 5:16
50) 마 25:21
51) 마 25:35; 약 2:15
52) 마 25:40

6. 그 어떤 사람이든지 상관없이 모두에게 어떠한 선한 것이라도 행할 수 있다면 그는 더할 나위 없이 기뻐합니다. 따라서 이러한 능력은 사실 하나님께 속한 것입니다. 오직 하나님께서만 사람의 마음을 변화시키실 수 있으며, 만일 그분께서 하신 것이 아니라면 사람에게 일어나는 모든 그러한 변화는 허영에 지나지 않는 것입니다. 어쨌든 사람이 사람을 돕는 일은 모든 사람들 안에서 모든 것을 이루시는[53] 그분을 기쁘시게 해 드리는 것입니다. 이것은 그분의 능력과 축복과 사랑을 사람을 통해서 사람에게 전해 주는 일입니다. 따라서 "이 땅에서 이루어진 도움은 하나님께서 직접 하신 것이다."라는 것이 분명합니다. 그렇다고 해서 포도원 이야기에서처럼 포도원에서 빈둥거리며 서 있는 사람이 있어서는 안 됩니다.[54] 화평케 하는 자는 그럴 수 없습니다. 그는 친히 하나님 손에 들려진 도구가 되어서 자기 주인께서 사용하실 수 있도록 밭을 갈거나, 그분의 나라의 씨앗을 뿌리며, 행여 하나님께서 수확을 더하게 하실까 기대하면서 뿌려진 씨앗에 물을 주는 등, 열심히 그 가운데서 노력합니다.[55] 이 사람은 자신이 받은 은혜의 분량을 따라 매우 열심히 못된 죄인을 꾸짖고 파멸의 넓은 길로 치닫는 자들을[56] 되찾아 옵니다.[57] 그들은 "지혜가 부족하여 멸망에 이르게 된 자들에게, 어둠에 앉은 자들에게 빛을 주기 위해"[58] 노력합니다. 그들은 "나른한 손과 힘 빠진 무릎을 일으켜 세우기"[59] 위해 노력합니다. 그들은 저는 자를 고치고 길에서 벗어난 자들로 하여금 돌이켜 제자리로 돌아오도록 해 줍니다. 그들은 바른 문으로 들어가기 위해서 이미 노력하고 있는 자들에게 확신을 주는 데 열정을 아끼지 않습니다. 그들은 서 있는 자들을 더욱 굳게 하고, 그들로

---

53) 고전 12:6
54) 하나님이 다 하시니 나는 손을 놓아도 괜찮다고 생각하는 것에 대한 경계를 뜻한다.
55) 고전 3:5~6; 막 4:3~8
56) 마 7:13
57) 약 5:19~20
58) 마 4:16
59) 히 12:12

하여금 "인내로써 자신들 앞에 놓인 경주를 달리도록"[60] 해 줍니다. 화평케 하는 자들은 사람들이 가장 거룩한 믿음, 즉 자신들이 믿었던 분 안에서 알고 있는 그 믿음 안에 굳게 설 수 있게 해 주기 위해서 노력합니다.[61] 그들은 사람들로 하여금 하나님께서 그들 안에 심어 두신 은사들을 일깨우도록 격려하며,[62] 그들이 매일 은혜 가운데 자라서 "우리의 주님이시며 구주이신 예수 그리스도의 영원한 나라에 들어갈 자격을 충분히 갖출"[63] 수 있게 합니다.

7. 따라서 끊임없이 믿음의 사역과 사랑의 수고를 하는 자들은[64] "복이 있습니다." "저희가 하나님의 자녀"라고 "불릴 것이기 때문입니다." 이 말은 저희가 하나님의 자녀가 *된다*는 말입니다(히브리인들에게서는 이런 식으로 이해됩니다). 그렇습니다. 하나님께서는 양자의 영(the Spirit of adoption)을[65] 저들의 마음속에 더욱 풍성하게 계속 부어 주실 것입니다. 그분께서는 그들에게 자신의 자녀가 받는 모든 축복으로 저들을 복 주실 것입니다. 그분께서는 천사들과 사람들 앞에서 자녀로 인정해 주실 것입니다.[66] "자녀이면 상속자이기도 합니다. 우리는 하나님이 정하신 상속자요, 그리스도와 더불어 공동 상속자입니다."[67]

III

1. 우리는 위에서 언급한 이러한 사람들, 즉 진실로 겸손하며, 진실로 진

---

60) 히 12:1
61) 유 1:20
62) 딤후 1:6
63) 벧후 1:11
64) 살전 1:3
65) 롬 8:5
66) 눅 12:8~9
67) 롬 8:17

지하며, 온유하고 신사다우며, 모든 이기적 욕망에서 자유롭고, 온전히 하나님께 헌신하며, 모든 사람들을 실제로 사랑하는 이러한 사람들은 모든 사람들이 귀히 여기는 사람들입니다. 그러나 우리 주님께서는 현재 상태 그대로의 인간의 본성에 대해 훨씬 잘 알고 계십니다. 따라서 그분께서는 이러한 하나님의 사람이 세상에서 받게 되는 대접이 어떠한 것인지 보여 주심으로써 마무리하고 계십니다. 그분께서는 "의를 위하여 핍박받는 자는 복이 있나니, 천국이 저희의 것이다."라고 말씀하셨습니다.

2. 이 말씀을 제대로 이해하기 위해서 우선 핍박받는 이 사람들이 누구인지 생각해 봅시다. 이에 대해서 우리는 사도 바울에게서 쉽게 배울 수 있습니다. "그러나 그 때에 육신을 따라 난 사람이 성령을 따라 난 사람을 박해한 것과 같이, 지금도 그러합니다"(갈 4:29). 사도 바울은 "그리스도 예수 안에서 경건하게 살려고 하는 사람은 모두 박해를 받을 것입니다."(딤후 3:12)라고 말했습니다. 사도 요한도 마찬가지로 "형제자매 여러분, 세상이 여러분을 미워해도 이상히 여기지 마십시오. 우리가 이미 죽음에서 생명으로 옮겨갔다는 것을 우리는 압니다. 이것을 아는 것은 우리가 형제자매를 사랑하기 때문입니다."(요일 3:13~14)라고 말했습니다. 사도 요한은 마치 형제들, 그리스도인들이 사랑받지 못하며, 이 덕분에 사망에서 생명으로 옮겨갔다는 식으로 말합니다. 무엇보다도 우리 주님께서 이렇게 말씀하셨습니다. "세상이 너희를 미워하거든, 세상이 너희보다 먼저 나를 미워했다는 것을 알아라. 너희가 세상에 속하여 있다면, 세상이 너희를 자기 것으로 여겨 사랑할 것이다. 그러나 너희는 세상에 속하지 않았고 오히려 내가 너희를 세상에서 가려 뽑아냈으므로, 세상이 너희를 미워하는 것이다. 내가 너희에게 종이 그의 주인보다 높지 않다고 한 말을 기억하여라. 사람들이 나를 박해했으면 너희도 박해할 것이다"(요 15:18~20).
이 모든 성경 구절들로 미루어 볼 때 박해받는 자들이 누구인지 명백하게 드러납니다. 그들은 말 그대로 의로운 자들입니다. 그들은 "성령으로 난 자들"[68]입니다. 그들은 "그리스도 예수 안에서 경건하게 사는 자들"입니다.[69] 그들은 "사망에서 생명으로 옮긴 자들"이며, "세상에 속하지 않은" 자들입니다. 그들은 마음이 온유하고 겸손한 자들이며, 하나님을 위해 애통하는 자들이고, 그분처럼 되기를 간절히 바라는 자들입니다. 그들은 하나님과 이웃을 사랑하는 자들이고, 따라서 기회가 닿는 대로 모든 사람들에게 선을 행하는 사람들입니다.[70]

3. 두 번째로, 우리가 그들이 왜 박해당하느냐고 질문을 받는다면, 그 대답 또한 분명합니다. 그 이유는 "의를 위해서"입니다. 그들이 의롭기 때문입니다. 그들이 성령을 따라 난 자들이기 때문입니다. 그들이 "그리스도 예수 안에서 경건하게 살 것"이기 때문입니다. 그들이 "세상에 속한 자들이 아니기" 때문입니다. 이런저런 말이 있을 수 있으나, 어쨌든 이것이 그들이 박해받는 실제 이유입니다. 그들이 타고난 연약함 때문에 다소 그럴 수는 있습니다. 하지만 여전히, 이러한 이유가 아니었더라면 세상은 자기에게 속한 자들을 사랑하기 때문에 그럭저럭 그들을 봐줬을 것입니다.[71] 그들은 *심령이 가난하기* 때문에 박해받습니다. 즉, 세상은 그들이 "가난한 영혼을 가졌고, 비열하고, 비겁한 자들이며, 아무짝에도 쓸모없고, 이 세상에서 살아가기에는 적합하지 않다."고 말합니다. 그들은 *애통하기* 때문에 박해받습니다. 그래서 사람들은 "그들은 그토록 무디고, 음울하고, 우둔한 자들이라서 그들을 바라보고 있노라면 그 사람까지 침울해지게 된다! 그들은 죽은 것이나 다름없다. 그들은 흥을 깨뜨리고, 그들이 나타나면 항상 다른 사람들이 기분을 망친다."라고 말합니다. 그들은 *온유하기* 때문에 박해받습니다. 그

---

68) 요 3:8
69) 딤후 3:12
70) 갈 6:10
71) 요 15:19

래서 사람들은 "그들은 잘 길들여져서 시키는 대로 하는 바보들이고, 그래서 짓밟히기에 딱 알맞은 자들이다."라고 말합니다. 그들은 *의에 주리고 목마르기* 때문에 박해받습니다. 그래서 사람들은 "저들은 뜨거운 머리를 가진 열광주의자들이고, 무엇인지도 모르는 것을 알려고 하며, 이성적인 종교에 대해서는 만족하지 못하고, 격정적인 흥분과 내적인 감정만 미치도록 찾아다니는 사람들이다."라고 말합니다. 그들은 자비롭기 때문에, 모든 이들을 사랑하기 때문에, 심지어는 사악하고 감사할 줄 모르는 사람들조차 사랑하기 때문에 박해당합니다. 그래서 사람들은 "저들은 온갖 사악한 것들을 조장하고, 심지어 사람들을 현혹하여서 잘못에 대한 벌을 받지 않고서도 악한 짓을 하도록 만든다. 이렇게 자신들의 기본 원칙을 지키지도 않으면서도 저들은 겁도 없이 자신들이 믿는 종교에 열심을 낸다고 말한다."라고 비난합니다. 그들은 *마음이 깨끗하기* 때문에 박해받습니다. 사람들은 "저 사람들은 남들에게 너그럽지 못한 사람들이고, 세상을 헐뜯기만 할 뿐이다. 저들은 그런 부류의 사람들이다. 저들은 마치 자기들은 죄를 저지르지도 않고 사는 사람들인 것처럼 하고 하나님을 거짓말쟁이로 만드는 사악한 신성모독자들이다."라고 말합니다. 무엇보다도 그들은 *화평케 하는 자들이기* 때문에 박해받습니다. 저들은 기회가 닿는 대로 모든 사람들에게 선을 행하기 때문에 박해받습니다. 이것이 바로 이 사람들이 모든 세대를 거쳐 오면서 박해받아왔던 가장 큰 이유입니다. 이들이 받는 박해는 만물이 회복될 그때까지도 계속될 것입니다. 사람들은 "저들이 하는 행동이 그저 자신들의 신앙을 지키는 것에 지나지 않는다면 그것은 봐줄 만하다. 하지만 저들이 하는 것은 잘못을 퍼뜨리는 짓이고, 많은 사람에게 영향을 미치는 행위다. 이것은 도저히 넘어갈 수 없다. 저 사람들은 이 세상에 악한 짓을 너무나 많이 해서 더 이상 참아줄 수 없을 지경이다. 물론 저들이 하는 행동이 선한 면도 있다. 저들은 가난한 사람들에게 도움을 주기도 하니 말이다. 하지만 그런 행동 역시 그저 자기들의 편을 더 끌어모으기 위한 방편으로 하는 것에 지나지 않는다. 결국 결과적으로는 그래서 더 악하다는 것이다."라고 그들을 비방합니다. 이 세상 사람들은 정말로 이렇게 생각하고 이렇게 말합니다. 그래서 하나님 나라가 더 확장될수록 화평케 하는 자들은 더욱 겸손과 온유, 그리고 그 외에 다른 하나님의 성품들을 펴져 나가게 하며, 또한 이럴수록 저들은 온갖 악한 대접을 받게 됩니다. 결과적으로, 세상은 화평케 하는 자들에 대해 더욱 분개하게 되고, 그만큼 그들은 화평케 하는 자들을 박해하는 것입니다.

4. 세 번째로, 우리는 그들을 박해하는 자들이 누구인가라는 질문을 던질 수 있습니다. 사도 바울은 이에 대해서 "육으로 난 자"라고 말을 합니다.[72] 누구든지 "성령으로 난" 자가 아니라면, 혹은 적어도 그렇게 되기를 원하는 것조차도 하지 않는 자라면, 그들이 바로 이러한 사람들입니다. "그리스도 예수 안에서 거룩하게 살려고" 노력조차 하지 않는 모든 자들이 바로 이런 사람들입니다. "사망에서 생명으로 옮겨가지"[73] 않은 모든 자들이 바로 그런 사람들입니다. 그 결과 "형제를 사랑"하지 못하는 자가 바로 그런 사람들입니다. "이 세상" 곧, 우리 구세주께서 설명하신 대로 "그분께서 나를 보내신 것을 알지 못하는" 자들이 바로 그런 사람들입니다.[74] 이런 사람들은 하나님의 영의 가르침을 받지 못하여 하나님을 알지 못하고, 사랑이 넘치시고 용서해 주시는 하나님을 알지 못합니다.

그 이유는 자명합니다. 이 세상에 있는 영은 하나님의 영과 정반대이기 때문입니다. 따라서 이 세상에 속한 사람들은 하나님께 속한 사람들과 대적하게 되어 있습니다. 의견이나 갈구하는 바, 혹은 기질에 있어서 이 둘 사이의 대조는 매우 극명합니다. 이는 표범과 어린아이가 평화롭게 나란히 누워 있을 수 없는 것과 같습니다. 그러한 사람은 교만하기 때문에 교만한 사

---

72) 갈 4:29
73) 요일 3:14
74) 요 15:21

람은 겸손한 사람을 박해하지 않을 수 없습니다. 경박하고 가벼운 사람들은 애통하는 사람들을 박해하지 않을 수 없습니다. 다른 점에 있어서도 마찬가지입니다. 성격이 다르기 때문에 계속 미워하는 것입니다. 따라서 단지 이것 때문에 사탄의 모든 종들이 하나님의 자녀들을 박해하는 것입니다.

5. 네 번째로, 그들이 이 사람들을 어떻게 박해하는지 질문해 본다면 일반적으로 우리는 이렇게 답할 수 있을 것입니다. 그들은 만물을 지혜로 통치하시는 분께서 보시기에 하나님의 영광을 가장 잘 드러내는 바로 그러한 방식과 그 정도만큼, 그분의 자녀들이 은혜 안에서 가장 잘 성장하도록 하는 그런 방식과 그 정도만큼, 그분의 나라를 확장하기에 가장 적절한 방식과 정도만큼 그들을 박해합니다. 그들의 박해는 하나님께서 세상을 다스리시는 데 가장 감탄할 만한 이 땅에서의 방식입니다. 그분은 박해하는 자들이 위협하는 소리나 박해받는 자들이 부르짖는 소리를 듣지 못할 정도로 귀가 둔한 분이 아니십니다.[75] 그분의 눈은 항상 열려 있고, 그분의 팔은 아무리 작은 상황에라도 곧바로 펼쳐서 닿을 수 있습니다. 폭풍이 일 때, 그것이 얼마나 높이 일는지, 그것이 어디로 향할 그 폭풍이 언제 어떻게 끝날지 그분께서는 당신의 한 치의 실수도 없는 지혜로 모든 것들을 결정하십니다. 이 불경건한 자들은 그저 그분 손에 쥐어진 칼에 지나지 않습니다. 그분께서는 자신의 기뻐하시는 뜻에 따라 그 도구들을 사용하시며, 그분의 은혜로운 섭리가 다 이루어져서 마무리될 때에 그 도구들은 그저 불에 던져 버림을 당하는 것입니다.

때로, 예를 들면 기독교가 처음 시작되고 이 땅에 뿌리를 내리던 때라든지 그리스도의 순전한 교리가 우리나라에 시작되었을 때 하나님께서는 폭풍이 높이 일어나게 하셨고, 그래서 그분의 자녀들은 피 흘리기까지 싸우도록 부르심을 받았습니다. 그분께서 사도들로 하여금 고난을 당하도록 하신

---

75) 사 59:1

특별한 이유가 있었는데, 이들의 사례도 이러한 경우에 해당합니다. 하지만 교회사를 보면 우리는 또 다른 것을 배울 수 있고, 그분께서 왜 2~3세기에 혹독한 박해가 일어나도록 하셨는지에 대해 확연히 다른 이유를 알 수 있습니다. 하나님께서 그때 그렇게 하신 것은 "불법의 비밀"[76]이 너무나 강하게 "역사"했기 때문입니다. 부패가 대대적으로 자행되어서 심지어 교회 안까지 파고들어서 교회를 쥐락펴락했기 때문입니다. 하나님께서는 이와 같은 엄하시지만 꼭 필요한 개입을 통해서 이들을 벌하시는 한편, 그들을 치유하시려고 노력하셨습니다.

우리나라에서 자행되었던 큰 박해와 관련해서도 어쩌면 같은 말을 할 수 있을 것입니다. 하나님께서는 매우 큰 자비로 우리나라를 대해 주셨습니다. 그분께서는 다양한 축복을 우리에게 부어 주셨습니다. 그분께서는 우리로 하여금 집 안팎으로 평화를 누리게 해 주셨습니다. 그분께서는 매우 현명하고 지혜로운 왕을 우리에게 주셨습니다. 그리고 무엇보다도 그분께서는 순수한 그분의 복음의 빛이 일어나서 우리 가운데 비추도록 해 주셨습니다. 그런데 그분께서는 그 대가로 무엇을 얻으셨습니까? "그가 공의를 찾으셨으나 억압과 잘못, 야망과 불의, 악덕과 사기와 탐욕의 부르짖음을 보셨습니다."[77] 그렇습니다. 불꽃 속에서 사그라져간 자들의 부르짖음이 만군의 주님의 귀에 들어갔습니다. 그래서 하나님께서는 진리를 거슬러 불의를 쫓는 자들[78]에 맞서 일어서신 것입니다. 그때 그분께서는 자비와 더불어 심판으로써 그들을 박해자들의 손에 넘기셨습니다. 그분께서는 자신의 백성들이 저지른 통탄할 만한 퇴보를 벌하시느라 마음이 아프지만, 다른 한편으로는 그것을 고치시기 위해 약을 주신 것입니다.

6. 그러나 하나님께서 그 폭풍이 너무 높이 일어나서 고문이나 죽임을 당

---

76) 살후 2:7
77) 사 5:7
78) 롬 2:8

하거나, 혹은 구금이나 옥에 갇히는 정도까지 이르도록 하시는 경우는 드뭅니다. 그분의 자녀들은 종종 가벼운 종류의 박해를 견디도록 요구를 받습니다. 그들은 종종 자기 자신이나 다름없는 친한 친구들을 잃거나 친지들로부터 버림을 당하기도 합니다. 그래서 그들은 주님께서 하셨던 말씀, 즉 "내가 이 땅에 평화를 주러 온 줄 아느냐? 내가 네게 이르노니, 아니라. 도리어 분열을 일으키러 왔노라."(눅 12:51)고 하신 말씀이(그분께서 오셔서 그런 *일들이 벌어졌다는 의미이지 그런 목적을 갖고 오셨다는 말은 아닙니다.*) 맞는다는 것을 알게 됩니다. 그 결과 그들은 종종 사업에서 망하거나 일자리를 잃기도 하고 재물을 잃기도 합니다. 그러나 이러한 모든 상황들조차도 각 사람에게 가장 필요한 것으로 알아서 베푸시는 하나님의 지혜로운 계획 가운데 있습니다.

7. 그러나 하나님의 모든 자녀들이 받는 박해는 다음과 같은 우리 주님의 말씀에 잘 나타나 있습니다: "너희가 나 때문에 모욕을 당하고, 박해를 받고, 터무니없는 말로 온갖 비난을 받으면, 복이 있다." 이 말씀은 틀림없습니다. 이것이야말로 우리가 그분의 제자라는 것을 보여 주는 바로 그 증표입니다. 이것은 우리가 부르심을 받았다는 것을 인 치신 것 가운데 하나입니다. 이것은 모든 하나님의 자녀들에게 따라붙는 확실한 증표입니다. 만일 우리가 이것이 없다면 우리는 사생아요, 그분의 자녀가 아닙니다.[79] 선한 말뿐만 아니라 악한 말을 통해서도 하늘나라로 가는 유일한 길이 놓여 있는 것입니다. 온유하고 진지하며, 겸손하고 열심을 다해 하나님과 사람들을 사랑하는 사람은 그들의 형제들 가운데서는 좋은 말을 듣습니다. 그러나 그들을 "세상 무엇보다도 가장 더러운 쓰레기처럼" 생각하고 그렇게 취급하는 이 세상으로부터 그들은 나쁜 말을 듣습니다.[80]

---

79) 히 12:8
80) 고전 4:13

8. 진실로 어떤 이들은 이방인들이 가득하게 되는 날이 이르기 전에 십자가에 대한 비방이 그칠 것이라고 생각했습니다. 그들은 하나님께서 그리스도인들로 하여금 아직 죄 가운데 머물러 있는 자들로부터조차도 존경과 사랑을 받도록 하실 것이라고 생각했습니다. 그렇습니다. 반드시 그럴 것입니다. 그분께서는 지금도 때때로 그리스도인들이 사람들로부터 혹독한 대우나 경멸받는 것을 잠시 유예해 주시기도 합니다. 어떤 이유가 있으셔서 "그분께서는 사람들로 하여금 자신의 원수와 화평하도록 하시고" 심지어 심하게 핍박하는 사람들로부터 호의를 얻도록 하기도 하십니다. 그러나 그런 것은 예외적인 일이며, 십자가에 대한 비방은 아직 끝나지 않았습니다. 도리어 그리스도인이라면 "내가 사람을 기쁘게 한다면 그리스도의 종이 아닙니다."[81]라고 말할 것입니다. 따라서 어느 누구도 "악한 사람이 선한 사람을 미워하고 경멸하는 척하는 것뿐이지, 사실 그는 마음속으로 그 선한 사람을 사랑하고 존경한다."라고 하는 달콤한 말을(의심할 여지없이 이것은 혈과 육을 즐겁게 하는 것입니다.) 받아들여서는 안 됩니다. 그렇지 않습니다. 그들은 종종 그리스도인들을 고용하기도 합니다. 그러나 그것은 단지 자기에게 이익이 되기 때문에 그렇게 하는 것일 뿐입니다. 그들이 그리스도인들을 신뢰하기도 합니다. 그러나 그것은 이들이 다른 사람들과는 다른 길을 걷는다는 것을 그들도 알기 때문입니다. 하지만 하나님의 영이 그들과 싸우고 있는 한, 여전히 그들은 그리스도인을 사랑하지 않습니다. 그래서 우리 구세주께서 이렇게 말씀하셨습니다. "너희가 세상에 속하여 있다면, 세상이 너희를 자기 것으로 여겨 사랑할 것이다. 그러나 너희는 세상에 속하지 않았기 때문에 세상이 너희를 미워하는 것이다."[82] 그렇습니다. 그들은 자신들의 주인이 이전에 그랬던 것처럼 마음속 깊이 진정으로 그들을 미워하는 것입니다(그러나 하나님의 특별한 섭리나 그분의 선재 은총에 의해 이루어진 예외

---

81) 갈 1:10
82) 요 15:19

들은 여기에 해당하지 않습니다).

9. 그렇다면 이제 하나님의 자녀들이 박해받을 때 어떻게 행동해야 하는지에 대한 문제만 남았습니다. 첫째, 그들은 다 알면서도 혹은 계획적으로 자신들이 박해받도록 도모해서는 안 됩니다. 그렇게 하는 것은 우리 주님과 그분의 모든 사도들께서 보여 주신 사례와 충고에도 위배되는 것입니다. 그분들은 할 수만 있다면 우리의 양심에 해가 되지 않는 한, 또한 우리 목숨보다 더 중하게 여겨야 하는 의로움의 일부분이라도 포기하지 않는 한, 박해를 찾아다니지 말고 피하라고 말씀했습니다. 그래서 우리 주님께서도 이렇게 말씀하셨습니다. "그들이 너희를 이 도시에서 핍박하거든 다른 도시로 도망가라."[83] 물론 이렇게 하는 것은 박해를 피하는 가장 자연스러운 방법입니다.

10. 그러나 그대가 이런저런 방법을 써서 항상 박해를 피할 수 있다고 생각하지는 마십시오. 만일 어리석은 생각이 그대의 마음속에 몰래 파고들어 간다면 이 경고의 말씀으로 그런 생각을 날려 버리십시오: "내가 너희에게 종이 그의 주인보다 높지 않다고 한 말을 기억하여라. 사람들이 나를 박해했으면 너희도 박해할 것이요."[84] "너는 뱀처럼 지혜롭고 비둘기처럼 순진해져라."[85] 그러나 이렇게 한다고 그대가 핍박을 면할 수 있겠습니까? 그대가 그대의 주인보다 더 지혜롭거나 하나님의 어린 양보다 더 순진하지 않는 한 그럴 수 없습니다.

박해를 피하거나 그것으로부터 온전히 벗어나기를 간절히 바라지는 마십시오. 만일 그대가 그러하다면 그대는 더 이상 그분의 것이 아닙니다. 만일 그대가 박해에서 벗어난다면, 그대는 축복에서도 벗어나는 것입니다. 의를

---

83) 마 10:23
84) 요 15:20
85) 마 10:16

위하여 핍박받는 자들에게 주어지는 그 축복에서 말입니다. 만일 그대가 의를 위하여 핍박받지 않는다면 그대는 천국에 들어갈 수 없습니다. "만일 우리가 그와 함께 고난받으면[86] 우리는 또한 그와 함께 다스릴 것입니다. 만일 우리가 그분을 부인하면 그분 또한 우리를 부인하실 것입니다."[87]

11. 아니, 사람들이 그분 때문에 그대를 박해하거든 도리어 "기뻐하고 크게 즐거워하십시오." 그들이 그대를 헐뜯으며 박해할 때에, "모든 악한 방법으로 그대를 거짓으로 거슬러 말할 때에" 기뻐하십시오. 그들은 그대를 박해할 때에 반드시 온갖 종류의 박해를 총동원할 것입니다. 그들은 그대에게 누명을 씌워서 자신들에게는 핑계를 댈 것입니다. "그들은 너희보다 먼저 온 예언자들도 이와 같이 박해했다." 이 예언자들은 그들의 마음이나 삶에 있어서 가장 거룩한 사람들이었습니다. 그렇습니다. 창세 이래로 모든 의로운 사람들이 이렇게 박해받았습니다. 그러므로 기뻐하십시오. 왜냐하면 이것을 통해 그대가 지금 어디에 속한 사람이라는 것을 알 수 있기 때문입니다. 또한 기뻐하십시오. 왜냐하면 "하늘에서 너희의 상이 크기" 때문입니다. 이 보상은 피의 언약을 통해 얻어진 것이고, 마음과 삶에 있어서 그대의 거룩함뿐만 아니라 그대의 고난의 몫으로 거저 주어진 것입니다. "크게 기뻐하십시오." 왜냐하면 우리는 "우리가 잠시 동안 겪는 이 가벼운 고통은 훨씬 크고 영원한 영광에 견주면 아무것도 아니기"[88] 때문입니다.

12. 우리가 박해받는 동안에도 그 박해 때문에 그대가 겸손과 온유, 사랑과 선행의 길에서 벗어나지 않도록 하십시오. "'눈은 눈으로, 이는 이로 갚아라.' 하고 말한 것을 너희는 들었다."(마 5:38)라는 말씀처럼 그대의 불쌍한 선생들은 그대가 친히 복수하는 것을 허락해 주어 악을 악으로 갚도록

---

86) 롬 8:17
87) 딤후 2:12
88) 롬 8:18

했습니다. "그러나 나는 너희에게 말한다. 악한 사람에게 맞서지 말라." 이 말씀은 당한 그대로 앙갚음하지 말라는 것입니다. 도리어 "누가 네 오른쪽 뺨을 치거든, 왼쪽 뺨마저 돌려 대라. 너를 고소하여 속옷을 가지려는 사람에게, 겉옷까지도 내어 주라. 누가 너로 억지로 오 리를 가자고 하거든, 십 리를 같이 가라."[89]

그리하여서 그대의 온유함이 꺾이지 않도록 하십시오. 또한 그대의 사랑이 거기에 잘 자리 잡도록 하십시오. "달라는 사람에게는 주고, 꾸려고 하는 사람을 물리치지"[90] 마십시오. 단, 다른 사람의 것, 즉 그대의 것이 아닌 것을 주지는 마십시오. 따라서 (1) 어느 누구에게도 빚을 지지 않도록 조심하십시오.[91] 빚을 진 것은 그대의 것이 아니라 다른 사람의 것입니다. (2) 당신 집 안에 있는 식솔들에게 필요한 것을 공급하십시오.[92] 이것은 하나님께서도 그대에게 요구하신 것입니다. 그들이 생활을 유지하고 거룩하게 사는 데 필요한 것들 또한 그대의 것이 아닙니다. 그렇게 한 연후에 (3) 그 나머지 것들을 매일 매일, 혹은 매년마다 주거나 빌려주십시오. 단, 그대가 모든 사람들에게 주거나 빌려줄 수 없을 때에는 믿음의 식구들을 먼저 기억하십시오.[93]

13. 우리가 느끼는 온유와 사랑, 의를 인하여 우리를 박해하는 사람들에게 우리가 보여 주는 친절함에 대해서 복되신 우리 주님께서 다음과 같은 구절에서 잘 말씀하셨습니다. 오! 그 말씀은 우리 마음판에 새겼습니다! "'네 이웃을 사랑하고, 네 원수를 미워하여라.' 하고 말한 것을 너희는 들었다"(마 5:43). 물론 하나님께서는 "네 이웃을 사랑하라."라고 하는 앞부분만 말씀하셨습니다. 그런데 악마의 자녀들이 "그리고 네 원수는 미워하여라."

---

89) 마 5:39~41
90) 마 5:42
91) 롬 13:8
92) 표준설교 23.0.11('산상수훈 강해 7')을 보라.
93) 갈 6:10

라는 뒷부분을 붙인 것입니다. 그러나 주님께서는 "그러나 나는 네게 말한다." 하시며 이렇게 말씀하셨습니다. (1) "네 원수를 사랑하여라."[94] 그대는 가장 악한 마음으로 그대를 거슬러 대적하는 사람들을 향해 부드럽고 선한 마음을 품었는지 살펴보십시오. 온갖 악한 방법으로 그대를 저주하는 자들을 향해 그리했는지 살펴보십시오. (2) "너를 저주하는 자들을 축복하라."[95] 혹시 사악한 마음이 사악한 말로 튀어나온 사람이 있습니까? 그대가 있는 자리에서 계속해서 그대를 저주하고 악담하며, 당신이 자리에 없으면 "그대를 거슬러 온갖 악한 말을 하는" 사람이 있습니까? 그 사람들이 그렇게 하는 만큼 그대는 그들을 축복하십시오. 그들과 대화를 나눌 때에 가장 부드럽고 온유한 언어를 사용하십시오. 그들에게 직접 더 좋은 본을 반복함으로써 그들을 훈계하십시오. 그대가 직접 그들이 어떻게 말을 해야 하는지 보여 줌으로써 그들을 바로잡아 주십시오. 그들에게 말을 할 때에는 진리와 공평함의 법칙을[96] 벗어나지 않는 한도에서 당신이 할 수 있는 모든 선한 말을 하십시오. (3) "그대를 미워하는 자들에게 선을 행하십시오." 그들이 증오로 가득 차 있을 때에 그대는 진실로 사랑하고 있다는 것을 행동을 통해 보여 주십시오. 악을 선으로 갚아주십시오. "악으로 악을 이기지 말고, 선으로 악을 이기십시오."[97] (4) 만일 그 이상 할 수 있는 것이 없게 되면 적어도 "당신을 모욕하고 박해하는 그들을 위해 기도하십시오."[98] 그대는 이것도 못 한다고는 할 수 없을 것입니다. 그들이 아무리 악하고 포악한 행동으로써 가로막는다 하더라도 당신이 이렇게 하는 것까지는 막지 못할 것입니다. 한때 그대에게 이런 행동을 한 사람을 위해서 뿐만 아니라, 이제 그 행동을 회개하는 자들을 위해서도 그대의 영혼을 하나님께 부어드리십시오. 이것은 정말 아주 작은 일입니다. "만일 그대의 형제가 하루에 일곱

---

94) 마 5:43~44
95) 눅 6:28
96) Cf. 표준설교 17.3.13('산상수훈 강해 2')
97) 롬 12:21
98) 마 5:44

번 죄를 짓고, 일곱 번 네게 돌아와서 '회개합니다.'라고 말한다면"(눅 17:4), 이 말은 어떤 사람이 이전에도 수도 없이 그랬는데 이번에도 또 찾아와서 세 가지 이유를 대면서 자신이 정말로 완전히 변했으니 믿어 달라고 말한다면, 그대는 그 사람을 용서해 줘야 한다는 말입니다. 그대는 그를 믿어 줘야 하고, 그 사람을 그대의 가슴에 품어 줘서 마치 그 사람이 이전에 당신에게 전혀 잘못한 적이 없었던 것처럼 대해 줘야 한다는 말입니다. 또한 그대는 회개하지 않는 사람을 위해서, 지금도 당신을 모욕하고 박해하고 있는 사람을 위해서 하나님과 씨름하고 기도해야 합니다. 이렇게 하여서 "일곱 번만이 아니라, 일흔 번을 일곱 번이라도"(마 18:22) 용서해 줘야 합니다. 그들이 뉘우치든 뉘우치지 않든 상관없이, 심지어 그들 가운데서 뉘우치고자 하는 마음이 점점 더 사라지더라도, 그대는 여전히 변함없는 친절을 그들에게 보여 줘야 합니다. "그래야 그대가 하나님의 자녀가 될 수 있습니다."[99] 그렇게 해야 그대는 "하늘에 계신 그대의 아버지의" 참 자녀라는 것을 증명해 보일 수 있습니다. 하늘에 계신 아버지께서는 그렇게 할 수 있는 이들에게뿐만 아니라, 매우 고집스러운 원수들에게까지도 그런 복을 내려주심으로써 자신의 선함을 보여 주십니다. 그분께서는 "악한 사람에게나 선한 사람에게나 똑같이 해를 떠오르게 하시고, 의로운 사람에게나 불의한 사람에게나 똑같이 비를 내려주십니다." "너희를 사랑하는 사람만 너희가 사랑하면, 무슨 상을 받겠느냐? 세리도 그만큼은 하지 않느냐?"(마 5:46). 여기에서 말씀하시는 사람들은 마치 믿지 않는 것처럼 행동하는 사람들, 마치 세상에 하나님이 없으신 것처럼 여기는 사람들을 가리킵니다. "만일 네가 인사를 하면"이라는 말은 말이나 행동을 통해 친절한 태도를 보이는 것입니다. "네 형제들에게"라는 말은 그대의 친구들이나 친지들을 가리킵니다. "남보다 나을 것이 무엇이냐?"라는 말은 전혀 믿지 않는 사람들보다 나을 것이 없다는 말입니다. "세리들도 그만큼은 하지 않느냐?"(마 5:47) 아니오! 여러분은

---

99) 마 5:45

그들보다 더 나은 길을 따라야 하지 않겠습니까? 인내로써, 긴 고난 가운데, 자비로써, 온갖 선행으로써, 모든 사람들에게, 심지어 그대를 가장 심하게 박해하는 사람에게까지 그리해야 합니다. "너희도", 즉 그리스도인들도 "완전해야" 합니다. 비록 본질적으로는 "하늘에 계신 너희 아버지께서 완전하신 것처럼"(마 5:48) 그 정도까지는 이르지 못한다 할지라도 말입니다.[100]

IV

위대한 기독교의 창시자께서 직접 전해 주신 기독교의 최초의 본질적인 원래 모습을 보십시오! 이것이 바로 예수 그리스도의 종교의 참된 본질입니다. 그분께서는 눈이 열린 자에게 그것을 그렇게 보여 주셨습니다. 인간이 본받을 수 있는 정도로 그려진 하나님의 초상화를 보십시오! 이 그림은 하나님께서 직접 손으로 그리신 것입니다. "보라! 너 경멸하는 자여, 놀라워하고 파멸하라!" 아니, 놀라워하고 사모하라! 아니, "이것이 나사렛 예수의 종교인가? 이것이 내가 핍박하던 종교인가? 나는 더 이상 하나님께 대적하지 않으리라. 주여, 나로 하여금 무엇을 하게 하시렵니까?"라고 부르짖으십시오. 그 모든 것에 드러나는 아름다움! 그 완벽한 조화! 각 부분마다 정확하게 잡힌 균형! 여기에 기록된 행복이 얼마나 사모할 만한지요! 그 거룩함이 얼마나 귀하며 얼마나 사랑스러운지요! 이것이 바로 기독교의 정신이요 정수입니다. 이것이 바로 기독교의 근본입니다. 오, 우리가 단지 이것을 귀로 듣기만 하는 자가 되지 않기를! "마치 거울로 자기 얼굴을 들여다보다가 돌아서면 자기 얼굴을 곧바로 잊어버리는 사람처럼 되지 않기를!"[101] 아니, 도리어 끊임없이 "자유롭게 하는 완전한 율법을 들여다봅시다."[102] 거기에 기

---

100) 표준설교 35('그리스도인의 완전')를 보라. 웨슬리는 그리스도인이 어떤 점에서 완전하며 어떤 점에서 완전하지 않은지 두 가지로 나누어 설명한다. 이 설교에서 그리스도인이 완전하다는 의미는 표준설교 1.2.5~7('믿음에 의한 구원')과 연결해서 보라.
101) 약 1:24
102) 약 1:25

록된 한 줄 한 줄이 모두 우리 마음속에 새겨질 때까지 쉬지 맙시다. 이 각 부분들이 우리의 영혼에 나타나고 하나님의 손가락으로 거기에 새겨질 때까지 조심하고 기도하고 믿고 사랑하고 "완성을 위해 분투합시다." "우리를 부르신 그분께서 거룩하신 것처럼 우리도 거룩해지고, 하늘에 계신 우리의 아버지께서 거룩하신 것처럼 우리도 완전해질 때까지"[103] 그렇게 합시다.

---

103) 마 5:48

웨슬리와 함께 공부하는 산상수훈

1 이 설교는 복의 선언(팔복) 가운데서 어떤 복에 대한 설교입니까?

2 마음이 깨끗한 자들은 어떤 사람들을 가리킵니까? (18.1.2)

3 깨끗해지는 사람은 어떻게 해서 그렇게 되는지 괄호에 알맞은 말을 넣어 보십시오. (18.1.2)

1) (   )을 통해서 교만으로부터 깨끗해짐.

2) 온유함과 신사적인 태도를 통해서 (   )
으로부터 깨끗해짐.

3) (   )을 통해서 모든 정욕으로부터 깨끗하게 됨.

4 웨슬리는 깨끗해지는 것에 대해 설명하기 위해 산상수훈 가운데, 어느 구절을 다시금 강해하고 있습니까? 1) (18.1.4~5), 2) (18.1.9~10), 3) 또한 의를 위하여 박해받는 자들에 대한 설명을 위해서는 산상수훈 가운데 어느 구절을 강해합니까? (18.3.12)

1)

2)

3)

5 거짓 교사들의 가르침과 예수님의 가르침의 중요한 차이점은 무엇입니까? (18.1.3)

6 마음이 청결한 자에게 주어지는 "그들이 하나님의 얼굴을 뵈온다."는 것은 다시 말하면 무슨 의미입니까? (18.1.6)

7 마음이 청결한 것은 내적인 거룩함에 해당합니다. 그렇다면 그 내적인 거룩함이 바깥으로 표현되는 것, 즉 외적인 거룩함에 해당하는 것으로서 웨슬리는 무엇을 제시하고 있습니까? (18.2.1)

8 화평케 하는 행동에 대하여 웨슬리는 크게 두 가지로 풀이합니다. 화평케 한다는 것의 의미는 각각 무엇으로 설명되고 있습니까? 1) (18.2.3) 2) (18.2.4~6)

1)
2)

9 웨슬리는 평화를 일구는 행동의 두 번째 의미에 대해 구체적인 사례를 들어 설명합니다. 그가 제시하는 그 사례들은 무엇이 있습니까? (18.2.5~6)

10 화평케 하는 자들이 받는 복, 즉 하나님의 자녀라고 불리는 것은 무엇을 뜻합니까? (18.2.7)

11 무엇을 보면 내가 의로운 자인지 아닌지 알 수 있습니까? (18.3.2)

12 1) 박해하는 사람들은 어떤 사람들입니까? 그리고 2) 그들이 박해하는 이유는 무엇입니까? (18.3.4)

1)

2)

13 웨슬리의 설명에 따르면 박해는 어느 정도로 이루어지며, 기독교 역사상 주어진 모든 박해는 결국 궁극적으로 무엇을 드러냅니까? (18.3.5) 이렇게 볼 때 결국 모든 박해는 하나님의 주권, 통제, 계획 아래에 있다고 말할 수 있습니까?

14 박해당할 때 그리스도인들은 어떤 모습을 가져야 하는지 몇 가지로 제시되고 있습니다. 각각 무엇인지 설명해 보십시오. 1) (18.3.9~10), 2) (18.3.11), 3) (18.3.12)

1)

2)

3)

우리 주님의
산상수훈에 대하여

▶ 강해 4

요약과 해설

표준설교 19~21번(산상수훈 강해 4~6번)은 강해 1~3번과 같이 같은 시기에 이루어진 설교다. 이 세 편의 설교들은 1740년 10월 22~26일에 걸쳐서 이루어졌던 것이다. 이 시기 즈음인 1740년 9월 28일 자 일기에서 웨슬리는 런던에서 산상수훈을 갖고 설교했다는 기록을 남긴다.

> 나는 런던에서 산상수훈을 갖고 설교를 시작했다. 오후에는 케닝톤에 있는 수많은 교인에게 영혼 안에 있는 하나님의 생명에 대하여 말씀을 전했다. 그런데 어떤 사람이 둔덕 위에 올라서서는 조금 시끄러운 소리를 내기 시작했다. 그때 내가 모르는 어떤 신사 한 분이 그 사람 있는 곳으로 올라가서 조용히, 그러나 점잖게 그를 손으로 잡아 끌어내렸다. 그러자 그 소동을 피우던 사람은 끝날 때까지 조용히 있었다.
> 집으로 돌아와 보니 엄청나게 많은 사람이 문 앞에서 우리를 보자마자 소리를 질러댔다. 나는 내 동료들에게 먼저 집 안으로 들어갔으면 좋겠다고 했다. 그리고 나는 그 사람들 가운데로 가서 "은혜와 자비가 많으신 주님의 이름과 죄악을 회개하는 것"에 대해 소리를 높여 선포했다. 그들은 자기들끼리 서로 쳐다보았다. 나는 그들에게 이 위대하신 하나님의 얼굴로부터 그들이 도망칠 수 없다는 것을 말했고, 또한 우리 모두는 함께 그분의 자비를 부르짖어 구해야 한다고 말했다. 이 말을 듣자 그들이 모두 동의했다. 그런 후에 나는 그들을 주님의 은혜에 맡기고 방해받지 않고 집 안에 들어가 있는 동료들에게로 들어갔다.
>
> (1740년 9월 28일 일요일 일기)

이즈음에 웨슬리는 산상수훈을 갖고 설교했는데, 사람들의 반응이 긍정적임을 알 수 있다. 1739년 여름에 산상수훈을 갖고 설교를 하던 때에는 분위기가 그다지 좋지는 않았는데, 1년 뒤에 산상수훈을 갖고 설교할 때는 사람들이 뜨거운 반응을 보인다.

산상수훈 네 번째 강해는 빛과 소금에 대한 말씀을 다루고 있다. 이 설교에서는 기독교가 본질적으로 사회적 종교이며, 기독교를 개인적 경건이나 조용한 개인적 영성 수양에만 국한시키는 것은 주님의 뜻과 정반대되는 잘못된 것임을 지적한다. 먼저 웨슬리는 기독교가 사회적 종교임을 강조하면서 복의 선언에 대한 설교에서 다루었던 온유함과 화평케 하는 것의 예를 증거로 들어, 기독교의 사회적 성격을 논증한다. 그는 개인적 영성 수련의 시간에 대해 소중히 여기는 것은 인정하지만 거기에서 그친다면 주님의 가르침을 거스르는 것임을 말한다. 두 번째로 웨슬리는 기독교가 사회적 성격을 마땅히 드러내야 하는 것뿐만 아니라, 드러내지 않는 것 자체가 불가능하다고 말한다. 마지막으로 웨슬리는 기독교가 사회적 성격을 가져야 한다는 것에 대해 반대하는 논리들을 소개하고 그에 대한 반론들을 제시한다. 결론적으로 웨슬리는 기독교가 사회적 종교이며, 세상 속에서 빛을 비춰야 하며, 이것을 통해서 세상 사람들이 하나님께 영광을 돌리도록 해야 한다고 말한다.

우리 주님의 산상수훈에 대하여

▶ 강해 4

> 너희는 세상의 소금이니 소금이 만일 그 맛을 잃으면 무엇으로 짜게 하리요? 후에는 아무 쓸 데 없어 다만 밖에 버려져 사람에게 밟힐 뿐이니라. 너희는 세상의 빛이라. 산 위에 있는 동네가 숨겨지지 못할 것이요 사람이 등불을 켜서 말 아래에 두지 아니하고 등경 위에 두나니 이러므로 집 안 모든 사람에게 비치느니라. 이같이 너희 빛이 사람 앞에 비치게 하여 그들로 너희 착한 행실을 보고 하늘에 계신 너희 아버지께 영광을 돌리게 하라. 마 5:13~16

1. 하나님께서 열어 주신 모든 눈에는, 그리하여 이해력을 갖게 된 눈에는 하나님의 형상을 따라 새롭게 된[1] 마음을 가진 내적 인간의 아름다움이, 그 거룩함의 아름다움이 보입니다. 그 정도가 어떠하든 상관없이 적어도 영적인 선과 악을 분별할 수 있는 능력을 갖춘 사람들은 온유와 겸손과 사랑의 영을 갖추게 됩니다. 사람이 무지몽매한 세상을 덮고 있는 흑암으로부터 벗어나기 시작할 때는 우리를 창조하신 그분의 형상대로 변화되는[2] 것이 얼마나 흠모할 만한 일인지 비로소 인식하기 시작합니다. 이러한 내적인 종교에는 하나님의 형상이 분명하게 각인되어 있기 때문에, 만약 어떤 사람이

---

1) 골 3:10
2) 고후 3:18

자신의 신성의 원형에(divine original) 대해 의심을 품는다면 그 사람은 혈과 육에 완전히 빠져버리게 됩니다. 우리는 이것을 이차적 차원에서 하나님의 아들을 갖고 말할 수 있습니다. 하나님의 아들 그분께서는 "그분의 영광의 광채, 그분 본체대로의 모습"[3] - 하파우가스마 테스 독세스 아우투(*hapaugasma tes doxes autou* - 이시며, "그분의" 영원한 "영광의 비추심"이십니다. 그러나 그분은 너무나도 온순하시고 부드러우셔서 어린아이들조차 그분을 뵙고도 살아 있을 수 있습니다. 카라크테르 테스 휘포스타세오스(*kkarakter tes hupostaseos autou*) - 하나님의 아들 그분께서는 "그분 본체의 성격, 그 모습 자체(stamp), 생생하게 드러내심(living impression)"[4]이시며, 아름다움과 사랑의 원천이시고 모든 뛰어나심과 완전의 가장 근원이 되시는 분이십니다.

2. 따라서 만일 기독교가 이 이상으로 더 나아가지만 않는다면 사람들은 기독교에 대해서 더 이상 이러쿵저러쿵 의혹을 품지 않을 것입니다. 이렇게만 한다면 그들은 온 마음을 다해서 기독교를 따르는 것에 대해서도 반대하지 않을 것입니다. 그런데 그들은 "굳이 다른 것을 추가적으로 요구해서 가로막고 있소? 왜 굳이 무엇을 하라고, 무엇을 *견디고 감수하라고* 요구하시오? 당신들은 그런 것을 요구해서 열정에 넘치는 사람을 맥 빠지게 만들고 땅바닥까지 가라앉게 만들고 있소. 그저 '자비를 베풀라'는 정도로 만족할 수 없소? 사랑의 날개에 올라타서 날아오르는 것 정도로는 안 되오? 영이신 하나님을 우리의 마음의 영으로, 다른 외적인 것으로 방해받지 않은 상태나 그런 것들을 생각조차 하지 않는 정도로 온전히 우리의 영을 다해서 하나님을 예배하는 정도로만 하면 족하지 않소?"라고 묻습니다. 그들은 "그저 우리의 모든 생각이 아주 높은 천상의 것을 생각하는 것으로 족하지 않소? 우리가 외적인 일들에 분주하지 않고 우리의 마음속으로 하나님과

---

3) 히 1:3
4) 히 1:3

교제하는 것만으로 충분하지 않소?"라고 묻습니다.

3. 많은 유명한 사람들도 그런 식으로 말했습니다. 그들은 우리에게 "모든 외적인 행동을 중지하고" 세상으로부터 완전히 물러나라고, 육적인 것을 버려두고 떠나라고 조언했습니다. 그들은 우리에게 모든 감각적인 것들로부터 멀리 떨어지라고, 종교의 외적인 면에 대해서는 관심을 전혀 갖지 말라고 조언했습니다. 도리어 그들은 우리에게 *의지적인 차원에서 모든 덕목을 이루라고* 조언했습니다. 그것이 더욱 훌륭한 것이고, 하나님 보시기에 더욱 받으실 만한 것일 뿐만 아니라, 영혼의 완성을 더욱 잘 이루는 것이라고 조언했습니다.[5]

4. 사탄이 주님의 올바른 길을, 우리 주님께서 이 땅에서 주신 이 놀라운 지혜의 가르침을, 모든 가르침 중에 가장 뛰어난 가르침을 왜곡했다는 것은 두말할 필요도 없습니다. 오! 시시때때로 이 사탄이 하나님을 섬기는 가운데 지옥의 이 커다란 힘을 휘둘러서 하나님의 가장 중요한 진리를 대적하려고 어떠한 도구들을 찾아냈던가! 사탄은 믿음과 사랑의 사람들을, "할 수만 있다면 택하신 자들을 속이려고"[6] 얼마나 술수를 부렸던가? 그렇습니다. 사탄은 그들 가운데 상당히 많은 사람을 속여서 다른 길로 데려갔고, 모든 세대를 통하여 그들을 타락시켜서 허황된 올무에 빠지도록 했으며, 거기에서 절대로 빠져나오지 못하게 했습니다.

5. 그러나 우리 주님께 부족한 것이 있습니까? 그분께서 이 달콤한 유혹에서 우리를 충분히 지켜 주지 못하신다는 말입니까? 그분께서 "광명한 천

---

5) 기독교의 외면적 모습의 중요성에 대하여는 표준설교 22('산상수훈 강해 7')와 표준설교 12('은혜의 수단')를 보라.
6) 막 13:22; 마 24:24

사로 가장한"[7] 사탄에 대항할 무기를 우리에게 주시지 않으셨습니까? 정말로 두말할 나위도 없습니다. 그분께서는 가장 명확하고 강력한 방법으로, 그분께서 설명하신 이 실천과 인내의 종교를 보호하십니다. 그분께서 행동과 고난에 대해 말씀하신 것[8] 다음에 이제 막 덧붙이신 말씀들보다[9] 더 충분하고 명백한 것이 어디 있다는 말입니까? "너희는 세상의 소금이다. 소금이 짠맛을 잃으면, 무엇으로 그 짠맛을 되찾게 하겠느냐? 짠맛을 잃은 소금은 아무 데도 쓸 데가 없으므로, 바깥에 내버려서 사람들이 짓밟을 뿐이다. 너희는 세상의 빛이다. 산 위에 세운 마을은 숨길 수 없다. 또 사람이 등불을 켜서 말 아래에다 내려놓지 아니하고, 등경 위에다 놓아둔다. 그래야 등불이 집 안에 있는 모든 사람에게 환히 비친다. 이와 같이, 너희 빛을 사람에게 비추어서, 그들이 너희의 착한 행실을 보고, 하늘에 계신 너희 아버지께 영광을 돌리게 하여라."

이 중요한 말씀을 보다 잘 설명하고 그 의미를 분명히 밝히기 위해서 나는 다음과 같은 것을 보이려고 합니다. 첫 번째, 기독교는 본질적으로 사회적인 종교이며, 만일 그것을 고립된 종교로 만든다면 그것은 기독교를 망치는 것입니다. 두 번째, 기독교를 창시하신 분의 의도에 완전히 반대가 되도록 하는 것뿐만 아니라, 기독교가 드러나 보이지 않게 감추어두는 것은 불가능합니다. 세 번째, 나는 이러한 생각에 반대하는 입장에 대해 나의 답변을 제시하겠습니다. 그리고 마지막으로 실제적인 적용을 함으로써 이 설교를 마치겠습니다.

I

1. 우선 나는 기독교가 본질적으로 사회적 종교이며, 만일 그것을 고립된 종교로 만들면 기독교를 망치는 것임을 보이려고 합니다.

---

7) 고후 11:14
8) 마 5:10~12를 가리킴.
9) 마 5:13~16을 가리킴.

나는 기독교를 예수 그리스도를 통하여 인간에게 나타나신 하나님을 경배하는 방법이라고 정의합니다. 내가 기독교는 본질적으로 사회적인 종교라고 말할 때, 사회를 떠나서, 즉 다른 사람들과 더불어 살아가고 교류하지 않은 채 기독교가 잘 살아갈 수 없을 뿐만 아니라, 도리어 사회를 떠나서는 전혀 살아갈 수 없는 종교라는 뜻으로 말한 것입니다. 이것을 증명함에 있어, 나는 단지 오늘 본문을 다룰 때 나오게 될 사안들로만 국한하려고 합니다. 하지만 만일 이것을 내가 증명해 낸다면, 기독교를 고립된 종교로 만드는 것이 곧 그것을 망치는 것이라는 것이 분명해질 것입니다.

우리는 사회로부터 어느 정도 고독한 채로 있거나 다소 거리를 두고 떨어져 있는 것을 정죄하려는 것이 절대 아닙니다. 이런 것은 괜찮을 뿐만 아니라 도리어 유용한 것이기도 합니다. 그렇습니다. 우리가 매일 경험을 통해 알 수 있듯이, 이미 이렇게 살거나 혹은 살고 싶어 하는 모든 사람은 참 그리스도인입니다. 우리가 사람들과 대화를 나누느라 하루를 다 써버리면 우리 영혼에는 손해가 나고, 어느 정도 하나님의 성령을 근심하도록 만들게 됩니다. 우리는 매일, 적어도 아침이나 저녁만이라도 하나님과 대화를 나누기 위해서, 은밀한 가운데 계시는 우리의 아버지와 좀 더 자유롭게 대화하기 위해서 세상으로부터 물러나 있을 필요가 있습니다. 따라서 하나님께서 우리에게 그분의 섭리에 따라 맡겨 주신 세상의 직업을 소홀히 하지 않는다면, 종교적 목적에서 좀 더 긴 시간 동안 세상으로부터 물러나 있는 것도 나쁘다고 할 수는 없습니다.

2. 그러나 그러한 은거(隱居)를 하더라도 우리의 시간 전부를 차지해서는 안 됩니다. 그렇게 한다면 참 기독교가 발전되지 못하도록 할 뿐만 아니라 그것을 파괴시키게 됩니다. 앞선 본문 말씀에서 우리의 주님께서는 세상이 전제되지 않으면 기독교가 살아갈 수 없다고, 다른 사람들과 더불어 살지 않고는, 그들과 대화를 나누지 않고서는 살아갈 수 없다고 말씀하셨는

데, 이로 미루어 볼 때 만일 우리가 세상과 교류하지 않는다면 가장 본질적인 줄기 몇 개를 잃어버리게 되는 꼴이 됩니다.

3. 예를 들어 온유함은 기독교의 가장 본질적인 특성입니다. 온유라는 것이 하나님께 온전히 드려지는 것을 의미하기에,[10] 혹은 고통과 아픔 중에도 안내하는 것을 의미하기에, 온유는 사막에서도, 은둔자의 독방에서도, 지독한 고독 가운데서도 살아갈 수 있습니다. 그러나 비록 그러하다 할지라도, 온유는 그와 동시에 부드러움, 친절함, 그리고 오래 참음이라는 것도 의미하기 때문에, 이것은 다른 사람들과 교류하지 않고서는 이 세상에서 존재할 수 없습니다. 따라서 이 성품을 고독의 미덕으로 바꾸려고 한다면 그것은 이 세상에서 그 덕목을 아예 없애 버리는 것이 됩니다.

4. 참 기독교에 있어서 반드시 필요한 또 다른 요소는 평화를 일구는 것, 혹은 선을 행하는 것입니다. 이것은 예수 그리스도의 종교의 다른 어떤 부분들 못지않게 마찬가지로 본질적인데, 그분께서 기독교의 근본적인 것으로서 애초에 계획하셨던 것 안에 이것을 포함시켰다는 것은 두말할 나위가 없습니다. 따라서 이것을 무시하는 것은 자비와 마음의 성결, 혹은 그 외의 예수님의 가르침을 무시하는 것과 마찬가지로 위대하신 우리 주인님의 권위를 감히 모독하는 것과 같습니다. 그러나 우리를 광야로 불러내는 사람은 이것을 분명히 무시하고 있는 것입니다. 그리스도 안에서 어린아이든지 젊은이든지, 혹은 아버지가 되었든지 상관없이 그들에게 완전히 고립된 삶을 권면한다면, 그는 그분의 권위를 무시하는 것입니다. 고독하게 있는 그리스도인이(이런 사람을 가리켜서 그리스도인이라고 말하는 것 자체가 이미 모순이 되지만) 자비로운 사람, 즉 모든 사람들에게 선을 행할 모든 기회를 가진 사

---

10) 표준설교 17.1.4('산상수훈 강해 2')를 보라. 온유함이란 어떠한 상황에서도 평정심을 유지하는 것이며, 모든 것을 하나님께 맡겨드리는 것을 가리킨다.

람이 될 수 있다고 누가 단언할 수 있습니까? 예수 그리스도의 종교가 갖고 있는 이 근본적인 요소는 사회를 떠나서는 절대로 존재할 수 없습니다. 다른 사람과 더불어 살거나 대화를 나누지 않고서는 이렇게 사는 것이 절대로 불가능하다는 것보다 더 분명한 것이 어디 있다는 말입니까?

5. 어떤 사람은 "그러나 오직 선한 사람들과 대화를 나누는 것은, 온순하고 자비롭다고 여겨지는 사람들과만 대화를 나누는 것은, 마음과 삶이 거룩한 사람들과 더불어서만 대화를 나누는 것은 유익이 안 됩니까?"라고 질문할 수 있습니다. 이들과 정반대의 성품을 가진 사람들, 즉 순종하지 않고 우리 주 예수 그리스도의 복음을 믿지 않는 자들과 함께 대화나 교제를 나누는 것을 삼가는 것은 유익이 안 됩니까? 사도 바울이 고린도 교회의 그리스도인들에게 주었던 조언은 이 점을 뒷받침해 주는 것 같습니다. "내 편지에서, 음행하는 사람들과 사귀지 말라고 여러분에게 썼습니다"(고전 5:9). 그들과 함께 어울리라고, 불의를 행하는 자들과 함께 어울리라고, 그들과 단짝 친구가 되어 아주 각별한 사이가 되라고 조언할 수는 단연코 없습니다. 그런 사람들과 친밀한 관계를 계속 유지하는 것은 그리스도인에게 있어서 결코 유익이 되지 못합니다. 그렇게 하면 그 사람은 더 많은 위험과 올무에 노출되게 마련이고, 거기에서 벗어날 어떤 희망도 갖지 못할 것입니다.

그러나 사도께서는 우리에게 하나님을 전혀 알지 못하는 사람들과 어떠한 교류라도 절대 하지 말라고 금하지는 않았습니다. 사도께서는 "만일 그렇다면 당신은 세상 밖으로 나가야 할 것입니다."[11]라고 말하는데, 이것은 사도께서 우리에게 그렇게 하라고 조언하는 것이 아닙니다. 도리어 그분은 "그러나 이제 내가 여러분에게 사귀지 말라고 쓰는 것은, 만일 형제라 하는 어떤 사람이" (이것은 그리스도인을 가리키는 것입니다.) "음행하는 사람이거나, 탐욕을 부리는 사람이거나, 우상을 숭배하는 사람이거나, 사람을 중상하

---

11) 고전 5:10

는 사람이거나, 술 취하는 사람이거나, 약탈하는 사람이면, 그런 사람과는 함께 먹지도 말라는 말입니다"(고전 5:11). 이 말씀은 우리가 그런 사람과는 모든 친밀한 관계를 단절해야 한다는 것을 뜻합니다. 그러나 사도께서는 다른 곳에서 "그러나 그를 원수처럼 여기지 말고, 형제자매에게 하듯이 타이르십시오."(살후 3:15)라고 말씀하셨습니다. 이것은 이와 같은 경우에서라도 우리는 그들과 모든 관계를 거부해서는 안 된다는 것을 분명히 보여 주는 것입니다. 따라서 여기에서는 완전히, 심지어 그가 사악한 사람이라 할지라도 그와 완전히 격리되는 것을 권면하고 있지 않습니다. 그렇습니다. 이 모든 말씀은 도리어 그와 정반대로 우리에게 가르치고 있습니다.

6. 우리 주님의 말씀은 더욱 그러합니다. 주님께서는 절대로 우리에게 세상과의 모든 교제를 단절하라고 가르치지 않으셨으며, 만일 우리가 그렇게 산다면 그분의 가르침을 미루어 보건대 우리는 절대로 그리스도인이 될수 없습니다. 그분께서 하늘나라로 가는 길로서 가르쳐 주신 모든 기질들을 온전히 이루기 위해서는 경건하지 못하고 거룩하지 못한 사람들과도 교제를 어느 정도 가져야 한다는 것을 증명하는 것은 어렵지 않습니다. 심령의 가난을 이루기 위해서, 애통하기 위해서, 그리고 그분께서 여기에서, 즉예수 그리스도의 참된 종교에서 말씀하신 다른 모든 성품들을 온전히 이루기 위해서 이것은 반드시 필요합니다. 그렇습니다. 이러한 성품들을 위해서 그것은 반드시 필요합니다. 예를 들면, "눈에는 눈, 이에는 이"로 갚지 말고 "악에게 대항하지 말라"는 것, "누가 오른뺨을 치거든 반대편도 돌려 대라"는[12] 요구는 온유함의 성품입니다. "우리는 우리의 원수를 사랑하고, 우리를 저주하는 자들을 축복하며,[13] 우리를 미워하는 자들에게 선을 행하고, 우리를 멸시하고 박해하는 자들을 위해서 기도함으로써"[14] 자비로운 성품

---

12) 마 5:38~40
13) 눅 6:28
14) 마 5:43~44

을 보입니다. 사랑과 모든 거룩함의 성품들은 의를 위하여 고난받는 것으로써 나타납니다. 이 모든 것들은 우리가 다른 사람들과 교류함으로써 참된 그리스도인이 되지 않는다면 도저히 있을 수 없는 것들임에 틀림없습니다.

7. 만약 우리가 죄인들과 완전히 떨어져 지낸다면 어떻게 우리 주님께서 이 말씀들 가운데서 우리에게 주신 성품들에 대해 답변할 수 있겠습니까? "너희는"(여기에서 너희라는 것은 겸손하고 진지하며 온유한 그리스도인, 의에 굶주린 사람, 하나님과 사람들을 사랑하는 사람, 모든 이들에게 선을 행하는 사람, 그리하여 악을 견디는 사람, 바로 여러분을 가리킵니다.) "세상의 소금이다." 여러분의 주변에 무엇이 있든지 그것들에 맛을 들이는 것이 여러분의 본성입니다. 그대 안에 있는 신적인 맛은 무엇이든지 그대를 건드리는 것에 그 맛을 전하는 본성이 있습니다. 자신의 맛을 널리, 어디든, 여러분이 처한 곳에 있는 모든 사람들에게 퍼뜨리는 것이 그 본성입니다. 이것이 하나님께서 그대로 하여금 다른 사람들과 섞여 살도록 하셔서 그대가 하나님께로부터 받은 은사가 무엇이든지 상관없이 그것이 그대를 통하여 다른 사람들과 소통할 수 있게 하신, 그대의 모든 거룩한 성품과 언행과 행실이 그 사람들에게 영향을 미치도록 하게 하신 바로 그 이유입니다. 이것을 통해서 이 세상에서 일어나는 부패를 어느 정도 막을 수 있을 것입니다. 혹은 적어도 어느 일부분만이라도 썩어져 가는 이 세대에서 건져 낼 수 있고, 그리하여 그것만이라도 하나님 앞에서 거룩하고 순전하게 여김을 받게 할 수 있을 것입니다.

8. 이어서 우리 주님께서는 자신들이 받은 기독교를 전하지 않는 사람들의 비참한 상태를 보여 주심으로써 우리로 하여금 할 수 있는 한 우리의 모든 거룩한 하늘의 성품을 갖고 맛을 내는 데 더욱 분발하도록 하셨습니다. 전하지 않는다는 것은 곧 그들이 맛을 제대로 내지 못한 채 그들의 마음속에만 머물도록 하는 것입니다. "소금이 짠맛을 잃으면, 무엇으로 그 짠맛을

되찾게 하겠느냐? 짠맛을 잃은 소금은 아무 데도 쓸 데가 없으므로, 바깥에 내버려서 사람들이 짓밟을 뿐이다."[15] 만일 그대가 거룩하고 하늘의 마음을 가졌으며 끊임없이 선한 일을 열망하는 자임에도 불구하고, 정작 그대 안에서 더 이상 맛을 내지 못하고 그로 인해서 다른 사람에게도 맛을 전하지 못한다면, 만일 그대가 밋밋하고 무미건조하며, 죽은 채로 있어서 그대 자신의 영혼에 주의를 기울이지도 못할 뿐만 아니라 다른 사람의 영혼에도 쓸모없게 된다면, 무엇으로 그대는 짜게 하겠습니까? 어떻게 그대는 그 맛을 되찾겠습니까? 무슨 소용이 있습니까? 무슨 희망이 있겠습니까? 짠맛이 없는 소금이 그 맛을 회복할 수 있습니까? 아닙니다. "그러므로 아무 데도 쓸 데가 없으므로 바깥에 내버려져서",[16] 심지어는 길바닥 진흙탕 속에 버려져서 "사람들의 발에 밟히게 되고", 그리하여 영원히 경멸받게 됩니다. 만일 그대가 주님을 전혀 알지 못했더라면 일말의 희망이라도 있었을 것입니다. 만일 그대가 "그분 안에서 발견된"[17] 적이 없었더라면 말입니다. 그러나 이제 그대는 그분께서 여기에서 말씀하신 것에 상응하는 성경 말씀에서 엄숙히 선언하신 것에 대해 무어라 답변하겠습니까? "내게 붙어 있으면서도 열매를 맺지 못하는 가지는 아버지께서 다 잘라버리신다." "사람이 내 안에 머물러 있고, 내가 그 안에 머물러 있으면, 그는 많은 열매를 맺는다." "사람이 내 안에 머물러 있지 아니하면", 즉 열매를 맺지 않으면, "그는 가지처럼 버림을 받아서 말라 버린다. 사람들이 그것을 모아다가" 다시 심어주지 않고 도리어 "불에 던져서 태워 버린다"(요 15:2, 5, 6).

9. 복음의 맛을 본[18] 적이 없는 사람들에게 하나님께서는 진실로 불쌍히 여기는 따스한 자비를 베푸십니다. 그러나 주님께서 자비로우시다는 것을

---

15) 마 5:13
16) 마 5:13
17) 빌 3:9
18) 히 6:5

이미 맛본 후 "거룩한 계명"에서 돌아서서 "그들에게 넘겨진" 자들에 대해서는 정의를 행하십니다.[19] 하나님께서 일단 그 마음속에 빛을 비춰 주시어서 예수 그리스도의 얼굴 가운데서 하나님의 영광의 지식으로 깨우침을 받았으나 "떠나간 자", 그분의 피로 죄 사함의 선물을, 구속이라는 하늘의 선물을 이미 맛보았으나 "떠나간 자", "성령을 함께 나누었던 자"로서 "떠나간 자", 겸손과 온유를 함께 나누었으나 "떠나간 자", 자신에게 주셨던 성령으로 그 마음 가운데 하나님과 이웃에 대한 사랑을 부어주셨으나[20] "떠나간 자"(카이 파라페손타스, *kai parapesontas* - 이것은 그저 추측한 것이 아니라 분명한 사실입니다.), 즉 "한 번 빛을 받았던 자들이"(히 6:4 이하) "새롭게 되어서 회개에 이르는 것은 불가능합니다. 그런 사람들이야말로 하나님의 아들을 다시금 십자가에 못 박고 욕되게 하는 것이기 때문입니다."[21]

그러나 이 두려운 말씀들에 대해서 오해하는 사람이 있어서는 안 되기 때문에 다음과 같은 사항을 주의 깊게 살펴보아야 합니다. (1) 여기에서 언급된 사람이 누구입니까? 이 사람들은 한때 "깨우침을 받았던" 사람들만을 가리킵니다. 그들은 단지 "하늘의 은사를 맛보아서 성령에 동참했던"[22] 사람들을 가리킵니다. 그러므로 이러한 것을 경험한 적이 없는 사람들은 이 성경 본문에서는 아무런 상관이 없습니다. (2) 여기에서 말하는 떨어져 나간다는 것은 무엇입니까? 이것은 완전히 배교하는 것을 가리킵니다. 신자라고 해도 실족할 수는 있습니다. 그러나 완전히 떨어져 나가지는 않습니다. 신자는 실족하기는 하지만 다시금 일어섭니다. 만일 그가 실족하여 죄를 짓는 데 이른다 하더라도, 이것은 물론 그 자체로 끔찍한 일이기는 하지만 절망적인 것은 아닙니다. 우리에게는 "아버지 앞에서 변호해 주시는 분이 계시는데, 곧 의로우신 예수 그리스도이십니다."[23] 그러나 이 사람도 무엇보

---

19) 벧후 2:21
20) 롬 5:5
21) 히 6:6
22) 히 6:4
23) 요일 2:1

다도 "죄의 유혹에 빠져 완고하게 되지 않도록"[24] 주의해야 합니다. 그는 더 밑바닥으로 가라앉지 않도록, 그래서 완전히 떨어져 나가지 않도록, 그 맛을 잃은 소금이 되지 않도록 주의해야 합니다. 우리가 만일 "진리에 대한 지식을 얻은 뒤에도 의도적으로 죄를 지으면 속죄의 제사가 더 이상 남아 있지 않습니다. 무서운 심판과 반역자들을 삼킬 맹렬한 불만이 분명히 남아 있습니다."[25]

II

1. 그러나 비록 우리가 다른 사람들과 완전히 결별하지 않는다 하더라도, 우리가 하나님께서 우리 마음속에 심어 두신 신앙을 통해서 그들에게 맛을 더해야만 한다는 것을 인정한다 하더라도, 이것을 드러나지 않게 할 수는 없습니까? 우리가 다른 사람들에게 이것을 은밀한 가운데, 혹은 거의 알아차릴 수 없는 방법을 통해서 전달해 줌으로써 우리가 그것을 어떻게 하는지, 사람들이 우리가 어떻게 혹은 언제 그것을 하는지 알아차리지 못하도록 할 수 있지 않겠습니까? 소금 또한 어떠한 소리도 내지 않은 채, 겉으로 드러나지 않도록 한 채 그 맛을 전하지 않습니까? 만일 그렇다면, 비록 우리가 이 세상 밖으로 나가지 않는다 하더라도 여전히 그 속에 숨어 있을 수 있습니다. 그래서 우리가 우리의 신앙을 우리 안에만 간직할 수 있습니다. 그리고 우리가 도울 수 없는 사람들을 굳이 거슬리지도 않을 수 있습니다.

2. 이처럼 그럴듯해 보이는 인간적인 생각에 대해서 우리 주님께서도 잘 알고 계셨습니다. 그래서 그분께서는 이제 우리가 다루려고 하는 말씀을 통해서 이에 대한 충분한 답을 주셨습니다. 내가 두 번째로 하겠다고 제안했

---

24) 히 3:13
25) 히 10:26~27

던 것처럼, 이제 나는 참된 기독교 신앙이 우리 마음속에 거하고 있는 한 그 것을 감추어 두는 것은 불가능하며, 그렇게 하는 것은 위대한 저자이신 주 님께서 원래 의도하셨던 것과는 정반대되는 것임을 증명하려고 합니다.

첫째로, 예수 그리스도의 기독교 신앙을 갖고 있는 자가 그것을 감추어 두는 것은 절대로 불가능합니다. 우리 주님께서는 이중 비교를 통해서 이것 을 분명하게 보이십니다. "너희는 세상의 빛이다. 산 위에 있는 동네는 감추 어질 수 없다." 그대 그리스도인들은 그대들의 성품과 행실에 있어서 "세상 의 빛입니다." 그대의 거룩함으로 인해 그대는 하늘 한가운데 떠 있는 태양 과 같이 됩니다.[26] 그대가 세상 밖으로 나갈 수 없는 것처럼, 그대는 모든 사 람들에게 드러나지 않은 채 그들 가운데 거할 수 없습니다. 그대는 사람들 로부터 도피할 수 없습니다. 또한 그대가 그들과 함께 있는 한 당신의 겸손 과 온유함, 그리고 그대의 하늘 아버지께서 완전하신 것처럼 완전하기를 갈 망하는 그 외의 다른 성품들을 감추는 것은 불가능합니다. 마치 우리가 빛 을 감추어 둘 수 없는 것처럼, 사랑은 감추어 둘 수 없는 것입니다. 그리고 그 사랑이 행동을 통해 빛날 때, 그대가 모든 사람들의 유익을 위해서 사랑 의 수고를[27] 할 때에 그러하듯이 말입니다. 사람들은 도시를 감추어 두려고 하듯이 그리스도인들도 숨길 수 있다고 생각합니다. 그렇습니다. 만약에 그 들이 산 위에 있는 도시를 감추어 둘 수 있다고 한다면, 하나님과 이웃에게 거룩하고 열정적이면서도 실천적으로 사랑을 행하는 사람도 그렇게 할 수 있을 것입니다.

3. 참으로, 빛보다 어둠을 사랑하는 사람은 자신의 행실이 악하기 때문 에[28] 무슨 수를 써서라도 그대 안에 있는 빛을 가리켜서 어둠이라고 우길 것입니다. 그들은 모든 악한 방법을 다 동원해서 그대 안에 있는 선한 것

---

26) 마 13:43
27) 살전 1:3
28) 요 3:19

에 대해 악담할 것입니다. 그들은 그대의 생각과는 거리가 아주 먼 것, 그대의 모든 존재 자체와 그대가 하는 모든 것과 정반대가 되는 것을 갖고 그대를 걸고넘어질 것입니다. 그러나 그대가 인내로써 끊임없이 선한 일을 행하고,[29] 주님을 위해서 모든 것을 온유함으로 견디며,[30] 박해를 받는 가운데서도 평온하게 겸손한 기쁨을 누리고, 낙심하지 않고 선으로 악을 이긴다면[31] 이로 인해서 그대는 이전보다 훨씬 더 잘 드러나게 될 것입니다.

4. 따라서 우리가 우리의 기독교 신앙을 내어 버리지 않는 한, 그것이 보이지 않도록 감추어 두는 것은 불가능합니다. 불을 꺼뜨려 버리지 않는 한, 그 빛을 숨겨 두려는 생각은 참으로 허망한 생각입니다! 그렇습니다. 보이지 않는 비밀스러운 신앙은 예수 그리스도의 종교가 될 수 없습니다. 만약에 숨길 수 있는 종교라면 그것은 기독교가 아닙니다. 만일 그리스도인이 숨을 수 있다면, 그는 산 위에 있는 도시나 세상의 빛, 하늘에 빛나서 아래 세상에서 훤히 보이는 태양에 비교될 수 없습니다. 그러므로 하나님께서 그 심령을 새롭게 해 주신 사람의 마음속에 빛을 감춰 두려고 하는 것이나 자신의 신앙을 자기 속에만 숨겨 두려고 하는 생각이 틈타지 않도록 하십시오. 특히 진정한 기독교를 감추어 두는 것이 불가능할 뿐만 아니라, 그렇게 하는 것이 그 종교의 위대한 창시자의 계획하신 바와도 배치되는 것임을 생각해야 합니다.

5. 이것은 다음 말씀에서 분명하게 드러납니다. "사람이 등불을 켜서 말 아래에다 내려놓지 아니하고, 등경 위에다 놓아둔다."[32] 그분께서는 사람이 등불을 켜서 덮어 두거나 감추어 두려고 그것을 켜는 것이 아니듯이, 하나님

---

29) 롬 2:7
30) 계 2:3
31) 롬 12:21
32) 마 5:15

께서도 당신의 영광스러운 지식과 사랑으로 사람들에게 빛을 비춰 주신 것이 그들로 하여금 그것을 - 신중해서 그러하든지, 소위 말하듯 실수로, 혹은 수줍음이나 자발적인 겸손의 이유에서라도 - 덮어 두거나 감추어 두게 하시려고 그렇게 하신 것은 아닙니다. 하나님께서는 사람들로 하여금 사람들을 피해서 그것을 사막 한가운데나 감춰 두거나 사람들과 교류하는 가운데 세상 속에 감춰 두라고 그렇게 하신 것이 아닙니다. "도리어 그것을 등경 위에 두어서 그것이 집 안에 있는 모든 사람들을 비추게 한다."[33] 이 말씀처럼, 모든 그리스도인이 주변에 있는 모든 사람에게 빛을 비추고 예수 그리스도의 종교를 분명하게 나타내 보이는 것이 하나님께서 의도하신 바입니다.

6. 따라서 하나님께서는 온 세대를 통하여 자신의 교훈뿐만 아니라 사례를 통해서도 이 세상에 말씀하셨습니다. 그분께서는 복음의 소리가 퍼져 나가는 어느 곳이든 "반드시 증인이 있도록"[34], 자신들의 말뿐만 아니라 행실을 통해서도 그분의 진리를 증거하는 사람들을 반드시 두셨습니다. 그들은 "어둠 가운데 빛나는 빛과 같은"[35] 자들이었습니다. 때때로 그들은 사람들을 깨우치며 남은 자들을 보존하는 역할을 했으며, "후세에 주를 전하는"[36] 작은 씨앗이었습니다. 그들은 이 세상의 어둠에서 불쌍한 양들을 인도했으며, 그들의 발을 평화의 길로 인도했습니다.[37]

7. 어떤 사람들은 성경과 이성 모두가 매우 분명하게 말한다면, 이 둘 가운데 한 편은 별다른 기능을 하지 못한다고, 적어도 진리를 드러내는 데 있어서 그렇지 못하다고 생각을 합니다. 그러나 그렇게 생각하는 사람은 사탄에 대해서 깊이 알지 못하는 사람들입니다. 고립된 기독교를 옹호하는 주

---

33) 마 5:15
34) 행 14:17
35) 고후 4:6
36) 시 22:30
37) 눅 1:79

장은 매우 뛰어나고 그럴듯하기 때문에 그리스도인들이 세상으로 나아가기 위해서는, 혹은 적어도 은둔하더라도 그 세상 안에서 그렇게 하기 위해서는 우리가 이러한 올무를 꿰뚫어 볼 수 있는 하나님의 지혜가 필요하다고, 그 올무에서 벗어나기 위해서는 하나님의 능력이 필요하다고 성경과 이성은 말하고 있습니다. 기독교가 사회적이어야 하고, 개방되어야 하며 그리스도인들은 활동적이어야 한다는 것을 반대하는 의견들은 너무나 강합니다.

III

1. 이러한 주장에 대답하기 위해서 나는 세 번째 것을 논의했습니다. 우선, 기독교가 외적으로 드러나는 것에 있지 않고 마음속에, 가장 깊숙한 영혼에 있다는 반론이 있었습니다. 기독교는 하나님과 영혼의 합일에 있다고, 사람의 영혼 안에 있는 하나님의 생명에 있다고, 따라서 외적으로 드러나는 종교는 가치가 없는 것이라고 주장하는 반대의 목소리가 있었습니다. 그들은 "하나님은 번제를 기뻐하시지 않는다."[38]는 것으로 미루어 볼 때, 외적으로 행하는 예배가 아니라 순수하고 거룩한 마음이 "그분께서 멸시하지 않으시는 희생제사"[39]라고 봅니다.

이에 대해서 나는 기독교의 뿌리는 마음속에, 영혼의 가장 깊숙한 곳에 있다는 말이 매우 지당한 말이라고 생각합니다. 또한 기독교의 뿌리는 하나님과의 영적인 연합이며, 사람의 영혼 안에 있는 하나님의 생명이라는 주장도 매우 지당한 말이라고 생각합니다. 그러나 이 뿌리가 정말로 마음속에 있다면, 반드시 그 가지를 뻗어 내게 되어 있습니다. 그리고 이러한 것들은 몇 가지 외적으로 드러나는 순종의 사례들로 나타나며, 이것들은 본질적으로 같은 뿌리를 갖고 있는 것들입니다. 그러므로 이러한 외적인 것들은 그

---

38) 시 51:16
39) 시 51:17

것들이 기독교라는 것을 보여 주는 표식일 뿐만 아니라 본질적으로 기독교의 한 부분입니다.

또한 단순히 외적으로만 치우쳐서 마음에 뿌리가 없는 것은 가치가 없다는 것도 사실입니다. 하나님께서는 유대인들의 번제에 지나지 않는 외적인 예배를 기뻐하지 않으십니다. 성결하고 거룩한 마음이 하나님께서 항상 기뻐하시는 제사입니다. 그러나 그분께서는 마음속에서 우러나는 외적인 예배도 기뻐하십니다. 그분께서는 우리가 공적으로나 사적으로 하는 기도의 제사를 기뻐하시고, 우리의 찬양과 감사를 기뻐하십니다. 그분께서는 우리가 드리는 선행의 제사를, 그분께 겸손히 헌신하는 것을, 온전히 그분의 영광을 위하는 것을 기뻐하십니다. 그분께서는 특히 우리 몸의 제사를 요구하십니다. 이것은 사도께서 우리에게 요구하신 바, "하나님의 자비하심을 힘입어 여러분에게 권합니다. 여러분의 몸을 하나님께서 기뻐하실 거룩한 산 제물로 드리십시오."[40]라고 한 바로 그것입니다.

2. 첫째 반론과 비슷한 것으로서, 둘째 반대는 사랑이 무엇보다 우선한다는 반론입니다. 이들은 사랑이 "율법을 성취하는 것", "계명의 끝", 하나님의 모든 계명 중의 계명이라는[41] 반론을 제기합니다. 그들은 자비심이나 사랑이 우리에게 없다면, 우리가 하는 모든 일이나 우리가 견디는 모든 것들은 우리에게 아무런 유익이 되지 않는다고 말합니다.[42] 따라서 사도께서도 우리에게 "사랑을 추구하십시오."[43]라고 하면서 이것을 가리켜서 "가장 좋은 길"[44]이라 했다고 그들은 주장합니다.

이에 대해서 나의 대답은 이러합니다. 순수한 믿음에서 우러난 하나님과 이웃에 대한 사랑은 무엇보다 가장 중요하며, 율법을 성취하는 것이고, 하

---

40) 롬 12:1
41) 롬 13:10
42) 고전 13:3
43) 고전 14:1
44) 고전 12:31

나님의 모든 계명의 마침이 되는 것은 당연합니다. 우리가 무엇을 하든지, 우리가 무엇을 견디든지 상관없이 이것이 없으면 그 무엇도 우리에게 아무런 유익이 되지 못함은 당연합니다. 하지만 그렇다고 해서 믿음이나 선행보다 이것이 우선한다는 의미로 사랑이 전부라는 의미는 아닙니다. 사랑이 "율법의 성취"이지만, 그렇다고 해서 우리가 이것과 완전히 결별하는 것은 아닙니다. 도리어 우리는 그것에 순종해야만 합니다. 사랑은 "율법의 마침"입니다. 왜냐하면 모든 율법은 사랑을 중심으로 모여들기 때문입니다. 우리가 무엇을 하든지, 무엇을 견디든지 사랑 없이 그렇게 한다면 그것은 우리에게 아무런 유익이 되지 못합니다. 그렇지만 우리가 사랑 안에서 무엇을 하거나 견딘다면, 비록 그것이 그리스도 때문에 받는 비난을 견디는 것뿐일지라도, 혹은 그분의 이름으로 냉수 한 잔 대접하는 것뿐일지라도 우리는 결코 이에 대한 상을 잃지 않을 것입니다.[45]

3. 그러나 사도께서도 우리에게 "사랑을 추구하십시오."라고 하면서 이것을 가리켜서 "가장 좋은 길"이라 하지 않았습니까?[46] 이에 대해서 나는 이렇게 답합니다. 바울은 "사랑을 추구하라."고 말은 했지만, 그것만 따르라고는 하지 않았습니다. 그의 말은 "사랑을 추구하십시오. 그리고 신령한 은사를 열심히 구하십시오."(고전 14:1)라는 것입니다. 그렇습니다. "사랑을 추구하고" 그대의 형제들을 위해 사용하기를 갈망하십시오. "사랑을 추구하고" 기회가 닿는 대로 모든 사람들에게 선을 행하십시오.[47]

이 성경 구절에서 바울은 이것을 가리켜서 사랑의 길, "가장 좋은 길"이라고 말합니다. 그런데 그는 여기에서 고린도 교인들에게 이것 말고도 다른 은사들을 갈망하라고 가르치고 있습니다. 그렇습니다. 그것들을 열심을 내어 갈망하라고 가르칩니다. 그는 "가장 좋은 은사를 열정적으로 탐내십시

---

45) 마 10:42
46) 고전 12:31
47) 갈 6:10

오. 그러나 내가 여러분에게 더 뛰어난 길을 보여 주겠습니다."(고전 12:31)
라고 말합니다. 더 뛰어나다면 도대체 무엇보다 더 뛰어나다는 말입니까?
바로 앞 절에서 언급했던 치유, 방언, 통역의 은사보다 뛰어나다는 것입니
다. 그러나 순종의 길보다 더 뛰어나지는 않습니다. 사도께서는 이것을 말하
고 있는 것이 아닙니다. 그는 외적인 종교에 대해 말하고 있는 것이 전혀 아
닙니다. 도리어 이 본문은 지금 거론되는 문제와 매우 동떨어진 것입니다.

사도께서 내적인 종교뿐만 아니라 외적인 종교에 대해서 말씀하면서 이
두 가지를 서로 비교하고 있다고 한번 가정해 보십시오. 그가 이 두 가지를
비교하면서 외적 종교보다 내적 종교를 더 선호하고 있다고 가정해 보십시
오. 그가 다른 어떠한 외적 행위보다도 사랑하는 마음을(당연히 그러할 것처
럼) 더 선호한다고 가정해 보십시오. 설령 그렇다 하더라도 그것은 우리가
이 둘 가운데서 어떤 한 가지를 거부해야 한다는 것을 의미하지는 않습니
다. 아닙니다. 하나님께서는 이 두 가지를 창세로부터 함께 묶어 두셨습니
다. 그리고 인간들로 하여금 그것들을 서로 떼어 놓게 하지 않으셨습니다.

4. 그렇지만 "하나님은 영이시니, 예배하는 자는 영과 진리로 그분을 예
배해야 한다."[48]고 하지 않습니까? 이것으로 족하지 않습니까? 우리가 마음
의 힘을 다해야 하지 않겠습니까? 외적인 것들에 신경 쓰는 것 때문에 영혼
이 가로막혀서 거룩한 묵상을 하기까지 높이 오를 수 없게 되지 않습니까?
그런 것들 때문에 왕성한 우리의 사고가 그 기력을 잃고 축 처지게 되는 것
이 아닙니까? 그런 것은 본질적으로 우리의 마음을 방해하고 산란하게 하
는 경향을 가진 것들이 아닙니까? 그렇지만 사도 바울은 우리에게 "염려 없
이"[49], "마음에 헛갈림이 없이 주님을 섬기라."[50]고 말했습니다.

위와 같은 반대에 대해서 나의 대답은 이러합니다. "하나님은 영이시니,

---

48) 요 4:24
49) 고전 7:32
50) 고전 7:35

예배하는 자는 영과 진리로 그분을 예배해야 한다." 맞습니다. 그리고 우리가 마음의 힘을 다하는 것으로 족합니다. 그러나 나는 이런 질문을 던지고 싶습니다. 영이신 하나님을 영과 진리로 예배한다는 것이 도대체 무엇입니까? 왜 우리의 영으로 그분을 예배해야 합니까? 왜 오직 영혼만으로써 할 수 있는 방식으로 그분을 예배해야 합니까? 그분을 예배한다는 것은 모든 죄악을 꿰뚫어 보시는 지혜롭고 공의로우시며 거룩하신 분이신 그분을 믿는 것입니다. 또한 그와 동시에 자비롭고 은혜로우시며 오래 참으시는 분이신 그분을, 허물을 용서하시고 잘못과 죄과를 용서하시는 그분을, 우리의 모든 죄를 당신의 등에 짊어지시고 당신의 사랑하시는 아드님 안에서 우리를 영접하시는 그분을 믿는 것입니다. 영과 진리로 그분을 예배한다는 것은 우리의 온 마음과 생각과 영혼과 힘을 다해서 그분 안에서 기뻐하며, 그분을 갈망하는 것입니다. 그것은 그분께서 순결하신 것처럼 우리 자신들을 순결하게 함으로써 우리가 사랑하는 그분을 본받는 것입니다. 그것은 우리의 생각과 말과 행실 가운데서 우리가 믿는 그분께, 우리가 사랑하는 그분께 순종하는 것입니다. 따라서 영과 진리로 하나님을 예배하는 방법 중 하나는 그분께서 명하신 외적인 계명들을 지키는 것입니다. 우리의 영혼뿐만 아니라 우리의 몸으로써 그분을 영화롭게 해 드리는 것입니다. 우리의 마음을 그분께 올려 드리면서 외적인 행실로 나아가는 것입니다. 날마다 하나님께 희생제사를 드리는 것입니다. 무엇을 사든지 팔든지, 먹든지 마시든지 그분의 영광을 위하는 것입니다. 이것이 바로 광야에서 그분께 기도를 드리는 것과 마찬가지로 영과 진리로 그분께 예배드리는 것입니다.

5. 그렇다면 묵상은 영과 진리로 하나님을 예배하는 여러 방법들 가운데 하나에 지나지 않는 것입니다. 따라서 만일 우리가 오직 이런 한 가지 방법에만 전념한다면 그것은 하나님께서 받으실 만하고 또한 우리의 영혼에 손해가 아닌 유익이 되는 다른 많은 영적 예배의 가지들을 다 없애 버리는 것

이 되는 것입니다. 우리가 이러한 외적인 것들에 신경을 쓰면 (이것은 우리를 부르신 하나님의 계획입니다.) 우리가 그리스도인이 되는 데 방해가 되며, 보이지 않는 그분을 항상 뵈옵는[51] 길에 방해가 된다고 생각하는 것은 큰 실수입니다. 그런 외적인 것에 신경 쓴다고 해서 그분을 생각하는 그 열정이 사그라지는 것은 아닙니다. 그런다고 해서 그리스도인의 마음이 방해를 받거나 산란해지는 것도 아닙니다. 또한 주님께 하듯이 다른 이들에게 그런 외적인 행동을 하는 그 사람의 마음에 불안하고 해로운 근심이 생기는 것도 아닙니다. 그뿐만 아니라, 말이나 행동으로 무엇을 하든지 주님 예수의 이름으로 모든 것을 하는 법을 배운 사람, 영혼에 오직 한 개의 눈을 갖고[52] 오직 하나님께만 고정되어 꼭 붙어 있으면서도 여기저기 다니면서 외적인 행동을 계속해서 하는 사람의 마음에 불안과 해로운 근심이 생기지도 않습니다. 세상을 등진 불쌍한 그대여, 그대가 그대의 적은 믿음을 분별하여 분명히 볼 수 있도록 이것이 무엇을 뜻하는지 배우십시오! 더 이상 그대 자신의 잣대로 다른 이들을 판단하지 않도록,[53] 가서 이것이 무엇을 뜻하는지 배우십시오.

오 주님, 당신의 부드러운 사랑으로
내 모든 짐을 지셨네.
내 마음을 저 하늘의 것들로 올리어
영원히 거기에 붙들어 매소서.
소란하고 어지러운 바퀴 위에 나는 고요히 있네,
분주한 군중들 사이에 홀로 있네.
당신의 발아래서 가만히 기다리며,
당신의 뜻이 모두 이루어지기까지.

---

51) 히 11:27
52) 오직 한마음을 품은 자를 가리킨다. 표준설교 23.2~3('산상수훈 강해 8')을 보라.
53) 표준설교 25.4~17('산상수훈 강해 10')을 보라.

6. 그러나 여전히 이에 대해 반대하는 큰 목소리가 있습니다. 그들은 "우리의 경험을 바탕으로 말합니다. 우리의 빛은 정말로 빛났습니다. 우리는 여러 해 동안 외적인 것들을 했습니다. 그런데도 여전히 아무런 유익이 없습니다. 우리는 모든 계명을 지켰습니다. 하지만 그런다고 해서 더 나아진 것이 없습니다. 정말로 다른 사람보다 나아진 것이 하나도 없습니다. 도리어 우리는 더 나빠졌습니다. 우리는 그렇게 행동했기 때문에 우리가 그리스도인이라고 착각하고 있었습니다. 그런데 그때 우리는 정작 기독교가 무엇을 뜻하는지도 모르고 있었던 것입니다."라고 말합니다.

나는 다음과 같은 사실, 즉 그대들을 비롯한 수없이 많은 사람이 하나님의 계명을 그렇게 오용했던 것을 인정합니다. 그대들은 이러한 수단들을 궁극적인 것으로 착각했습니다. 그래서 그대들은 이런 외적 행위를 하는 것이 예수 그리스도의 종교라고 생각하여 그러한 행위들 자체가 기독교를 대체할 수 있을 것이라고 착각했습니다. 그러나 외적 행위들을 그렇게 오용하지 말고 제대로 활용하십시오. 모든 외적인 것들을 활용하십시오. 그러나 의와 참된 거룩함 안에서 그대들의 영혼을 새롭게 하기 위하여 꾸준한 주의를 기울이면서 그것들을 활용하십시오.

7. 그러나 이것이 전부는 아닙니다. 그들은 또 말하기를, "경험이 잘 보여 주듯이, 선을 행하려고 애쓰는 것은 헛수고일 따름이다. 사람의 육신을 위해 먹이고 입히는 것들이 결국 영원한 불에 떨어지고 말 것들인데, 그렇다면 그것이 무슨 소용이란 말인가? 누가 그들의 영혼을 위해서 어떤 선한 것을 할 수 있는가? 만일 이러한 것들이 변하는 것이라면, 하나님께서 직접 그것을 하실 것이다. 뿐만 아니라 모든 사람들은 선하든지, 적어도 선해지려고 갈망하든지, 혹은 완악하기 마련이다. 선한 사람들은 자기들이 직접 하나님의 도우심을 구하여 그들이 원하는 것을 그분께로부터 받을 것이니 우리가 필요 없을 것이다. 악한 사람 역시 우리의 도움이 필요 없다. 그래서

주님께서도 '너희 진주를 돼지에게 던져주지 말라.'고 우리에게 말씀하셨던 것이다."라고 합니다.[54]

　이런 말을 하는 사람들에게 주는 나의 대답은 이러합니다. (1) 그들이 결국 구원을 얻든지 못 얻든지 상관없이, 그대들은 굶주린 자들을 먹이고 헐벗은 자들을 입히라는 명령을 분명히 받았습니다. 그대가 할 수 있는데도 하지 않는다면, 그 사람들이야 어찌 되든 상관없이 그대는 결국 영원한 불에 던져질 것입니다. (2) 물론 사람의 마음을 바꾸시는 것은 하나님께 달려 있습니다. 하지만 그분께서는 사람을 통해서 그 일을 하십니다. 우리는 마치 우리 자신이 그들을 변화시킬 수 있는 것처럼 부지런히 최선을 다해서 우리의 몫을 다해야 합니다. 그리고 그 결과는 그분께 맡기는 것입니다. (3) 하나님께서는 그들의 기도를 들으시는 가운데 모든 선한 은사로 서로를 통해 그분의 자녀들을 세우십니다. 그분께서는 "몸에 갖추어져 있는 각 마디를 통하여"[55] 모든 몸에 영양분을 공급하고 강건하게 하십니다. 그래서 "눈이 손에게 말하기를 너는 내게 쓸 데가 없다."라고 말할 수 없고, "머리가 발에게 말하기를 너는 내게 쓸 데가 없다."라고 말할 수 없는 것입니다.[56] 마지막으로, 그대는 그대 앞에 있는 사람이 개나 돼지에 해당하는 사람인지 어떻게 단언할 수 있습니까? 그들을 겪어 보지도 않고 그들을 함부로 판단하지 마십시오. "그대가 혹시 형제를 얻을는지 어찌 압니까?"[57] 그대가 하나님 손길 아래서 사망으로부터 그의 영혼을 구해낼는지 어찌 압니까? 그 사람이 그대의 사랑을 거절하고 복된 말씀을 모독한다면, 그때는 하나님의 손에 넘겨 드리면 됩니다.

　8. "우리는 노력했습니다. 우리는 죄인들을 돌이키려고 애썼습니다. 그런

---

54) 표준설교 25.15~17('산상수훈 강해 10')을 보라.
55) 엡 4:16
56) 고전 12:21
57) Cf. 고전 7:16

데 무슨 소용이 있었습니까? 우리는 그들에게 전혀 인상을 남겨 주지 못했습니다. 잠시 변화된 모습을 보인 사람들이 행여 있었다면, 그들의 좋았던 모습은 그저 아침 이슬처럼 사라지고 그들은 금세 나쁘게 되었습니다. 아니, 이전보다 더 나빠졌습니다. 그래서 그들에게 상처가 될 뿐만 아니라 우리 자신에게도 상처가 되었습니다. 우리의 마음은 급하고 불안해졌습니다. 우리 마음은 사랑 대신에 분노로 가득하게 되었습니다. 그래서 차라리 우리 기독교를 우리끼리만 간직하는 것이 더 나을 뻔했습니다."

물론 이런 말이 맞을 수도 있습니다. 그대가 선을 행하려고 노력했으나 실패했을 수도 있습니다. 그렇습니다. 변화된 줄로 알았던 사람이 다시금 죄악으로 돌아가서 그들의 마지막이 처음보다 더 나빠지는 경우도 있습니다.[58] 그러나 그것이 그리 놀랄 만한 일입니까? 하인이 그 주인보다 높습니까?[59] 그분께서도 얼마나 죄인들을 구원하시려고 애쓰셨습니까? 그런데도 불구하고 그들은 귀를 기울이지 않았습니다.[60] 그들 가운데 어떤 이들은 얼마 동안 그분을 따르기도 했습니다. 그러나 그들은 개가 자기가 토한 것을 도로 먹듯이 되돌아가지 않았습니까![61] 그러나 그분께서는 그렇다고 선한 사역을 중단하시지는 않으셨습니다. 그렇다면 그대는 다른 말을 할 여지가 없습니다. 그대는 그저 명령받은 대로 그대의 몫이나 잘하면 됩니다. 일의 성사 여부는 하나님의 손에 달려 있습니다. 당신은 거기에 책임이 없습니다. 그것은 모든 일들을 제대로 잘 돌아가게 하시는 그분께 맡겨 두십시오. "아침에 씨를 뿌리고, 저녁에도 부지런히 일하여라. 어떤 것이 잘 될지, 이것이 잘 될지 저것이 잘 될지, 아니면 둘 다 잘 될지를, 알 수 없기 때문이다"(전 11:6).

그러나 시험으로 인해 그대의 영혼은 조급하고 애타게 됩니다. 일의 결과

---

58) 마 12:45 par.
59) 마 10:24 par.
60) 마 11:17 par.
61) 잠 26:11; 벧후 2:22

에 대해서 자기 자신이 책임을 져야 한다고 생각하기 때문에 어쩌면 그런 마음이 생기는 것일 것입니다. 그런데 사실 어떤 사람도 거기에는 책임이 없을 뿐만 아니라, 사실 책임질 수도 없습니다. 그런 조급한 마음이 드는 것은 어쩌면 그대가 방심하고 있기 때문일 것입니다. 그대가 자신의 영혼에 주의를 기울이지 않았기 때문에 말입니다. 그러나 이것이 하나님께 순종하지 않아도 된다는 핑곗거리는 되지 않습니다. 다시 시도해 보십시오. 그러나 이전보다는 좀 더 조심해서 해 보십시오. 선을 행하십시오. 예를 들면 용서할 때 "일곱 번만 아니라 일흔 번을 일곱 번이라도" 하십시오.[62] 경험을 통해서 좀 더 지혜로워지십시오. 매번 시도할 때마다 이전보다는 좀 더 주의해서 하십시오. 하나님 앞에서 좀 더 겸손해져서, 자기 자신의 힘만으로는 아무것도 할 수 없다는 것을 마음 깊이 새겨 두십시오. 그대 자신의 영혼을 위해 더욱 애를 쓰고, 더욱 신사적으로 행동하고, 기도에 더욱 깨어 있으십시오. "돈이 있으면, 무역에 투자하여라. 여러 날 뒤에 너는 이윤을 남길 것이다."[63]

IV

1. 위에서 지적했던 바, 숨어 있는 기독교에 대한 모든 그럴듯한 주장을 개의치 말고 "이와 같이, 그대의 빛을 사람에게 비춰서, 그들이 그대의 착한 행실을 보고, 하늘에 계신 너희 아버지께 영광을 돌리게"[64] 하십시오. 이것이 바로 우리 주님께서 친히 앞서 말씀하셨던 바들을 실제로 적용하는 것입니다.

"그대의 빛을 비추라." 이것은 그대의 마음이 겸손하고, 그대의 태도가 신사적이며, 지혜에 있어서 온유함을 뜻합니다. 이것은 그대가 영원한 것들에 대해 진지하고도 비중 있게 관심을 기울이는 것이며, 사람들의 죄악과 비참

---

62) 마 18:22
63) 전 11:1
64) 마 5:16

함에 대해 슬퍼하는 것을 뜻합니다. 그것은 그대가 우주적 거룩함을 진지하게 갈망하는 것이며, 하나님 안에서 행복에 젖는 것을 뜻합니다. 이것은 그대가 모든 인류에 대해 부드러운 선한 마음을 갖고 있는 것과 당신에게 은혜를 베푸시는 가장 높으신 분을 열렬히 사랑하는 것을 뜻합니다. 이 빛을 감추어 두려고 하지 마십시오. 하나님께서는 이 빛으로 그대의 영혼을 밝혀 주셨습니다. 도리어 사람들 앞에 이 빛을 비추십시오. 그대와 함께 있는 모든 사람들에게, 그대가 대화를 나누는 모든 과정 가운데서 그 빛을 비추십시오. 당신의 행동 가운데서, 당신이 모든 사람들에게 할 수 있는 모든 선을 행하는 가운데 더욱 두드러지게 이 빛을 비추십시오. 또한 당신이 의를 위해 고난을 받는 가운데, "하늘에서 받을 그대의 상이 크다는 것을 기억하면서 기뻐하고 즐거워하는"[65] 가운데 이 빛을 더욱 두드러지게 비추십시오.

2. "그대의 빛을 사람에게 비추어서, 그들이 그대의 착한 행실을 보도록 하라."[66] 그리스도인이 기독교를 감추어 두기를 원하는 마음을 갖거나 그런 생각조차도 품지 않게 하라는 것입니다! 도리어 정반대로 그것을 감추지 않으려는 마음을 품으십시오. 등불을 말 아래에다 내려놓지 마십시오. 어떻게 하면 그것을 "등경 위에다 놓아두어서 집 안에 있는 모든 사람에게 환히 비치게"[67] 할 수 있을지 생각하십시오. 오로지 그대 자신에게 칭송이 돌아오지 않도록, 그대 자신에게 어떠한 영예라도 돌아오지 않게 하려고 주의하십시오. 도리어 그대가 하는 모든 선행을 보는 사람들이 "하늘에 계신 그대의 아버지께 영광을 돌리는"[68] 것이 그대의 유일한 목표가 되도록 하십시오.

---

65) 마 5:12
66) 마 5:16
67) 마 5:15
68) 마 5:48

3. 이것이 모든 일 가운데 그대의 유일한 궁극적 목표가 되게 하십시오. 이러한 생각을 갖고 솔직하고 열린 태도로 숨김없는 모습을 보이십시오. 위선적으로 사랑을 하는 자가 되지 마십시오. 무엇 때문에 어느 한 편에 치우치지 않는 공명정대한 사랑을 숨기려 합니까? 그대의 입에서 모든 거짓을 없애십시오.[69] 그대가 하는 말이 곧 그대가 마음속에 품은 것과 동일한 것이 되도록 하십시오. 그대의 대화 가운데 어떠한 어둠이나 숨기는 것이 없도록 하고, 그대의 행동 가운데는 어떠한 가식이 없도록 하십시오. 그러한 것은 우리와 다른 생각을 갖고 사는 사람들이나 하는 것입니다. 그들의 생각은 빛을 견디지 못합니다. 그저 그대는 모든 사람들에게 꾸밈없이 단순한 태도를 갖고 대하십시오. 그리할 때 모든 사람들이 그대 안에 있는 하나님의 은혜를 보게 될 것입니다. 비록 일부의 사람들은 자기들의 마음을 강퍅하게 할지 모르나, 여전히 많은 사람들은 그대가 예수와 함께 있는 사람이라는 것을 알게 될 것이고, 자기 자신들을 돌이켜서 "그들의 영혼의 위대한 감독이신 이에게 돌아와"[70], "하늘에 계신 그대의 아버지께 영광을 돌리게"[71] 될 것입니다.

4. 사람들이 그대 안에 계신 하나님께 영광을 돌리게 한다는 이 한 가지 생각만을 갖고 그분의 이름으로, 그분의 힘의 능력으로 전진하십시오. 홀로 남겨진다 하더라도 그것이 하나님의 길을 걷는 것이라면 결코 부끄러워하지 마십시오. 경건의 행위(works of piety)와 자비의 행위(works of mercy)로 모든 선행을 하는 가운데 그대의 마음속에 있는 그 빛이 빛나게 하십시오. 그대가 선행을 할 수 있는 능력을 더욱 키우기 위해서 필요 이상의 것들을 모두 거부하십시오. 음식이나 가구, 의복에 있어서 모든 불필요

---

69) Cf. 벧전 2:22
70) 벧전 2:25
71) 마 5:48

한 지출을 줄이십시오.[72] 하나님께서 주시는 모든 은사에 있어서, 설령 그 것이 가장 비천한 은사라 할지라도 그것에 있어서 선한 청지기가 되십시 오.[73] 쓸데없는 것에 시간을 낭비하지 마십시오. 모든 불필요하고 쓸모없는 일을 하지 마십시오. "어떤 일을 하든지 그대의 힘을 다해서 하십시오."[74] 한마디로 말하자면, 힘을 다해 믿음을 지키고 힘을 다해 사랑하십시오. 힘 을 다해 선을 행하십시오. 힘을 다해 악을 견디십시오. 그리하여 "굳게 서서 흔들리지 말고, 주님의 일을 더욱 많이 하십시오. 그대가 아는 대로, 그대의 수고가 주님 안에서 헛되지 않습니다."[75]

---

72) 표준설교 23.11('산상수훈 강해 8')을 보라.
73) 벧전 4:10
74) 전 9:10
75) 고전 15:58

웨슬리와 함께 공부하는 산상수훈

1 산상수훈 강해 4번은 산상수훈 중 어느 부분, 무엇에 대한 설교입니까?

2 그리스도인들은 자신들 안에 하나님을 느끼고 하나님과 교제하는 삶을 삽니다 (19.0.1). 만일 그리스도인들이 자신의 내적인 차원에서 하나님과 교제하는 것 이상으로 하지 않는다면 비기독교인들은 어떠한 반응을 보입니까? (19.0.2)

3 웨슬리는 그리스도인들이 기독교 신앙을 개인의 내면적인 것으로 국한시키려고 하는 것을 누구의 계략이라고 말합니까? (19.0.4~5)

4 이 설교에서 웨슬리가 말하고자 하는 세 가지는 무엇입니까? (19.0.5)

1)
2)
3)

5 기독교가 본질적으로 사회적인 종교라는 것의 의미는 무엇입니까? (19.1.1)

6 웨슬리는 온유하다는 것과 화평케 하는 행동을 갖고 기독교의 사회적 성격을 말합니다. 온유하다는 것, 화평케 하는 행동이 기독교가 사회적 종교라는 것을 어떻게 뒷받침해 줍니까? (19.1.3), (19.1.4)

7 불의를 행하는 자, 비기독교인들과의 관계 유지에 대해 웨슬리는 어떤 조언을 주고 있습니까? (19.1.5)

8 예수께서는 기독교인들이 내적인 면에만 머물러 있어서 사회적 차원으로 나아가지 않으려고 하는 모습에 대한 경고로 무엇을 말씀하셨습니까? (19.1.8, 9)

9 웨슬리는 "한 번 빛을 받았던 자들이 새롭게 되어서 회개에 이르는 것이 불가능하다."는 말씀을 어떻게 풀이하고 있습니까? (19.1.9)

10 참된 기독교는 그 빛을 감추어 둘 수 있습니까? (19.2.1~4)

11 웨슬리는 기독교를 내적 종교로 한정 지으려는 의견들에 대해 반론들을 제기합니다. 첫째 문제 제기와 이에 대한 웨슬리의 반론은 무엇입니까? (19.3.1)

문제 제기:
웨슬리의 반론:

12 둘째 문제 제기와(19.3.2 전반부, 19.3.3 전반부) 이에 대한 웨슬리의 반론은 (19.3.2 후반부, 19.3.3 후반부) 무엇입니까?

문제 제기:
웨슬리의 반론:

13 셋째 문제 제기와 이에 대한 웨슬리의 반론은 무엇입니까? (19.3.4~5)

문제 제기:
웨슬리의 반론:

14 웨슬리가 말하는 참된 예배란 무엇인지 설명해 보십시오. (19.3.4)

1)
2)
3)
4)
5)
6)
7)

15 넷째 문제 제기와 이에 대한 웨슬리의 반론은 무엇입니까? (19.3.6)

문제 제기:
웨슬리의 반론:

16 다섯째 문제 제기와 이에 대한 웨슬리의 반론은 무엇입니까? (19.3.7)

문제 제기:

웨슬리의 반론:

17 여섯째 문제 제기와 이에 대한 웨슬리의 반론은 무엇입니까? (19.3.8)

문제 제기:

웨슬리의 반론:

18 오직 선한 사람들만 대화나 교제의 대상으로 삼는 것에 대한 웨슬리의 지적을 다시 읽어 보십시오(19.1.5). 여러분이 지난 한 주일 동안 만났던 사람들 가운데 교인이 아닌 사람들은 몇 명이었는지 세어 보십시오. 여러분 주변에 예수를 믿지 않는 사람들이 얼마나 있습니까? 여러분은 전도하고 있습니까? 전도라는 것의 개념이 무엇인지 서로 말해 보십시오. 그리고 오늘날 한국 교회의 수평이동, 소위 말하는 '교인 뺏어오기'라는 씁쓸한 자화상의 사례를 서로 말해 보십시오. 한국 교회는 전도하고 있습니까?

우리 주님의
산상수훈에 대하여

▶ 강해 5

요약과 해설

앞에 나온 표준설교 19번 설교와 마찬가지로 이 20번 설교 역시 1740년 10월 22~26일에 걸쳐서 이루어졌던 설교다. 이 설교는 율법과 복음에 대한 내용을 다루고 있는데, 종교개혁 이후 '오직 믿음'을 강조한 결과 행동으로 드러나는 부분에 대하여 소홀히 여기는 점에 대한 경계의 메시지를 담고 있다. 웨슬리는 예수께서 율법을 폐기하시는 분이 아닌 완성하시는 분이심을 지적하면서 율법과 복음이 상호 배척관계가 아니라, 궁극적으로는 같은 것을 지향하는 것을 강조한다. 즉, 율법은 계명으로, 복음은 약속이라는 것으로 표현될 수 있는데, 율법은 복음을 향해 길을 열어 주고 복음은 그 율법을 온전히 성취하는 길로 인도하는 관계에 놓여 있다.

웨슬리는 율법을 폐하는 자, 즉 외적이고 실천적인 부분을 무시하는 자는 천국에 들어가지 못할 것이라고 말한다. 이처럼 복음의 실천적인 부분을 무시하는 것은 믿음에 대한 참 의미를 왜곡하는 것인데, 믿는다는 것은 우리를 곧바로 천국의 문 앞으로 데려다 주는 것이 아니라, 우리로 하여금 죄의 권세를 이기고 거룩한 길을 갈 수 있는 힘을 받는 것을 의미한다고 말함으로써, 웨슬리는 믿음의 실천적 차원을 구원을 이루는 데 있어 필수적인 요소로 꼽는다. 복음의 실천적 차원이란, 단지 외적인 모습으로 어떻게 드러나는가에 대한 문제만을 살펴보는 것이 아니다. 여기에는 내적인 차원, 즉 어떤 행동을 할 때 단지 그 행동뿐만이 아니라 그 의도와 마음이 어떤 상태인가라는 문제가 중요하며, 이것이 예수께서 말씀하셨던 바리새인과 서기관의 의보다 더 나은 의를 이룬다는 차별성을 만들어 주는 것이라고 웨슬리는 설명한다.

웨슬리는 이 설교에서 구원과 관련하여 매우 중요한 감리교의 교리를 말한다. 그것은 구원에 있어 믿음이 매우 중요하지만, 그 믿음이라는 것이 우리가 믿는 순간에 천국으로 들어가게 만들어 주는 입장권이 아니라는 것이다. 도리어 구원은 반드시 믿음에 수반하는 거룩함의 과정을 거쳐야 하며(성화), 믿는다는 것은 죄의 권세를 이길 능력과 하나님을 사랑할 수 있는 능력을 부여받는 것을 의미한다는 것이다.

우리 주님의 산상수훈에 대하여

▶ 강해 5

내가 율법이나 선지자를 폐하러 온 줄로 생각하지 말라. 폐하러 온 것이 아니요 완전하게 하려 함이라. 진실로 너희에게 이르노니 천지가 없어지기 전에는 율법의 일점 일획도 결코 없어지지 아니하고 다 이루리라. 그러므로 누구든지 이 계명 중의 지극히 작은 것 하나라도 버리고 또 그같이 사람을 가르치는 자는 천국에서 지극히 작다 일컬음을 받을 것이요. 누구든지 이를 행하며 가르치는 자는 천국에서 크다 일컬음을 받으리라. 내가 너희에게 이르노니 너희 의가 서기관과 바리새인보다 더 낫지 못하면 결코 천국에 들어가지 못하리라. 마 5:17~20

1. "사람들로부터 멸시함을 받고 버려진"[1] 그분께서 당하신 수많은 비난들 가운데 하나는 그분께서 새로운 종교를 소개하고 가르치신 분이라는 것입니다. 이 말이 그럴듯해 보이는 것은, 그분께서 사용하신 많은 표현이 당시의 유대인들에게 있어서 익숙하지 않은 것들이었기 때문입니다. 그들은 그러한 표현들을 사용한 적도 없을 뿐만 아니라, 예수님께서 사용하신 것과 같은 뜻에서도 사용하지 않았고, 또한 예수님께서 쓰신 것과 같은 풍부하고 강력한 뜻으로도 사용하지 않았습니다. 게다가 하나님을 "신령과 진정으로"[2] 예

---

1) 사 53:3
2) 요 4:24

배한다는 말이 그저 외형적인 예배나 "경건의 모양"[3]밖에 없는 예배만을 알고 있던 그들에게 있어서 새로운 종교처럼 항상 비쳐졌던 것입니다.

2. 어떤 사람들은 예수님께서 옛 종교를 폐하시고 새로운 종교, 즉 천국으로 가는 좀 더 쉬운 길을 제시하시기를 바랐을지도 모릅니다. 그러나 우리 주님께서는 한편으로는 이러한 헛된 소망이나 다른 한편으로는 근거 없는 중상모략 모두를 오늘 본문 말씀을 통해 다 물리치셨습니다. 이제 나는 위의 본문 말씀을 한 절 한 절 순서대로 살펴보면서 말씀을 나누려고 합니다.

I

1. 우선, "내가 율법이나 선지자를 폐하러 온 줄로 생각하지 말라. 폐하러 온 것이 아니라 완성하러 왔다." 모세가 이스라엘의 자손들에게 전해 준 의식이나 예식 규정은 옛날에 성전에서 행하던 희생제사나 예배와 관련한 모든 규정들을 담고 있는데, 우리의 주님께서는 정말로 이러한 것들을 없애고 완전히 폐하기 위해서 오셨습니다. 모든 사도들이 이것을 증언하고 있습니다. "모세의 율법을 지켜야"(행 15:5) 한다는 가르침을 단호히 거부했던 바나바와 바울, 그리고 이러한 가르침을 고수하는 것, 즉 예식 규정을 고집하는 것을 가리켜서 "하나님을 시험하는 것"이요, "우리의 조상들과 우리도 메지 못하던 멍에를 제자들의 목에 걸어두려는 것"이라고 말했던[4] 성 베드로는 모든 사도들과 장로들 그리고 형제들과 함께 모여서(행 15:22), 그들에게 이러한 법을 지키라고 강요하는 것은 "그들의 영혼을 파괴하는 것"이요, 그들에게 그러한 짐을 지우지 않는 것이 "성령과 자기들에게 좋다."고 선언했습니다(행 15:28). 우리 주님께서는 "사람의 손으로 쓴 조문"을 뽑아내어 멀리

---

3) 딤후 3:5
4) 행 15:10

던지시고 당신의 십자가에 못 박으셨습니다.[5]

2. 그러나 십계명에 담겨 있으며 예언자들이 강조했던 도덕법들은 그분께서 없애지 않으셨습니다. 이러한 법의 어느 한 일부분이라도 폐하기 위해서 그분께서 오신 것이 아닙니다. 이 법은 결코 없어지지 않으며, 하늘에 있는 신실한 증인처럼 굳게 서 있습니다.[6] 도덕법은 의식법과는 본질적으로 완전히 다른 것에 기초해 있습니다. 의식법은 불순종하고 목이 굳은 백성들을[7] 임시적으로 제재하기 위해 마련된 것일 뿐입니다.[8] 그러나 도덕법은 이 세상이 시작되던 때로부터 있었던 법으로서, 창조주의 손에서 나올 때부터 "돌판 위에 새기지 아니하고" 모든 사람들의 마음판에 새기신 것입니다.[9] 그러나 하나님의 손으로 새기셨던 글씨들은 이제 죄악으로 인해 많이 훼손되었습니다. 하지만 그렇다고 해서 우리가 선과 악에 대한 의식을 갖고 있는 한 그것을 완전히 없앨 수는 없습니다. 이 법의 모든 부분들은 모든 세대 가운데 모든 인간들에게 강제하는 것으로서 남아 있어야 합니다. 이것은 시간이나 공간에 따라 달라지거나, 시시때때로 변하는 어떠한 상황에 따라 달라지는 것이 아니라, 하나님의 본성과 인간의 본성, 그리고 이 둘 사이의 불변하는 관계에 달려 있는 것입니다.

3. "내가 폐하러 온 것이 아니라 완성하러 왔다." 어떤 사람들은 우리 주님께서 모든 율법을 완벽하게 지킴으로써 이것을 완성하러 왔다는 의미로 말씀하신 것이라고 생각했습니다. 물론 그분께서 율법의 모든 부분들을 이러한 의미에서 완성하셨다는 것을 의심할 수는 없습니다. 그러나 그분께서 이 본문에서 그런 의도를 갖고 말씀하고 계시는 것은 아닙니다. 그것은 그

---

5) 골 2:14
6) 시 89:37
7) 신 31:27
8) 마 19:8
9) 고후 3:3

분께서 지금 가르치고 계시는 강론과는 문맥상 동떨어진 것입니다. 의심할 여지없이 그분께서 여기에서 의미하시는 바는(전후 문맥에서도 동일하게 유지하는 입장입니다.) "사람들이 이러쿵저러쿵 달아 놓는 모든 덧붙이는 말이야 어찌 되었던 상관없이 나는 그것을 끝까지 완전하도록 세워 놓기 위해 왔다."는 것입니다. "이에 대해서 어두침침하고 모호한 것이 얼마나 되었던 상관없이 나는 온전하고 분명한 시각을 정립하기 위해서 왔다."는 것입니다. "나는 율법의 모든 부분에 대한 참되고 온전한 뜻을 선포하기 위해 왔다." 는 것입니다. 그 안에 담긴 모든 계명의 길이와 넓이와 모든 범위를 다 보여 주기 위해서, 그 높이와 깊이를 다 보여 주기 위해서,[10] 그리고 그것의 모든 가지들에 담겨 있는 이루 다 헤아릴 수 없는 순결과 영성을 다 보여 주기 위해서 왔다는 것입니다.

4. 우리 주님께서는 우리가 지금 살펴보고 있는 이 본문 말씀의 앞뒤 부분에서 실제로 그것을 보여 주고 계십니다. 물론 여기에서 그분께서는 이 세상에 새로운 종교를 소개하고 계신 것이 아니라, 태초부터 있었던 바로 그것을 말씀하고 계십니다. 이 종교는 의심할 여지없이 물질적으로는 태초부터, 즉 인류의 역사만큼이나 오래된 것으로서, "사람이 살아 있는 영이 된"[11] 바로 그 때에 하나님으로부터 나온 것입니다. (여기에서 내가 물질적이라고 말하는 것은 이제 타락한 존재가 된 인간과 관련된 어떠한 상황 때문에 그렇게 말하는 것입니다.) 이 종교는 그 이후로 이어진 모든 세대 가운데서 율법과 선지자들을 통해 증언된 종교입니다. 그렇지만 여전히 이 종교는 충분하게 설명된 적이 없으며 완전하게 이해된 적도 없습니다. 이 종교의 위대한 창시자이신 그분께서 친히 오셔서 인간들에게 그 율법의 모든 핵심적인 것들에 대해 이렇게 권위 있는 해설을 해 주셨을 때, 또한 이 율법이 변하지 않으며

---

10) 엡 3:18
11) 창 2:7

세상 끝날까지 남아 있을 것이라고 선포하셨을 때, 비로소 이 종교는 충분히 설명되고 완전히 이해되었습니다.

II

1. "내가 진실로 너희에게 이르노니." (이 엄숙한 머리말은 이제 그분의 입에서 나오는 말씀이 중요하고 확실한 것임을 보여 주는 것입니다.) "하늘과 땅이 없어지기까지, 모든 것들이 완성될 때까지는, 그 율법에서 한 개의 점이나 한 개의 획도 없어지지 않을 것이다."

"한 개의 점" 이것은 문자적으로 한 개의 이오타(*iota*)도 아니고 모음은 더더욱 아닙니다. "혹은, 한 개의 획", 즉 미아 케라이아(*mia keraia*)는 어느 한구석이나 자음의 한 부분을 말합니다. 이것은 일종의 관용어구로서, 도덕법 안에 담겨 있는 어떠한 계명이나 그것의 어느 한 부분이라도 아무것도 아닌 것처럼 보잘것없어 보인다고 해서 폐지되어서는 안 된다는 것을 나타내는 표현입니다.

"율법에서 결코 없어지지 않을 것이다." 우 메 파렐쎄이 아포 투 노무(*ou me parelthei apo tou nomou*). 여기에서는 이중부정 표현법이 사용되어서 그 의미를 더욱 강하게 만들어주는데, 이렇게 하면 이와 반대되는 어떠한 것도 인정하지 않는 것을 의미하게 됩니다. 그리고 말씀이 파렐쎄이(*parelthei*)한다는 말은 사실상 미래시제로서, 그렇게 될 것이라는 것을 선포하는 것입니다. 그러나 이와 마찬가지로 이것은 명령법 어조를 갖고 있어서 그렇게 될 것을 명령하는 것입니다. 이 말씀은 그것을 말씀하시는 그분의 전능하신 의지와 권능을 표현하는 권위 있는 말씀입니다. 그분의 말씀은 하늘과 땅의 법이요, 그 말씀은 영원 무궁히 굳게 서 있습니다.

"하늘과 땅이 없어지기까지 한 개의 점이나 한 개의 획도 없어지지 않을 것이다." 이 바로 뒤에 따라오는 말씀, 즉 헤오스 안 판타 게네타이(*heos an panta genetai*)에서 볼 수 있듯이, 모든 것이 성취되기 전에는, 만물이 완성되기 전에는 그러할 것입니다. 어떤 사람들은 "율법의 어느 한 부분이라도 그 법이 성취되기 전에는 결코 없어지지 않을 것이다. 그런데 그 법은 그리스도께서 성취하셨다. 따라서 이제 복음이 세워지기 위해서 그 율법은 없어져야 한다."라는 형편없는 핑곗거리를 대면서 도망칩니다(그들은 이런 핑곗거리가 생겨서 매우 기뻐합니다). 그러나 결코 그렇지 않습니다. 여기에서 "모든"이라는 말씀은 모든 율법을 가리키는 것이 아니라, 우주에 있는 모든 만물을 가리킵니다. 또한 성취되었다는 용어도 율법을 가리키는 것이 아니라 하늘과 땅에 있는 만물을 가리키는 것입니다.

2. 이와 같은 것을 통해서 우리는 율법과 복음 사이에 어떠한 상반된 점이 없다는 것을 알게 되었습니다. 또한 복음을 세우기 위해서 율법이 폐지되어야 할 필요도 없다는 사실도 깨닫게 되었습니다. 이 둘 중에 어느 하나도 다른 하나보다 우선되지 않고, 이 둘은 완벽하게 서로 일치하고 있습니다. 그렇습니다. 다른 측면에서 생각해 보더라도 율법과 복음은 결국 같은 말의 일부분들입니다. 만약에 이 두 가지를 계명이라는 것으로 생각한다면 이것들은 모두 율법의 일부분들입니다. 만일 이것들을 약속이라는 것으로 생각한다면 이것들은 모두 복음의 일부분들입니다. 따라서 "네 마음을 다하여 주 너의 하나님을 사랑하라."는 말씀은 계명이라는 것으로서 생각해 보았을 때 율법의 한 가지에 해당합니다. 그런데 이 말씀을 약속으로서 생각해 보면, 이것은 복음의 핵심적인 한 부분입니다. 이 복음은 다름 아닌 약속의 방식으로 주어진 율법의 계명입니다. 따라서 영적인 가난, 마음의 성결, 그리고 그 외에 다른 것들이 하나님의 거룩한 율법 안에서 명령받은 것이라면, 이것들은 복음이라는 빛에서 보았을 때 결국 매우 위대하고 소중한 약속인 것입니다.

3. 그러므로 율법과 복음 사이에는 가장 가까운 연결고리가 있다는 것을 볼 수 있습니다. 한편으로 율법은 계속해서 우리가 복음을 위해 길을 열어 주며 우리에게 복음을 가리켜 주고 있습니다. 다른 한편으로 복음은 계속해서 우리를 율법을 좀 더 제대로 성취하는 길로 인도하고 있습니다. 예를 들어 율법은 우리에게 하나님을 사랑하라고, 우리 이웃을 사랑하라고, 온유하고 겸손하고 거룩하라고 요구합니다. 우리는 이러한 것들에 부족하다는 것을 느끼고 있습니다. 그렇습니다. "사람의 힘으로 불가능합니다."[12] 그러나 우리는 우리에게 그 사랑을 주시겠다고 하신, 우리를 겸손하고 온유하고 거룩하게 만드시겠다는 하나님의 약속을 바라봅니다. 이것은 우리의 믿음에 따라 이루어집니다. 또한 그리스도 예수 안에 있는 믿음을 통하여 "우리 안에 율법의 의가 성취됩니다."[13]

우리는 거룩한 책에 기록된 모든 계명들이 사실상 포장된 약속이라는 것을 알 수 있습니다. 왜냐하면 "그 시절이 지난 뒤에 내가 언약을 세울 것이니, 나는 나의 율법을 그들의 가슴 속에 넣어 주며, 그들의 마음판에 새겨 기록하겠다."[14]라고 하신 그 엄숙한 선포를 통해 하나님께서는 당신께서 명하신 어떤 것이든 주시겠다고 언약하셨습니다. 그렇다면 그분께서 우리에게 "쉬지 말고 기도하라."고, "항상 기뻐하라."고,[15] "그분께서 거룩하신 것처럼 거룩 하라."[16]고 명하신 것이 아닙니까? 그것으로 족합니다. 그분께서는 우리 안에 바로 이것을 이루실 것입니다. 그분의 말씀에 따라 그것은 우리에게 그대로 될 것입니다.[17]

4. 만일 그러하다면 우리는 모든 교회의 역사 가운데 성령의 특별한 지

---

12) 마 19:26; 막 10:27; 눅 18:27
13) 롬 8:4
14) 렘 31:33
15) 살전 5:16~17
16) 벧전 1:16 Cf. 레 11:44, 45; 19:2; 20:7. 레위기 본문은 정결례와 관련하여 언급된 것으로서 다른 문맥을 갖고 있다.
17) 눅 1:38

시라고 하면서 하나님의 명령의 일부를 변경하거나 대체했던 사람들에 대해 어떻게 생각해야 할지 갈피를 못 잡고 당혹해 할 필요는 없습니다. 그리스도께서는 여기에서 우리에게 흠 없는 규율을 주셨고, 이로써 모든 그러한 암묵적인 요구를 판별하게 하셨습니다. 기독교는 명령과 약속이라는 형태로 하나님의 모든 도덕법을 포함하고 있기에, 만일 우리가 그분의 음성을 들으려 한다면, 기독교는 하나님께서 당신께서 내리신 모든 조치들 가운데 맨 마지막이 되도록 계획하신 것입니다. 이후로 더 올 것은 없습니다. 기독교는 모든 만물이 완성될 때까지 지속될 것입니다. 따라서 이것 이외의 모든 새로운 계시들은 하나님에게서 나오는 것이 아니라 사탄에게서 비롯되는 것입니다. 또한 더 완벽한 조치라고 내세우는 모든 다른 것들은 마땅히 땅바닥에 떨어질 것입니다. "하늘과 땅이 없어지더라도" 이 말씀은 "없어지지 않을 것"입니다.

III

1. "그러므로 누구든지 이 계명들 가운데서 가장 작은 것이라도 어기고 다른 이들에게도 그렇게 하라고 가르치는 자가 있다면, 그는 하늘나라에서 가장 작은 자가 될 것이다. 그러나 누구든지 그것들을 행하고 가르친다면 그는 하늘나라에서 가장 위대한 자가 될 것이다."

"율법이 전하는 것"을 치욕거리로 생각하는 자들은 누구 혹은 무엇입니까? 그들은 그들의 치욕이 누구의 머리 위로 떨어지는지 - 결국 그것은 그들의 머리 위로 떨어질 것입니다. - 보지 못합니까? 누구든지 이러한 근거로 우리를, 또한 우리를 보내신 그분을 멸시하는 자가 바로 그들입니다.

세상을 정죄하러 오신 것이 아니라 도리어 구원하러 오신 그분처럼 율법을 설파한 사람은 이 세상에 아무도 없었습니다. "복음을 통하여 생명과 썩지 아니할 것을 드러내시려고"[18] 일부러 오신 그분처럼 율법을 설파한 사람이 이 세상에 어디 있었습니까? 이 세상 그 누가 그리스도께서 이 말씀들을 가운데 하신 것보다 율법을 더 제대로, 더 열정적으로 설파할 수 있다는 말입니까? 누가 감히 그 말씀을 손볼 수 있겠습니까? 누가 감히 하나님의 아드님에게 어떻게 설파해야 하는지를 지도해 줄 수 있겠습니까? 누가 능히 그분께서 친히 아버지로부터 받으신 그 메시지를 더 잘 전달하는 방법을 그분께 가르치겠습니까?

2. "그러므로 누구든지 이 계명들 가운데서 가장 작은 것이라도 어기는 자가 있다면", 즉 이 계명들 가운데 하나라도. "이 계명들"은 우리의 주님께서 율법, 혹은 율법과 선지자들과 동일한 것을 가리키기 위해 쓰신 용어라고 볼 수 있습니다. 선지자들은 율법에 무엇을 새로 덧붙이지 않고 단지 성령에 감동을 받아서 그 율법을 선포하고 해설하거나 강조하기만 했기 때문에, 이를 미루어 볼 때 율법과 선지자는 결국 같은 말입니다. "그러므로 누구든지 이 계명들 가운데서 가장 작은 것이라도 어기는 자가 있다면", 특히 그것을 일부러 어긴다면, 그 사람은 "모든 율법을 다 지키더라도 어느 한 부분을 어기는 것이기 때문에 모든 것에 대해 유죄 판결을 받습니다."[19] 마치 이 사람이 모든 율법을 다 어긴 것처럼 하나님의 진노가 그에게 임합니다. 따라서 아주 작은 탐욕도 허용될 수 없습니다. 단 한 개의 우상도 봐줄 수 없습니다. 다른 모든 것은 다 참았는데 단지 아주 작은 죄에 그만 넘어졌다고 하더라도 그것에 핑계 댈 수 없습니다. 하나님께서 요구하시는 것은 전적인 순종입니다. 우리는 그분의 모든 계명 하나하나에 주의해야 합니다. 만일 그렇지 못하면 우리가 이 계명을 지키기 위해서 했던 모든 노력이 헛수고로 돌아갈 것이며, 우리의 불쌍한 영혼을 영원히 잃게 될 것입니다.

---

18) 딤후 1:10
19) 약 2:10

"가장 작은 것" 혹은 이 모든 계명들 가운데 가장 작은 것: 여기에 떨쳐 버려야 할 또 하나의 핑계가 있습니다. 많은 사람이 이 핑계를 들어서 자기 자신의 영혼을 불쌍하게도 속이고 있습니다. 그러나 하나님은 속일 수 없습니다. 죄인들은 "이 죄는 아주 작은 것이 아닌가? 주님께서 이것은 좀 봐주지 않으시겠는가? 내가 율법의 더 큰 것들을 어기지 않았으니 그분께서는 분명히 이런 것까지 지키라고 극단적인 요구를 하지는 않으실 것이다."라고 말합니다. 그러나 이것은 헛된 희망사항일 뿐입니다. 우리는 사람들이 흔히 쓰는 표현대로 '이 위대한 계명', '저 보잘것없는 계명' 등과 같은 식으로 말합니다. 그러나 사실은 그렇지 않습니다. 제대로 표현하자면 작은 죄라는 것은 없습니다. 모든 죄는 거룩하고 완전한 율법을 거스르는 죄요 위대한 임금님을 대적하는 것뿐입니다.

3. "다른 이들에게도 그렇게 하라고 가르치는 자가 있다면", 어떤 의미에서 이 말은 누구든지 드러내 놓고 계명을 어기고 다른 이들에게도 똑같이 가르친다는 뜻으로 볼 수 있습니다.[20] 말로써 교훈을 전하는 것보다 본보기를 보이는 것이 더 큰 목소리를 낼 수 있기 때문입니다. 이런 의미에서 모든 술주정뱅이는 술 취함의 교사입니다.[21] 안식일을 범하는 모든 사람들은 항상 이웃에게 주님의 날을 함부로 여기라고 가르칩니다. 그러나 이것이 전부가 아닙니다. 율법을 습관적으로 범하는 사람은 여기에서 그만두는 법이 없습니다. 이 사람은 더 나아가서 말을 통해서든지 아니면 직접 자신이 본을 보임으로써 다른 사람들에게도 그렇게 하라고 가르칩니다. 특히 이 사람은 자기가 목이 굳어지면 그 목을 고치는 것을 싫어합니다. 이러한 죄인들은

---

20) Cf. 마 23:13
21) 웨슬리는 나쁜 본을 보이는 것의 폐해를 말한다. 술주정뱅이가 술에 취하는 것을 가르치는 교사가 된다는 의미는 그 술주정뱅이가 남에게 술을 가르치거나 권하는 것이 아니고 단지 자기 혼자 술에 빠져 즐기지만, 그 모습을 보고 다른 사람들이 따라 하거나, 적어도 그런 모습에 대해 둔감해지게 되어 술에 취하는 것에 대해서 문제의식을 못 느끼게 될 수 있다는 말이다. 이 술주정뱅이는 이렇게 함으로써 자기도 모르는 사이에 남들에게 나쁜 것을 가르치는 사람이 된다. 바울이 고린도교인들에게 고기를 먹는 문제와 관련하여 가르친 내용이 이와 유사한 좋은 사례가 될 것이다(고전 8:10~13).

죄악을 두둔하기 시작합니다. 이 사람은 자기가 그만두지 않겠다고 한 것에 대해서 스스로 변호합니다. 이 사람은 자신이 결코 떠나버리지 않을 그 죄악에 대해 핑계를 대고, 이로써 자기가 범하는 모든 죄를 직접적으로 가르치는 짓을 합니다.

"그는 하늘나라에서 가장 작은 자가 될 것이다." 이 말씀은 곧 하늘나라에서 그 사람의 자리는 없다는 의미입니다. 이 사람은 이 땅 위에 있는 하늘나라에 속하지 않은 사람입니다. 이 사람은 앞으로 받을 유업에서 몫을 차지하지 못합니다.[22] "성령 안에서 의와 평강과 희락"[23]의 몫을 받지 못합니다. 그렇습니다. 그 결과로서 이 사람은 앞으로 드러나게 될 영광 안에서의 어떠한 몫도 차지하지 못할 것입니다.

4. 그러나 그렇게 범할 뿐만 아니라 다른 사람에게도 "이 계명들 가운데 가장 작은 것을" 범하라고 가르치는 사람들은 "하늘나라에서 가장 작은 자라고 불리게 될" 것입니다. 이 사람들은 그리스도와 하나님의 나라에서 자신의 몫을 차지하지 못합니다. 이 사람들은 "바깥 어두운 곳에 던져져서 슬피 울며 이를 가는"[24] 한이 있더라도, 우리의 주님께서 이 말씀들에서 겨냥

---

22) "하늘나라에서 가장 작은 자가 된다."는 것에 대한 웨슬리의 해석은 의미심장하다. 이 말씀은 하늘의 상급이 '크다', '적다'라는 개념과 일맥상통하는데, 하늘의 상급을 많다거나 적다는 차별적 개념으로 이해하면, 천국 역시 이러한 차별이 존재하는 장소가 된다. 천국이 차별이 있는 곳이라면 그 안에서도 사람에 따라 좋은 자리와 덜 좋은 자리라는 차별로 인해 서러움과 눈물이 있을 것이며, 그것은 눈물이 없는 곳으로서의 천국(계 21:4)의 모습과 상반된다. 이러한 천국에서의 차별적 상급 개념은 외경문헌인 도마행전에 나오는 군다포로스왕의 형제 갓이 천국을 여행했을 때 보았던 천국의 상급에 대한 일화에서 유래한 것처럼 보인다. 그러나 이러한 개념으로 상급을 이해하면 이 땅에서 사는 동안 천국에 보화를 쌓아 두는 행위는 내세에서 '남들보다 더 좋은 자리를 차지하기 위한' 일종의 보험금 납입이나 투자와 같은 것이 된다. 이러한 세계관은 결코 성경적이거나 웨슬리안적이지 않다. 도리어 성경적이고 웨슬리안적인 이해는 누가복음 7:47에서 말한 바, "많은 죄를 용서받은 자는 많이 사랑하고 적게 용서받는 자는 적게 사랑한다."라는 것에서 찾을 수 있다. 즉, "많이 용서받기 위해서 많이 사랑하는 것"이 아니라, "많이 용서를 받았기 때문에 그에 대한 반응으로서 많이 사랑하는 것"이다. 죄의 용서(칭의)가 일방적인 하나님의 은혜임을 고백하는 웨슬리안은 또한 그 의롭다(칭의)해 주신 것을 믿음으로 받아들인 자들의 책임적인 반응, 즉 하나님 사랑과 이웃사랑을 중요하게 여긴다. 이 모든 것을 살펴보았을 때, 하늘나라에서 가장 작은 자가 된다는 것을 큰 자와 작은 자, 좋은 자리와 나쁜 자리 등과 같은 차별적 개념으로 보지 않고, 천국에 들어가지 못한다는 것으로 해석한 웨슬리의 이해는 합당하다.
23) 롬 14:17. 표준설교 7('하나님 나라로 가는 길')을 보라.
24) 마 25:30

하여 두고 하신 그 사람들이 바로 자신들로 드러나게 되는 한이 있더라도, 하나님으로부터 보내심을 받은 스승이신 분의 성품을 갖고 있으면서도, 그들은 여전히 그분의 계명을 어깁니다. 그렇습니다. 그들은 대놓고 다른 사람들에게 그렇게 하라고 가르칩니다. 이렇게 하여 삶과 교리가 모두 부패했습니다.

5. 이러한 사람들은 몇몇 부류가 있습니다. 이들의 첫 번째 부류는 의도적으로, 또한 습관적으로 죄 가운데 사는 사람들입니다.[25] 평범한 죄인들이 자신들의 사례를 갖고 가르친다면, 죄를 짓는 성직자들이 이런 식으로 끼치는 폐해는 얼마나 더 크겠습니까! 설령 그가 자신이 범한 죄에 대해서 굳이 변호나 변명을 하려고 하지 않는다 하더라도 말입니다. 만일 그가 뻔뻔하게도 그렇게 한다면 그 사람은 정말로 살인자입니다. 그렇습니다. 그는 자기 교인들을 두루 살인하는 사람입니다. 이 사람은 죽음의 군대를 불러 모읍니다. 그는 어둠의 제왕이 고르고 고른 도구입니다. 그가 갈 때에 "땅 밑의 스올이 그가 오는 것을 반겨 맞이"[26]합니다. 그는 가장 밑바닥으로 가라앉을 때에 반드시 자기 뒤에 수많은 사람을 이끌고 갑니다.

6. 두 번째 부류는 성격도 좋고 선한 성품을 가진 사람들입니다. 이들은 외적으로 드러나는 죄를 지어서 스스로를 괴롭게 하지도 않으며, 그렇다고 내적인 거룩함을 지니고 있는 것도 아닌, 그저 편안하고 해악을 끼치지 않는 삶을 사는 사람들입니다. 이들은 이렇다저렇다 말할 수 있는 삶을 살지도 않으며, 공적으로나 개인적으로도 종교적 생활을 규칙적으로 하여서 비종교적이라고도 말할 수 없지만, 그렇다고 해서 종교적인 사람이라고 할 수도 없는 사람들입니다. 그들은 자기 이웃보다 더 엄격한 태도를 지닌 체하

---

25) 표준설교 14.1.5('신생의 표적'), 표준설교 35.2.6('그리스도인의 완전')을 보라.
26) 사 14:9

지도 않습니다. 이러한 부류의 목회자는 하나님께서 주신 계명 중에서 가장 보잘것없는 한두 가지의 계명을 어기는 것이 아니라 경건의 능력과 관련한 그분의 가장 위대하고 비중 있는 모든 계명을 어기고 있으며, "나그네 삶을 사는 동안 두려운 마음으로 살아가라."[27]는 명령, "두렵고 떨림으로 우리의 구원을 이루라."[28]는 명령, "항상 허리에 띠를 띠고 등불을 켜 놓고 있으라."[29]는 명령, "좁은 문으로 들어가려고 애쓰라."[30]는 명령을 어기고 있는 것입니다. 그는 자신의 삶의 모든 모습을 통해서 사람들에게 그렇게 가르치며, 사실은 그렇지 않음에도 불구하고 자신이 그리스도인이라고 착각하는 그 달콤한 꿈속에 빠져 있는 사람들로 하여금 그 안에서 안주하도록 달래는 어조의 설교를 통해서 그렇게 가르칩니다. 그들은 자신의 사역에 의존해 있는 그 사람들을 설득해서 잠이 들어 안락에 빠져 있도록 만듭니다. 그러므로 그 사람과 그를 따르는 사람들이 모두 자다가 퍼뜩 깨어나 보니 그곳이 영원히 꺼지지 않는 불[31]이 타고 있는 곳이라고 하더라도 그리 놀랄 만한 일은 아닙니다.

7. 그러나 이들보다도 훨씬 그리스도의 복음의 원수 중의 원수인 자들이 있는데, 이들은 "율법" 그 자체를 노골적으로 "심판하고", "율법을 헐뜯는"[32] 사람들입니다. 이들은 사람들에게 율법 가운데 큰 것이든 가장 작은 것이든 상관없이 어느 한 가지뿐만 아니라 단박에 모든 계명들을 다 어기라고(루사이 - *lusai*; 어떤 의무로 부과된 것을 *해체하거나 느슨하게 하거나 풀어버리는 것*) 가르칩니다. 이들은 아무런 거리낌도 없이 아래와 같이 이런저런 말들을 마구 늘어놓습니다. "우리 주님께서 율법과 무슨 상관이란 말인가? 그

---

27) 벧전 1:17
28) 빌 2:12
29) 눅 12:35
30) 마 7:13
31) 막 9:43
32) 약 4:11

분께서는 그것을 폐지하셨다. 남은 것은 오직 한 가지 의무사항, 즉 믿기만 하면 되는 것이다. 모든 계명들은 우리 시대와는 더 이상 어울리지 않는다. 우리는 율법이 요구하는 것 가운데 어느 한 가지로부터 한 발짝이라도 더 나아갈 의무도 없고, 조금이라도 그 요구대로 그냥 따라갈 의무도, 작은 것이라도 감내하거나 소홀히 할 의무도 없다." 이러한 것은 이 문제를 매우 고압적인 태도로 대하는 것입니다. 이것은 우리 주님을 정면으로 저항하는 태도이며, 하나님께 메시지를 전하라고 보내심을 받았음에도 불구하고, 주님께서 그것을 어떻게 전해야 하는지 제대로 이해하지 못했다고 말하는 것과 같습니다. 오, 주님, 이 죄를 저들에게 돌리지 마소서. 아버지여, 저들을 용서하소서. 저들은 자신들이 무엇을 하는지 알지 못합니다!³³⁾

8. 이러한 강한 망상들을 조장하는 모든 상황들 중에서 가장 기가 막힌 노릇은 율법을 폐하는 이 사람들이 정작 그렇게 율법을 내동댕이침으로써 그리스도를 영화롭게 해 드린다고, 그분의 사업을 확장시켜드리고 있다고 믿는다는 사실입니다. 그러나 그들은 정작 그분의 교훈을 파괴하고 있습니다! 그렇습니다. 그들은 가룟 유다가 "선생님, 안녕하십니까?"라고 말하면서 입을 맞추던 방식대로³⁴⁾ 그분을 영화롭게 합니다. 그분께서는 그런 사람들에게 똑같이 대답해 주실 것입니다. "네가 입맞춤으로 인자를 배반하느냐?"³⁵⁾ 그러한 행위는 입맞춤으로 그분을 배반하는 것과 다름없으며, 그분의 보혈을 말하면서 그분에게서 왕관을 빼앗아 가는 것과 다름없습니다. 그런 행위는 그분의 복음을 확장하는 척하면서 그분의 율법의 한 부분을 불태워버리는 것과 다름없습니다. 직접적으로나 간접적으로든 그러한 방식으로 신앙을 가르치면서, 계명을 순종하는 데 소홀한 사람은 이러한 혐의로부터 벗어날 수 없습니다. 하나님께서 내리신 가장 작은 계명이라도 그것을 폐

---

33) 눅 23:34; 행 7:60
34) 마 26:49
35) 눅 22:48

하거나 약화시키면서 그리스도를 전파하는 자는 여하튼 그런 혐의에서 벗어나지 못할 것입니다.

9. 그러므로 "하나님이 택하신 자들의 믿음"[36]을 너무 높여 주어서는 안 됩니다. 우리는 모두 "행함이 아닌 믿음을 통하여 은혜로 너희가 구원을 받았으니, 이는 아무도 자랑하지 못하게 하려 함이라."[37]는 말씀을 선포해야 합니다. 우리는 모든 죄인들에게 "믿으시오, 그리하면 구원을 받을 것이오."라고 외쳐야 합니다. 그러나 이와 동시에 우리는 그들에게 사랑으로 역사하는 믿음일 때(갈 5:6), 비로소 우리가 그 믿음을 귀히 여긴다는 점을 분명히 알려 주어야 합니다. 죄책감뿐만 아니라 죄의 권세로부터 우리가 건짐을 받지 않는다면 우리가 믿음으로 구원을 얻는 것이 아니라는 것을 알려 주어야 합니다. 따라서 우리가 "믿으시오, 그리하면 구원을 받을 것이오."라고 말한다고 해서, 이것이 "믿으시오. 그리하면 그대는 죄에서 벗어나서 하늘로 가는 그 도중에 있는 어떠한 거룩함의 단계 없이도 곧바로 천국에 가게 될 것입니다. 믿음이 거룩하게 되는 것을 대체하니까 말입니다."라는 것을 뜻하지는 않습니다. 도리어 우리는 "믿으시오. 그러면 그대는 거룩하게 될 것입니다."라고 말하는 것입니다. "예수 그리스도를 믿으시오. 그러면 그대는 평화와 능력을 함께 받게 될 것입니다. 그리고 그대는 그대가 믿는 그분에게서 능력을 받아서 그대의 발로 죄를 짓밟게 될 것이며, 그대의 온 마음으로 주님이신 그대의 하나님을 사랑할 수 있는 능력을 받게 될 것입니다."라고 말하는 것입니다. 또한 우리는 그대가 "인내로써 꾸준히 선을 행하고, 영광과 존귀와 썩지 아니함을 구하는"[38] 능력을 갖게 될 것이라고 말하는 것입니다. 그대가 가장 작은 것에서부터 가장 큰 것에 이르기까지 하나님의 모든 계명을 행하고 가르칠 것이라고 말하는 것입니다. 그대가 그대의 말뿐

---

36) 딛 1:1
37) 엡 2:8~9
38) 롬 2:7

만 아니라 삶을 통해서 그들에게 가르침을 주고, 그리하여서 "하늘나라에서 가장 큰 자라고 불리게 될"[39] 것이라 말하는 것입니다.

IV

1. 이 외에 우리가 하늘나라로 가는 길이나 영광과 존귀와 썩지 아니할 것으로[40] 가는 그 어떤 길이라도 가르친다면, 설령 그것이 믿음의 길이라는 이름이나 그 외에 다른 어떤 이름으로 불린다 하더라도 사실 그것은 파멸로 가는 길일 뿐입니다. 이것은 결국 사람들에게 평화를 가져다주지 못할 것입니다. 그래서 주님께서 "진실로 네게 이르노니, 너희의 의가 율법학자와 바리새인들의 의보다 낫지 않으면 결단코 하늘나라에 들어갈 수 없다."[41]고 말씀하신 것입니다.

신약성서에서 우리 주님을 끊임없이 거세게 대적하는 자들로 자주 언급되는 율법학자/서기관들은 우리가 흔히 서기관이라는 단어에 대해 갖는 이미지, 즉 비서라든지 글을 작성하는 일을 하는 사람을 가리키지 않습니다. 이들을 가리키는 단어인 '노미코이'(nomikoi)는 성경에서 율법학자라고 번역은 했지만, 이것이 일반적으로 이 단어에 대해 우리가 생각하듯이 법률가를 가리키는 것도 아닙니다. 율법학자/서기관은 오늘날 우리 주변에 있는 법률가와는 전혀 거리가 먼 직업입니다. 이들은 사람들의 법률이 아니라, 하나님의 율법에 정통한 사람들입니다. 이들은 하나님의 율법을 연구합니다. 율법과 예언서를 읽고 연구하는 것이 – 특히 회당에서 – 이들이 하는 일입니다. 그들은 유대인들 사이에서 일반적으로 공인된 설교자들이었습니다. 그래서 이러한 원어적인 의미를 고찰해 볼 때 이들을 성직자라고 보는 것이 낫겠습니다. 왜냐하면 이들은 성직을 수행하는 자들로서, 일반적으로

---

39) 마 5:19
40) 롬 2:7
41) 마 5:20

학식을 갖춘(이 직업의 이름 자체의 문자적 의미가 보여 주듯이) 사람들이었기 때문이며, 유대 나라에서 당시에 교육에 가장 큰 책임을 진 사람들이었기 때문입니다.

2. 바리새인들은 유대인들 사이에서 아주 오래된 종파, 혹은 사람들의 모임이었습니다. 이들은 원래 히브리어로 페루쉼이라고 불렸는데, 이 말은 *분리하다*, 혹은 *나누다*라는 뜻을 갖고 있습니다. 이들을 이렇게 부르는 것은 이들이 교회에서 공식적으로 분리하거나 나뉘어져 있어서 그런 것이 아닙니다. 이들은 삶에 있어서 매우 엄격했고, 말을 할 때도 매우 신중했기 때문에 다른 사람들과 구별되어서 그렇게 불린 것입니다.

이들은 박하와 회향과 근채의 십일조까지 드릴 정도로[42] 율법의 매우 세세한 부분까지 아주 열성적인 모습을 보였습니다. 그래서 그들은 모든 백성들로부터 존경받았고 일반적으로 가장 거룩한 사람들이라고 칭찬받았습니다.[43]

대다수의 율법학자들은 바리새파의 일원이었습니다. 그래서 성 바울 자신도 율법학자가 되기 위해 다소에 있는 학당에서 교육을 받았고, 후에는 예루살렘에서 가말리엘의 문하생으로 교육받았습니다. 가말리엘은 그 당시 전국에서 가장 학식이 높은 율법학자요 율법박사였습니다. 성 바울은 의회 앞에서 "나는 바리새인이요, 바리새인의 아들입니다."(행 23:6)라고 말했고, 아그립바 왕 앞에서는 "우리 종교의 가장 엄한 파를 따라 바리새인의 생활을 했다."(행 26:5)고 말했습니다. 율법학자들은 일반적으로 바리새인들과 더불어 존경받았고 그들과 함께 행동했습니다. 그래서는 우리 구세주께서 어떤 문제를 다루실 때에 자주 이 두 집단의 사람들을 같은 부류로 함께 묶어 놓으셨던 것입니다. 여기에서 이들은 그들의 종교에서 가장 뛰어난 전문가들로 함께 언급되고 있는 것처럼 보입니다. 율법학자는 가장 똑똑한

---

42) 마 23:23
43) 요세푸스, 『유대고대사』(18.1.3)

사람들이고 바리새인들은 가장 거룩한 사람들입니다.

　3. "율법학자와 바리새인들의 의"라는 것이 무엇을 뜻하는지는 사실 별
로 어렵지 않습니다. 우리 주님께서는 이에 대해서 권위 있는 이야기를 해
주셨는데, 바로 이 사람들 가운데 한 사람이 자기 자신에 대해서 말하는 이
야기였습니다. 이 사람은 자기 자신이 얼마나 의로운지에 대해서 분명하고
도 충분히 묘사하고 있습니다. 그래서 어느 하나라도 빼먹지 않은 것 같습
니다. 어느 날 이 사람은 "기도하러 성전에" 올라갔습니다. 그런데 이 사람
은 자기 자신의 덕망에 대해서 너무나도 골몰한 나머지 자기가 왜 거기에
왔는지 그 이유를 깜빡 잊었던 것입니다. 눈여겨볼 것은, 그 사람이 하는 기
도가 전혀 합당하지 않다는 점입니다. 이 사람은 하나님에게 자기 자신이
얼마나 똑똑하고 선한지 말하고 있습니다. "하나님이여, 나는 다른 사람들
곧 토색, 불의, 간음을 하는 자들과 같지 아니하고 이 세리와도 같지 아니
함을 감사하나이다. 나는 이레에 두 번씩 금식하고 또 소득의 십일조를 드
리나이다."[44] 이 사람의 의는 세 부분으로 살펴볼 수 있습니다. 첫 번째는
그는 "나는 다른 사람들 곧 토색, 불의, 간음을 하는 자들과 같지 아니하고
이 세리와도 같지 않다."는 것이고, 두 번째는 "일주일에 두 번씩 금식한다."
는 것이며, 세 번째는 "내 소득의 십일조를 드린다."는 것입니다.
　"나는 다른 사람들과 같지 않다." 이 말은 전혀 무시하지 못할 말입니다.
이렇게 말할 수 있는 사람은 그리 많지 않을 것입니다. 이 사람은 마치 다음
과 같이 말하는 것 같습니다. "나는 굳이 대세나 관습에 휩쓸리지 않는다.
나는 관습에 따라 살지 않고 이성에 따라 산다. 나는 사람들의 모습을 보고
따라가지 않고 오직 하나님의 말씀에 따라 산다. 나는 남의 것을 강탈하는
(여기에서 강탈이라는 것은 특히 법적인 불의함의 일종으로서, 인간의 법률로는 처
벌할 수 없는 것이지만, 다른 사람이 무지한 것이나 그들의 아쉬운 처지를 악용해

---

44) 눅 18:11~12

서 이익을 취하여 그것을 자기 땅 구석구석에 다 채워 넣는 것을 의미합니다.)[45] 사람도 아니고, 불의한 자도 아니며, 간음하는 사람도 아니다. 이러한 죄악들은 흔히 저질러지는 것들이고, 심지어 하나님의 백성이라는 사람들 가운데서도 이런 죄악들이 자행되지만, 나는 그렇지 않다. 나는 이 세리와 같지 않고, 어떠한 뻔뻔하고도 파렴치한 죄를 저지르지도 않았다. 나는 외적으로 볼 때 죄인이 아니다. 나는 공정하고 정직하며, 나의 말과 삶에 있어서도 흠이 없는 사람이다."

4. "나는 일주일에 두 번 금식한다."[46] 이 말에는 우리가 첫 느낌으로 생각할 수 있는 것 이상의 것이 담겨 있습니다. 모든 독실한 바리새인들은 매주 월요일과 목요일에 금식합니다. 그들은 모세가 월요일에 하나님께서 손가락으로 두 돌판에 새겨서 주신 율법을[47] 받은 것을(그들이 전통에서 배운 것처럼) 기념하여서 월요일에 금식합니다. 그들이 목요일에 금식하는 것은 이스라엘 백성들이 황금 송아지 주위를 돌면서 춤추는 것을 본 모세가 그 돌 판을 던져버린 것을 기념하여 그렇게 하는 것입니다.[48] 그들은 그날에는 오후 세 시가 될 때까지 아무것도 먹지 않습니다. 그 시간이 될 때까지 성전 안이나 모퉁이, 성전의 한쪽 내실이나 뜰에 머무는 것이 그들의 관습이었습니다. 그들은 이렇게 함으로써 희생제사를 돕거나 모든 회중 기도회에 참여할 수 있도록 준비했던 것입니다. 그들은 그런 준비하는 시간 동안 개인적으로 하나님께 기도드리거나 성경을 상고하기도 하며, 혹은 율법과 예언서를 읽고 묵상하기도 했습니다. 따라서 "나는 일주일에 두 번 금식한다."라는 말, 즉 바리새인들의 의에 관한 두 번째 항목에는 단순히 금식하는 행동 이상의 것들이 포함되어 있습니다.

---

45) 다음 7번 단락을 보라.
46) 눅 18:12
47) 신 9:10
48) 출 32:19

5. "나는 내가 가진 모든 것의 십일조를 드린다."[49] 바리새인들은 이 십일조를 매우 정확하게 드렸습니다. 그들은 아무것도 아니라고 생각되는 것조차도 예외 없이 십일조를 드렸던 것입니다. 박하와 회향과 근채 같이 보잘것없는 것도 예외가 아니었습니다. 그들은 자신들이 생각하기에 하나님께 속한 것이라고 판단되는 것은 가장 작은 부분이라도 자기 몫으로 챙겨 두지 않았습니다. 그들은 그 해의 모든 재물 가운데 십 분의 일을 온전하게 하나님께 바쳤고, 그 재물을 통해 증가된 모든 이익 부분에 대해서도 그것이 무엇이든 상관없이 모두 십일조를 드렸습니다.

그렇습니다. 엄격한 바리새인들은(고대 유대 문헌에 언급되는 사람들이 종종 전했듯이) 하나님의 제사장들이나 레위인들을 위해 하나님께 자신들의 재물 가운데 십일조를 드리는 것으로 만족하지 않고 또 다른 십일조를 가난한 사람들을 위해 하나님께 드렸으며, 그것도 일회성으로 그치지 않고 계속해서 드렸던 것입니다. 그들은 으레 십일조를 드렸던 것만큼 구제를 위해서도 똑같이 또 다른 십일조를 드렸습니다. 그것도 역시 아주 정확하게 드렸습니다. 그들은 또 다른 그 십일조도 하나님의 것이라 여겼기에 그것을 하나님의 것으로 분별하여서 절대로 자기 몫으로 따로 챙겨 두지 않았습니다. 결국 그들은 해마다 자기들의 전 재산 가운데 오분의 일을 온전하게 드렸던 것입니다.

6. 이것이 "율법학자들과 바리새인들의 의"입니다. 이들의 의는 여러모로 볼 때 일반적으로 사람들이 생각하는 의라는 개념보다 훨씬 더 앞서 나간 것이었습니다. 하지만 어떤 이들은 이렇게 말할지도 모르겠습니다. "그것은 모두 잘못되고 거짓된 것이다. 왜냐하면 그들은 어쨌든 위선자 집단에 해당하는 사람이기 때문이다." 물론 그들 중에 어떤 이들은 의심할 여지없이 그러합니다. 종교심이라고는 전혀 없고, 하나님을 두려워하지도 않으며, 그분

---

49) 눅 18:12

을 기쁘시게 해 드리려고 하지도 않는 사람들이 있습니다. 그리고 우리 주님께서는 여러 차례의 계기를 통하여 이들을 심하게 정죄하고 신랄하게 꾸짖으셨습니다. 그러나 우리는 많은 바리새인들이 위선자들이기 때문에 모두가 다 그럴 것이라고 생각해서는 안 됩니다. 위선이라는 것이 바리새인들의 주된 성향이라고 생각해서는 절대로 안 됩니다. 바리새인들을 다른 종파들과 구분시켜 주는 것이 위선이 아닙니다. 오히려 우리 주님께서 말씀하신 표현대로 "그들은 자신들이 의롭다고 믿으면서 다른 사람들을 무시한다."는 것이 바로 그들을 다른 종파들과 구분 지어 주는 특징이라 할 수 있습니다. 바로 이것이 그들의 고유한 특징입니다. 그러나 이러한 부류의 바리새인들이 위선자는 아닙니다. 도리어 이 사람은 상식적으로 보건대 신실한 사람입니다. 그렇지 않고서야 자기 자신에 대해서 "나는 의로운 사람이라고 장담"[50]하지 못하겠지요. 하나님에게 자기 자신이 제일이라고 내세우는 사람은 의심할 여지없이 자기 자신을 의롭다고 생각합니다. 따라서 그 사람은 위선자가 아닙니다. 그는 자기 자신이 신실하지 못하다고 절대 생각하지 않습니다. 그는 그저 자기 자신이 생각하는 것, 즉 자기가 다른 사람들보다 훨씬 더 훌륭하다는 것을 하나님께 말씀드리고 있는 것일 뿐입니다.

그러나 달리 더 볼 것도 없이, 성 바울의 예는 이들이 위선자는 아니라는 것을 말해 주기에 충분합니다. 그는 자신이 그리스도인이었을 때에 "나도 언제나 하나님과 사람들 앞에서 거리낌 없는 양심을 가지려고 힘쓰고 있다."(행 24:16)고 말했을 뿐만 아니라, 그가 바리새인이었을 때에도 "형제 여러분, 나는 이날까지 하나님 앞에서 오로지 바른 양심을 갖고 살아왔습니다."(행 23:1)라고 말할 수 있었습니다. 즉, 그는 그리스도인일 때뿐만 아니라 자신이 바리새인이었을 때에도 신실한 사람이었습니다. 그가 한때 박해하던 신앙을 전파할 때와 마찬가지로 교회를 박해했을 때에도 결코 위선적인 사람이 아니었습니다. 그렇다면 우리는 "율법학자와 바리새인들의 의"라는

---

50) 눅 18:9

말 가운데 그들이 "하나님을 섬기는" 모든 일들 가운데 의로웠다고 하는 진솔한 믿음도 포함시켜야 합니다.

7. 우리 주님께서는 "너희의 의가 율법학자와 바리새인들의 의보다 낫지 않다면 절대로 하늘나라에 들어갈 수 없다."고 말씀하십니다. 이것은 엄숙하고도 비중 있는 선포로서, 그리스도의 이름으로 부르심을 받은 모든 사람이 마땅히 진지하고도 깊이 생각해야 하는 것입니다. 그러나 어떻게 우리의 의가 그들의 의보다 나을 수 있는지 살펴보기 전에 먼저 지금 우리가 그렇게 살고 있는지 점검해 봅시다.

첫 번째로, 바리새인들은 "다른 사람들과 다른" 사람들이었습니다. 외적으로는 그는 남달리 선했습니다. 우리도 과연 그러합니까? 우리도 남다른 사람이라고 자신할 수 있습니까? 우리는 행여 흘러가는 물결에 따라 함께 흘러가고 있지는 않습니까? 우리는 유별난 사람처럼 보이지 않으려고 종종 신앙과 이성을 배제하지는 않습니까? 우리는 종종 구원의 길에서 벗어나는 것보다 유행에서 벗어나는 것을 더 두려워하고 있지는 않습니까?[51] 우리는 시대의 조류를 거슬러 오를, 세상에 거슬러 달려갈 용기를 갖고 있습니까? "사람보다는 하나님께 순종하는"[52] 용기를 갖고 있습니까? 그렇지 않다면 바리새인들은 아예 첫걸음부터 우리보다 훨씬 앞서 있는 사람들입니다. 만일 우리가 그들을 따라잡을 수만 있다면 그나마 잘하는 일일 것입니다.

조금 더 자세히 들여다봅시다. 이 바리새인은 기도할 때 하나님께 아뢰던 첫 번째 탄원, 즉 풀어 말하자면, "나는 해를 끼치지도 않고, 외적으로도 아무런 죄를 짓지도 않습니다. 나는 내 양심이 정죄하는 어떠한 것도 행하지 않습니다."라고 말하는데, 우리도 이 사람처럼 말할 수 있습니까? 그대는 그렇게 말하지 못합니까? 여러분은 이 사람처럼 확신할 수 있습니까? 여러

---

51) 표준설교 26.2.5~8('산상수훈 강해 11')을 보라.
52) 행 5:29

분은 여러분의 양심이 여러분을 정죄하는 일은 절대로 하지 않습니까? 여러분이 말로나 행동으로 간음하는 사람이 아니고 행실이 나쁜 사람도 아니라고 한다면, 행여 불공정한 사람은 아닙니까? 공정과 자비의 위대한 척도는 "네가 하기 싫은 것을 남에게 시키지 말라."[53]는 것입니다. 그렇다면 여러분은 이 척도에 따라 걷고 있습니까? 여러분은 행여 다른 사람이 내게 시키려고 한다면 발끈하게 되는 것들을 여러분 자신도 다른 사람들에게 절대로 시키지 않습니까? 여러분은 전체적으로 볼 때 불공정하지는 않습니까? 여러분은 다른 사람에게 강요하는 사람은 아닙니까? 여러분은 혹시 남의 것을 착취하고 있지는 않습니까? 혹시 여러분은 다른 사람의 무지를 이용해서, 혹은 다른 사람의 절박한 형편을 이용해서 물건을 사거나 파는 데 이득을 취하고 있지는 않습니까? 만일 여러분이 장사를 한다면, 혹시 여러분은 당신이 파는 물건의 실제 가치보다 더 많이 부풀려서 요구하거나 더 많이 돈을 받고 있지는 않습니까? 혹시 여러분은 어린아이나 상거래에 아직 익숙하지 않은 사람들이 잘 알지 못하는 것을 이용해서 그들에게서 더 많은 것을 요구하거나 더 받아내고 있지는 않습니까? 만일 그렇다면 어찌 여러분의 양심이 여러분을 정죄하지 않겠습니까? 만일 그렇다면 여러분은 뻔뻔스러운 착취자입니다. 어떤 사람이 급히, 지금 당장 꼭 필요한 물건을 당신이 갖고 있다고 합시다. 그때 여러분은 그 사람에게 정상 가격 이상을 받지는 않았습니까? 만일 여러분이 정상 가격 이상을 받아 낸다면 여러분은 정말로 착취하는 것입니다. 그렇다면 참으로 여러분은 바리새인의 의에 미치지 못한 것입니다.

8. 두 번째로, 바리새인은 (우리가 흔히 사용하는 방식으로 그의 생각을 표현하자면) 모든 은혜의 수단(means of grace)을 사용합니다. 그는 일주일에 두 번 금식하는 것만큼 모든 희생제사에 참석했습니다. 그는 항상 공적인

---

53) Cf. 마 7:12

기도나 사적인 기도를 했고, 성경 말씀을 읽고 들었습니다. 여러분도 그만큼 하고 있습니까? 여러분도 이 사람만큼 일주일에 두 번씩 금식합니까? 저는 걱정하지 않습니다! 적어도 한 번, "일 년 내내 모든 금요일에"는 하십니까? (우리 교회에서는 분명히, 그리고 단호하게 모든 교인들에게 그렇게 하도록 합니다. 또한 우리에게 이것들을 다 준수하고 철야를 하고 사순절도 지켜 금식과 절제하도록 하고 있습니다.) 여러분은 일 년에 두 번은 금식하십니까? 유감스럽게도 우리 가운데 어떤 사람들은 이것조차도 하지 않습니다! 여러분은 그리스도인의 희생제사에 참여하는 모든 기회를 소중하게 여기고 있습니까? 스스로를 가리켜 그리스도인이라고 부르면서 그것과는 전혀 상관없이 지내는 이가 얼마나 많습니까? 그러면서도 몇 달이 되도록, 아니 몇 년이 되도록 그 떡을 떼지도 않고 그 잔을 마시지도 않는 이가 모두 얼마나 됩니까? 여러분은 매일 성경 말씀을 듣거나 읽고 그것을 묵상하십니까? 여러분은 기회가 닿는 대로 모두 모여서 기도회를 하는 데 참여하십니까? 만일 그렇지 못하다면, 여러분이 그렇게 할 수 있는 때에, 특히 "그 날을 기억하여 거룩하게 지키라"[54]라고 한 그날에는 그렇게 하십니까? 여러분은 어찌해서든 "기회를 만들려고" 애쓰고 있습니까? 여러분은 사람들이 여러분에게 "우리는 주님의 집에 갑니다."라고 말할 때에 기뻐합니까? 여러분은 열심을 내어 부지런히 개인 기도에 힘쓰고 있습니까? 하루라도 그것을 거르지 않으려고 애쓰고 있습니까? 도리어 여러분 가운데 행여 거기에서 (바리새인과 함께) 하루 가운데 몇 시간만 보내고서도 더도 말고 딱 한 시간만으로도 족하다. 더 이상 못하겠다고 생각하는 사람은 있지 않습니까? 여러분은 하루에 한 시간, 아니 일주일에 한 시간이라도 은밀한 가운데 계시는 여러분의 아버지께 기도하는 시간을 갖고 있습니까? 그러면 한 달에 한 시간은 어떻습니까? 혹시 태어난 이래로 기도했던 모든 시간을 다 합쳐 보면 한 시간 정도는 되십니까? 아, 불쌍한 그리스도인이여! 심판 날에 바리새인이 일어나 그대를 정죄

---

54) 출 20:8

하지 않겠습니까? 마치 하늘이 땅에서 먼 것처럼 그의 의로움이 여러분의 의보다 훨씬 뛰어납니다!

9. 세 번째로, 바리새인은 자신이 가진 모든 것의 십일조를 바치고 구제 헌금을 드렸습니다. 그것도 매우 넉넉하게 말입니다! 그래서 그는 (풀어서 말하자면) "선을 충분히 행했던 사람"이었습니다. 이 점에 있어서 우리는 그를 따라잡고 있습니까? 우리 가운데 누가 이 사람처럼 넘치도록 선을 행하고 있습니까? 우리 가운데 과연 누가 자신의 모든 재산의 오 분의 일을 하나님께 드리고 있습니까? 그것도 원금에 대한 것뿐만 아니라 원금으로 얻어진 이익에 대해서까지 말입니다. 우리 가운데 누가 과연 일 년에 백 파운드 가운데 이십 파운드를 하나님과 가난한 사람들에게 내놓습니까? 누가 오십 파운드 가운데 십 파운드를 내놓습니까? 그 몫이 많든지 적든지 상관없이 누가 그렇게 합니까? 도대체 언제나 우리의 의는 모든 은혜의 수단을 사용하는 데 있어서, 하나님의 모든 규례를 준수함에 있어서, 모든 악을 피하고 선을 행함에 있어서 적어도 율법학자와 바리새인들의 의만큼이라도 따라갈 수 있겠습니까?

10. 설령 그들만큼만 의롭다 한들 무슨 유익이 있겠습니까? "내가 진실로 너희에게 이르노니 너희 의가 율법학자와 바리새인들의 의보다 더 뛰어나지 않다면 결단코 천국에 들어가지 못한다." 그런데 어떻게 그들의 의보다 더 뛰어날 수 있을까요? 어떠한 면에서 그리스도인들의 의가 율법학자나 바리새인들의 의보다 더 뛰어날 수 있을까요? 첫째로, 그리스도인들의 의는 그 범위에 있어서 그들의 의보다 뛰어납니다. 대부분의 바리새인들은 비록 많은 것들에 있어서 매우 열정적으로 정확한 사람들이었지만, 그들은 장로들의 전통에 너무 비중을 두는 바람에, 그것보다 더 중요한 다른 것들을 소홀히 했던 것입니다. 따라서 그들은 네 번째 계명을 매우 세세하게 준수했

습니다. 즉, 그들은 안식일에는 곡식의 이삭을 훑는 행동조차 하지 않았습니다. 그러면서도 그들은 세 번째 계명을 준수하는 것, 즉 가벼운 맹세나 심지어는 거짓 맹세를 하는 것에 대해서는 그다지 개의치 않았습니다. 따라서 그들의 의는 부분적인 것이었습니다. 반면에 그리스도인들의 의는 전반적입니다. 그리스도인은 하나님의 율법 가운데서 한 가지만 엄수하거나 일부분만 지키고 나머지는 무시하는 행동을 하지 않습니다. 그는 그분의 모든 계명을 지키고, 모든 계명을 사랑하며 그것들을 금이나 보화보다 더 귀한 것으로 여깁니다.

11. 물론, 일부 율법학자나 바리새인들도 모든 계명을 다 지키려 했을 수도 있습니다. 그 결과로 율법의 의에 관하여서는, 즉 율법의 문자적인 것에 있어서는 흠이 없었을 수도 있습니다. 그렇지만 그리스도인의 의는 율법학자와 바리새인의 모든 의보다 뛰어납니다. 왜냐하면 그리스도인의 의는 율법의 문자적인 것뿐만 아니라 율법의 정신(spirit)까지도 충족시키고 있기 때문입니다. 그리스도인의 의는 외적인 순종뿐만 아니라 내적인 순종까지 함으로써 그들의 의보다 뛰어납니다. 따라서 이 점에 있어서는, 즉 그 율법의 정신(spirituality)에[55] 있어서는 그리스도인의 의에 감히 비교할 대상이 없습니다. 이것이 바로 우리 주님께서 이 모든 강해 말씀에서 크게 강조하셨던 부분입니다. 그들의 의는 그저 외적인 것이었습니다. 그러나 그리스도인의 의는 사람의 내면에 있는 것입니다. 바리새인들은 "잔과 쟁반의 겉만 깨끗하게"[56] 했습니다. 그러나 그리스도인은 안쪽도 깨끗하게 합니다. 바리새인들은 하나님께 선한 삶을 내어 놓기 위해 노력했습니다. 그러나 그리스도인은 거룩한 마음을 내어놓으려 애씁니다. 사람들은 죄의 잎사귀, 혹은

---

55) 영성이라는 개념은 현대적 개념이며 웨슬리 당시의 개념이 아니므로 spirituality를 영성이라고 번역하는 것은 적절하지 않다. 또한 문맥에 있어서도 spirituality는 영성이 아니라 정신 또는 근본 취지 등의 개념으로 이해해야 한다.
56) 막 7:4

열매를 떨어뜨리려 합니다. 그러나 그리스도인은 만일 자신의 삶이 성령과 하나님의 구원의 능력을 자기 영혼의 가장 깊숙한 곳에서 느끼지 못한다면, 자신이 아무리 엄격하게 경건의 외적 모양을 보인다 하더라도 그것에 만족하지 못하고 "뿌리에 도끼를 놓습니다."[57]

따라서 어떠한 해를 끼치지 않는다거나 선을 행한다거나 하나님의 계명을 준수한다거나 하는 것은 (이것이 바리새인들의 의입니다.) 모두 외적인 것입니다. 반면에, 심령의 가난, 애통함, 온유함, 의에 주리고 목마름, 이웃을 사랑함, 그리고 마음의 청결함 (이것은 그리스도인의 의입니다.) 같은 것들은 모두 내적인 것입니다. 평화를 일구는 행위(혹은 선을 행하는 일)나 의를 위해 고난을 받는 행동조차도 이러한 내면적인 성품들을 포함하고 있을 때, 그러한 내면적인 것에서 우러나오고 실천될 때, 그리고 그러한 내면적인 것에 의해 확인될 때에야 비로소 그 덕목에 연결된 축복을 받을 수 있습니다. 따라서 율법학자들과 바리새인들의 의가 외적인 것일 따름인 반면에 그리스도인의 의는 어떤 면에서는 오로지 내적인 것이라고도 말할 수 있습니다. 그리스도인이 하는 모든 행위나 그가 받는 모든 고난은 그 자체로는 아무것도 아닙니다. 왜냐하면 하나님 앞에 섰을 때에 그것들은 그러한 행위가 어디에서 비롯된 것이었는지 평가받게 될 것이기 때문입니다.

12. 그러므로 여러분이 어떤 사람이 되었든, 즉 그리스도인이라는 거룩하고 존경할 만한 이름표를 갖고 있든지 상관없이, 여러분은 첫 번째로, 자신의 의가 율법학자와 바리새인들의 의에 비해 뒤처지지 않는지 살펴보십시오. 여러분은 "다른 사람들처럼 되지" 마십시오! 과감하게 홀로 꿋꿋이 서서 "다른 이들의 본을 따르지 말고, 혼자라도 선한 자가" 되십시오. 만일 여러분이 "다수를 따라가"면 그것은 "악을 행하는" 일입니다.[58] 세상의 풍속

---

57) 마 3:10; 눅 3:9
58) 표준설교 26.3.4('산상수훈 강해 11')를 보라.

과 유행을 따라가지 말고 이성과 신앙이 여러분을 인도하게 하십시오. 다른 이들이 행하는 것은 여러분의 것이 아닙니다. "모든 사람은 각자 자기 일을 하나님께 해명해야 할 것입니다."[59] 따라서 만일 여러분이 다른 사람의 영혼을 구할 수 있다면 그리하십시오. 그러나 적어도 한 영혼, 즉 여러분 자신의 영혼은 꼭 구하도록 하십시오. 사망의 길로 걸어가지 마십시오. 왜냐하면 그 길은 넓어서 많은 사람이 거기로 가기 때문입니다. 그렇습니다. 여러분은 바로 아래 질문들을 통해 쉽게 알 수 있을 것입니다. 즉, 여러분이 지금 걷고 있는 길이 넓고 사람들이 자주 다니는 멋진 길입니까? 그렇다면 그길은 반드시 여러분을 파멸로 이끌 것입니다. 오, 여러분은 "많은 군중을 따라가 저주를 받지" 마십시오! 악의 길에서 멈추어 서십시오. 독사를 보고 피하듯이 죄로부터 날아가듯이 서둘러 피해 가십시오! 적어도 해악을 끼치지 마십시오. "죄를 범하는 자는 악마 가운데 하나입니다."[60] 그들 가운데 한 사람이 되지 마십시오. 외적인 죄악들에 관하여는 분명히 하나님의 은혜가 지금도 여러분에게 족합니다. 적어도 "하나님과 사람에 대하여 항상 양심에 거리낌이 없기를 힘쓰도록"[61] 하십시오.

두 번째로, 하나님의 계명과 관련하여 여러분의 의가 그들의 의보다 부족함이 없도록 하십시오. 여러분이 체력이 부족하여 일주일에 두 번 금식할 수 없거든, 여러분 자신의 영혼을 돌보는 일에 주의를 기울이고 여러분의 힘이 닿는 대로 가능한 자주 금식하도록 하십시오. 공공기도나 개인기도를 통해 여러분의 영혼을 쏟아 놓을 기회를 소홀히 하지 않도록 하십시오. 그리스도의 몸과 피를 나누는 성만찬의 떡과 포도주를 먹고 마시는 것을 소홀히 하지 마십시오. 성경 말씀을 부지런히 상고하십시오. 할 수 있는 최대한 말씀을 읽고 밤낮 그 말씀을 묵상하도록 하십시오. "하나님의 비밀

---

59) 롬 14:12
60) 요일 3:8
61) 행 24:16

을 맡은 자들",⁶²⁾ "그리스도의 대사들"이 선포하는 "화해의 말씀"을⁶³⁾ 기회가 닿는 대로 즐겨 받아들이십시오.⁶⁴⁾ 모든 은혜의 수단을 사용하면서, 꾸준하고도 조심스럽게 하나님의 모든 계명들을 준수하는 가운데 "율법학자들과 바리새인들의 의"만큼 이르도록 (여러분이 그 이상 할 수 없다면 적어도 이만큼만이라도) 하십시오.

세 번째로, 선을 행함에 있어서 바리새인들에 뒤처지지 않도록 하십시오. 여러분이 가진 모든 것 가운데서 구제하십시오. 배고픈 자가 있습니까? 그에게 먹을 것을 주십시오. 목마른 자가 있습니까? 그에게 마실 것을 주십시오. 헐벗었습니까? 그에게 입을 옷을 주십시오.⁶⁵⁾ 여러분이 이 세상의 물건들을 갖고 있다면 여러분이 남에게 호의를 베푸는 것에 인색하게 굴지 마십시오. 여러분이 갖고 있는 최대한의 능력으로 남에게 자비를 베푸십시오. 왜 이 바리새인만큼 못합니까? 아직 시간이 있을 때 "불의의 재물로 친구를 사귀십시오."⁶⁶⁾ 그리하여 그대가 실패했을 때, 이 세상의 장막이 사라질 때에 "그들이 여러분을 영원한 처소로 맞아들이도록" 하십시오.⁶⁷⁾

13. 그러나 여기에서 안주하지 마십시오. 여러분의 "의가 율법학자들과 바리새인들의 의보다 낫도록" 하십시오. 그저 "한 개 정도는 어기고 그 외의 다른 모든 율법을 지키는 것"에 만족하지 마십시오. 그분의 모든 계명들을 굳게 붙드십시오. 그리고 모든 "그릇된 길을 역겨워하십시오."⁶⁸⁾ 그분께서 명하신 것이라면 무엇이든 여러분의 모든 힘을 다해 모두 하십시오. 여

---

62) 고전 4:1
63) 고후 5:20
64) 웨슬리는 표준설교 12('은혜의 수단')에서 여러 가지 은혜의 수단들을 예로서 제시한다. 그 안에는 성례전, 개인기도, 회중기도, 성경연구, 말씀묵상, 설교듣기, 성만찬 등이 있다(표준설교 12.2.1).
65) 마 25:35~36
66) 눅 16:9
67) 표준설교 23.26('산상수훈 강해 8')에서 누가복음 16장의 불의한 청지기 비유에 대하여 논한 각주 부분을 참고하라.
68) 시 119:104

러분은 여러분에게 힘을 주시는 그리스도를 통해 모든 것을 할 수 있습니다.[69] 그분 없이는 여러분은 아무것도 할 수 없습니다.

무엇보다도 성결과 그 정신(spirituality)에 있어서 여러분의 의가 그들의 의보다 낮도록 하십시오. 여러분이 가장 엄격하게 준수하는 종교적 형식, 가장 완벽한 외적으로 드러나는 의는 어떤 것입니까? 이보다 더욱 높고 깊은 차원에 이르도록 하십시오! 여러분의 종교가 마음의 종교가 되도록 하십시오. 심령이 가난하도록 하십시오. 여러분 스스로가 보기에도 미천하고 낮고 비열하고 악한 존재로 보이도록 하십시오. "여러분의 주님 예수 그리스도 안에 있는 하나님의 사랑"[70]에 놀라십시오. 그 사랑에 먼지처럼 비천해지십시오. 진지해지십시오. 여러분이 무슨 생각을 하든, 어떤 말이나 행실을 하든 항상 여러분이 커다란 만(灣) 끝에 서 있어서 여러분과 모든 인류가 이제 영원한 영광으로 들어가든지, 아니면 영원히 타는 뜨거운 불에 빠지든지 하려고 한다는 가장 깊은 확신을 갖고 그렇게 말하고 생각하고 행실을 하도록 하십시오. 온유하십시오. 여러분의 영혼이 모든 사람들을 향해서 온유함과 신사적인 태도(gentleness), 인내와 오래 참음으로 가득 채워지도록 하십시오. 이와 동시에 여러분 안에 있는 모든 것들이 하나님을, 살아 계신 하나님을 목말라하도록, 그분의 형상을 따라서 깨어 있기를 사모하며 그분의 형상을 닮는 것에서 해갈하여 만족함을 얻을 수 있도록 하십시오. 하나님을 사랑하고 모든 사람을 사랑하십시오. 그리고 이러한 마음을 갖고 모든 것들을 견디십시오. "율법학자들과 바리새인들의 의보다 뛰어나게" 되십시오. 그리하면 여러분이 "하늘나라에서 크다고 일컬음 받게"[71] 될 것입니다.

---

69) 빌 4:13
70) 롬 8:39
71) 마 5:19

웨슬리와 함께 공부하는 산상수훈

1 오늘의 설교 말씀의 본문은 어디이며, 무엇에 대한 이야기입니까?

2 예수께서 율법을 폐하러 오신 것이 아니라 완성하러 오셨다는 것은 무슨 뜻입니까? (20.1.3)

3 "이 계명들 가운데서 가장 작은 것이라도 어기고, 다른 이들에게도 그렇게 하라고 가르친다."는 말에 대해서 웨슬리는 다른 이들에게 가르친다는 것을 단순히 말로써 가르친다는 의미 외에 또 어떤 것을 말하고 있습니까? (20.3.3)

4 "하늘나라에서 가장 작은 자가 된다."는 것은 어떤 의미입니까? (20.3.3~4)

5 웨슬리는 계명을 어기는 사람의 모습을 몇 가지로 예를 들어 말합니다. 각각 무엇입니까? 다음 표시한 단락들을 보고 답해 보십시오.

1) 20.3.5
2) 20.3.6
3) 20.3.7
4) 20.3.8

6 웨슬리는 그리스도인이 어떻게 구원을 받는가에 대한 설명 가운데 성화의 단계를 꼭 거쳐야 한다고 주장합니다. 20.3.9에 나오는 "따라서 우리가 '믿으시오, 그리하면 … 그리하여서 하늘나라에서 가장 큰 자라고 불리게 될' 것이라 말하는 것입니다."라는 부분을 직접 적어 보십시오. 그리고 이 말의 의미에 대해 설명하고 각자의 경험을 서로 이야기해 보십시오.

7 웨슬리는 우리 감리교도의 경제 정의에 대해 어떻게 생각하는지 살펴보고, 오늘날 한국의 상황과 한국 감리교회의 모습에 대해 말해 봅시다(20.4.7). 또한 아래에 있는 기독교대한감리회의 '사회신경' 제5항과 제6항을 읽고 생각을 서로 나누어 보십시오.

> 사회신경 5항 – 노동과 분배 정의: 우리는 자기실현을 위한 노동의 존엄성과 하나님이 주신 소명으로서의 직업을 귀하게 여긴다. 동시에 우리는 그 과정에서 나타나는 빈부의 격차를 시정하여 분배 정의가 실현되도록 최선을 다한다.
>
> 사회신경 6항 – 복지 사회 건설: 우리는 부를 독점하여 사회의 균형을 깨뜨리는 무간섭 자본주의를 거부하며 동시에 인간의 자유를 억압하는 전체주의적 사회주의도 배격한다. 우리는 온 국민이 사랑과 봉사의 정신으로 서로 도우며 사는 복지 사회 건설에 매진한다.

8 우리는 어떤 면에서 바리새인, 서기관들의 의보다 더 뛰어난 의를 갖고 있습니까?

1) (20.4.10)
2) (20.4.11)

표준설교
21

우리 주님의
산상수훈에 대하여

▶ 강해 6

요약과 해설

산상수훈 여섯 번째 강해는 앞의 두 편의 강해와 같이 1740년 10월 22~26일에 이루어진 설교다. 다섯 번째 강해에서 웨슬리는 바리새인과 서기관들의 의보다 나은 의라는 그리스도인들의 의에 대한 차별성을 만들어 주는 것으로서 내적인 차원, 즉 의도의 순수성에 대해 설명했다. 이 설교에서는 이러한 내적인 차원이 적용되어야 하는 대표적인 사례들을 다룬다. 마태복음 6장은 구제, 기도, 금식 등 유대인들이 중요하게 여기는 세 가지 사항들을 다루고 있는데, 웨슬리는 이 부분을 강해하면서 내면적 차원인 의도의 순수성이라는 것에 초점을 맞추어 풀어나간다. 이 여섯 번째 강해에서는 우선 구제와 기도라는 두 가지 사항을 다룬다.

구제는 자비의 행위(works of charity)이고 기도는 경건의 행위(works of piety)에 해당하는데, 이러한 행위를 할 때에 가장 중요한 것은 사람들의 칭찬을 의식하고 나 자신의 영광을 추구할 것이 아니라, 오직 하나님의 영광만을 추구하도록 해야 한다는 점이다. 사람보다는 하나님을 마음에 두고 어떤 외적인 행위를 하는 것은 하나님을 향한 행위, 즉 경건의 행위에 있어서도 마찬가지로 똑같이 적용된다. 이 경건의 행위를 할 때도 사람들의 칭찬이 아닌 하나님의 영광을 지향해야 하며 그것을 유일한 목표로 삼아야 한다.

이어서 웨슬리는 주기도문을 하나씩 풀어서 설명한다. 여기에서 웨슬리는 우리가 간구하는 대상이 되는 하나님의 사랑과 능력, 우리와의 관계를 해설하면서 우리가 기도해야만 하고 기도할 수 있는 타당한 근거를 마련해 준다. 주기도문의 본론부에서는 하나님의 거룩하심, 하나님의 다스리심에 대하여 말한다. 주기도문 두 번째 본론부에서는 우리의 현실적인 육신의 삶에서의 물질적 필요, 이웃과의 관계, 개인의 영적 투쟁에서의 하나님의 도우심과 돌보심에 대해 이야기한다.

이 설교는 크게 두 부분으로 나눌 수 있는데, 전반부는 구제나 기도와 같이 자비의 행위나 경건의 행위를 할 때에 의도의 순수성이라고 하는 요소가 매우 중요하다는 것을 강조한 부분이고, 후반부는 주기도문에 대한 해설이다. 전반부에서 말하는 의도의 순수성이라는 것을 강조하다 보면 마치 산상수훈 네 번째 강해에서 말했던 것, 즉 우리의 선한 행위는 빛이나 산 위에 있는 동네처럼 사람들에게 감추어져서도 안 되고 감추어질 수도 없다는 내용과 자칫 모순되는 듯한 인상을 줄 수 있다. 그러나 이 두 편의 설교 모두 공통적으로 지향하는 초점은 사람들에게 보이느냐 안 보이느냐라는 표면적인 문제가 아니라, 그러한 가운데 내 마음이 사람들을 의식하고 있는지 아니면 하나님을 향해 있는지에 대해 점검하라는 것에 있다. 결국, 어떤 행위를 할 때 중요한 것은 사람들 눈에 보이는가, 사람들이 칭찬하는가 등의 문제가 아니라 내 마음이 어디로 향해 있는가라는 사항이다. 따라서 의도의 순수성이라는 차원에서 볼 때 네 번째 강해와 여섯 번째 강해는 일맥상통한다.

우리 주님의 산상수훈에 대하여

▶ 강해 6

사람에게 보이려고 그들 앞에서 너희 의를 행하지 않도록 주의하라. 그리하지 아니하면 하늘에 계신 너희 아버지께 상을 받지 못하느니라. 그러므로 구제할 때에 외식하는 자가 사람에게서 영광을 받으려고 회당과 거리에서 하는 것 같이 너희 앞에 나팔을 불지 말라. 진실로 너희에게 이르노니 그들은 자기 상을 이미 받았느니라. 너는 구제할 때에 오른손이 하는 것을 왼손이 모르게 하여 네 구제함을 은밀하게 하라. 은밀한 중에 보시는 너의 아버지께서 갚으시리라. 또 너희는 기도할 때에 외식하는 자와 같이 하지 말라. 그들은 사람에게 보이려고 회당과 큰 거리 어귀에 서서 기도하기를 좋아하느니라. 내가 진실로 너희에게 이르노니 그들은 자기 상을 이미 받았느니라. 너는 기도할 때에 네 골방에 들어가 문을 닫고 은밀한 중에 계신 네 아버지께 기도하라 은밀한 중에 보시는 네 아버지께서 갚으시리라. 또 기도할 때에 이방인과 같이 중언부언하지 말라. 그들은 말을 많이 하여야 들으실 줄 생각하느니라. 그러므로 그들을 본받지 말라. 구하기 전에 너희에게 있어야 할 것을 하나님 너희 아버지께서 아시느니라. 그러므로 너희는 이렇게 기도하라. 하늘에 계신 우리 아버지여 이름이 거룩히 여김을 받으시오며, 나라가 임하시오며, 뜻이 하늘에서 이루어진 것 같이 땅에서도 이루어지이다. 오늘 우리에게 일용할 양식을 주시옵고, 우리가 우리에게 죄 지은 자를 사하여 준 것 같이 우리 죄를 사하여 주시옵고, 우리를 시험에 들게 하지 마시옵고 다만 악에서 구하시옵소서. 나라와 권세와 영광이 아버지께 영원히 있사옵나이다. 아멘. 너희가 사람의 잘못을 용서하면 너희 하늘 아버지께서도 너희 잘못을 용서하시려니와, 너희가 사람의 잘못을 용서하지 아니하면 너희 아버지께서도 너희 잘못을 용서하지 아니하시리라. 마 6:1~15

1. 앞 장에서 우리 주님께서는 여러 가지 유형의 내적 종교에 대해 자세히 설명하셨습니다. 그분께서는 우리에게 참된 기독교를 구성하는 이러한 영혼의 성품들을 우리 앞에 펼쳐 보여 주셨습니다. 그 내적인 성품들은 "주님을 뵙기 위해서 반드시 필요한 거룩함"[1] 안에 담겨 있는 것입니다.[2] 그 감정들은 합당한 샘에서 흘러나올 때, 즉 그리스도 예수를 통한 하나님에 대한 살아 있는 믿음에서 흘러나올 때 본질적으로 선하며 하나님께서 받으실 만한 것입니다. 그분께서는 이 장에서 계속해서 어떻게 우리의 모든 행동들 역시 - 심지어 그 성격상 그다지 중요하지 않은 행동들에 있어서조차도 - 순결하고 거룩한 의도를 통해서 거룩하고 선하게 되어서 하나님께서 받으실 만한 것이 될 수 있는지 보여 주고 계십니다. 이것 없이 이루어지는 모든 것들은 하나님 앞에서 전혀 가치가 없는 것이라고 그분께서는 분명히 선언하십니다. 반면에, 외적인 행동이 하나님께 구별되어 드려지는 것이라면 그것들은 그분께서 보시기에 매우 귀중한 값어치가 있는 것입니다.

2. 의도의 순수성(purity of intention)의 필요에 대해 그분께서는 첫째로 종교적인 행위들이라고 흔히 설명되는 것들, 그래서 올바른 의도를 갖고 행했을 때 그렇게 되는 것들과 관련하여 설명하셨습니다. 이러한 것들 가운데 어떤 것들은 흔히 경건의 행위(works of piety)라고 부릅니다. 다른 나머지 것들은 자선 혹은 자비의 행위(works of charity or mercy)라고 부릅니다. 후자의 경우, 그분께서는 특별히 이를 구제라고 부르셨습니다. 전자는 기도와 금식이라고 부르셨습니다. 그러나 이러한 행위들에 대한 지침은 그것이 자선이 되었든 자비가 되었든 상관없이 모든 행위에 똑같이 적용될 수 있는 것입니다.

---

1) 히 12:14
2) 표준설교 39.2.1~3('신생')을 보라.

I

1. 먼저, 자비의 행위에 대한 것입니다. 그분께서는 "사람에게 보이려고 그들 앞에서 구제 행위를 하지 않도록 주의하라. 그리하지 아니하면 하늘에 계신 너희 아버지께 상을 받지 못하느니라."[3]라고 말씀하십니다. "구제 행위를 하지 않도록" – 여기에는 이렇게만 표현되어 있지만 사실 여기에는 자비의 행위(works of charity), 즉 우리가 주거나 말하거나 어떤 행위를 함으로써 우리의 이웃이 이익을 얻도록 하는 행위가 포함되어 있습니다. 이것은 다른 사람들이 이로써 육신이든 영혼이든 상관없이 어떠한 유익을 얻는 것을 말합니다. 배고픈 이들에게 먹을 것을 주고, 헐벗은 자들에게 입을 옷을 주고, 나그네를 대접하거나 도와주고 병든 사람이나 감옥에 갇힌 사람들을 방문하고, 고통받는 이들을 위로하고, 무지한 사람들을 교육시키고, 악한 행동을 하는 사람을 꾸짖고, 선한 일을 하는 사람을 격려하는 것을 가리킵니다.[4] 이외에 다른 자비의 행위가 있다면, 마찬가지로 이러한 쪽에 포함시킬 수 있습니다.

2. "사람에게 보이려고 그들 앞에서 구제 행위를 하지 않도록 주의하라."[5] – 여기에서 금지된 것은 단지 사람들 눈에 보이게 선한 행위를 하는 것을 가리키는 것이 아닙니다. 여기에서 말하는 행위들이 벌어지는 상황 자체, 즉 우리가 하는 어떤 일을 다른 사람들이 보는 것 자체는 우리의 행동을 나쁘게도 하지 않고 좋게도 만들지 않습니다. 문제가 되는 것은 바로 사람들 앞에서 그것을 하는 것, 즉 "사람들에게 보이기 위해서" 하는 것, 이러한 의도만을 갖고 하는 것입니다. 제가 여기에서 꼬집는 것이 바로 이러한 속셈에서 우러나온 행위입니다. 왜냐하면 이러한 것은 어떤 경우에 있어서는 우리

---

3) 마 6:1
4) 마 25:35
5) 마 6:1

가 품는 의도의 한 부분일 수 있기 때문입니다. 우리는 우리가 하는 어떤 행동들이 남들에게 보이도록 하면서도, 다른 한편으로는 그것이 하나님께서 받으실 만한 것이 되기를 바라기도 합니다.[6] 즉, 남들에게 우리의 선한 행동을 보도록 드러내는 궁극적인 목적이 "그들이 하늘에 계신 우리 아버지께 영광을 돌리도록"[7] 하는 것이라는 점을 우리의 양심이 성령 안에서 증인이 되어[8] 줄 때, 우리는 의도적으로 사람들 앞에 우리의 빛을 비출 수도 있습니다.[9] 그러나 그렇게 할 때에 행여 가장 작은 것이라 하더라도 그것이 여러분 자신의 영광을 위한 것이 되지 않도록 주의하십시오.[10] 여러분이 자비의 행위(works of mercy)를 할 때, 그것이 사람들에게서 칭찬을 받는 것이 되지 않도록 주의하십시오. 만일 여러분이 여러분 자신의 영광을 추구한다면, 사람들에게서 오는 어떠한 명예를 얻으려 하는 속셈이 조금이라도 있다면, 무엇을 하든지 그것은 아무런 쓸모없는 것이 되고 맙니다. 그것은 주님께 한 것이 아닙니다. 그분께서는 그것을 받으시지 않습니다. 그 행위에 대하여 "하늘에 계신 우리 아버지께 어떠한 보상도 받지 못합니다."

3. "그러므로 구제할 때에 외식하는 자가 사람에게서 영광을 받으려고 회당과 거리에서 하는 것 같이 너희 앞에 나팔을 불지 말라."[11] 여기에서 회당은 예배를 드리는 곳이 아니라 시장이나 교역을 하는 곳처럼 여러 사람이 모이는 공공장소입니다. 아주 많은 재산을 가진 유대인들, 특히 바리새인들 가운데서 그런 사람들이 상당한 양의 자선 행위를 하려고 할 때에는 시내 가장 한복판에서 요란하게 나팔을 부는 것이 당시에는 흔한 일이었습니다. 이렇게 하는 것은 겉으로는 가난한 사람들이 와서 구제금을 얻을 수 있

---

6) 표준설교 24.12~14('산상수훈 강해 9')를 보라.
7) 마 5:16
8) 롬 9:1
9) 표준설교 19.2.2~4('산상수훈 강해 4')를 보라.
10) 표준설교 19.4.1~4('산상수훈 강해 4')를 보라.
11) 마 6:2

도록 부르는 것이지만, 실상은 그렇게 해서 사람들로부터 칭찬을 얻기 위한 속셈입니다. 그러나 여러분은 그런 사람들처럼 되지 마십시오. 여러분은 여러분 앞에서 나팔을 불어대지 마십시오. 선을 행할 때 어떠한 겉치레로 과시하지 마십시오. 하나님께로부터 오는 영예만을 바라십시오. 사람들로부터 칭찬을 구하는 자는 그들의 보상을 이미 받았습니다. 그들은 하나님께로부터 어떠한 칭찬도 받지 못할 것입니다.

4. "너는 구제할 때에 오른손이 하는 것을 왼손이 모르게 하여"[12] – 이것은 속담의 표현인데, 그 뜻은 가능한 한 몰래 하라는 것입니다. 그것을 할 때에 될 수 있는 한 몰래 하고, (그렇다고 하지 말라는 것은 아닙니다. 몰래 하든 드러내 놓고 하든, 기회가 닿는 대로 선을 행하십시오.) 또한 가장 효과적인 방법으로 하십시오. 그러나 다음과 같은 예외도 있습니다. 여러분이 선행을 할 때, 그것을 숨기는 것보다 숨기지 않음으로써 여러분 스스로가 더욱 많은 선을 행할 수 있다거나 다른 사람들이 더욱 많은 선을 행할 수 있도록 할 수 있을 것이라는 분명한 확신이 들거든 그렇게 하십시오. 그럴 경우에는 여러분의 빛이 드러나게 하여 "집 안에 있는 모든 사람들에게 비추게"[13] 하십시오. 그러나 그렇게 드러내는 것이 하나님의 영광이나 사람들의 유익에 반하는 것이 된다면, 그 행하는 일의 성격상 그러하듯이 그 일을 개인적으로 남이 알아차리지 못하는 방식으로 하십시오. "네 구제함을 은밀하게 하라. 은밀한 중에 보시는 너의 아버지께서 갚으시리라."[14] 이 말은 지금 현세에서 그렇게 하신다는 말일 것입니다. 이러한 많은 사례들은 모든 세대에 걸쳐 기록으로 남아 있습니다. 그도 그러하겠지만 앞으로 다가올 세상에서 모든 사람들과 천사들이 모인 자리에서 그렇게 될 것이라는 점은 분명합니다.

---

12) 마 6:3
13) 마 5:16
14) 마 6:4

II

1. 자비의 행위 혹은 자선의 행위에 대해 말씀하신 후에 우리 주님께서는 계속해서 경건의 행위(works of piety)라고 불리는 것에 대해 말씀하십니다. "또 너희는 기도할 때에 외식하는 자와 같이 하지 말라. 그들은 사람에게 보이려고 회당과 큰 거리 어귀에 서서 기도하기를 좋아하느니라."[15]라고 말씀하십니다. "외식하는 자와 같이 하지 말라." 여기에서 외식, 혹은 위선은 우리가 기도할 때에 경계해야 할 첫째 사항입니다. 여러분이 뜻하지 않는 것을 말하지 않도록 주의하십시오. 기도는 마음을 하나님께 올려 드리는 것입니다. 기도할 때에 내뱉는 모든 말에 이러한 것이 없다면 그것은 단지 위선에 지나지 않습니다. 따라서 여러분이 기도하려고 할 때마다 여러분의 기도가 하나님과의 교제를 위한 것인지, 그분께 여러분의 마음을 올려 드리려고 하는 것인지, 여러분의 영혼을 그분 앞에 쏟아 놓으려고 하는 것인지 살펴보십시오. "사람에게 보이려고", "회당", 즉 교역 장소나 시장에서, 그리고 "큰 거리 어귀", 즉 많은 사람이 몰려 있는 모든 곳이 아니면 기도하려고 하지 않는 위선자들처럼 되지 마십시오. 그렇게 하는 것이 그들이 반복해서 기도하는 유일한 속셈이요, 동기이며 목적입니다. "내가 진실로 너희에게 이르노니 그들은 자기 상을 이미 받았느니라." - 그들은 하늘에 계신 여러분의 아버지로부터 어떠한 것도 기대하지 못할 것입니다.

2. 그러나 사람들의 칭찬을 기대하는 것이 우리가 하늘의 상을 받지 못하게 되는 유일한 원인은 아닙니다. 우리가 경건의 행위를 하든 자비의 행위를 하든 상관없이, 그러한 행위에 대하여 하나님의 축복을 받을 것이라고 기대하지 못하게 만드는 원인에는 또 다른 것도 있습니다. 잠시 있다가 사라질 칭찬 때문에 의도의 순수성(purity of intention)이라는 것도 마찬

---

15) 마 6:5

가지로 훼손당합니다. 우리가 어떠한 이득이나 유익을 얻을 생각으로 중언부언하면서 기도한다면, 그러한 목적으로 공적 예배에 참석하기도 하고, 그런 생각으로 가난한 사람들의 고통을 덜어 준다면, 그것은 하나님께서 받으실 만한 것이 조금도 되지 못합니다. 그것은 그저 칭찬받을 속셈으로 하는 것입니다. 우리가 하는 행위가 하나님의 영광을 드높이고 하나님을 위하여 사람들의 행복을 증진시키는 것이 아닌 다른 데서 오는 것, 즉 잠시 후에 사라지고 마는 생각과 세상적인 동기와 속셈에서 오는 것이라면, 그것이 비록 사람들 보기에 그럴듯하게 보일지는 모르지만 주님께는 역겨운 것입니다.

3. "너는 기도할 때에 네 골방에 들어가서 문을 닫고 은밀한 중에 계신 네 아버지께 기도하라."[16] 많은 사람들이 모인 곳에서 여러분이 드러내 놓고 하나님께 영광을 돌리거나 기도하거나 그분께 찬양을 돌려야 하는 때도 물론 있습니다. 그러나 여러분의 기도가 보다 강력하고도 구체적으로 하나님께 전달되기를 원한다면, 그것이 저녁이든 아침이든, 혹은 한낮이든 상관없이 "여러분의 골방에 들어가서 문을 닫으십시오." 할 수 있는 한 최대로 개인적인 상태를 조성하십시오. (여러분에게 골방이 있든지 없든지 상관없이 개인적인 상태를 조성하십시오. 가능하다면 하나님 외에는 아무도 보지 않을 때 하나님께 기도하십시오. 그러나 그런 상황이 아니더라도 하나님께 기도하십시오.) 그리하여 "은밀한 중에 보시는 여러분의 아버지께" 기도하십시오. 그분 앞에 여러분의 마음을 쏟아 놓으십시오. 그리하면 "은밀한 가운데 보시는 여러분의 아버지께서 드러내 놓고 여러분에게 갚아 주실 것입니다."

4. "네가 기도할 때" 그것이 은밀한 중에 하는 것일지라도 "이방인처럼 중언부언하지 마십시오."[17] 메 바탈로게세테(*me battalogesete*). 아무런 의미

---

16) 마 6:6
17) 마 6:7

도 없는 말을 많이 하지 마십시오. 똑같은 말을 계속해서 거듭하지 마십시오. 여러분의 기도의 열매는 이교도들의 기도처럼 그 기도가 얼마나 오랫동안 한 것인가에 달려 있지 않습니다. "그들은 말을 많이 하여야 들으실 줄 생각하느니라."

여기에서 예수님께서 꾸짖으시는 것은 단지 우리가 하는 기도가 긴가, 짧은가의 문제가 아닙니다. 문제가 되는 것은 첫 번째로, 아무런 의미도 없이 길게만 하는 것입니다. 무의미하거나 그다지 의미가 없는 말을 많이 하는 것입니다. 마치 이교도들이 자신들의 신들의 이름을 부르고 또 부르는 것처럼 기도할 때 쓸데없이 반복하는 것을 말합니다. (단순하게 반복하는 모든 행위를 지적하는 것은 아닙니다. 우리 주님께서도 친히 같은 말을 세 번씩이나 반복해서 기도하시지 않으셨습니까?)[18] 가톨릭 교인들뿐만 아니라 (속된 말로) 그리스도인들 가운데서도 자신들이 말하는 것을 의식하지도 못한 채 계속해서 같은 기도를 되풀이하며 말하는 사람들이 있는데, 그런 식으로 기도하는 것을 바로 여기에서 지적한 것입니다. 두 번째로, 문제가 되는 것은 우리가 말을 많이 해야만 하나님께서 그 기도를 들으신다고 생각하는 것, 하나님께서 그 기도의 길이를 재보신다고 착각하는 것입니다. 또한 하나님께서 들으시기에 가장 길게 소리가 나는 기도나 가장 많은 단어를 담고 있는 기도를 그분께서 가장 기뻐하신다고 생각하는 것이 바로 문제입니다. 이러한 것들은 그리스도인이라고 불리는 모든 사람들이 복음의 영광스러운 빛을[19] 받아 본 적도 없는 이교도들에게나 넘겨주어야 할 어리석은 미신의 사례들입니다.

5. "그러므로 그들을 본받지 말라." - 그리스도 예수 안에서 하나님의 은혜를 이미 맛본 여러분은 "하늘에 계신 너희 아버지께서는 너희가 구하기 전에 이미 너희가 필요로 하는 것을 알고 계신다."[20]는 것을 분명히 확신하

---

18) 마 26:39~44
19) 고후 4:4
20) 마 6:8

고 있습니다. 여러분이 기도하는 목적은 하나님께서 마치 여러분이 원하는 것을 모르고 계신다고 생각하여 그분께 그것을 알려 드리기 위한 것이 아니어야 합니다. 오히려 기도는 여러분 자신으로 하여금 스스로 무엇을 필요로 하는 존재라는 것을 알도록 하기 위해 하는 것입니다. 즉, 기도는 여러분이 필요로 하는 것을 마음속 깊이 인식하는 한편, 여러분이 원하는 것을 채워 주실 수 있는 유일한 분이신 하나님께 대해 한결같은 신뢰를 가지는 것입니다. 기도는 이미 여러분이 구하는 것 이상으로 항상 채워 주시는 하나님을 움직이기 위한 것이 아니라, 여러분 자신을 움직여서 하나님께서 여러분을 위해 준비해 놓으신 그 좋은 것들을 받을 수 있도록 하기 위한 것입니다.

III

1. 기도의 본성과 목적에 대해 가르침을 주신 후에 우리 주님께서는 그것의 예를 이어서 말씀하십니다. 여기에서 일종의 정형화된 패턴 방식으로 주어진 신성한 기도 형태는 우리 모두가 하는 기도의 모델이요, 표준으로 주어진 것입니다. "그러므로 너희는 이와 같이 기도하라." 반면에 다른 곳에서 "그분께서는 그들에게 말씀하시기를, 너희가 기도할 때에 ~라고 말하여라."(눅 11:2)는 표현으로 명령하셨습니다.

2. 우리는 이 신성한 기도에 관하여 일반적으로 다음과 같은 것들을 살펴볼 수 있습니다. 첫 번째로, 그 기도는 우리가 이성적 혹은 무흠하게 간구할 수 있는(pray for) 모든 것들을 담고 있습니다. 이 기도는 온전한 형식을 갖추고 있어서, 우리가 하나님께 구할 때에 그분을 거스르면서까지 구하게 되는 것은 직접적으로든 간접적으로든 그 기도 안에 하나도 없습니다. 두 번째로, 이 기도 안에는 우리가 이성적으로나 무흠하게 원하는(desire) 모든 것들을 담고 있습니다. 우리가 순수하게 원한다고 하는 것들은 하나님의

영광을 위한 모든 것도 되고, 단지 우리 자신들만을 위한 것이 아니라 하늘과 땅의 모든 피조물들에게 필요하거나 이익이 되는 것들도 가리킵니다.[21] 따라서 우리가 하는 기도는 우리가 원하는 것들에 대하여 적절하게 검증해 주는 역할을 합니다. 즉, 우리가 기도하는 내용으로 적합하지 않은 것들을 우리가 원하고 있다면 그것은 적절하지 못한 바람입니다. 기도로 적절하지 않은 것들을 원해서는 안 됩니다. 세 번째로, 이 기도 안에는 우리가 하나님과 사람들에게 해야 하는 우리의 모든 의무들이 담겨 있습니다. 무엇이든지 순결하고 거룩하며, 하나님께서 사람들에게 요구하시는 모든 것들, 그분께서 보시기에 받으실 만한 모든 것들, 우리의 이웃에게 유익이 되는 모든 것들, 이러한 것들이 이 기도 가운데 표현되어 있거나 암시되어 있습니다.

3. 이 기도는 서문, 간구, 그리고 송영 혹은 결론 등 세 부분으로 구성되어 있습니다. 서두는 "하늘에 계신 우리 아버지"라는 문구인데, 이 구절은 기도를 위한 일반적인 기초를 마련하는 기능을 합니다. 여기에는 우리의 기도가 상달될 것이라는 확신 가운데서 기도하기 전에, 우리가 반드시 하나님에 대해서 우선 알아야만 하는 것이 무엇인지 말하고 있습니다. 또한 이 문구는 우리가 하나님께 나아갈 때, 갖고 있어야 하는 모든 성품들에 대해 지적하고 있습니다. 이 성품들은 우리의 기도나 우리의 삶이 그분께서 보시기에 합당한 것이 되도록 하기 위해서 가장 중요한 필수요소에 해당합니다.

4. "우리 아버지" – 그분께서 아버지이시라면 그분은 선하시며, 따라서 그분은 자신의 자녀들을 사랑하시는 분이십니다. 이것이 바로 기도의 가장 첫째가 되고 중요한 이유입니다. 하나님께서는 복을 주시기를 원하십니다. 그분께서는 우리가 복을 간구하기를 원하십니다. "우리의 아버지" – 이

---

21) 즉, 주님의 기도에서 구하는 모든 것들은 하나님의 영광을 위한 것이고 또한 모든 만물의 유익을 위한 간구라는 것이다.

것은 우리의 창조자, 우리 존재를 지으신 분이라는 말입니다. 그분께서는 우리를 땅의 먼지에서 일으켜 세우신 분이십니다. 그분께서는 우리에게 생명의 호흡을 불어넣으셨습니다. 그 덕분에 우리는 살아 있는 생령이 되었습니다.[22] 그분께서 우리를 만드셨을진대, 여러분, 그분께 구합시다. 그리하면 그분께서는 당신의 손으로 친히 만드신 좋은 것들을 인색하게 움켜쥐지 않으실 것입니다. "우리의 아버지" – 이 말은 우리를 보존해 주시는 분이라는 말입니다. 그분께서는 매일 매일 당신께서 우리에게 주신 그 생명을 유지시켜 주십니다. 그분의 끊임없는 사랑으로 우리는 매 순간 생명과 호흡과 모든 것들을 받습니다. 더욱 담대하게 그분께로 나아갑시다. 그리하면 우리는 "긍휼하심을 얻고, 때를 따라 돕는 은혜를 얻게"[23] 될 것입니다. 그분은 무엇보다도 우리 주님 예수 그리스도의 아버지이십니다. 또한 그분은 그분을 믿는 모든 사람들의 아버지이십니다. 그분께서는 "예수 안에 있는 구속을 통하여 자신의 은혜로 값없이"[24] 우리를 의롭다 하시는 분이십니다. 그분께서는 "우리의 모든 죄를 없애시고[25] 우리의 모든 연약함을 고치셨습니다." 그분께서는 은혜로 우리를 입양하심으로써 우리를 자신의 자녀로 받아 주셨습니다. 그리고 우리가 "아들이기 때문에 그 아들의 영을 우리 마음 가운데 보내어 아빠 아버지라 부르게 하셨습니다."[26] 그분께서는 "썩지 아니할 씨로 거듭나게 하셔서"[27], "그리스도 예수 안에서 새롭게 창조하셨습니다."[28] 그러므로 우리는 그분께서 항상 우리의 기도를 들으시는 줄 압니다. 따라서 우리는 쉬지 말고 그분께 기도하는 것입니다.[29] 우리는 사랑하기 때문에 기도합니다. 우리는 "그분께서 먼저 우리를

---

22) 창 2:7
23) 히 4:16
24) 롬 3:24
25) 사 44:22
26) 갈 4:6
27) 벧전 1:23
28) 골 3:10
29) 살전 5:17

사랑하셨기 때문에 그분을 사랑합니다."[30]

5. "우리 아버지" - 이 말은 단지 내가 부르짖는 *나의* 아버지만을 가리키는 것이 아니라 보다 넓은 차원으로 확장하여 *우리의* 아버지를 가리키는 것입니다. 이분은 하나님이시고 "모든 사람들에게 생명을 넣어 주시는 아버지"[31]이십니다. 이분은 천사들과 사람들의 아버지이십니다. 따라서 이교도들조차도 그분을 파테르 안드론 테 테온 테(*pater andron te theon te*)라고 부릅니다.[32] 이분은 우주의 아버지이시며, 하늘과 땅에 있는 모든 가족들의 아버지이십니다. 그러므로 그분께서는 어느 특정한 사람들만 따로 특별 대우하지 않으십니다. 그분께서는 자신이 만드신 모든 사람들을 사랑하십니다. "그분은 모든 사람을 사랑하시고, 그분의 자비는 그분의 손으로 지으신 모든 것들에 미칩니다." 주님께서는 자신을 경외하고 자신의 자비하심을 의지하는 사람들을 기뻐하십니다. 주님께서는 자신들이 "사랑하시는 그분 안에서 받아들여질 것"[33]을 알고서 당신의 사랑의 아드님을 통하여 당신을 의지하는 사람들을 기뻐하십니다. 그러나 "하나님께서 우리를 그렇게 사랑하셨으니 우리도 서로 사랑하는 것이 마땅합니다."[34] 그렇습니다. 모든 인류를 사랑해야 합니다. "하나님이 세상을 이처럼 사랑하셔서 독생자를 주셨고" 죽기까지 내어주셔서 사람들이 "멸망을 당하지 않고 영생을 얻게"[35] 하셨으니, 우리도 모든 인류를 마땅히 사랑해야 합니다.

6. "하늘에 계신" - 그분께서는 하늘에 높이 계십니다. 하나님은 만물 위에 계시며, 영원히 복되신 분이십니다. 그분께서는 하늘에 앉아 계시어 하

---

30) 요일 4:19
31) 민 27:16
32) "신들과 인간의 아버지"라는 뜻. 이것은 원래 호머의 『일리아드』(15.47)에서 제우스신을 가리키는 표현이며, 행 17:28에서 바울도 인용하여 말하고 있다.
33) 엡 1:6
34) 요일 4:11
35) 요 3:16

늘과 땅에 있는 만물들을 보고 계십니다. 그분의 눈은 모든 피조물들을 빠짐없이 두루 살펴보고 계십니다. 그렇습니다. 창조되지 않은 밤[36]조차도 모두 살펴보시는 분이십니다. "그분께서 지으신 모든 것들은 그분께 다 아신 바 된 것"입니다. 그분께서는 "태초부터"(이런 번역은 그 의미를 제대로 전달하는 데 한계가 있습니다.) 그뿐만 아니라 "앞 아이오노스(*ap' aionos*)", 모든 *영원*부터, 영원에서 영원까지 알고 계십니다. 천군 천사들과 이 땅의 자녀들은 놀라움과 경이로움으로 오, 그 깊음이여! "깊도다, 하나님의 지혜와 지식의 풍성함이여!"[37]라고 외칩니다. "하늘에 계신" – 이 말은 모든 것들을 처분하실 수 있고 감독하시는 분, 모든 것들의 주님이요 통치자라는 말입니다.[38] 이 말은 왕 중의 왕이요, 주님들의 주님이시며, 복되신 분이요 유일한 주권자라는 말입니다. 또한 그분께서는 강하시며 권능의 허리띠를 두르셨으며,[39] 자신의 기뻐하시는 뜻대로 무엇이든 행하시는 분이라는 뜻입니다. 그분은 전능하신 분이십니다. 무엇을 하시려고 한다면 언제든지 그것을 하실 수 있는 분이십니다. "하늘에 계신" – 이 말은 하늘처럼 높고 뛰어나신 분이라는 의미입니다. 하늘은 당신의 보좌이십니다. 그곳은 "당신의 영광이 있는 곳", 특히 그것이 "머무는 곳"입니다.[40] 그러나 그분은 거기에만 계신 분이 아니십니다. 당신께서는 하늘과 땅을 가득 채우시는 분, 모든 우주를 가득 채우시는 분이시기 때문입니다. "하늘과 땅이 당신의 영광으로 가득하옵니다.[41] 오, 주님, 가장 높으신 이여, 당신께 영광!" 그러므로 우리는 "두려움으로 주님을 섬기고, 경외함으로 그분을 기뻐해야"[42] 합니다. 그러므로 우리는 왕이신 주님께서 바로 앞에 계시어 우리를 바라보고 계신 것으로 생각하여서 우리의 생각과 말과 행동을 삼가야 할 것입니다.

---

36) 밀턴의 『실락원』 2권, 142~151행에서 인용한 어구.
37) 롬 11:33
38) 표준설교 16.0.2('산상수훈 강해 1')를 보라.
39) 시 65:6
40) 시 26:8
41) 사 6:3
42) 시 2:11

7. "당신의 이름이 거룩히 여김을 받으시오며"[43] - 이것은 여섯 개의 간구 가운데 첫 번째 것으로서, 기도라는 것이 이것으로 비로소 구성됩니다. 하나님의 이름은 하나님 그 자신이십니다. 그것은 인간에게 드러날 수 있는 하나님의 본성입니다. 따라서 이것은 그분의 존재와 더불어 그분의 모든 속성 혹은 완전하심을 뜻합니다. 특히 그분의 위대하고 말로 다 형용할 수 없는 이름인, 여호와라는 것으로 드러나는 그분의 영원함을 사도 요한이 다음과 같이 번역했습니다. 토 알파 카이 토 오메가. 아르케 카이 텔로스 호 온 카이 호 엔 카이 호 에르코메노스(*To Alpha kai to Omega, arke kai telos ho on kai ho en kai ho erkomenos*). "알파와 오메가라. 이제도 있고, 전에도 있었고, 장차 올 자요 전능한 자라."[44] - 그분의 충만하신 존재는 그분의 다른 위대하신 이름인 "나는 나다."[45]라고 하는 이름으로 잘 드러나 있습니다. 이러한 이름에는 그분께서 어디에나 계시다는 점과 그분께서 무엇이든 할 수 있다는 점이 드러납니다. 그분은 진정으로 이 물질 세계에서 유일한 행위자(Agent)이십니다. 모든 것들은 본질적으로 무디고 비활동적입니다. 그리고 그것들은 하나님의 손가락을 통해서만 움직일 수 있습니다. 그분께서는 보이거나 보이지 않는 모든 피조물들의 활동의 근원이십니다. 그분께서 위대한 능력을 끊임없이 유입해 주시고 그것으로써 매개해 주지 않으시면 그것들은 활동할 수도 없고 존재할 수도 없습니다. 그분의 이름에는 그분의 지혜가 드러납니다. 이 지혜는 분명히 보이는 만물, 우주의 깔끔한 질서에서 나오는 것입니다. 그 이름에는 삼위이면서 일체이심(Trinity in Unity), 일체이시면서 삼위이신(Unity in Trinity) 것이 담겨 있습니다. 우리는 이것을 기록된 그분의 말씀 가장 첫 구절에서 찾아볼 수 있습니다. 이것은 바라 엘로힘(*bara elohim*)이라는 말씀인데, 이것은 말 그대로 번역하면 하나님들이 창조했다는 말입니다. 이 어구는 복수 명사에 단수 동사로 이

---

43) 마 6:9
44) 계 1:8
45) 출 3:14

루어져 있습니다. 이뿐만 아니라 뒤에 나오는 그분의 계시들, 즉 모든 그분의 거룩한 선지자들과 사도들의 입을 통해서 주어진 말씀들에도 이러한 것들을 찾아볼 수 있습니다. 그분의 이름 안에는 그분의 본질적인 성결과 거룩함이 내포되어 있습니다. 그리고 무엇보다도 그분의 밝은 영광인 그분의 사랑이 담겨 있습니다.

하나님, 혹은 그분의 이름이 "거룩히 여김을 받기를"[46] 혹은 영화롭게 되기를 기도할 때에 우리는 모든 지적인 존재들이, 그 지식에 합당한 감정을 갖고 그렇게 할 수 있는 모든 이들이 그분을 그분 자체로서 알게 되기를 기도하는 것입니다. 이것은 그분께서 위로는 하늘에 있는 모든 이들과 아래로는 땅에 있는 모든 이들로부터 합당한 영예와 경외와 사랑을 받으시기를 기도하는 것입니다. 이것은 모든 천사들과 사람들로부터 그렇게 되기를 기도하는 것인데, 하나님께서는 이러한 목적을 위해서 이들로 하여금 하나님을 알고 영원토록 그분을 사랑하도록 만드셨습니다.

8. "당신의 나라가 임하옵시며"[47] – 이 구절은 앞에 나왔던 간구와 밀접한 연관이 있습니다. 하나님의 이름이 거룩히 여김을 받도록 하기 위해서 우리는 그분의 나라, 그리스도의 나라가 오도록 간구합니다. 이 나라는 어떤 사람이 "회개하고 복음을 믿을"[48] 때에 그 사람 개인에게 찾아옵니다. 그 나라는 이 사람이 하나님에 대해서 배울 때에, 그가 그 자신을 알 뿐만 아니라 예수 그리스도와 그분께서 십자가에 못 박히신 것을 알 때에 찾아옵니다. "영생은 오직 한 분이신 참 하나님을 알고, 또 아버지께서 보내신 예수 그리스도를 아는 것"[49]입니다. 이처럼 하나님의 나라는 이 땅에서, 신자들의 마음 안에 자리 잡는 것에서 시작합니다. 하나님께서 그리스

---

46) 마 6:9
47) 마 6:10
48) 막 1:15
49) 요 17:3

도 예수를 통하여 알려지게 될 때에 "전능하신 주 하나님"께서 "다스리십니다."[50] 그분께서는 그의 권능으로 만물을 그 아래 복종시키십니다.[51] 그분께서는 모든 만물을 그분의 발아래 두시기까지,[52] "모든 생각을 사로잡아 그리스도에게 복종하기"[53]까지 영혼을 이기고 또 이기려고 하십니다.[54]

그러므로 하나님께서 "그의 아들에게 이방 나라를 그의 유업으로 주셨고, 그의 소유가 땅 끝까지 이르도록"[55] 하실 때에, "모든 나라가 그분 앞에 절하고, 열방이 그를 섬길" 때에, "주의 집의 산", 그리스도의 교회가 "산들의 꼭대기에 세워지게 될"[56] 때에, "이방인의 충만한 수가 들어오고, 모든 이스라엘이 구원을 얻을"[57] 때에, 그때에 비로소 "주님께서 왕이시며, 영광의 옷을 입으시고"[58] 모든 사람들에게 왕 중의 왕이요 주님들의 주님으로[59] 나타나실 것입니다. 그러므로 그분의 나타나심을 사모하는 모든 이들이[60] 그분께서 서둘러 주시기를 기도하는 것은 매우 당연한 일입니다. 이런 사람들이 그분의 나라가, 은혜의 그 나라가 빨리 임하여서 이 세상의 모든 나라들을 삼켜버리기를 바라는 것은 당연한 일입니다. 이런 사람들은 모든 인류가 그분을 자기들의 왕으로 모셔 들이고 진정으로 그분의 이름을 믿어서 온통 의와 화평과 기쁨과[61] 거룩함과 행복으로 가득 차기를 기도하는 것은 당연한 일입니다. 그들은 하늘나라로 옮겨가서 거기에서 그분과 함께 영원토록 다스릴 그 날까지 계속 그렇게 기도할 것입니다.

이를 위해서 우리는 "당신의 나라가 임하옵시며"라는 말로 기도하는 것

---

50) 계 19:6
51) 빌 3:21
52) 고전 15:27
53) 고후 10:5
54) 계 6:2
55) 시 2:8
56) 사 2:2
57) 롬 11:25
58) 사 63:1
59) 딤전 6:15
60) 딤후 4:8
61) 롬 14:17

입니다. 우리는 그분의 영원하신 왕국, 하늘에 있는 영광의 왕국, 즉 이 땅 위에 있는 은혜의 왕국의 연속이자 완성인 그 왕국이 임하기를 기도합니다. 따라서 이 간구는 앞서 나온 간구와 마찬가지로 모든 지적인 피조물, 즉 이 위대한 사건에 모든 관심을 쏟고 있는 사람들을 위해서 올려드리는 기도입니다. 그 위대한 사건은 하나님께서 비참함과 죄악, 결함과 죽음에 종지부를 찍으시고, 모든 만물을 당신의 손안에 넣으시어 세세토록 지속될 나라를 세우심으로써 모든 만물들이 최종적으로 새롭게 되는[62] 것을 가리킵니다. 이러한 것은 비록 표현이 형편없기는 하지만 우리가 죽은 자를 장사 지낼 때에 하는 기도 가운데서 찾아볼 수 있습니다. "당신께 비옵나니, 이 기도가 은혜롭고 선하신 당신을 기쁘시게 하여 어서 속히 당신께서 선택하신 수를 채우시고 당신의 나라가 빨리 임하게 하옵소서. 비옵나니, 당신의 거룩하신 이름을 진실로 믿는 가운데 세상을 떠난 모든 이들과 더불어 우리가 당신의 영원한 영광 안에서 육체와 영혼 모두 완전한 완성과 지복을 얻게 하옵소서."

9. "뜻이 하늘에서 이루어진 것같이 땅에서도 이루어지이다."[63] - 이 간구는 하나님의 나라가 임하는 곳이면 어디에서든, 하나님께서 믿음으로써 사람 가운데 거하시는 곳이면 어디에서든, 그리스도께서 사랑으로써 마음 속에서 다스리고 계시는 곳이면 어디에서든지 반드시 그리고 즉각적으로 이어서 나타나게 되는 결과입니다.

아마도 많은 사람이, 혹은 어쩌면 대부분의 사람이 일반적으로 이 말씀을 처음 보면 이것이 일종의 체념을 표현한 것이나 내려놓기를 간구하는 기도 정도로만 생각하기 쉽습니다. 우리와 관련된 그 무엇이 되었든 그것이 하나님의 뜻이라면 그것을 그저 묵묵히 감내하게 해 달라는 기도 정도로

---

62) 계 21:5
63) 마 6:10

생각하기 쉽습니다. 물론 이러한 태도는 거룩하고 뛰어난 성품이자 하나님께서 주신 가장 귀중한 은사임에 틀림없습니다. 그러나 이 기도에서 우리가 간구하는 것은 그런 것이 아닙니다. 적어도 그 주된 의미에 있어서만큼은 그런 것이 아닙니다. 우리는 "하늘에서 그러하듯이 이 땅에서도 당신의 뜻이 이루어질 것입니다."라고 말할 때 피동적인 것이 아니라 적극적으로 하나님의 뜻에 합치하도록 기도하는 것입니다.

그렇다면 하늘에서 하나님의 보좌를 기뻐하면서 둘러싸고 있는 하나님의 천사들은 어떻게 하고 있습니까? 그들도 기꺼이 그렇게 하고 있습니다. 그들은 그분의 계명을 사랑하고 있으며 기꺼이 그분의 말씀을 듣습니다. 그분의 뜻을 준행하는 것이 그들의 음식이요 음료입니다.[64] 그것이 그들의 가장 고귀한 영광이요 기쁨입니다. 그들은 쉴 새 없이 그렇게 합니다. 그들은 전혀 멈추지 않고 계속해서 기꺼이 그분을 섬깁니다. 그들은 밤이고 낮이고 쉬지 않습니다. 도리어 매시간 (인간의 표현 방식을 따르자면 그렇습니다. 우리 인간들은 어떤 기간이나 나날들, 밤, 시간 등으로 구분하여 표현하지만 영원의 세계에서는 그런 것이 없습니다.) 그분의 계명을 이행하고, 그분의 계획을 수행하며, 그분의 뜻을 받들어 집행합니다. 그들은 그것을 완벽하게 해냅니다. 천사들의 마음에는 어떠한 죄나 흠도 없습니다. "별들조차도 그분께서 보시기에 순결하지 않으며"[65] 그분 앞에서 함께 찬양을 드리는 새벽별들조차도 그분의 눈에는 깨끗하지 않다는 것은 참으로 맞는 말입니다. "그분께서 보시기에"라는 말, 즉 그분과 비교해 볼 때 천사들조차도 깨끗하지 않습니다. 그렇다고 해서 천사들이 그 자체로 순결하지 않다는 말은 아닙니다. 두말할 나위 없이 그들은 깨끗하지요. 그들은 점과 흠이 없습니다. 그들은 모두 그분의 뜻에 온전히 헌신하고 있으며, 모든 일에 있어서 완벽하게 그분께 순종합니다.

---

64) 요 4:34
65) 욥 25:5

만일 우리가 이것을 다른 측면에서 바라본다면, 하늘에 있는 하나님의 천사들이 하나님의 모든 뜻을 수행하고 있다는 것을 알 수 있습니다. 즉, 그들은 그 외에 다른 일은 하지 않습니다. 그들은 그분의 뜻이라고 절대적으로 확신할 수 있는 것들만 합니다. 또한 그들은 하나님께서 뜻하시는 대로 그분의 모든 뜻을 이행합니다. 그들은 하나님께서 기뻐하실 만한 방식으로 그렇게 하며 그 외에 다른 방식으로는 절대로 하지 않습니다. 그렇습니다. 그들은 그것이 그분의 뜻이라는 단 한 가지 이유 때문에 이것을 합니다. 오직 이러한 목적만 있을 뿐 다른 이유는 없습니다.

10. 따라서 하나님의 뜻이 "하늘에서와 같이 땅에서도 이루어지이다."라고 기도하는 것은 이 땅에 거하는 모든 이들, 즉 모든 인류가 하늘에 계신 저들의 아버지의 뜻을 마치 거룩한 천사들이 그러하듯이 기꺼이 행하는 것을 의미합니다. 이것은 그분의 뜻을 계속해서 수행하는 것을 뜻합니다. 마치 천사들이 잠시도 중단하지 않고 계속해서 기꺼이 그분을 섬기듯이 말입니다. 그렇습니다. 그들은 또한 그것을 완벽하게 수행합니다. 우리가 이와 같이 기도하는 것은 "평강의 하나님이 영원한 언약의 피로써[66] 모든 선한 일에 있어서 그들을 온전하게 하셔서 그분의 뜻을 준행하게 하시고,[67] 그들 모두 가운데 역사하시어 그분 보시기에 흡족할 만하도록" 하시기를 기도하는 것입니다.

다른 말로 하자면, 우리는 모든 인류가 모든 일들 가운데 하나님의 모든 뜻을 준행하기를 기도하는 것입니다. 그 외에 다른 것은 없습니다. 하나님의 거룩하고 받으실 만한 뜻이 아닌 것은 아주 작은 것이라도 하지 않기를 기도하는 것입니다. 그분을 기쁘시게 해 드리는 방식으로 그분께서 뜻하시는 대로 하나님의 모든 뜻을 우리가 준행하도록 기도하는 것입니다. 그리고 마

---

66) 히 13:20
67) 딤후 3:17

지막으로 그것이 그분의 뜻이기 때문에 우리가 그것을 하도록 기도하는 것입니다. 우리는 바로 이것이 우리의 모든 생각과 말과 행동의 유일한 이유와 근거, 전적이면서도 유일한 동기가 되도록 기도하는 것입니다.

11. "오늘 우리에게 일용할 양식을 주옵시고" - 앞서 언급했던 세 개의 간구는 모든 인류를 위한 것입니다. 이제 우리는 우리 자신들의 필요를 충족시킬 구체적인 것들에 이르렀습니다. 하지만 여기에서조차도 우리의 기도가 온통 우리 자신들에게만 한정되도록 가르치지 않습니다. 도리어 이 간구는 이후에 나오는 간구들과 마찬가지로 이 땅 위에 있는 모든 그리스도의 교회를 위해 드려질 수 있습니다.

"양식"이라는 것은 그것이 우리의 영혼을 위해서든지 우리의 육신을 위해서든지 상관없이 우리에게 필요한 모든 것들을 가리키는 것으로 이해할 수 있습니다. 헬라어 타 프로스 조엔 카이 유세베이안(*ta pros joen kai eusebeian*)이라는 말은 우리의 생명과 경건을 유지하는 데 필요한 것들이라는 뜻입니다. 우리는 우리 주님께서 "썩어 없어질 음식"[68]이라고 말씀하신 것을 그저 겉으로 보이는 빵만을 가리키는 것으로 이해해서는 안 됩니다. 이것은 더 나아가서 영적인 빵, 즉 하나님의 은혜요, "영생하도록 있는 양식"[69]입니다. 우리가 이 빵을 성만찬이라고도 이해하는데, 이것은 많은 고대 교부들의 생각이기도 합니다. 처음에 이것은 모든 그리스도의 교회가 매일 받았던 것입니다. 그리고 사람들의 사랑이 식어지기 전까지만 하더라도 그것은 하나님의 모든 자녀들의 영혼에게 성령의 은혜를 전달해 주는 대단한 통로로서 아주 고귀하게 여겼던 것입니다.[70]

"우리의 일용할 양식" - 우리가 일용할(daily)이라고 번역하는 말에 대해서 많은 주석가들이 서로 다르게 해석해 왔습니다. 그러나 이 단어에 대한

---

68) 요 627
69) 요 6:27
70) 표준설교 12.2.1('은혜의 수단')을 보라.

가장 분명하고 자연스러운 의미는 오늘을 위해 충분하다는 것으로 보는 것입니다. 예나 지금이나 거의 대부분의 번역가들이 이런 식으로 번역하고 있습니다.

12. "우리에게 주시고" – 우리는 마땅히 받을 권리를 요구하는 것이 아니라 거저 주시는 은혜를 바라는 것입니다. 우리는 우리가 숨 쉬는 공기조차도 받을 자격이 없는 사람들입니다. 우리에게 비취는 햇빛도 받을 자격이 없습니다. 우리가 받을 만한 것은 솔직히 말하자면 지옥밖에 없습니다. 그러나 하나님께서는 아무런 대가를 요구하지 않으시고 우리를 사랑하셨습니다. 따라서 우리는 그분께서 주시는 대로 받을 수 있을 뿐이고, 스스로의 힘으로 얻어낼 수 없는 것을 그분께 달라고 간구할 수 있을 뿐입니다.

하나님의 선하심이나 그분의 능력이 있으니 우리는 아무것도 하지 않고 그저 빈둥거리면 되겠거니 하고 생각하면 안 됩니다. 모든 것에 있어서 최대한 부지런하게 행하는 것이 그분의 뜻이기에, 우리는 마치 우리의 지혜나 힘 덕택에 무엇을 성공적으로 이루어 내는 것처럼 생각하면서 최선을 다해야 합니다. 그렇게 한다면 우리가 한 것이 아무것도 없는 것처럼 생각하면서 온전히 모든 좋은 것과 완벽한 선물을 주시는 분이신 하나님만을 의지할 수 있게 되는 것입니다.

"오늘날" – 우리는 내일을 염려하지 말아야 합니다. 지혜로우신 우리 창조주께서는 우리의 삶을 이렇게 작은 시간의 부분들로 매번 나누어 놓으셨습니다. 이런 식으로 매일 매일을 서로 분명히 갈라놓으심으로써 우리가 이하루 자체를 매일 주어지는 하나님의 새로운 선물로 생각할 수 있게 하신 것입니다. 그리하여 우리는 매일 주어지는 또 다른 인생을 그분의 영광을 위해 온전히 드립니다. 매일 저녁은 우리의 생을 마감하는 시간입니다. 우리는 그 너머의 것을 바라보지 못합니다. 그 너머에는 영원만이 있을 따름입니다.

13. "우리가 우리에게 죄 지은 자를 사하여 준 것같이 우리의 죄를 사하여 주시고."[71] – 오직 죄만이 모든 피조물들에게 넘치도록 흐르는 하나님의 풍성하신 사랑을 가로막고 방해합니다. 따라서 이 간구가 이어서 나오는 것은 아주 당연한 일입니다. 이러한 장애물들이 제거된다면 우리는 모든 좋은 것을 즐겨 주시는 사랑의 하나님을 보다 확실하게 신뢰할 수 있게 될 것입니다.

"우리의 죄를"[72] – 이것을 정확히 말하면 우리의 빚이라는 말입니다. 우리의 죄악들은 성경에 자주 언급되어 있습니다. 우리가 죄를 지을 때마다 우리는 하나님께 새로 빚을 지는 것입니다. 우리는 이미 그분께, 말 그대로 하자면 이미 일만 달란트나 빚지고 있습니다.[73] 그분께서 우리에게 "네가 진 빚을 갚으라."고 말씀하시면 우리는 무어라 대답하겠습니까? 우리는 돈을 갚을 능력이 전혀 없습니다. 우리는 돌려드릴 수 있는 돈을 하나도 갖고 있지 않습니다. 우리는 우리가 가진 재산을 다 탕진했습니다. 따라서 만일 그분께서 엄하신 그분의 법에 따라서 처분하신다고 한다면, 만일 그분께서 법대로 정확하게 응분의 조치를 취하신다고 하신다면, 우리의 "손과 발을 묶어서 옥졸들에게 넘기라고"[74] 명령하시겠지요.

정말로 우리는 이미 우리가 지은 죄의 사슬로 손과 발을 결박당했습니다. 이것들은 우리 자신들에 대하여 생각해 보았을 때 과연 쇠사슬과 족쇄들입니다. 이것들은 세상에서 우리가 받은 상처요, 우리의 육신의 것들로 인해 받은 상처요, 악마로 인해 받은 상처, 우리 몸을 온통 덮고 있는 상처들입니다. 이것들은 우리의 피와 영혼을 마셔버리는 고질병들입니다. 이것들은 결국 우리를 무덤으로 데려갑니다. 그러나 이러한 것들이 지금 여기에 있기에, 우리가 하나님에 대하여 생각해 보았을 때 이것들은 셀 수도 없이 많은 큰

71) 마 6:12
72) 마 6:12
73) 마 18:23~35
74) 마 18:34

빚입니다. 따라서 우리에게 갚을 수 있는 것이 하나도 없다는 것을 생각해 보면 우리가 그분께 외칠 수 있는 것은 그저 "용서해 주십시오!"라는 것밖에는 없습니다.

용서한다는 말로 번역된 단어는 빚을 탕감해 준다는 것을 의미하기도 하고 족쇄를 풀어 준다는 의미도 됩니다. 만일 우리가 빚을 탕감해 준다는 의미로 받아들인다면, 족쇄를 풀어 준다는 의미가 당연히 뒤따라오게 마련입니다. 만일 우리의 빚을 탕감받게 되면 우리 손에 채워 있던 사슬은 당연히 풀어지게 되니 말입니다. 우리가 그리스도 안에서 거저 주시는 하나님의 은혜를 통해서 "죄 사함을 받게" 되자마자, 우리는 이와 함께 "그분을 믿는 믿음으로[75] 거룩하게 된 사람들 가운데서 유업을"[76] 받게 됩니다. 이제 죄는 그 권세를 잃었습니다. 이제 "은혜 아래에 있는" 사람들, 즉 하나님의 은총을 받는 사람들은 더 이상 죄의 지배를 받지 않습니다.[77] "그러므로 이제 그리스도 예수 안에 있는 자에게는 결코 정죄함이 없습니다."[78]는 말씀처럼, 이들은 죄뿐만 아니라 죄책감에서도 자유를 얻습니다. "율법의 요구는" 그들 가운데 "이루어졌고", 그들은 "육신을 따르지 않고 그 영을 따라 행합니다."[79]

14. "우리가 우리에게 죄지은 자를 사하여 준 것같이"[80] - 이 말씀을 통해서 우리 주님께서는 우리가 어떠한 조건에서, 어느 정도로, 어느 방법으로 우리가 하나님의 용서하심을 기대할 수 있을지 분명히 선언하셨습니다. 우리가 남을 용서해 준다면 우리의 허물과 죄도 용서받습니다. 그리고 우리가 남을 용서해 주는 만큼 우리의 허물과 죄도 용서받습니다. 첫 번째로,

---

75) by faith which is in Him. 혹은 "그분 안에 있는 믿음으로". Cf. 갈 2:16; 3:26의 번역을 각각 비교하라.
76) 행 20:32
77) 롬 6:14~15
78) 롬 8:1
79) 롬 8:4
80) 마 6:12

우리가 다른 사람들을 용서하면 하나님도 우리를 용서해 주십니다. 이것은 가장 중요한 요점입니다. 복되신 우리 주님께서는 이 점에 대해서는 너무나도 열의를 보이셔서 우리가 항상 이것을 잊지 않고 생각하도록 하셨습니다. 또한 그분께서는 단지 이것을 우리의 기도 가운데 끼워 넣는 것에 그치지 않고 이것을 두 번씩이나 반복해서 말씀하십니다. 즉, 그분께서는 "만일 너희가 다른 사람들의 허물을 용서하면 하늘에 계신 너희 아버지께서도 너희를 용서하실 것이다. 그러나 만일 너희가 다른 사람들의 허물을 용서하지 않으면 하늘에 계신 너희 아버지께서도 너희를 용서하지 않으실 것이다."(마 6:14~15)라고 반복하여 말씀하신 것입니다. 두 번째로, 하나님께서는 우리가 남을 용서하는 대로 우리를 용서하십니다. 따라서 만일 우리가 남을 용서한다고 하면서 그 가운데 여전히 악의나 쓴 감정, 친절하지 못하고 분노가 남아 있다면, 우리도 우리의 잘못을 용서받지 못합니다. 하나님께서 우리의 잘못을 말끔하고도 완전히 용서하지 않으십니다. 물론 어느 정도 자비는 베푸시겠지요. 하지만 우리가 깔끔하게 용서하지 않으면, 그분께서도 우리의 모든 죄과를 완전히 지워버리시고 우리의 모든 허물을 용서하시지는 않으실 것입니다.

그렇다면 우리가 진심으로 우리의 이웃이 저지른 잘못을 용서하지 않으면서 이러한 말들을 늘어놓는다면 우리는 도대체 어떠한 기도를 하나님께 드리고 있는 것입니까? 우리는 하나님께 정면으로 도전장을 내미는 꼴이 됩니다. 우리는 그분께 최악을 행하시라고 감히 아뢰는 꼴이 됩니다. "우리에게 잘못을 저지른 사람을 우리가 용서해 준 그 방식대로 우리도 그렇게 용서해 주십시오!" 이것을 직설적으로 다시 말하자면 "우리의 잘못을 용서해 주지 마십시오. 우리는 당신의 자비를 바라지 않습니다. 우리는 당신께서 우리의 죄악을 계속 기억하고 계시기를 기도합니다. 그리고 당신의 진노가 우리 위에 임하기를 바랍니다."라고 기도하는 꼴이 됩니다. 그런데 여러분, 하나님께 진심으로 이러한 기도를 올릴 수 있겠습니까? 만일 그렇게 하는

데도 그분께서 여러분을 아직 지옥 불로 던져 버리지 않으시는 것이 어떻게 느껴지십니까? 오, 더 이상 그분을 시험하지 마십시오! 지금, 지금이라도 그분의 은혜로써 여러분이 용서함을 받게 되는 것처럼 남들도 용서하십시오! 하나님께서 여러분에게 긍휼을 베풀어 주셨고 앞으로도 베풀어 주실 것인 만큼 여러분도 여러분의 동료나 아랫사람에게 긍휼을 베푸십시오!

15. "우리를 시험에 들게 마옵시고 다만 악에서 구하옵소서."[81] - "그리고 우리를 시험으로 이끌지 마옵시고." 시험이라고 번역된 단어는 모든 종류의 시험들을 가리킵니다. 영어에서는 시험(temptation)이라는 용어가 이전에는 다른 의미로 사용되었습니다. 물론 지금은 이 단어가 죄를 짓도록 권유하는 것으로 일반적으로 이해되고 있습니다. 성 야고보는 이 단어를 다음과 같은 의미들로 사용합니다. 첫 번째, 일반적인 의미로, 그리고 제한적 의미로 사용합니다. "시험을 받을 때에 시험을 이기는 자는 복이 있다. 하나님으로부터 인정받으면 생명의 면류관을 받을 것이다."(약 1:12~13)는 말을 할 때 바로 일반적인 의미로 이 용어를 사용하는 것입니다. 야고보는 이어서 두 번째 의미로 이 단어를 사용해 말합니다. "사람이 시험을 받을 때에 내가 하나님께 시험을 받는다 하지 말지니, 하나님은 악에게도 시험을 받지도 아니하시고 친히 아무도 시험하지 아니하시느니라. 오직 각 사람이 시험을 받는 것은 자기 욕심에 끌려 미혹됨이니"[82]라는 구절입니다. 사람은 욕심(lust) 혹은 탐욕(desire)에 이끌려서 엑셀코메노스(*exelkomenos*), 즉 하나님으로부터 벗어나게 됩니다. 그러나 우리는 그분 안에 있을 때에만 안전합니다.[83] "미혹된다"는 말은 물고기가 미끼에 걸려드는 것과 같은 것입니다. 따라서 사람이 "시험에 빠지는 것"은 그가 미혹을 받아서 다른 데로 벗어날 때 생기는 일입니다. 그렇게 되면 시험은 구름처럼 그 사람을 뒤덮습니

---

81) 마 6:13
82) 약 1:13
83) 잠 29:25

다. 이것은 그 사람의 모든 영혼을 감싸버립니다. 그가 이 덫에서 벗어나는 것이 얼마나 어렵겠습니까! 그러므로 우리는 하나님께 "시험에 들지 않도록", 즉 우리가 그 길에 빠져들지 않도록(하나님은 어느 누구도 직접 시험하지 않으시므로) 해 달라고 기도하는 것입니다. "다만 악에서 구하옵소서." 헬라어로 아포 투 포네루(apo tou ponerou)라고 하는 이것은 "악한 자에게서"라고 번역하는 것이 낫습니다.[84] 헬라어 호 포네로스(ho poneros)는 분명히 악한 자를 가리킵니다. 이것은 이 세상의 왕이요 신으로서, 불순종의 자녀들 가운데서 막강한 권력을 행사하는 자입니다.[85] 그러나 믿음으로 하나님의 자녀가 된 이들은 모두 이 악한 자의 손에서 건짐을 받았습니다. 그 악한 자는 하나님의 자녀들과 싸우고 있으며 앞으로도 계속 싸울 것입니다. 그러나 그들이 자신들의 영혼을 배신하지 않는 한 그는 절대로 그들을 이길 수 없습니다. 그는 잠시 그들을 괴롭힐 것입니다. 그러나 그들을 파괴시킬 수는 없습니다. 왜냐하면 실수가 없으신 하나님께서 그들의 편이 되어 주시기 때문입니다. 그분께서는 결국 "밤낮 부르짖는 택하신 자들의 원한을 풀어 주실"[86] 것입니다. 주님! 우리가 시험에 들 때에 우리가 시험에 들지 않게 해 주옵소서! 우리가 빠져나갈 길을 마련해 주시어 악한 자가 우리를 건드리지 못하게 하소서!

16. 주님의 기도의 결론은 일반적으로 송영이라고 부릅니다. 이것은 엄숙한 감사의 표현이고 하나님의 속성과 그분께서 하신 일들을 간략하게 기억하는 것입니다. "당신의 나라" – 모든 피조물들을 다스리시는 권한을 가리킵니다.[87] 그렇습니다. 당신의 나라는 영원한 나라이며, 당신의 다스리심은

---

84) 이 구절은 "악에서"와 "악한 자에게서"라는 두 가지로 모두 번역될 수 있다.
85) 엡 2:2
86) 눅 18:7
87) "나라"로 번역되는 헬라어 '헤 바실레이아'는 나라라는 뜻과 더불어 '통치', '다스림'이라는 추상적 개념도 포함하고 있으며, 신약성서에서 이 단어는 사실 '다스림'의 개념으로 보는 것이 더 적절하다.

모든 세대에 이릅니다.[88] "권세" – 이것은 절대적 권력으로서, 하나님께서는 이 권력으로 당신의 영원하신 나라 안에 있는 모든 것들을 다스리십니다. 또한 그분께서는 당신께서 다스리시는 모든 곳에서 이 권력으로써 자신의 기뻐하시는 대로 행하십니다. "영광" – 모든 피조물들이 그분의 권능과 그분의 나라의 능력에 대해, 그리고 그분께서 영원부터 하고 계시고 앞으로도 하실 놀라운 모든 일들에 대해 당연히 드려야 하는 찬양입니다. 그의 세계는 무궁하여 "영원무궁할 지어다. 아멘!" 그렇게 이루소서! 저는 주님의 기도를 아래에 다시 풀어서 써 놓았는데, 여러분이 진지한 독자라면 이 기도를 좋게 받아들일 것입니다.

1. 만물의 아버지, 당신의 권능의 목소리는
온 우주를 호령하십니다.
만물을 향한 당신의 자비를 기뻐하오니,
세세토록 동일하신 자비옵니다.
당신의 말씀으로 만물을 붙드시고,
만물을 향한 당신의 풍성한 사랑은 드러나옵니다.
당신께서는 모든 피조물들이 부르짖는 소리를 들으시고
그들의 입을 모든 좋은 것으로 채워 주시옵니다.

2. 당신께서 빛으로 보좌에 좌정하사 하늘에서 다스리시오니,
광활한 자연은 당신 아래 펼쳐져 엎드리옵니다.
땅과 공기와 바다가 당신 앞에 펼쳐지고
지옥의 깊은 음산함은 활짝 열리나이다.
지혜와 능력과 사랑은 당신의 것!
당신의 얼굴 앞에 우리는 엎드리어

---

88) 시 145:13

당신의 거룩하신 성품을 고백하오니,
만세! 만유의 주께서 다스리시도다!

3. 전능의 주여, 만물이 당신께 고백하게 하소서.
이 땅과 공기와 하늘에 살아 움직이는 모든 것들이
당신의 권능을 경외하고, 당신의 선하심을 축복하고,
모든 것들을 꿰뚫어 보시는 당신의 눈앞에 떨고 있다고!
그분께로 말미암은 너희 모든 자들아,
매 순간 그분께 찬양을 드릴 때 고백하라,
여호와께서 다스리신다! 기뻐하라, 온 땅이여!
너 새벽별들이여, 기뻐 외쳐라!

4. 당신 아버지의 영원하신 사랑의 아들이시여,
당신께 합당한 권능을 취하소서.
온 땅의 아들들이 당신의 자비를 드러내게 하시고,
당신께서 주신 보혈의 은혜를 흠모하게 하소서.
당신 사랑의 승리가 드러나게 하시고,
모든 이들의 마음 안에서 오로지 당신만 다스리소서.
당신의 모든 원수들이 당신의 다스리심을 고백하고,
은혜로 시작한 것이 영광으로 마쳐지기까지.

5. 은혜의 영, 건강의 영, 능력의 영,
빛과 사랑의 근원이시여,
당신의 치유의 효력이 널리 퍼지게 하시어
모든 나라에 흘러넘치게 하소서.
우리의 마음을 완전한 사랑으로 불붙게 하시고,

우리 가운데서 믿음의 역사가 이루어지게 하소서.
그리하여 이 땅에서 저희가 당신의 뜻을 행할 때에
하늘의 무리보다 뒤처지지 않게 하소서.

6. 아버지시여, 매일의 소출은 당신의 것이옵니다.
당신의 자녀들은 날마다 새롭게 당신의 채워 주심을 바라나이다.
당신은 들의 백합꽃을 입혀 주시는 분.
당신은 어린 까마귀의 우는 소리에 귀를 기울여 주시는 분.
우리의 염려를 당신께 맡기나이다.
우리는 우리의 모든 필요를 아시는 당신을 통해서만 살아갈 수 있나이다.
당신의 은혜로 우리를 채우시고,
오늘 우리 영혼에 살아 있는 떡을 주옵소서!

7. 영원하시고 흠 없으신 하나님의 어린 양이여,
세상의 기초 이전에 죽임을 당하신 이여,
당신의 피를 영원토록 우리에게 뿌려 주소서.
우리를 깨끗케 하시고 우리를 영원토록 정결하게 지켜 주소서.
그리하여 우리의 사랑의 마음이 더욱더
모든 영혼들에게 (모든 이들은 그분을 찬양하라!) 닿게 하소서.
그리하여 이것을 보고 모든 사람들이
하나님이 우리 안에 계신 것을 보게 하소서.
하나님은 사랑이시기 때문이옵니다.

8. 생명의 근원이시오, 생명의 주님이신 이여,
당신의 능력은 모든 이들에게 미치고
당신의 돌보심은 모든 이들에게 값없이 주어지나이다.

우리가 혹독한 시험을 받을 때에 죄와 사탄으로부터 벗어나
당신께 피하게 하옵소서.
주님, 우리는 당신의 것이옵니다.
우리 안에 당신의 모든 선하심을 보이시옵소서.
평화와 기쁨, 천국과 하나님으로
우리의 마음을 새롭게 하시고 더욱 크게 하시며, 가득 채워 주소서.

9. 축복과 존귀, 찬양과 사랑,
동등하시고 모두 영원하신 삼위 하나님,
아래 땅과 위의 하늘에서
당신께서 하신 모든 일이 당신께 돌려지게 하옵소서.
거룩! 거룩! 거룩!
당신의 나라와 전능하신 권세가 당신의 것이옵니다.
모든 만물이 사그라질 때에도
당신의 불멸의 영광은 빛나게 하옵소서.

웨슬리와 함께 공부하는 산상수훈

1 이 설교 말씀은 어디를 본문으로 하고 있으며, 그 성경 본문은 무슨 내용을 다루고 있습니까?

2 유대인의 중요한 세 가지 덕목으로 구제, 기도, 금식이 있습니다. 웨슬리는 경건의 행위(works of piety)와 자비의 행위(works of charity, works or mercy)로 이것들을 분류합니다. 구제, 기도, 금식은 각각 어디에 해당합니까? (21.0.2)

3 "사람에게 보이려고 그들 앞에서 구제 행위를 하지 않도록 주의하라."는 말씀에 대해 웨슬리는 사람들에게 선한 행위를 하는 것이 남의 눈에 띄는 것을 나쁘게 보는 것입니까? 산상수훈 강해 4번, 19.2.1~7을 읽어 보고 답해 보십시오. 만일 그렇지 않다면 여기에서 웨슬리는 무엇을 경계하고 있는 것입니까? (21.1.2)

4 남에게 보이기 위해서 하지 않는다는 것, 즉 우리 행위의 의도를 살펴보라는 것은 우리의 선한 행위의 궁극적 목표를 어디에 두고 있는지 확인하라는 말입니까? (21.1.2~3)

5 "오른손이 하는 일을 왼손이 모르게 하라."는 말씀에 대해 웨슬리는 예외를 두고 있습니다. 그 예외는 어떤 경우를 가리킵니까? (21.1.4)

6 이제 웨슬리는 경건의 행위의 사례로서 기도에 대해 언급합니다. 우리가 기도할 때 스스로 살펴보아야 하는 것은 무엇입니까? (21.2.1)

7 웨슬리가 구제나 기도 등 모든 경건의 행위와 자비의 행위에 있어서 가장 중요시하는 것은 무엇입니까? (21.2.2) 웨슬리가 말하는 그 용어의 의미를 좀 더 구체적으로 설명해 보십시오.

8 웨슬리는 "기도란 이것이다."라고 말합니다. 우리 감리교도들이 생각하는 기도의 정의는 "여러분이 기도하는 목적은 … 받을 수 있도록 하기 위한 것입니다." 입니다. 이 구절을 직접 써 보십시오. 그리고 그 의미에 대해 서로 이야기를 나눠 보십시오. 또한 자기 자신에게 '내가 하는 기도가 과연 이러한 기도인가?'라는 질문을 던져 보십시오. (21.2.5)

9 산상수훈 강해 6번의 세 번째 부분(21.3)에서 웨슬리는 주기도문 강해를 합니다. 주기도문의 구조는 어떻게 이루어져 있습니까? (21.3.3)

10 "우리 **아버지**"라는 구절에 담긴 의미는 무엇입니까? (21.3.4)

1)
2)
3)

11 "**우리** 아버지"라는 구절에 담긴 의미는 무엇입니까? (21.3.5)

12 "하늘에 계신"에 담긴 의미는 무엇입니까? (21.3.6)

13 "이름이 거룩히 여김을 받으소서."라고 기도할 때 우리는 무엇을 간구하고 있는 것입니까? (21.3.7 후반부)

14 "당신의 나라가 임하시오며"라고 기도할 때 우리는 무엇을 간구하고 있는 것입니까? (21.3.8)

15 "뜻이 하늘에서 … 이루어지이다."라고 기도할 때 우리는 무엇을 기도하고 있는 것입니까? (21.3.9~10)

16 "일용할 양식"에서 '일용할'이라는 단어(에피우시온, *epiousion*)는 여러 의미로 해석될 수 있습니다. 웨슬리는 이 단어를 어떤 의미로 풀이합니까? (21.3.11)

17 "우리를 시험에 들게 마시옵고"라는 기도는 하나님이 우리를 시험하신다는 의미를 전제로 하고 있습니까? 만일 아니라면 이것은 무슨 의미입니까? (21.3.15)

우리 주님의
산상수훈에 대하여

▶ 강해 7

요약과 해설

산상수훈 강해 7번부터 9번까지 세 편의 설교는 1747년 11월 1일부터 16일까지 이루어진 것으로 알려져 있다. 웨슬리가 이 설교를 할 즈음에 남긴 일기를 보면, 여전히 폭도들의 위협을 당하고 있던 것으로 보인다.

> 나는 낮에는 윈저에서 설교하고 오후에는 말을 타고 레딩으로 갔다. J. R 씨가 그날 밤 내가 설교할 때에 나를 끌어내리도록 폭도들을 고용했다는 소식을 자기 동생 편에 보냈다. 저녁이 되었을 때 리처드 씨가 굉장히 많은 선원들이 다가오는 것을 보고, 그들에게 가서 "여러분이 더 많이 온다면 자리를 마련해 두겠소."라고 하면서 자기와 함께 좋은 설교를 들으러 가지 않겠냐고 제안했다. 그 사람들은 그렇게 하겠다고 말했다. 그때 리처드 씨가 그들에게 "그런데, 여러분, 여러분이 들고 온 몽둥이는 그냥 내버려 두고 가는 게 어떻겠소? 부인들이 그걸 보면 좀 무서워할 것 같은데 말이오."라고 말했다. 그러자 그들은 그 몽둥이를 모두 내버리고 자리가 마련된 의자가 있는 집으로 잠잠히 따라갔다.
> 내 설교가 끝날 즈음에 그들 가운데서 두목으로 보이는 한 사람이 일어났는데, 그 사람은 다른 동료 15명보다 머리 하나 정도는 더 키가 큰 사람이었다. 그런데 그가 일어나서 회중들을 둘러보더니만, "저 신사분이 설교하는 것을 보니 모두 좋은 말씀인 것 같소. 내가 보기에 이 말에 감히 이의를 제기할 사람은 없는 것 같소이다."라고 말했다.
> (1747년 11월 2일 월요일 일기)

그러나 이런 어려움에도 불구하고 웨슬리의 설교는 영향력을 발휘해 많은 사람들, 특히 그를 반대하던 사람들을 많이 돌이키게 한 것 같다.

산상수훈 강해 7번은 마태복음 6장에 나오는 세 가지 유대교의 종교적 행위들 가운데 세 번째 항목인 금식에 대해 다루고 있다. 이 설교에서는 금식에 대한 지식적인 정보들을 소개하는 부분, 금식을 하는 이유와 근거, 금식하는 것에 대한 반대와 그 반대에 대한 웨슬리의 반론, 마지막으로 금식할 때에 어떻게 해야 하는 지에 대한 내용으로 이루어져 있다. 먼저, 웨슬리는 절식이나 절제로부터 시작해서 긴 기간의 금식에 이르기까지 다양한 금식의 종류를 소개한 후, 금식을 한 사람들의 사례를 성경에서 찾아서 제시한다. 그리고 그는 금식하는 이유를 몇 가지 제시하는데, 자신의 죄를 가슴 아파하는 표현으로서, 혹은 하나님께 자신의 죄를 회개하고 자기를 그런 길로 빠뜨린 것을 끊는 행위로서, 하나님의 진노를 돌이키는 수단으로서, 하나님으로부터 복을 구하거나 중요한 일을 앞두고 하나님의 뜻을 구하는 수단으로서 금식하는 것을 설명한다. 세 번째로, 웨슬리는 금식에 반대하는 의견들을 소개하고 그에 대한 반론을 제시하는데, 그는 여기에서 금식이 하나님의 은혜를 받을 수 있는 유익한 은혜의 수단(means of grace)이라는 점을 강조하면서 될 수 있는 대로 금식할 것을 권한다. 끝으로, 금식하는 방법을 소개하면서 건강을 해치지 말 것, 사람들에게 보이기 위한 금식을 하지 말 것, 이웃에게 영적, 물질적 도움을 주는 일을 병행할 것을 권한다.

우리 주님의 산상수훈에 대하여

▶ 강해 7

금식할 때에 너희는 외식하는 자들과 같이 슬픈 기색을 보이지 말라. 그들은 금식하는 것을 사람에게 보이려고 얼굴을 흉하게 하느니라. 내가 진실로 너희에게 이르노니 그들은 자기 상을 이미 받았느니라. 너는 금식할 때에 머리에 기름을 바르고 얼굴을 씻으라. 이는 금식하는 자로 사람에게 보이지 않고 오직 은밀한 중에 계신 네 아버지께 보이게 하려 함이라. 은밀한 중에 보시는 네 아버지께서 갚으시리라. 마 6:16~18

1. 이 세상이 시작될 때부터 사탄은 하나님께서 하나로 묶어 놓으신 것을 떼어 놓으려고 애썼습니다. 사탄은 내적 종교와 외적 종교를 분리시키려고 노력했고, 이러한 내적 변화와 외적 변화를 서로 다르게 만들려고 애써 왔습니다. 그리고 사탄은 "그의 계책을 알지 못하는"[1) 사람들에게서 적지 않은 성공을 거두었습니다.

모든 세대에 걸쳐서 많은 사람이 하나님께 대하여 열의를 가졌습니다. 그러나 하나님을 아는 지식에 따라 그렇게 한 것이 아니라 "율법의 의"(righteousness of the law), 즉 외적인 의무를 행하는 것에 엄격하게 얽

---

1) 고후 2:11

매여서 그렇게 했습니다.[2] 그들은 내적인 의, 즉 "믿음에 의한 하나님의 의"[3]와는 전혀 상관없이 그렇게 했던 것입니다. 한편, 많은 사람이 모든 외적인 의무들을 무시하고 정반대의 길로 내달았으며, 심지어는 "율법에 대해 나쁘게 말하고 율법을 정죄하기"[4]도 했으며, 율법이 명하는 대로 행하는 것을 금하기도 했습니다.

2. 믿음과 행위가 서로 이렇게 대치하는 모습으로 종종 놓이게 하는 것이 바로 사탄이 꾸미는 계략입니다. 그래서 하나님께 대해 정말로 열심을 가진 사람들이 한때는 어느 쪽이 되었든[5] 이러한 올무에 걸리기도 했습니다. 어떤 사람들은 선행을 전적으로 배제할 정도로 믿음만을 강조했습니다. 즉, 우리가 칭의를 받기 위한 요건에서뿐만 아니라, (우리는 사람이 예수 안에 있는 구속을 통해서 거저 의롭다 하심을 얻는다는 것을 알고 있기 때문입니다.) 또한 의롭다 하심을 받은 결과로 맺게 되는 열매의 필요성에 있어서도, 즉 예수 그리스도의 종교 전반에 있어서 선행을 배제하고 오직 믿음만을 내세운 것입니다. 한편, 다른 사람들은 이 위험한 실수를 저지르지 않기 위해서 도리어 정반대의 길로 최대한 멀리 가 버렸습니다. 그래서 그들은 선행하는 것이 칭의를 위한 이유, 적어도 칭의를 위한 선결조건이라고 주장했습니다. 그들은 선행이 전부인 것처럼, 예수 그리스도 종교의 모든 것인 양 말했습니다.

3. 종교의 목적과 수단에 있어서도 이 두 가지 입장은 마찬가지로 상반되는 것처럼 여겨졌습니다. 어떤 사람들은 교회의 기도회에 참석하는 것이, 주님의 성만찬을 받는 것이, 설교를 듣는 것이, 그리고 경건서적을 읽는 것이 우리 종교의 전부인 것처럼 여겼습니다. 그러면서 그들은 이 모든 행위들

---

2) 성경은 이것을 "율법의 요구"로 번역한다(롬 8:4).
3) 롬 1:17
4) 약 4:11
5) 율법의 준수를 요구하는 입장이나 율법의 폐기를 주장하는 입장.

의 궁극적인 목적, 즉 하나님을 사랑하고 이웃을 사랑하는 것을 소홀히 했습니다. 그리고 또 다른 사람들은 그런 모습을 보고 도리어 하나님의 계명을 준수하는 것을(경멸할 정도는 아니지만) 무시했습니다. 그리하여 그들은 그 계명들을 해쳐 그 계명들이 주어진 근본취지와 목적을 훼손하고 뒤집어 놓았던 것입니다.[6]

4. 그러나 이 모든 은혜의 수단들 중에서 사람들이 가장 극단적으로 치닫는 것은 우리 주님께서 위에서 말씀하신 것, 즉 종교적인 금식을 하는 것일 것입니다. 어떤 사람들은 금식을 모든 성서와 이성보다 더 뛰어난 것으로 높이기까지 했습니다. 또 어떤 사람들은 금식을 완전히 무시하기도 했습니다. 그들은 금식을 뛰어난 것으로 칭송하는 사람들에게 마치 복수라도 하는 것처럼 그들이 치켜세우는 것만큼이나 금식 행위를 깎아내렸습니다! 어떤 사람들은 금식이 전부인 양 말했습니다. 그 자체가 목적이라고 말하지는 않는다 하더라도 여전히 그 목적과 반드시 연관되는 것으로 주장했습니다. 한편, 다른 사람들은 금식 행위가 마치 아무것도 아닌 것처럼, 전혀 쓸모없는 헛된 노력인 것처럼, 그래서 아무런 상관도 없는 것처럼 말했습니다. 그러나 분명한 것은 진리는 이 둘 사이에 놓여 있다는 것입니다. 금식 행위가 전부는 아니지만 그렇다고 해서 아무것도 아닌 것 또한 아닙니다. 그것 자체가 목적은 아니지만 여전히 그것은 소중한 수단입니다. 하나님께서는 이 수단을 친히 정하셨고, 그리하여 우리가 이것을 제대로 사용한다면 그분께서는 우리에게 당신의 축복을 반드시 내려 주실 것입니다.

이것을 분명하게 하기 위해서 저는 다음 네 가지 것을 보여 드리려고 합니다. 첫 번째, 금식 행위의 본성이 무엇이며, 금식의 몇 가지 종류와 정도는 무엇인가. 두 번째, 금식을 하는 이유와 근거와 목적은 무엇인가. 세 번째, 금식 행위를 반대하는 가장 그럴듯한 주장들에 대해서 우리는 어떻게 대답

---

6) 표준설교 12.5.4('은혜의 수단')를 보라.

을 할 것인가. 그리고 네 번째, 금식은 어떻게 해야 하는가.

I

1. 저는 우선 금식의 본질이 무엇이며 거기에는 어떤 종류가 있으며 각각 어느 정도의 것들인지 살펴보고자 합니다. 금식의 본질에 대해 말하자면, 구약성서와 신약성서에 있는 모든 영감 받은 저자들은 금식이라는 단어를 말할 때 한 가지 의미, 즉 음식을 절제하거나 먹지 않는 것으로 말했습니다. 이것은 너무나 분명하기 때문에 다윗이나 느헤미야, 이사야나 다른 선지자들, 혹은 우리 주님과 그의 사도들의 말을 일일이 인용하는 것은 헛수고일 것입니다. 이 모든 사람들이 금식이 정해진 어느 시간 동안 음식을 먹지 않는 것을 가리킨다는 점에 있어서 모두 동의합니다.

2. 옛날 사람들은 금식과는 상관없는 다른 상황들을 금식이라는 것과 흔히 연결하기도 했습니다. 예를 들면 어떤 이들은 금식하는 행위와 옷차림을 연결했습니다. 그들은 금식할 때에 그들이 평소에 입던 옷을 벗어 놓고 애곡하는 옷차림을 했습니다. 그들은 자기 머리에 재를 뿌려대기도 했습니다.[7] 그들은 속에 아무것도 입지 않고 굵은 베옷만 걸치기도 했습니다. 그러나 신약성서 어디에도 이러한 상관없는 상황들에 대해 언급된 것은 거의 없습니다. 초기 기독교인들도 이러한 것들을 강조하지 않았습니다. 하지만 몇몇 참회하는 사람들은 자기들의 내적인 겸손을 겉으로 표시하기 위해서 자발적으로 그러한 것들을 하기도 했습니다. 사도들이나 그 시대에 살았던 그리스도인들도 자기 몸을 때리거나 찢는 행동을 거의 하지 않았습니다. 이러한 행동들은 바알의 제사장들이나 숭배자들에게나 어울릴 법한 것들입니다. 이교도들의 신들은 다름 아닌 악마입니다. 그런 행동들은 그들의 악마

---

7) 단 9:3

신에게나 받아들여질 법한 것들입니다. 그들의 제사장들은 "큰 소리로 부르고 그들의 규례를 따라 피가 흐르기까지 칼과 창으로 그들의 몸을 상하게"(왕상 18:28) 했습니다. 그러나 이러한 행동은 그분께서 기뻐하시는 행동이 아니며, "사람의 생명을 멸하기 위해서가 아니라 그들을 구하기 위해서 오신"[8] 그분을 따르는 이들에게도 어울리지 않는 행동입니다.

3. 금식의 정도에 대해서 우리는 며칠 동안 함께 금식했던 몇몇 사람들의 예를 들 수 있습니다. 이들이 바로 모세,[9] 엘리야,[10] 그리고 우리의 복되신 주님인데,[11] 이분들은 그 목적을 위해서 초자연적인 힘을 부여받았으며, 그래서 중간에 멈추는 일 없이 "사십일 밤낮"을 금식했습니다. 그러나 성경에서 더 자주 언급하고 있는 금식의 시간은 아침부터 저녁까지 하루 동안의 금식입니다. 그리고 옛날 그리스도인들 가운데서 흔히 행해지던 것이 바로 이 금식입니다. 하지만 이것 말고도 그들은 반절의 금식(터툴리안이 이것을 *semijejunia*라고 불렀습니다.)을 했는데, 이것은 일 년 내내 일주일 가운데서 네 번째와 여섯 번째 날에(수요일과 금요일) 하는 금식입니다. 그들은 오후 세 시가 될 때까지 어떤 것도 먹지 않았는데, 이때가 바로 그들이 교회에서 공공 예배를 마치고 돌아오는 시간이었습니다.

4. 이것과 밀접한 연관이 있는 것은 오늘날 교회가 절식(abstinence)이라고 부르는 것입니다. 이것은 우리가 병에 걸렸거나 몸이 약해서 온전하게 금식하지 못할 때 하는 것입니다. 이것은 음식을 조금만 먹는 것입니다. 즉, 부분적으로만 금욕하는 것이지요. 평상시보다 조금 덜 음식을 먹는 것입니다.

---

8) 눅 9:55~56의 다른 사본.
9) 출 34:28
10) 왕상 19:8. 엘리야가 이세벨에게 쫓겨 도망할 때에 천사가 준 음식을 먹고 사십 주야를 가서 호렙 산에 이르렀다는 이야기를 근거로 엘리야가 사십일 금식을 했다고 일반적으로 이해하지만, 성경은 그가 사십 일의 여정을 갔다는 것을 이야기할 뿐 이 기간에 금식을 했다고 전하지는 않는다.
11) 마 4:2 par.

저는 이것에 대한 성서적인 근거는 찾지 못하겠습니다. 하지만 그렇다고 해서 이것을 정죄할 수도 없습니다. 왜냐하면 성경도 그렇게 하지 않기 때문입니다. 이것은 하나님으로부터 복을 받을 수 있는 유용한 도구입니다.

5. 가장 하급의 금식은(굳이 이런 식으로 불러야 한다면) 맛있는 음식을 먹지 않는 것입니다. 이러한 것으로는 성경에서 몇 가지 예를 찾아볼 수 있습니다. 다니엘과 친구들이 이러한 금식을 했는데, 그들은 특별한 사정으로, 즉 자신들이 "왕의 음식과 그가 마시는 포도주로 자기를 더럽히지 아니하기" 위해서(이것은 왕이 그들을 위해서 매일 먹으라고 정해준 음식이었습니다.) 왕의 환관에게 자신들이 채소와 물만 먹을 수 있도록 요청했던 것입니다(단 1:8 이하). 이러한 것을 오해한 채 따라 한 것 때문에 옛날부터 금식과 절제를 하도록 구별된 기간에 고기와 술을 먹지 않는[12] 관습이 생겼을 것입니다. 이러한 오해는 어쩌면 또 다른 추측에서 비롯된 것일 수도 있습니다. 즉, 고기나 술이 가장 맛있는 음식이라는 생각 때문에 사람들은 엄숙하게 하나님께로 나아가는 때에는 가장 덜 기쁨을 주는 방식을 택하는 것이 적절하다고 생각해서 그렇게 하는 것일 수도 있습니다.

6. 유대인들의 교회에서는 명시된 금식들이 있었습니다. 예를 들면 일곱째 달의 금식인데, 이것은 하나님께서 친히 정하셔서 모든 이스라엘 사람들이 지키도록 한 것으로서, 이것을 어기면 가장 엄한 벌을 받습니다. "여호와께서 모세에게 말씀하여 이르시되 일곱째 달 열흘날은 속죄일이니 너희는 성회를 열고 스스로 괴롭게 하며 여호와께 화제를 드리고, 이 날에는 어떤 일도 하지 말 것은 너희를 위하여 너희 하나님 여호와 앞에 속죄할 속죄일이 됨이니라. 이 날에 스스로 괴롭게 하지 아니하는 자는 그 백성 중에서 끊어질 것이라"(레 23:26 이하). 후에 이것 말고도 다른 금식들이 더 덧붙여졌

---

12) Cf. 단 10:2~3

습니다. 선지자 스가랴는 단지 "일곱째 달의 금식뿐만 아니라, 넷째 달과 다섯째 달, 그리고 열째 달"(슥 8:19)에 하는 금식에 대해서도 언급합니다.

고대 그리스도교 교회에서도 마찬가지로 금식에 대해서 명시하고 있는데 바로 연중 금식과 주중 금식입니다. 연중 금식은 부활절 전에 하는 금식과 같은 것인데, 일부 사람들은 48시간 동안 금식했습니다. 또 어떤 이들은 일주일 내내 금식했습니다. 많은 사람은 두 주 동안 금식했습니다. 그들은 매일 저녁이 되기까지 어떠한 것도 먹지 않았습니다. 주중 금식은 일주일 가운데서 넷째와 여섯째 날에 금식하는 것입니다. 이것은(에피파니우스는 분명한 사실로서 이것을 언급하는데) 엔 홀레 테 오이쿠메네(*en hole te oikoumene*), 즉 **이 세상 모든 사람들이** 지킨 것이었습니다. 적어도 모든 그리스도인이 거하는 곳이면 어디서든지 이러한 금식을 했습니다. 오늘날 우리 교회에서 연중 금식들이라 하면 "사순절 사십 일, 사계제일,[13] 기원일,[14] 그리고 엄숙한 축일들에 전야제나 철야 같은 것들입니다. 오늘날 우리 교회에서 주중에 하는 금식으로는 크리스마스를 제외하고 매주 금요일마다 하는 것이 있습니다."

그러나 이와 같이 정해진 것 이외에도 하나님을 두려워하는 모든 나라에서 항상 때때로 금식했습니다. 그들은 특별한 상황이 발생하거나 필요한 경우가 생기면 금식했습니다. "그 후에 모압 자손과 암몬 자손들이 마온 사람들과 함께 와서 여호사밧을 치고자 한지라. 여호사밧이 여호와께로 낯을 향하여 간구하고 온 유다 백성에게 금식하라 공포하매"(대하 20:1, 3). 이러한 예로 또한 "유다의 요시야 왕의 아들 여호야김의 제오년 구월에 예루살렘 모든 백성과 유다 성읍들에서 예루살렘에 이른 모든 백성이 여호와 앞에서 금식을 선포한지라."(렘 36:9) 한 것이 있습니다.

---

13) Ember days. 네 계절에 각각 금욕하는 전례 기간으로서 봄에는 사순절 첫째 주일, 여름에는 성령 강림 축일, 가을에는 십자가 현양 축일, 겨울에는 대림절 셋째 주일에 해당한다.

14) Rogation days. 기원하다는 뜻의 라틴어 'rogare'에서 나온 용어로서, 4월 25일에 지키는 대기원일(Major Rogation)과 승천 목요일(Ascension Thursday) 앞의 3일, 즉 월요일부터 수요일은 소기원일(Minor Rogation)이라 부른다.

이와 같은 방식으로 자신들의 걷는 길에 주의를 기울이고 겸손히 하나님과 가까이 걸어가기를[15] 갈망하는 사람들은 종종 개인적으로 금식함으로써 은밀한 가운데 계시는 자기들의 아버지 앞에[16] 자신들의 영혼을 괴롭게 할 것입니다. 여기에서 가르치고 있는 금식, 즉 가장 주되게 가리키는 것이 바로 이러한 금식입니다.

II

1. 이 두 번째 부분에서 나는 금식을 하는 근거와 이유, 그리고 그 결말에 대해 계속해서 말씀드리겠습니다.

첫째로, 강렬한 마음의 감정에 사로잡혀 있는 사람들, 슬픔이나 두려움 등과 같은 격한 감정의 영향을 받고 있는 사람들은 종종 그러한 감정들에 너무 빠져들어서 음식을 먹는 것조차 잊게 됩니다. 이런 때에 처해 있을 경우에 그들은 음식에 그다지 관심을 보이지 않으며, 너무나 많은 여러 가지 생각에 깊이 빠져들어서 갖가지 좋은 음식은커녕 심지어는 살아가는 데 꼭 필요한 정도의 음식조차도 관심을 두지 않게 됩니다. 따라서 사울이 "나는 심히 다급하니이다. 블레셋 사람들은 나를 향하여 군대를 일으켰고 하나님은 나를 떠났기 때문입니다."(삼상 28:15)라고 말했을 때, 그는 "하루 종일, 밤에도 음식을 먹지 않았던"(삼상 28:20) 것입니다. 마찬가지로 성 바울과 함께 배를 탔던 사람들도 "큰 폭풍에 휩싸여서 살아남게 되리라는 모든 희망이 사라졌을 때", "아무것도 먹지 않고 계속해서 금식"했습니다(행 27:33). 또한 다윗과 그의 모든 부하들은 군사들이 전쟁에 패하고 많은 사람이 엎드러져 죽었으며, 사울과 그의 아들 요나단도 전사했다는 소식을 들었을 때, "애곡하며 울었으며 사울과 요나단, 그리고 이스라엘의 집을 위해

---

15) 미 6:8
16) 마 6:18

금식"했습니다(삼하 1:12).

그렇습니다. 어떠한 일에 깊이 몰두해 있는 사람들은 종종 어떤 방해거리들을 참을 수 없게 되며, 필요한 음식마저도 혐오하게 됩니다. 왜냐하면 자신들의 식욕에 대한 생각을 하지 않으면 집중력을 더 키울 수 있기 때문입니다. 그래서 앞서 말했던 이야기에서 사울도 "땅에 엎드러져서 그에게 힘이 하나도 없게 되었는데"도 불구하고, "자기의 하인들과 여인이 그를 설득할" 때까지, "나는 먹지 않겠다."라고 말했던 것입니다.[17]

2. 그렇다면 금식을 하는 자연스러운 근거가 여기에 있습니다. 극심한 고통 가운데 있거나, 죄로 인해서 큰 슬픔에 휩싸여 있는 자, 그리고 하나님의 진노하심을 크게 걱정하는 사람은 어떤 정해진 규율에 따르는 것도 아니고 그것이 하나님의 명령인지 아닌지 굳이 생각해 보지 않더라도 "자신의 식사를 잊을" 것이며, 자신을 기쁘게 해 주는 것을 멀리할 뿐만 아니라 심지어는 꼭 필요한 음식조차도 멀리하게 되기 마련입니다. 그는 마치 성 바울이 다메섹으로 간 후에 "사흘 동안 보지 못한 채 먹지도 마시지도 않았던 것"(행 9:9)과 같이 금식하게 되는 것입니다.

그렇습니다. 풍랑이 높이 일 때에,[18] "무시무시한 불안이 덮어 올 때에"[19] 세상에서 하나님 없이 지내던 사람은 그 영혼이 "모든 종류의 음식을 싫어하게"[20] 됩니다. 그것은 그에게 있어서 불쾌하고 거슬리는 것이 됩니다. 그 사람은 "주님, 구원하소서. 그렇지 않으면 저는 죽습니다."[21]라고 끊임없이 부르짖는 데 방해가 되는 어떠한 것도 참지 못하게 됩니다.

우리 교회는 금식에 대한 설교의 첫째 부분에서 이러한 것을 얼마나 강하게 말하고 있는지요! "사람이 자기 속에서 죄 짐의 무거움을 느낄 때에 비

---

17) 삼상 28:20~25
18) 마 8:24
19) 시 55:5
20) 시 107:18
21) 막 4:38

로소 그 죄의 결과로 주어지는 형벌을 보게 되며, 자신의 마음의 눈으로 지옥의 공포를 목도하게 됩니다. 그래서 그들은 두려워 벌벌 떨면서 마음속에 큰 슬픔을 느끼게 되며, 그래서 자신에 대해 괴로워하지 않을 수 없게 되어 전능하신 하나님께 자신들의 슬픔을 낱낱이 내어놓으면서 그분께 자비를 구하게 됩니다. 이것은 진지하게 이루어지며, 그들의 마음은 이러한 것으로 가득 차게 되어서 한편으로는 슬픔과 마음의 무거움이,[22] 또 다른 한편으로는 지옥의 위험과 형벌로부터 건짐을 받고자 하는 간절한 염원이 생기게 됩니다. 그래서 음식을 먹고 마시려는 욕구는 멀어지고 모든 세상적인 것들과 쾌락을 혐오하는 마음이 자리 잡게 됩니다. 따라서 이들은 삶의 곤고함을 드러내는 말과 행동으로서 울고 애통하며 애곡하려는 마음만 생깁니다."

3. 금식하는 또 다른 이유 혹은 근거는 이것입니다. 이제 하나님을 두려워하는 많은 사람은 자신들이 이러한 적법한 것들을 오용함으로써 그분에 거슬러서 얼마나 자주 죄를 범하는지에 대해 매우 예민해집니다. 그들은 음식을 핑계로 자신들이 얼마나 많은 죄를 짓고 있는지 알고 있습니다. 그들은 비록 취할 정도까지는 가지 않았다 하더라도 술을 절제하는 것과 관련해서 자신들이 하나님의 거룩한 법을 얼마나 오랫동안 어겼는지 잘 알고 있습니다. 그들은 어쩌면 심지어 자신들의 건강에 - 분명한 것은, 자신들의 영혼에는 적잖게 - 해가 될 정도로 감각적인 식욕에 얼마나 빠져 있었는지 잘 알고 있습니다. 한때 그들은 그러한 감각적 식욕에 빠짐으로써 건강한 어리석음, 마음의 쾌활함, 기분의 경망함, 가장 깊이 염려하는 일들에 대한 즐거운 부주의함, 영혼에 대한 경솔함과 무관심함을 계속해서 더욱 길러 내고 가중시켰습니다.[23] 그러나 사실 이러한 것들은 다름 아닌 영혼의 술 취함이었으며, 그들의 고상한 능력들을 어리석게 만드는 것이었고, 강한 술을

---

22) 표준설교 16.2.1~3('산상수훈 강해 1')를 보라.
23) 먹는 것에 빠지면 몸은 건강하고 기분은 좋겠지만, 그 대신 거룩한 근심과 영혼에 대해서는 도리어 무관심하게 된다는 의미.

지나치게 마시는 것에 지나지 않는 것이었습니다. 그러므로 그 증상을 없애려면 원인을 제거해야만 합니다. 그들은 모든 지나침을 멀리합니다. 그들은 가능한 한 영원한 파멸에 거의 빠져들었던 것들을 멀리합니다. 그들은 종종 완전히 절제합니다. 그들은 항상 모든 일에 있어서 절제하려고 주의를 기울입니다.

4. 그들은 음식이 넉넉하면 영혼에 대해서는 부주의하고 경솔하게 된다는 것뿐만 아니라 어리석고 거룩하지 못한 욕망, 불결하고 사악한 감정들을 키우게 된다는 것을 잘 알고 있습니다. 우리의 경험상 이것은 의심할 여지가 없습니다. 점잖고 보통 할 수도 있는 육욕적인 것조차도 계속해서 우리의 영혼을 육욕적으로 만들며,[24] 결국 야수적인 상태까지 떨어지게 하여서 멸망하게 합니다. 다채롭고 우아한 음식들이 우리의 몸뿐만 아니라 마음에까지 무슨 영향을 미치는지는 이루 말할 수 없습니다. 그것들은 기회가 닿을 때마다 모든 쾌락의 감각을 무르익게 만듭니다. 따라서 이러한 이유로 지혜로운 사람이라면 누구나 그의 영혼이 그러한 것들을 멀리하고 최소한으로 하는 것입니다. 이러한 사람은 모든 열등한 식욕들에 탐닉하는 것을 점점 더 멀리합니다. 사실 이러한 열등한 식욕들은 사람의 영혼을 사슬로 휘감아서 땅바닥으로 끌어내리고 더럽히는 습성이 있습니다. 여기에 왜 금식해야 하는지에 대한 변함없는 또 다른 이유가 있습니다. 탐욕과 육욕적인 음식을 멀리하는 것, 어리석고 해로운 욕망,[25] 사악하고 헛된 욕정을 불러일으키는 것으로부터 멀리하는 것입니다.

5. 어떤 선한 사람들이 전반적으로 주장해 왔던 금식에 대한 또 다른 이유를 어쩌면 우리는 빠뜨리고 넘어가서는 안 될 것입니다(비록 우리가 그것을

---

24) 우리가 일상생활에서 일반적으로 하는 일들이라 할지라도 그에 대한 경계함 없이 계속하게 되면, 우리의 영혼은 육체의 욕망을 추구하게 된다는 의미.
25) 딤전 6:9

아주 강조하는 것이 좋은지는 나도 모르지만). 그것은 이른 바, 하나님께서 주신 선한 선물들이지만 그것들을 때때로 온전하게 멀리하지 않음으로써 그것들을 오용한 것에 대해 스스로를 벌주는 것으로 금식하는 것입니다. 이렇게 하면 자신들의 건강을 위해 주어졌던 것들을 타락하는 것으로 뒤바꿔 놓았던 자신들의 과거, 어리석고 감사하지 못하던 자신들의 과거를 놓고 자기 자신에게 일종의 거룩한 복수를 하게 되는 것입니다. 그들은 다윗이 이러한 것을 볼 줄 알았던 사람이라고 생각합니다. 그들은 그래서 다윗이 "내가 울면서 금식함으로써 내 영혼을 징벌했습니다."[26]라고 말했다고 생각합니다. 그들은 또한 그래서 성 바울이 고린도 서신에서 "얼마나 징벌했는지"라고 말하면서 거룩한 근심을 말한 것이라고 생각합니다.[27]

6. 금식하는 다섯째이자, 더욱 중요한 이유는 그것이 기도하는 데 도움이 되기 때문입니다. 특히 우리가 시간을 따로 크게 내서 개인적인 기도를 할 때에 그렇습니다. 특히 금식은 하나님께서 당신의 종들의 영혼을 이 세상의 모든 것들보다 위에 올려놓으시는 것을, 그리고 때로는 그들의 영혼을 있는 그대로 고이 감싸서 삼층천(三層天)에[28] 올려놓으시는 것을 종종 즐겨하신다는 점에서 그러합니다. 또한 금식은 기도에 도움이 되는 것이기 때문에 자주 하나님의 손에 의해서 한 가지 덕목만을, 절제의 덕목뿐만이 아니라(어떤 사람들은 어떠한 성서적인 근거나 이성, 혹은 경험에 근거하지 않고 그저 게으르게 상상만 해서 이것만 말합니다.), 영혼의 진지함, 진정성, 양심의 예민함과 민감함, 세상에 대하여는 죽는 것, 그리고 그 결과로서 하나님을 사랑하고 모든 거룩하고 신령한 감정을 확증하고 키우는 수단으로 알려져 왔습니다.

7. 금식하는 것과 하나님이 내리시는 복 사이에는 어떤 자연스럽거나 필

---

26) 시 69:10
27) 고후 7:10~11
28) 고후 12:2

연적인 연결점이 있다고는 할 수 없습니다. 다만 그분께서는 자비를 베푸실 것이기 때문에 그렇게 하시는 것입니다.[29] 그분께서는 당신께서 보시기에 선한 것은 무엇이든지 당신께서 기쁘신 대로 정하신 그 어떠한 수단을 통해서라도 베풀어 주실 것입니다. 그분께서는 이것을 모든 시대를 통해 자신의 분노를 돌이키시는 방법으로 삼으셨으며, 때때로 우리가 필요로 하는 그 어떠한 복이든지 모두 다 얻을 수 있는 방법으로 삼으셨습니다.

이것이 얼마나 하나님의 진노하심을 돌이키는 강력한 수단이 되는지에 대해서, 우리는 아합의 예를 통해서 아주 잘 깨달을 수 있습니다. "자기 자신을 팔았던 그와 같은 사람은 없었습니다." 그는 돈을 주고 산 노예처럼 자기 자신을 온전히 포기하여 "악을 행했습니다."[30] 그렇지만 그는 옷을 찢고 자기 몸에 굵은 베로 몸을 동이고 금식하고 굵은 베에 누우며 또 풀이 죽어 다녔습니다. "그때에 여호와의 말씀이 엘리야에게 임하여 이르시되 아합이 내 앞에서 겸비함을 네가 보느냐 그가 내 앞에서 겸비하므로 내가 재앙을 저의 시대에는 내리지 아니하고 그 아들의 시대에야 그의 집에 재앙을 내리리라."[31]

이러한 목적, 즉 하나님의 진노를 돌이키려는 목적에서 다니엘은 "금식과 굵은 베와 재"로써 하나님을 찾았습니다. 이러한 것은 그의 기도의 전반적인 취지, 특히 그 기도의 엄숙한 결론부에서 찾아볼 수 있습니다. "오 주님, 당신의 모든 의를 따라", 혹은 자비하심을 따라, "당신의 분노를 당신의 거룩한 산에서 떠나게 하옵소서. - 당신의 종의 기도를 들으시고 당신의 얼굴이 황폐한 당신의 성소를 비추게 하소서 - 오, 주님, 오 주님 용서하소서. 오 주님, 당신을 위하여 들으시고 행하소서"(단 9:3, 16).

---

29) 웨슬리는 금식한다고 해서 반드시 그 행위 자체 덕분에 하나님으로부터 복을 받는 것은 아니라고 분명히 밝힌다. 하나님께서 우리에게 자비의 은혜를 베푸시는 것은 우리가 금식과 같은 어떠한 특별한 행위를 한 것에 대한 대가로 주시는 것이 아니라, 하나님께서 자신의 자비하심으로 그냥 자비를 베푸시는 것이다. 즉, 하나님께서 자비를 베푸시는 것은 전적으로 하나님의 일방적이고도 주권적인 결정에 의한 것이다.
30) 왕상 21:20
31) 왕상 21:27~29

8. 그러나 그분의 분노가 사라질 때, 우리가 금식과 기도로 그분을 찾기를 배우는 것은 하나님의 백성을 통해서 뿐만이 아닙니다. 심지어 이교도들을 통해서도 배울 수 있습니다.[32] 요나는 "사십 일 후에 니느웨가 멸망당할 것이다."라고 선포했습니다. 그때 니느웨 백성들은 가장 작은 자로부터 가장 큰 자에 이르기까지 금식을 선포하고 굵은 베옷을 입었습니다. "니느웨의 왕은 왕좌에 일어나서 자신의 도포를 벗고 굵은 베옷을 덮어쓰고 재 위에 앉았습니다. 그리고 그는 이로 니느웨 전역에 공포하여 말하기를, 사람이나 짐승이나, 소 떼나 양 떼나 아무것도 입에 대지 말지니 곧 먹지도 말 것이요 물도 마시지 말라"고 했습니다(짐승들이 죄를 범하는 것도 아니고, 회개도 할 수 없습니다. 하지만 사람들이 그것을 볼 때에 자신들의 죄 때문에 하나님의 진노가 모든 생명체 위에 임했다는 것을[33] 생각하면서 깨달음을 얻을 수 있습니다). "혹시 하나님께서 뜻을 돌이키시고 그 진노를 그치셔서 우리가 멸망하지 않게 하실는지 누가 알겠습니까?" 정말로 그 사람들이 애쓴 것이 헛되이 돌아가지는 않았습니다. 하나님의 맹렬한 진노는 그들에게서 떠나갔습니다. "하나님께서 그들의 행한 것을 보셨고"(선지자를 통해서 그들 안에 생긴 회개와 믿음의 열매), "하나님께서는 그들에게 내리겠다고 말씀하셨던 그 재앙을 거두셔서 그들을 치지 않으셨습니다"(욘 3:4).

9. 금식은 하나님의 진노를 돌이키는 수단일 뿐만 아니라 우리가 필요로 하는 어떠한 복이라도 받을 수 있는 길이기도 합니다. 따라서 다른 부족들이 베냐민 부족 앞에서 패했을 때 "모든 이스라엘의 자손이 하나님의 집으로 올라가서 울면서 저녁이 되도록 금식했습니다." 그리고 그때 주님께서는 다시 "올라가라. 내일 내가 그들을 저들의 손에서 건져 내겠다"(삿 20:26)고 말씀하셨습니다. 그래서 사무엘은 이스라엘이 블레셋의 압제에 억눌려 있

---

32) 욘 3:1~10
33) cf. 롬 8:22

을 때에 그들을 모두 불러 모아서 주님 앞에서 "그날에 금식했습니다." 그리고 "블레셋 군대가 이스라엘을 치려고 쳐들어왔을 때 주님께서는 큰 우레로 그들을 치셔서 그들을 흩으셨고 그들로 하여금 이스라엘 앞에서 패하게 하셨습니다"(삼상 7:6). 이와 같이 에스라도 "내가 아하바 강가에서 금식을 선포하여 우리 하나님 앞에서 우리 스스로 괴로워했으며, 이로써 그분에게서 우리와 우리 자손들을 위해 옳은 길을 찾으려 했습니다. 그때 그분께서는 우리를 돌보셨습니다."(스 8:21)라고 했습니다. 느헤미야 역시 이렇게 말했습니다. "내가 하늘의 하나님 앞에서 금식하고 기도하면서 말하기를 간구하노니 오늘날 당신의 종을 번성하게 하옵시고 그에게 자비를 베푸사 이 사람이 그것을 보게 하소서." 그때 하나님께서는 그에게 왕의 목전에서 그에게 자비를 베풀어주셨습니다(느 1:4~11).

10. 이와 같이 사도들도 중요한 일을 두고 하나님의 축복을 구할 때면 항상 기도와 더불어 금식했습니다. 사도행전 13장에서 우리가 읽을 수 있듯이, "안디옥에 있는 교회에 어떤 예언자들과 교사들이 있으니, 그들은 금식하면서 주님을 섬겼습니다." 그들이 이렇게 한 것은 분명히 이러한 일 때문에 어떤 길로 나아가야 할지 알기 위해서였습니다. 그것은 바로 "성령께서 말씀하시기를 내가 불러 시키는 일을 위하여 바나바와 사울을 따로 세우라."는 것과, "이에 그들이 금식하고 기도하여 그들에게 안수하고 그들을 떠나보냈습니다."라는 것입니다(행 13:1~3).

그렇습니다. 이런 수단들을 활용함으로써 복을 받을 수 있습니다. 다른 방법을 통해서 복을 받을 수는 없습니다. 우리 주님께서는 제자들이 질문했을 때 답해 주신 말씀을 통해 이것을 분명하게 말씀하고 계십니다. "왜 우리는 그것을 쫓아낼 수 없었습니까? 예수께서 그들에게 답하셨습니다. 너희의 믿음이 없기 때문이다. 내가 진실로 너희에게 말한다. 너희에게 겨자씨만한 믿음만 있다면 이 산에게 말하여 여기에서 저기로 옮겨 가라 할 때에 그렇게 옮겨질 것이다. 너희에게 불가능은 없다. 그럼에도 불구하고 이런 종류의 마귀는 기도와 금식이 아니면 나가지 않는다"(마 17:19). 이것이 바로 마귀가 여러분에게 복종하도록 만들어 주는, 즉 그 믿음을 얻게 하는 수단입니다.

11. 이것들이 우리에게 주어진 수단들입니다. 모든 시대를 통해서 하나님의 백성들이 이러한 목적을 위한 수단으로서 금식이라는 것을 활용하게 된 것은, 단지 소위 말하는 이성의 빛이나 자연적으로 주어지는 판단력을 통해서 뿐만이 아닙니다. 그들이 이렇게 한 것은 때때로 하나님께서 직접 분명하고도 명쾌하게 자신의 뜻을 계시를 통해서 그것을 가르쳐 주셨기 때문입니다. 이것은 선지자 요엘을 통해서 잘 드러납니다. "그러므로 주께서 말씀하신다. 너희는 마음을 다하여 금식하고 울며 애곡하면서 나에게로 돌아오너라. 그분께서 혹시 마음과 뜻을 돌이키시고 그 뒤에 복을 내리실지 누가 알겠느냐. 시온에서 나팔을 불어 금식일을 성별하고 성회를 소집하라. 그렇다. 내가 너희에게 곡식과 포도주와 기름을 줄 것이다. 내가 더 이상 너희로 하여금 이방인들 가운데서 욕을 당하지 않게 하겠다"(욜 2:12 이하).

이것들은 하나님께서 당신의 백성들이 이러한 수단들을 활용하는 가운데 기대하도록 인도하시는 그저 임시적인 축복이 아닙니다. 이것은 금식하고 울며 애통함으로써 그분을 찾는 사람들에게 그분께서 약속하신 것들이기도 합니다.[34] "내가 전에 너희에게 보낸 큰 군대 곧 메뚜기와 느치와 황충과 팥중이가 먹은 햇수대로 너희에게 갚아 줄 것이다."[35] 그분께서 이어서 말씀하십니다. "너희는 먹고 만족할 것이며, 주 너희 하나님의 이름을 찬송할 것이다. 너희는 내가 이스라엘 가운데 있는 것, 내가 주 너희 하나님인 것을 또한 알게 될 것이다."[36] 그리고 이어서 위대한 복음의 약속이 나옵니

---

34) 표준설교 16.2.1~5('산상수훈 강해 1')를 보라.
35) 욜 2:25
36) 욜 2:26

다. "내가 내 영을 만민에게 부어 주리니, 너희 자녀들이 장래 일을 말할 것이며 너희 늙은이는 꿈을 꾸며 너희 젊은이는 이상을 볼 것이며, 그 때에 내가 또 내 영을 남종과 여종에게 부어 줄 것이다"(욜 2:28~29).

12. 그 옛날 사람들을 일깨워서 열성과 꾸준함으로 이 의무를 다하도록 한 이유가 그 무엇이든지 상관없이, 그것들은 오늘날 우리에게도 똑같은 능력으로 우리를 일깨워 줍니다. 그러나 그 무엇보다도 우리에게는 "자주 금식해야" 하는 특별한 이유가 있습니다. 그것은 이른바 우리가 그 이름으로 부르심을 받은 그분의 명령입니다. 그분께서는 오늘 본문의 말씀에서 금식, 구제, 기도를 전혀 드러내 놓고 금하지 않으셨습니다. 그분께서 말씀하신 것처럼, 어떻게 금식할 것이며, 어떻게 구제하고, 어떻게 기도할 것인지에 대한 지시 사항은 그러한 금지명령과 똑같은 힘을 갖고 있습니다. 우리에게 어떠한 것을 그렇게 하라고 명령하신다면 이것은 그 일을 하라는 당연한 명령인 것입니다. 만일 우리가 그것을 전혀 해 보지도 않는다면 그것을 그렇게 하는 것이 과연 불가능한지 우리는 또한 알 수 없습니다. 따라서 이러한 방식으로 "구제하라, 기도하라, 금식하라."는 말씀은 이 모든 의무들을 다 이행하라는 분명한 명령인 것입니다. 우리가 만일 주님이 가르쳐 주시는 방식대로 그러한 것들을 이행한다면 우리는 반드시 상급을 잃지 않을 것입니다.

또한 이러한 의무 사항을 행하도록 해 주는 다른 동기와 격려의 계기들이 또 있습니다. 우리 주님께서는 이러한 것을 행하라는 명령에 이어 은혜롭게도 약속을 덧붙여 주셨습니다. "은밀한 중에 보시는 너희 아버지께서 너희에게 드러내서 갚아 주실 것이다." 이것이 바로 금식하는 명백한 근거요, 이유이자 목적입니다. 이것 때문에 주님보다 더 똑똑하다고 하면서 계속해서 금식에 대하여 반대하는 사람들이 제기하는 수많은 반대에도 불구하고 우리가 꿋꿋하게 금식을 주장하는 것입니다.

III

1. 이제 저는 이것들 가운데서 가장 그럴듯한 것들을 살펴보려고 합니다. 첫째, "그리스도인들이 금할 것은 죄이지 음식이 아니다. 이것이 하나님께서 요구하시는 것이다."라는 말이 종종 있었습니다. 물론 그렇습니다. 그러나 그분께서는 다른 것도 또한 요구하십니다. 그러므로 금식은 해야 합니다.

여러분이 주장하는 것을 모든 차원에서 살펴보십시오. 그러면 여러분은 그것의 위력을 쉽게 판단할 수 있을 것입니다. 그 주장은 이러합니다. "만일 그리스도인이 죄를 멀리해야 한다고 한다면, 그 사람은 음식을 물리쳐서는 안 됩니다. 즉, 그리스도인은 죄를 멀리해야 합니다. 그러므로 그 사람은 음식을 물리쳐서는 안 됩니다." 그리스도인이 죄를 멀리해야 한다는 것은 매우 지당한 말입니다. 그러나 죄를 멀리한다는 것과 음식을 멀리해서는 안 된다는 것이 어떻게 연결이 된다는 말입니까? 그렇습니다. 그 사람은 둘 다 해야 합니다. 그리스도인은 하나님의 은혜로 항상 죄를 멀리해야 합니다. 그리고 금식이라는 것을 통해서 우리가 응답을 받는다는 것을 우리의 경험과 성경이 분명히 보여 주고 있기 때문에 종종 음식도 멀리해야 합니다.

2. "그러나(둘째 반론이 제기하는 것처럼) 음식을 멀리하는 것보다 차라리 교만과 허영, 어리석고 해로운 욕심, 투기와 분노, 그리고 만족할 줄 모르는 마음을 멀리하는 것이 더 낫지 않은가?" 두말할 나위 없이 지당한 말입니다. 그러나 우리는 다시금 우리의 주님께서 하신 말씀을 기억해 볼 필요가 있습니다. "이것도 해야 하지만 다른 것도 해야 한다."[37] 여기에서 나열한 여러 가지 악덕들 때문에 우리는 금식합니다. 금식은 이 위대한 목적을 이루기 위한 수단입니다. 우리는 다음과 같은 생각으로 금식합니다. 즉, 하나님께서 정하신 당신의 은혜의 다른 모든 통로들과 더불어서, 이러한 외적인

---

37) 마 23:23; 눅 11:42. Cf. 마 13:52

수단들을 통해서 하나님께서 우리의 영혼 안에 주신 하나님의 은혜로써 우리는 그분께서 보시기에 좋지 못한 모든 감정과 성품들을 멀리할 수 있습니다. 우리는 하늘에서 주신 능력을 갖고 우리가 음식을 멀리함으로써 이러한 악한 것들도 멀리할 수 있습니다. 따라서 위에서 여러분이 주장하는 것들은 여러분이 생각하는 것과 도리어 반대가 되는 것입니다. 그것은 도리어 우리가 금식해야만 한다는 것을 증명해 줄 따름입니다. 만일 우리가 악한 성품과 욕망을 멀리해야만 한다면, 우리는 음식도 멀리해야 할 것입니다. 이와 같은 작은 자기부인의 사례들은 하나님께서 정하신 방법들이고, 이것들을 통해서 그분께서는 위대한 구원을 허락하시는 것입니다.

3. "하지만 실제로는 그렇지 않습니다."(이것은 셋째 반론입니다.) "우리는 종종 많이 금식했습니다. 하지만 그것이 무슨 소용이 있었습니까? 조금도 나아진 것이 없었습니다. 금식한다고 해서 복을 받은 것은 아니었습니다. 금식했더니 도움이 된 것이 아니라 도리어 방해만 되었습니다. 예를 들면, 금식했더니 분노가 사그라지기는커녕 도리어 더욱 커지기만 해서 남들도 못 참아 주겠고 우리 자신들도 도저히 못 참아 줄 정도였습니다." 물론 이런 주장이 맞는 경우도 있습니다. 금식하거나 기도했더니 도리어 이전보다 더 나빠지는 경험을 하게 되는 경우도 있습니다. 그래서 더 불행해지고 더 불경건해지기도 합니다. 하지만 이러한 수단들 자체가 잘못된 것이 아니라, 그것을 사용하는 방법이 잘못된 까닭입니다. 그러한 수단을 사용하기는 하지만 다른 방식으로 사용한 것입니다. 하나님께서 명하신 것을 그분께서 명하신 대로 하십시오. 그렇게 한다면 그분의 약속은 반드시 이루어질 것입니다. 그분의 축복은 더 이상 지체하지 않을 것입니다. 여러분이 은밀한 가운데 금식할 때에 "은밀한 중에 보시는 그분께서 드러내 놓고 여러분에게 갚아 주실 것입니다."

4. 넷째 반론은 이러합니다. "하나님께서 이런 자잘한 것들을 일일이 돌아보신다고 생각하는 것은 그저 미신에 지나지 않은 것이 아닌가?" 만일 여러분이 이렇게 말한다면, 여러분은 모든 세대의 하나님의 자녀들을 정죄하는 것입니다. 그래도 여러분은 그 사람들이 미신을 신봉하는 약해 빠진 사람들이라고 말하시겠습니까? 여러분은 마음이 완고해져서 모세와[38] 여호수아,[39] 사무엘과[40] 다윗, 여호사밧과[41] 에스라,[42] 느헤미야,[43] 그리고 모든 선지자들, 그렇습니다, 이 모든 사람들보다 가장 위대한 분, 하나님이신 그분의 아들에 대해서 그렇게 장담할 수 있겠습니까? 분명한 것은 우리의 주님과 그분의 이 모든 종들이 금식은 결코 작은 것이 아니라고 생각했다는 점입니다. 또한 가장 높은 이보다 더 높으신 그분께서도 그렇게 생각하신다는 점입니다. 마찬가지로, 그분의 모든 사도들이 "성령과 지혜로 충만하게 된"[44] 이후에 그렇게 생각한 것도 분명한 사실입니다. 이 사도들이 "성령으로 기름부음을 받아서 이 모든 것들을 가르칠"[45] 때에 그들은 "오른손과 왼손을 의로 무장할"[46] 뿐만 아니라 "금식함으로써" 자신들이 하나님의 일꾼들이었음을 증명했습니다. "그들이 신랑을 빼앗긴" 후에 "그들은 그날에 금식했습니다."[47](우리가 위에서 보았던 것처럼) 그들은 하나님의 영광이 밀접하게 연관된 것, 즉 추수할 곳에 일꾼들을 보내는 일과 같은 것을 할 때에 반드시 기도뿐만 아니라 금식도 엄숙히 했던 것입니다.[48]

---

38) 신 9:9
39) 출 24:13; 34:28. 모세는 시내 산에 올라가서 40일을 금식하며 지내는데 이때 여호수아를 데려간다. 그러나 모세만 산에 오르고 40일 금식은 모세가 한 것으로 나와 있어서 여호수아가 같이 금식했다고 확언할 수는 없다.
40) 삼상 7:5~6
41) 대하 20:3
42) 스 8:21
43) 느 1:4~11
44) 행 6:3
45) 행 11:24~26; 28:31
46) 고후 6:7
47) 막 2:20
48) 막 6:30~31. 예수님께서 제자들을 파송하셨을 때에 이들에게 금식을 명하시지는 않았다. 도리어 방랑전도자들처럼 자신들을 영접하는 곳에서 머물 것을 명하셨다. 다만 이들이 돌아와서 선교보고를 할 때에 예수님께서 이들에게 하신 말씀과 마가의 해설(31절)을 미루어 볼 때 이들이 먹을 틈이 없었음을 알 수 있다. 그러나 이

5. 다섯째, 어떤 사람들은 "만일 금식이 정말로 그렇게 중요하고, 그렇게 축복이 되는 것이라고 한다면 차라리 금식을 가끔 할 것이 아니라 우리의 체력이 견디는 한 항상 절제함으로써 계속해서 금식하는 것이 가장 좋지 않은가?"라고 말합니다. 정말로 모두가 그렇게 하길 바랍니다. 될 수 있으면 소량의 평범한 음식을 드십시오. 그리고 여러분의 체력이 허락하는 한 항상 이로써 자기부인을 연습하시기 바랍니다. 그렇게 한다면 하나님께서 주시는 복으로 앞에서 언급한 위대한 열매들을 얻게 될 것입니다. 금식은 정결함뿐만 아니라 신령한 마음을 갖는 데에도 큰 도움이 됩니다. 금식을 하면 여러분은 이 땅의 것에 대한 애착을 끊고 저 위의 것들에 마음을 두게 됩니다. 그러나 계속해서 하는 금식은 성경에서 말하는 금식이 아닙니다. 성경 어디에서도 그렇게 말하고 있지 않습니다. 성경에는 어느 정도 그 결과들 가운데 몇 가지에 대해서는 답은 주고 있습니다. 그러나 그것은 어디까지나 별개의 문제입니다. 모든 수단을 다해서 금식하도록 하십시오. 하지만 그렇게 하다가 하나님의 계명, 그분의 심판을 피하도록 하는 공식적인 수단들,[49] 그리고 그분의 자녀들이 축복받는 것을 소홀히 하게 되기까지는 하지 마십시오.

6. 여러분이 좋을 대로 얼마든지 절제의 생활을 끊임없이 하십시오. 그렇게 하면 우리는 그리스도인의 절제라는 것을 이룰 것입니다. 하지만 그렇다고 해서 여러분이 기도와 금식 횟수를 엄격하게 지키는 것과 반드시 충돌을 일으킬 필요는 없습니다. 예를 들면, 만일 여러분이 갑작스럽게 큰 슬픔이나 후회, 끔찍한 공포나 실망에 사로잡히게 된다면 여러분이 아무리 습관적으로 금욕이나 절제 생활을 했다 하더라도, 여러분이 금식하고 있다

31절에 언급된 것은 단지 먹을 겨를이 없었다는 것이지 금식했다는 것은 아니다. 또한 6:6b와 6:30이 서로 연결되기는 하지만, 31절까지 제자들의 선교여행 이야기로 연결해 보는 것은 무리가 있다. 도리어 31절은 32절 이후에 나오는 무리들이 예수님의 일행에게 몰려들어 한적한 곳으로 몸을 피해야 했다는 부분과 더 자연스럽게 이어진다. 따라서 제자들의 선교 사역과 금식을 연결해서 보는 웨슬리의 이러한 해석은 오류가 있다.
49) 다른 여러 가지 은혜의 수단들을 가리킨다.

는 표시가 금세 드러나게 될 것입니다. 그러한 마음의 상태로 인해 여러분은 금식해야 한다는 속박에 얽매일 것입니다. 그러면 여러분은 매일 먹어야 하는 음식에 대해 혐오감을 느끼게 될 것이고, 결국 하나님께서 "그 끔찍한 구덩이에서 여러분을 일으키셔서 반석 위에 세우시고 여러분에게 계속해서 전진하라고 명령하실" 때까지 여러분은 자신의 몸에 꼭 필요한 기본적인 음식들조차 거부하게 될 것입니다. 만일 여러분이 극심한 욕망의 번뇌 가운데 있으면서 하나님의 축복을 얻기 위해 열심히 몸부림치고 있을 때도 이와 마찬가지입니다. 이때는 누가 굳이 당신의 입술로 구한 것을 받을 때까지는 음식을 먹지 말라고 굳이 말해 주지 않아도 될 것입니다.

7. 또한, 만일 여러분이 "사람이나 짐승이나 소 떼나 양 떼나 아무것도 입에 대지 말지니 곧 먹지도 말 것이요 물도 마시지 말 것이다."라는 말이 온 도시에 선포되었던 당시에 니느웨 성에 있었더라면, 나는 지금까지 금식해 오고 있었으니 모두가 다 하는 그 참회의 자리에는 참여하지 않아도 된다고 이유를 대겠습니까? 절대로 그렇지 않을 것입니다. 여러분 역시 다른 모든 사람들처럼 그 날에 함께 금식할 것입니다.

설령 절제하고 있다거나 계속해서 금식하고 있다고 해서 "그 날에는 심령을 괴롭게 하지 말 것이니 - 금식하지 말 것이니 - 그렇게 하는 자는 백성 중에서 끊어질 것이라."고 말하면서, 모든 이스라엘 자손이 하는 제 일곱째 달 열흘에 있었던 금식에서 빠져도 된다는 핑계를 댈 수는 없습니다.

마지막으로 안디옥의 형제들이 바나바와 사울을 파송하기 전에 금식하고 기도하던 그 자리에 여러분이 있었더라면 여러분이 절제하고 금욕하고 있다는 이유로 나는 그 자리에 참여하지 않더라도 충분한 이유가 될 수 있다고 상상이나 할 수 있겠습니까? 만일 여러분이 그런 핑계를 대면서 참여하지 않는다면 그리스도인 공동체에서 떨어져 나가게 되었을 것입니다. 만일 여러분이 그런 식으로 했다면 하나님의 교회에 혼란을 야기했다는 이유로 그들에게서 마땅히 쫓겨나야 했을 것입니다.

IV

1. 이제 나는 마지막으로 주님께서 받으실 만한 제사가 될 수 있도록 하려면 어떤 식으로 우리가 금식해야 하는지 보여 드리려고 합니다. 가장 먼저, 우리의 눈을 오직 그분께로만 고정시켜서 그 금식이 주님에게만 드려지도록 해야 합니다.[50] 이것을 할 때 우리의 의도는 오로지 하나, 즉 하늘에 계신 우리의 아버지께 영광을 돌리는 것이 되어야만 합니다.[51] 금식은 우리가 그분의 거룩한 율법을 수없이 어겼다는 사실에 대한 슬픔과 부끄러움을 표현하는 것이 되어야 합니다. 금식은 정결케 하는 은혜를 더해 주실 것을 간절히 기다리고 위의 것을 우리가 더욱 사모하기 위한 것이어야 합니다.[52] 금식은 우리의 기도에 진지함과 진정성을 더하기 위한 것이며, 하나님의 진노를 돌이키기 위한 것이고, 그분께서 예수 그리스도 안에서 우리에게 주신 보배롭고 큰 모든 약속들을[53] 얻기 위한 것입니다.

그러므로 우리가 금식할 때에 하나님을 만홀히 여기지 않도록 조심합시다. 우리가 금식할 때에 잠시 있다가 없어질 여러 가지 시선들, 특히 사람들로부터의 칭송을 바람으로써 우리의 기도뿐만 아니라 금식을 주님 보시기에 역겨운 것으로 바꿔 놓지 않도록 조심합시다. 복되신 우리 주님께서는 특히 다음과 같은 성경 말씀을 통해 우리에게 이런 것에 대해 경계하도록 말씀하십니다. "너희는 금식할 때에 슬픈 표정을 짓는 위선자처럼 되지 말라." 소위 하나님의 백성이라고 하는 사람들 가운데도 이런 사람들이 너무나 많습니다. 그들은 고통스럽고 슬픈 표정을 짓고, 어떤 특이한 모습의 표

---

50) 표준설교 23.0,1~3('산상수훈 강해 8')를 보라.
51) 표준설교 19.4.2~4; 21.1.2~3('산상수훈 강해 4')를 보라.
52) 골 3:1~2
53) 벧후 1:4

정을 짓습니다. "그들은 금식하는 것을 사람들에게 보이려고" 부자연스럽게 찡그릴 뿐만 아니라 먼지나 재를 뒤집어써서 "흉한 얼굴을 합니다." 그들이 이렇게 하는 것은 단순히 의도의 차원을 넘어서 아예 그렇게 하는 것을 가장 주된 목표로 삼고 그리하는 것입니다. "진실로 내가 너희에게 이르노니, 그들은 이미 자기들의 상을 받았다." 그저 사람들로부터 칭찬이나 영예를 얻는 것조차도 여기에 해당합니다. "그러나 너희는 금식할 때에 머리에 기름을 바르고 얼굴을 씻으라." 이 말씀은 여러분이 평소에 하는 것처럼 행동하라는 것입니다. "그리하여서 사람들에게 금식하는 것처럼 보이게 하지 말라." 여러분이 금식할 때에는 이러한 것조차 의식하지 마시기 바랍니다. 만일 사람들이 여러분의 의도와 상관없이 여러분이 금식하는 사실을 알게 된다면 그것은 문제가 되지 않습니다. 그리고 여러분에게 있어서도 좋은 것도 없고 나쁜 것도 없습니다. "그러나 은밀한 중에 계시는 너희 아버지께 보이도록 하라. 은밀한 중에 보시는 너희 아버지께서 드러내어 갚아 주실 것이다."

2. 둘째로, 우리가 이 보상을 바랄 때는 행여 우리가 금식했다는 사실 덕분에 하나님으로부터 무엇인가 좋은 것을 받는다고 생각하지 않도록 주의해야 합니다. 이에 대해 주의하도록 아무리 많이 경고를 받는다 해도 결코 부족하지 않습니다. 우리가 "우리 자신의 의를 세우려고" 하는 욕망만큼이나 은혜가 아닌 빚의 구원을 받으려는 욕구도 우리의 온 마음속에 뿌리 깊게 박혀 있습니다. 금식은 단지 하나님께서 정하신 하나의 방편일 뿐이며, 다만 우리는 그분께서 거저주시는(unmerited) 자비를 그것을 통해 기다릴 뿐입니다. 이 금식을 통해서 - 우리의 공로(desert) 없이 - 그분께서는 우리에게 당신의 축복을 거저 주시겠다고 약속하셨습니다.

3. 우리는 그저 겉으로 드러나는 행동을 함으로써 하나님께로부터 어떤

복을 받을 것이라고 생각해서는 안 됩니다. "이것이 어찌 내가 기뻐하는 금식이 되겠으며 이것이 어찌 사람이 자기의 마음을 괴롭게 하는 날이 되겠느냐? 그의 머리를 갈대 같이 숙이고 굵은 베와 재를 펴는 것을" - 외적인 행동을 제아무리 엄격하게 행한다 한들 과연 이것으로써 "자신의 마음을 괴롭게 하는 것"을 다했다고 말할 수 있겠습니까? "어찌 금식이라 하겠으며 여호와께 열납될 날이라 하겠느냐?"[54] 당연히 할 수 없습니다. 만일 그 행동이 단순히 겉으로 하는 것이라면 그것은 그저 헛수고에 불과합니다. 그렇게 한다고 한들 그것은 그저 육신을 괴롭게 할 뿐 실제로 우리의 영혼에는 아무런 유익이 없습니다.

4. 그렇습니다. 육신이 종종 너무나 많이 혹사당하면 우리가 소명에 합당한 사역을 하는 데 있어서는 곤란할 수도 있습니다. 이렇게 되지 않도록 우리는 늘 경계해야 합니다. 우리는 하나님께서 주신 좋은 선물인 건강을 잘 지켜야 합니다. 따라서 우리가 금식할 때에는 우리의 힘에 맞게 금식하도록 늘 신경 써야 합니다. 왜냐하면 하나님께 희생제사를 드린다고 우리 자신을 죽음으로 몰아가서도 안 되고, 우리의 영혼을 돕기 위해서 도리어 우리의 몸을 해쳐서는 안 되기 때문입니다.

그러나 엄숙한 절기 동안에는 비록 우리의 몸이 쇠약한 상태라 할지라도 다른 극단에[55] 치우치지 않도록 해야 합니다. 자신들이 금식해도 하나님이 받아 주시지 않는다면서 그분께 불평하던 사람들을 하나님께서는 책망하셨습니다. - "우리가 금식할 때 당신께서 알아주지 않으십니다. - 그러나 보라, 주께서 말씀하시기를 금식하는 날에 너희가 오락을 구하며"[56] 만일 우리가 음식을 하나도 안 먹기가 힘들다면 적어도 미식(美食)만큼은 피할 수 있습니다. 그렇게 할 때에 우리는 그분의 얼굴을 헛되이 구하지 않게 될 것

---

54) 사 58:5
55) 금식하지 않고 도리어 폭식하거나 음식을 탐하는 행동을 가리킴.
56) 사 58:3

입니다.

5. 그러나 금식할 때에 우리의 몸뿐만 아니라 우리의 영혼까지 괴롭히는 일이 없도록 주의해야 합니다. 모든 공적인 금식이나 개인적인 금식의 절기가 깨지고 통회하는 마음 가운데 임하는 거룩한 모든 감정들을 일으키는 절기가 되도록 합시다. 이 절기가 죄에 대하여 진심으로 애통하고 슬퍼하는 절기가 되도록 합시다. 이렇게 슬퍼하는 것은 고린도 교인들이 슬퍼하던 것과 같은 것인데, 사도께서는 이를 두고 "내가 지금 기뻐함은 너희로 근심하게 한 까닭이 아니요 도리어 너희가 근심함으로 회개함에 이른 까닭이라 너희가 하나님의 뜻대로 근심하게 된 것은 우리에게서 아무 해도 받지 않게 하려 함이라."[57]라고 말씀하셨습니다. "하나님의 뜻대로 하는 근심은" – *he kata theon lupe* – 이것은 하나님께로부터 말미암은 슬픔이며, 이것은 성령께서 주신 선물이고 자신의 영혼을 그 영혼의 근원 되신 하나님께도 올려 드리는 것입니다. – "후회할 것이 없는 구원에 이르게 하는 회개를 이루는 것이요."[58] 그렇습니다. 우리가 애통하는 그 행동이 우리 안에서 이루시는 거룩한 역사하심을 따라 내적으로나 외적으로 똑같은 회개가 되도록 합시다. 우리가 애통하는 것이 마음의 전적인 변화가 되도록 하고, 의와 참 거룩함으로[59] 하나님의 형상을 따라 새롭게 되는 것이 되도록 합시다.[60] 또한 우리가 우리의 모든 행실에서 그분께서 거룩하신 것처럼 우리도 거룩해지기까지[61] 우리의 삶에서도 똑같은 변화가 이루어지도록 합시다. 이와 마찬가지로 이것이 우리 안에서 역사하도록 주의해서 아무런 점과 흠이 없도록 합시다.[62] 우리가 말로만 아니라 우리의 삶을 통해[63] 어떤 모양의 악이라도

---

57) 고후 7:9
58) 고후 7:10
59) 엡 4:24
60) 롬 12:2
61) 레 11:44~45; 19:2; 벧전 1:15~16. Cf. 마 5:48
62) 벧후 3:14
63) Cf. 요일 3:18

버림으로써[64] 우리 자신에게도 똑같은 성결의 역사가 일어나도록 합시다. 이와 더불어 모든 죄에 대해서도 그만큼 분개하고 아주 혐오하도록 합시다. 우리 마음이 행여 거짓되지는 않는지 늘 조심합시다.[65] 모든 일에 있어서 거룩하고 받으실 만한 하나님의 뜻에 합당하게 되기를 바랍시다. 이 금식이 어찌하든 그분께 영광을 돌리는 수단이 되기를 열망하고 우리 주 예수 그리스도를 아는 지식에서 우리가 자라가는[66] 수단이 되기를 간절히 바랍시다. 이 금식을 통해서 사탄과 그가 하는 모든 역사에 대적하는 것이 되도록 하고, 육신과 영의 모든 더러움에 맞서 싸우는 것이 되도록 합시다(고후 7:9).

6. 우리가 금식할 때에는 우리의 모든 마음을 하나님 앞에 쏟아 놓으며 열심히 기도해야 합니다. 이때 우리는 우리의 모든 죄와 그 죄가 빚은 모든 악한 결과들을 함께 고백하고 우리 자신을 그분의 전능하신 손 아래 겸손히 내려놓아야 합니다. 또한 우리는 우리가 바라는 모든 것들을 그분 앞에 내려놓아야 합니다. 그리고 우리가 죄 많은 존재라는 사실과 우리는 스스로의 힘으로는 어찌할 수 없는 존재(helplessness)라는 사실도 그분 앞에 모두 내려놓아야 합니다. 금식의 절기는 우리 자신뿐만 아니라 우리의 형제들을 위하여 우리의 기도 시간을 늘리는 기간입니다. 이제 우리 민족의 죄를 애통해합시다.[67] 주님께서 시온에 세우실 우리 하나님의 도성을 위해 크게 부르짖읍시다. 황폐하게 된 그 도성 위에 그분께서 자신의 얼굴을 비춰 주시도록 기도합시다.[68] 그래서 우리가 볼 수 있듯이 그 옛날 하나님의 사람들은 금식할 때에 항상 기도도 함께했던 것입니다. 위에서 언급했던 모든 사도들도 그렇게 했었고, 지금 우리가 읽는 오늘의 성경 본문을 통해서도 우리 주님께서 그렇게 하라고 가르치셨던 것입니다.

---

64) 살전 5:22
65) 호 10:2
66) 벧후 3:18
67) 표준설교 16.2.6('산상수훈 강해 1')를 보라.
68) Cf. 단 9:18

7. 이제 우리가 하는 금식이 주님께서 받으실 만한 것이 되도록 하기 위해서 단 한 가지가 남았는데, 그것은 금식에 덧붙여서 구제를 하는 것입니다. 우리의 힘이 닿는 한 이웃의 육신과 영혼을 위해 자비의 행위(works of mercy)를 해야 합니다. 이것이 "하나님께서 기뻐하실 제사"입니다.[69] 그래서 천사가 자기 집에서 금식하며 기도하던 고넬료에게 "네 기도와 자선 행위가 하나님 앞에 상달되어서, 하나님께서 기억하고 계신다."(행 10:4)라고 말했던 것입니다. 이렇게 하신 바로 그 하나님께서 크고 분명하게 이렇게 선포하십니다. "내가 기뻐하는 금식은 흉악의 결박을 풀어 주며 멍에의 줄을 끌러 주며 압제당하는 자를 자유하게 하며 모든 멍에를 꺾는 것이 아니겠느냐. 또 주린 자에게 네 양식을 나누어 주며 유리하는 빈민을 집에 들이며, 헐벗은 자를 보면 입히며, 또 네 골육을 피하여 스스로 숨지 아니하는 것이 아니겠느냐. 그리하면 네 빛이 새벽같이 비칠 것이며 네 치유가 급속할 것이며 네 공의가 네 앞에 행하고 여호와의 영광이 네 뒤에 호위하리니, 네가 부를 때에는 나 여호와가 응답하겠고 네가 부르짖을 때에는 내가 여기 있다 하리라. 주린 자에게 네 심정이 동하며 괴로워하는 자의 심정을 만족하게 하면 네 빛이 흑암 중에서 떠올라 네 어둠이 낮과 같이 될 것이며, 여호와가 너를 항상 인도하여 메마른 곳에서도 네 영혼을 만족하게 하며 네 뼈를 견고하게 하리니 너는 물 댄 동산 같겠고 물이 끊어지지 아니하는 샘 같을 것이라"(사 58:6~11).

---

69) 히 13:16

웨슬리와 함께 공부하는 산상수훈

1 이 설교의 본문 말씀은 무엇이고 그 내용은 무엇에 대한 것입니까?

2 웨슬리는 이 설교에서 금식에 대하여 네 가지를 다루고 있습니다. 각각 무엇입니까? (22.0.4)

1)
2)
3)
4)

3 웨슬리는 금식의 다양한 방식과 종류에 대하여 여러 가지 정보를 제공합니다. 예로부터 행해졌던 금식에는 어떤 것들이 있습니까?

1) (22.1.3):
2) (22.1.4):
3) (22.1.5):
4) (22.1.6):
5) (22.1.6 후반부):

4 웨슬리는 사람들이 금식하는 이유에 대해 몇 가지로 정리합니다. 그 각각의 이유는 무엇입니까?

1) (22.2.1):

2) (22.2.2):

3) (22.2.3~4):

4) (22.2.5):

5) (22.2.6):

5 웨슬리는 금식이 얼마나 큰 결과를 가져오는지 잘 보여 주는 사례들을 신약성서와 구약성서에서 찾아서 제시하고 있습니다. 그가 들고 있는 사례들을 적어 보십시오. 그리고 이에 대한 생각들을 서로 나눠 보십시오. (22.2.7~10)

1)

2)

3)

[6~10] 웨슬리는 금식하는 것에 대해 반대하는 사람들의 목소리를 소개합니다. 다음 공격과 웨슬리의 방어를 각각 정리해 보십시오.

6 첫째 반론과 웨슬리의 방어 (22.3.1)

반론:

방어:

7 둘째 반론과 웨슬리의 방어 (22.3.2)

반론:

방어:

8 셋째 반론과 웨슬리의 방어 (22.3.3)

반론:

방어:

9 넷째 반론과 웨슬리의 방어 (22.3.4)

반론:

방어:

10 다섯째 반론과 웨슬리의 방어 (22.3.5~7)

반론:

방어:

11 올바른 금식을 하기 위한 방법으로 웨슬리는 몇 가지를 제시합니다. 나열해 보십시오. (22.4.1~7)

1) (22.4.1)
2) (22.4.2)
3) (22.4.3)
4) (22.4.4)
5) (22.4.5)
6) (22.4.6)
7) (22.4.7)

표준설교
23

우리 주님의
산상수훈에 대하여

▶ 강해 8

요약과 해설

산상수훈 강해 8번은 1747년 11월 1일부터 16일까지의 기간에 한 것으로 알려져 있다. 이 설교는 그리스도인의 재물관에 대한 가르침을 주고 있는데, 웨슬리는 재물관의 기본적인 세계관으로서 순수함(혹은 성결, purity)을 제시한다. 즉, 마음속에 하나님만 두고 오직 하나님만을 향해 시선을 고정하는 것을 제시한다. 웨슬리는 눈이 성하다는 구절의 의미를 하나님께로 시선을 고정하는 것이라고 말하면서, 그렇지 않을 경우 참된 평강을 알지 못하게 될 것이라고 설명한다. 시선을 하나님께로 고정시키는 것에 가장 방해되는 것으로서 그는 재물을 손꼽는다. 재물은 우리의 마음을 하나님으로부터 멀어지게 하는 가장 강한 힘이다. 그렇다고 해서 그리스도인이 경제적 활동에 전혀 무관심해야 한다는 말은 아니다. 재물을 쌓는다는 것은 우리가 재물에 대해 어떤 마음을 갖고 있는가에 대한 문제다. 즉, 재물이라는 것보다는 재물을 탐하는 욕심이 문제인 것이다. 재물은 결코 우리에게 참된 안식과 행복을 가져다줄 수 없으며, 따라서 우리는 재물을 의지해서는 안 된다.

재물을 땅에 쌓아 두지 말라는 명령은 그리스도인들이 어떻게 하면 재물을 잘 활용할 수 있는지에 대한 물음으로 연결된다. 웨슬리는 재물을 활용하는 몇 가지 지침을 내려 주는데, 남에게 폐를 끼치지 않도록 하고, 자신과 자신이 책임져야 하는 사람들의 기본적인 필요를 채워 주는 것을 위해 필요한 만큼만 재물을 쌓으라고 한다. 그리스도인은 자신의 그릇된 욕망을 위해 재물을 사용하지 말고 다른 사람의 유익을 위해 사용해야 한다. 이러한 경제관의 밑바탕에는 재물에 대한 탐심이 얼마나 위험한 것인지, 그리고 그 탐심이 결과적으로는 우리를 하나님으로부터 멀어지게 하는 강력한 위험 요소라는 생각이 깔려 있다. 따라서 중요한 것은 재물 그 자체보다는 그 재물의 힘을 의지하는 것, 즉 재물이 있으면 하나님의 도움 없이도 나 혼자 무엇이든 할 수 있다는 생각을 경계하는 것이다.

재물로부터 눈을 돌려서 하나님을 향해 시선을 고정하는 것은 재물에 자신의 행복이나 문제의 해결 등을 의지하려는 마음을 버리고, 궁극적인 도움과 참된 행복과 만족을 하나님에게서 찾으려고 하는 것을 의미한다. 재물과 하나님 사이에서 무엇을 선택할 것인지 웨슬리는 우리에게 결단을 촉구한다. 우리가 움켜쥐려는 것은 재물이 자신의 만능 해결자가 될 수 있다는 불신앙에서 비롯한 것이며, 우리가 하나님을 신뢰한다면 움켜쥐었던 손을 풀어서 다른 사람에게로 흘러가게 해야 한다.

우리 주님의 산상수훈에 대하여

▶ 강해 8

너희를 위하여 보물을 땅에 쌓아 두지 말라. 거기는 좀과 동록이 해하며 도둑이 구멍을 뚫고 도둑질하느니라. 오직 너희를 위하여 보물을 하늘에 쌓아 두라. 거기는 좀이나 동록이 해하지 못하며 도둑이 구멍을 뚫지도 못하고 도둑질도 못하느니라. 네 보물 있는 그 곳에는 네 마음도 있느니라. 눈은 몸의 등불이니 그러므로 네 눈이 성하면 온 몸이 밝을 것이요 눈이 나쁘면 온 몸이 어두울 것이니, 그러므로 네게 있는 빛이 어두우면 그 어둠이 얼마나 더하겠느냐? 마 6:19~23

1. 일반적으로 경건한 행위라고 일컫는 것들은 참된 기독교의 참된 가지라 할 수 있는데, 이러한 것들은 순수하고 거룩한 의도에서 돋아난 가지로서 그에 합당한 방식으로 행해져야 하는 것들입니다. 그래서 우리 주님께서는 일상생활 가운데서 하는 행동들에 대한 가르침을 이어서 해 주시는데, 여기에서 주님께서는 우리가 구제활동이라든지 금식, 혹은 기도할 때처럼 우리의 일상생활 속에서도 똑같은 의도의 순수성(purity of intention)이 반드시 필요하다는 것을 보여 주십니다.

의심할 여지없이 의도의 순수성이 있어야 "우리의 구제와 헌신이 하나님께서 받으실 만한 것"[1]이 되는데, 이와 마찬가지로 의도의 순수성이 있어야만 우리가 직업을 갖고 노동을 하는 것 또한 하나님께서 받으실 만한 것이 됩니다. 만약에 우리가 자기 스스로를 높여서 이 세상에서 명예와 부귀를 얻으려고 자기 사업을 한다면 우리는 더 이상 우리의 직업을 통해서 하나님을 섬기고 있는 것이 아닙니다. 이 사람은 마치 남들에게 보이려고 구제하거나 사람들에게 들리도록 기도하는 사람처럼, 하나님으로부터 어떠한 상급을 받지 못합니다. 우리가 구제나 헌신을 할 때처럼 우리의 직업에 있어서도 헛되고 세상적인 계획들을 마음에 품어서는 안 됩니다. 이러한 것들이 우리의 "선한 행위", 우리의 경건한 행위들 가운데 섞여 있을 때 사악한 것이 되는데, 이뿐만 아니라 이것들이 우리의 직업이라는 일반적인 사업 행위 안에서도 그렇게 섞여 있을 때도 마찬가지로 똑같이 악한 것이 됩니다. 만일 우리가 세상적인 직장생활에서 그러한 마음을 품는 것이 괜찮다면 우리가 신앙적인 헌신을 할 때에도 그런 마음을 품어도 될 것입니다. 하지만 우리가 구제나 헌신의 행위를 할 때에 그것이 순수한 의도(purity of intention)에서 나온 것이 아니라면, 우리의 그 행위들은 받으실 만한 예배가 될 수 없습니다. 이와 마찬가지로 만일 우리가 어떤 사업을 할 때에 그것이 위와 똑같은 경건한 마음(piety of heart)에서 행한 것이 아니라면, 이 역시 하나님께서 받으실 만한 예배가 될 수 없습니다.

2, 복되신 우리 주님께서는 이 장 전체에 걸쳐서 가장 실감나는 방식으로, 강하고 이해하기 쉬운 말들로써 자신께서 설명하고 명하시며 강조하시는 것을 선포하십니다. "눈은 몸의 등불이다. 만일 네 눈이 단순하다면(single)[2] 네 온몸이 빛으로 가득하게 될 것이다. 그러나 네 눈이 악하다면

---

1) 행 10:4
2) 한글 성경에 '성하면'이라고 번역된 단어는 'haplous'라는 단어다. 이 단어는 두 가지 뜻을 담고 있는데, 하나는 '깨끗하다', '온전하다'라는 것이고 다른 하나는 '단순하다'(single)라는 것이다. 한글 성경은 전자의 개념을 사용하여 '눈이 잘 보인다'라는 의미로 이 단어를 풀었다. 그러나 웨슬리는 후자, 즉 '눈이 단순하다'라는 개념으로 풀었다. 마 6:19~21에는 재물에 대한 이야기를 다루고 있고, 이 본문 뒤에는 먹고사는 것에 대한 염려에 대

네 온몸은 어둠으로 가득하게 될 것이다." 여기에서 눈이란 의도를 가리킵니다.[3] 눈이 몸에 대하여 가지는 관계는 의도가 영혼에 대하여 가지는 관계와 같습니다. 눈이 온몸의 움직임을 인도하듯이 의도는 영혼의 움직임을 인도합니다. 따라서 영혼의 눈은 단순해야 합니다. 즉, 오직 하나만을 바라보아야 합니다. 우리가 "하나님을 알고 그분께서 보내신 예수 그리스도를 아는"[4] 것에만 몰두한다면, 우리가 그분께 합당한 마음으로 그분께서 우리를 사랑하셨던 것처럼 우리도 그분을 사랑하려는 생각만 한다면[5], 우리의 영혼의 눈은 단순하다고 할 수 있습니다. 만일 우리가 모든 것에서 항상 하나님을 기쁘시게 해 드리려고 하는 생각만 한다면, 우리의 마음과 생각과 혼과 힘을 다하여 그분을 섬기듯이 또한 그분을 사랑하려는 생각만 한다면,[6] 영원토록 모든 만물 안에 계시고[7] 모든 만물 위에[8] 뛰어나신 하나님을 기뻐하려는[9] 생각만 한다면 우리는 비로소 우리의 눈이 단순하다고 말할 수 있습니다.

3. "만일 그대의 눈이 단순하면", 즉 하나님께로 고정되어 있다면,[10] "그대의 온몸은 빛으로 가득하게 될 것입니다." "온몸"이라는 것은 의지에 의해 좌우되는 것인데, 이는 눈에 의해서 몸이 좌우되는 것과 같은 것입니다.

한 가르침이(마 6:25~34) 이어진다. 따라서 마 6:22~23은 단순히 시력의 좋고 나쁨에 대한 가르침이 아니라, 무엇을 바라보고 사느냐에 대한 세계관의 문제에 해당되며, 전후 문맥을 볼 때 그리스도인의 경제관에 대한 가르침에 해당한다. 따라서 웨슬리의 해석처럼 단순히 눈이 건강하다는 의미가 아니라, 하나님을 볼 것인지 우상을 바라보며 살 것인지에 대한 신앙적 세계관에 대한 가르침과 그 결단에 대한 요구로 이 본문을 해석해야 한다. 이런 관점으로 볼 때 마 6:22~23에 이어서 마 6:24에서 하나님과 맘몬을 동시에 섬길 수 없고 어느 것이든 하나만 섬길 수 있다는 가르침이 나오는 것이 비로소 자연스럽게 이해될 수 있다. 이렇게 볼 때, 'haplous'를 단순하다, 한 가지만 품고 있다는 의미(single)로 해석한 것은 적절하다. 다만 이러한 해석이 더 잘 드러나도록 웨슬리는 23번 설교를 위한 성경 본문을 6:24까지 포함시켜야 했는데 그렇지 못한 것이 아쉽다.
3) 표준설교 11.11~12('우리 자신의 영의 증거')를 보라.
4) 요 17:3
5) 요 17:23
6) 신 6:5
7) 행 17:27; 골 1:17
8) 요 3:31
9) 시 9:2
10) Cf. 표준설교 19.3.5('산상수훈 강해 4')

이것은 그대의 존재 자체, 그대가 하고자 하는 모든 것, 그대의 성품이나 모든 감정, 그대의 모든 생각과 언행을 가리킵니다. 이 모든 것이 "빛으로 가득하게 될 것"이라는 말입니다. 이 말은 참된 하늘의 지식으로 가득하게 될 것이라는 뜻입니다. 이것이 여기에서 우리가 빛이라고 하는 것에 대한 첫 번째 해석입니다. "이 빛 안에서 그대는 빛을 보게 될 것입니다."[11] "옛 계명을 통해 어둠 가운데서 빛을 비추라고 명하셨던 그분께서 그대의 마음속에 빛을 비추실 것입니다."[12] 그분께서는 그대가 하나님의 영광을 아는 지식을 갖도록 그대의 눈을 밝혀 주실 것입니다. 그분의 성령께서는 하나님의 심오한 것을 드러내 주실 것입니다.[13] 성령의 영감을 받으면 그대는 이해할 수 있는 능력을 갖게 될 것이며, 이로써 그대는 비밀스러운 지혜를 알게 될 것입니다.[14] 그렇습니다. 그대가 그분께로부터 받은 기름부음이 "그대 안에 있어 모든 것을 그대에게 가르칠 것"입니다.[15]

우리의 경험이 어떻게 이것을 증명해 주고 있습니까? 하나님께서 우리가 이해할 수 있는 눈을 열어 주신 후에라도 우리가 만일 하나님 이외에 다른 것을 추구하거나 열망한다면 우리의 어리석은 마음이 얼마나 빨리 어두워 지는지요![16] 그렇게 되면 우리 영혼에 다시금 구름이 드리우게 됩니다. 의심과 두려움이 다시금 우리를 엄습합니다.[17] 우리는 여기저기 내던져지고 무엇을 해야 할지 알지 못하며 우리가 어느 길로 가야할지도 모르게 됩니다.[18] 그러나 만일 우리가 하나님 외에 다른 어떤 것도 열망하거나 추구하지 않는다면 그 구름과 의심은 곧 사라질 것입니다. "한때 어둠이었던" 우리가

---

11) 시 36:9
12) 고후 4:6
13) 단 2:22; 골 1:27
14) 시 119:18
15) 요일 2:27
16) Cf. 히 6:4~6; 잠 26:11; 벧후 2:22
17) Cf. 눅 24:38
18) 요 12:35

"이제는 주님 안에서 빛이 되었습니다."[19] 밤은 낮처럼 밝게 빛나고 우리는 "의인의 길이 빛나는" 것을 보게 될 것입니다. 하나님께서는 우리에게 어디로 가야 할지 보여 주십니다. 그리고 우리 앞에 놓인 길을 평탄하게 하실 것입니다.[20]

4. 여기에서 빛이라고 하는 것의 두 번째 의미는 거룩함(holiness)입니다. 만일 그대가 모든 것 가운데서 하나님을 찾고자 한다면, 그대는 모든 거룩함의 근원이시며 당신 자신의 형상과 의와 자비와 진리로[21] 계속해서 그대를 채우시는 그분을 그 모든 것 가운데서 발견하게 될 것입니다. 만일 그대가 예수와 하나님만을 바라본다면, 그대는 그분 안에 있는 그 마음으로 채워지게 될 것입니다.[22] 그대의 영혼은 그 영혼을 창조하신 그분의 형상을 따라 날마다 새로워질 것입니다.[23] 만일 그대의 마음의 눈이 그분에게서 떠나가지 않는다면, 만일 그대가 "보이지 않으시는 그분을" 인내로써 "바라본다면", 하늘이나 땅에 있는 그 어떤 다른 것도 보지 않는다면, 그대는 비로소 주님의 영광을 보게 될 것이며, 그대는 "주님의 영으로 말미암아 그와 같은 형상으로 변화를 받아 영광에서 영광에 이르게" 될 것입니다.[24]

이것은 또한 "우리가 은혜로 말미암아 믿음을 통해 구원받았습니다."[25]라는, 우리가 매일 경험하는 문제이기도 합니다. 믿음이 있어야만 우리의 마음의 눈이 열려서 영광스러운 주님의 사랑의 빛을 보게 됩니다.[26] 그리고 그 눈이 세상과 자신을 화해시키시는 그리스도 안에서 하나님에게로만 꾸준히 고정되어 있다면 우리는 점점 더 하나님과 이웃에 대한 사랑으로, 온

---

19) 엡 5:8; 살전 5:5
20) 사 26:7
21) 시 89:14
22) 빌 2:5
23) 골 3:10
24) 고후 3:18
25) 엡 2:8
26) 시 119:18

유와 신사적인 태도(gentleness),[27] 인내로 가득 채워질 것입니다. 또한 그렇게 할 때 우리는 예수 그리스도를 통하여 하나님 아버지의 영광에 이르게 하는 모든 거룩한 열매들로 가득 채워질 것입니다.[28]

5. 단순한 눈을 갖고 있는 사람에게 채워지는 빛이 가지는 세 번째 의미는 거룩함뿐만 아니라 행복을 의미합니다. 분명히 "빛은 달콤하며 햇빛을 보는 것은 즐거운 일입니다."[29] 그러나 영혼에 끊임없이 비추는 의로우신 태양(the Sun of Righteousness)[30]을 보는 것은 얼마나 더 즐거운 일이겠습니까! 그리스도 안에서 어떤 위로가 있거든, 어떤 사랑의 위로가 있거든,[31] 모든 생각을 뛰어넘는 어떤 평화가 있거든,[32] 하나님의 영광을 소망하는 가운데 어떤 기뻐함이 있거든,[33] 그것은 바로 그 눈이 단순한 자들의 것입니다. 그리하여 "그의 온몸이 밝을 것"이라는 것입니다. 하나님께서 빛 가운데 계시듯, 이러한 사람도 빛 가운데 거합니다.[34] 이런 사람은 항상 기뻐하고 쉬지 않고 기도하며 모든 일에 감사합니다.[35] 이런 사람은 그리스도 예수 안에서 자기와 관련하여 하나님의 뜻이라면 그것이 무엇이 되었든 기뻐합니다.

6. "그러나 만일 네 눈이 나쁘면 네 온몸이 어둠으로 가득할 것이다." "만일 네 눈이 나쁘면" – 단순한 눈과 나쁜 눈 사이에 중간이란 없습니다. 만일 눈이 단순하지 않다면, 그 눈은 나쁩니다. 우리가 무엇을 하든지 그 의도가 오로지 하나님 한 분만을 향해 있지 않다면, 즉 우리가 다른 것들을 추구한

---

27) 표준설교 17.1.4~6('산상수훈 강해 2')을 보라.
28) 표준설교 39.3.1~2('신생')를 보라.
29) 전 11:7
30) 하나님을 가리킴.
31) 빌 2:1
32) 빌 4:7
33) 롬 5:2
34) 요일 1:7
35) 살전 5:16~18

다면 우리의 "마음과 양심은 불순하게 됩니다."[36]

따라서 만일 그 어떤 것에 있어서든지 우리가 하나님 이외의 다른 것을 향해 있다면 우리의 눈은 나쁩니다. 만일 우리가 하나님을 알고 그분을 사랑하는 것 이외의 다른 것을 바라본다면, 그 어떤 것에 있어서든지 그분을 기쁘시게 해 드리고 그분을 섬기는 것 이외의 것을 추구한다면, 그리고 만일 우리가 하나님을 기뻐하는 것 이외의 다른 것을 마음에 품고 있다면, 그리고 지금부터 영원까지 그분 안에서 행복을 추구하려는 것 이외에 다른 것을 마음에 품고 있다면 우리의 눈은 나쁘다고 할 것입니다.

7. 만일 그대의 눈이 오로지 하나님을 향해 고정되어 있지 않다면, "그대의 온몸이 어둠으로 가득할 것"입니다. 그대의 마음에는 베일이 가려져 있을 것입니다.[37] 그대의 마음은 "이 세상의 신"에 의해 더욱더 가려질 것입니다. "그리하여서 그리스도의 복음의 영광의 광채가 그대 위에 비치지 못하도록 할 것입니다."[38] 그대는 무지와 실수로 가득하게 되어서 하나님의 일을 느끼지 못할 것이며, 그것을 알아차리지도 못하고 분간하지도 못할 것입니다.[39] 심지어 그대가 하나님을 섬기고자 하는 마음이 조금 있다 하더라도 어떻게 그분을 섬겨야 할지 확실히 알지도 못하게 될 것입니다.[40] 그리고 그대는 모든 것에서 의심과 어려움을 겪게 될 것이고 헤어날 길을 찾지 못하게 될 것입니다.

그렇습니다. 그대의 눈이 단순하지 않다면, 만일 그대가 이 세상의 것을 추구한다면, 그대는 거룩하지 못하고 불의로 가득하게 될 것입니다. 또한 그대가 하고자 바라는 것들, 그대의 성품이나 감정이 제 길에서 벗어나서 온통 어둠에 처하게 될 것이며, 악하게 될 것이며, 모두 헛것이 되고 말 것입

---

36) 딛 1:15
37) 고후 3:16
38) 고후 4:4
39) 사 6:9
40) 막 4:12

니다. 그리하여 그대의 마음뿐만 아니라 그대의 입에서 나오는 말도 "소금을 고루 치지"[41] 않은 것처럼 악하게 될 것이며 "듣는 이들에게 은혜를 끼치기"에 부족하게 될 것입니다.[42] 도리어 게으르고 무익하며[43] 타락하여, 하나님의 성령을 근심하게 할 것입니다.[44]

8. 만일 그대가 그러하다면 그대는 "평강의 길을 알지 못하고" 오로지 그 길에는 멸망과 불행만이 있을 것입니다.[45] 거기에는 평강도, 안정도, 견고한 평화도 없으니, 왜냐하면 그들은 하나님을 알지 못하기 때문입니다. 전심으로 주님을 찾지[46] 않는 자들에게는 참되고 영원한 만족이 없습니다. 그대가 사라지고 말 것들을 하나라도 추구한다면 "그 모든 결과는 허망함뿐입니다."[47] 그렇습니다. 허망함뿐만 아니라 또한 "심령도 상하게" 될 것입니다.[48] 그가 찾고 즐기는 모든 것에서도 그러할 것입니다.[49] 그대는 진실로 헛된 그림자 안에서 걸으며 허무함 가운데서 불안해할 것입니다. 그대는 어둠 속에서 걷게 될 것이며 그것을 느낄 수 있을 것입니다. 계속 잠에 빠져 있으십시오. 그러나 그대는 쉼을 얻지 못할 것입니다. 삶에 대한 꿈들은 고통만을 안겨 준다는 것을 그대도 알고 있습니다. 그것들은 평안을 가져다주지 못합니다. 이 세상에는 안식이 없고 다가올 세상에도 그것은 없습니다. 오직 모든 영혼의 중심이 되신 하나님 안에서만 안식이 있습니다.

"만일 그대 안에 있는 빛이 어둠이면 그 어둠이 얼마나 심하겠는가!" - 모든 영혼을 비춰 주어야 할 그 마음의 의도가, 그 영혼을 지식과 사랑과 평화

---

41) 골 4:6
42) 엡 4:29
43) 딛 3:9
44) 엡 4:30
45) 롬 3:16~17
46) 시 119:10
47) 전 11:8
48) 사 65:14; 전 1:14
49) 전 4:8

로 가득 채워 줘야 할 의도가(만일 그대의 눈이 단순하다면, 즉 하나님 한 분만을 향해 고정되어 있다면 실제로 이것은 가능합니다.) 어둠이라면, 만일 그대의 눈이 하나님 이외에 다른 것을 향해 있다면, 그리고 그 결과 그대의 영혼이 빛이 아닌 어둠과 무지와 실수와 죄와 불행으로 덮여 있다면, 아! 그 어둠이 얼마나 크겠습니까! 그것은 끝이 없는 구덩이에서 올라오는 바로 그 연기입니다![50] 그것은 가장 낮고 깊은 세계, 즉 사망의 그림자의 땅을[51] 다스리는 바로 그 밤입니다.

9. 그러므로 "자기를 위하여 이 땅에 재물을 쌓아 두지 마십시오. 거기에는 좀과 녹이 슬어 망가뜨리며 도둑이 뚫고 들어와 훔쳐갑니다." 만일 그대가 그렇게 한다면 그대의 눈이 악한 것임에 틀림없습니다. 그대의 눈이 오로지 하나님만을 향해 고정되어 있지 않은 것입니다.

대부분의 하나님의 계명에 관하여는 그것이 마음에 관련된 것이든 실생활에 관련된 것이든 상관없이 아프리카나 아메리카의 이교도들도 소위 그리스도인들이라 불리는 사람들 못지않은 수준에 올라서 있습니다. 그리스도인들도 (몇몇을 제외하고) 이교도들과 거의 비슷하게 그 계명들을 준수합니다. 예를 들면, 일반적으로 그리스도인이라 불리는 영국인들은 희망봉 근처에 사는 대부분의 이교도만큼 진지하고 점잖습니다. 독일이나 프랑스의 그리스도인들도 촉타우나 체로키 인디언들만큼 겸손하고 정숙합니다. 유럽에 있는 사람들과 아메리카 대륙에 있는 사람들을 비교해 보았을 때 대체로 어느 편이 더 뛰어난지 쉽게 말할 수 없습니다. 적어도 아메리카 사람들이 더 뛰어나지는 않은 것 같습니다. 하지만 지금 우리가 보고 있는 이 명령의 말씀을 두고 봤을 때 반드시 그렇다고 자신할 수는 없습니다. 이 점에 있어서는 이교도들이 더 뛰어납니다. 왜냐하면 그들은 그저 자신들이 먹

---

50) 계 9:2
51) 사 9:2

을 평범한 음식과 입을 수 있는 평범한 의복 이상으로 욕심을 내고 추구하지 않기 때문입니다. 그들은 그것들을 그저 하루하루 찾을 뿐입니다. 그들은 쌓아 두지도 보관하지도 않습니다. 그저 그 해에 옥수수를 거둘 때에 다음 해 수확기가 찾아올 때까지, 필요한 분량만큼만 쌓아 둘 뿐입니다. 그러므로 이 명령에 관해서는 이교도들이 비록 이 계명은 알지 못하지만 그것을 꾸준히 규칙적으로 준수하고 있는 것입니다. 그들은 "자기를 위하여 이 땅에 보화를 쌓아 두지 않습니다." "좀이나 녹이 슬어 망가질 수 있으며 도둑이 뚫고 들어와 훔쳐갈 수 있는" 자색 옷이나 고운 옷감도, 금이나 은도 쌓아 두지 않습니다. 그런데 가장 높으신 하나님의 계명을 받았다고 자처하는 그리스도인들은 얼마나 이 명령을 지키고 있습니까? 전혀 그렇지 않습니다! 하나도 지키지 않습니다! 마치 그런 계명을 받은 적도 없는 것처럼 말입니다. 선한 그리스도인이라고 자타가 인정하는 사람들조차도 그 계명을 함부로 합니다. 그들이 알아차린 것이 행여 헬라어 원문에 여전히 감추어져 있을 수도 있습니다. 기독교 도시 가운데 당신은 할 수 있는 한 많이 재물을 쌓아 두는 것에 대한 일말의 양심의 가책을 느끼는 이를 오백 명 가운데 단한 사람이라도 찾아볼 수 있습니까? 자신이 할 수 있는 한 최대한으로 재물을 늘리는 행동에 대해서 일말의 양심의 가책을 느끼는 사람 말입니다. 물론 부정한 방법으로 재물을 늘리지 않는 사람은 찾을 수 있겠지요. 남의 것을 강탈하거나 훔치지 않고 부를 축적하는 사람들도 많이 있을 것입니다. 이웃들의 등을 쳐서 자기 배를 채우지 않는 사람들도 많이 찾아볼 수 있습니다. 그러나 이것은 전혀 다른 문제입니다. 설령 이 사람들이 양심의 가책을 느끼지 않는다 하더라도 그러한 행동에는 분명히 문제가 있습니다. 그들은 부정직한 방법으로 재물을 쌓아 두는 것에는 양심의 가책을 느끼지만, '이 땅에 재물을 쌓아 두는 일' 그 자체에 대해서는 양심의 가책을 느끼지 않습니다. 그들은 그리스도께 불순종하는 것에서 시작하지 않습니다. 대신에 이 세상의 도덕성의 한 가지에서 시작합니다. 그래서 정직하다고 하는 사람들조차 강도들이나 도둑들 못지않게 이 명령을 거스르고 있습니다. 그렇습니다. 그들이 그 명령을 지키려고 생각조차 한 적이 없습니다. 그들이 어렸을 때부터 이 계명이 그들의 머릿속에 들어간 적이 없습니다. 그들은 그리스도인 부모나 사장 밑에서, 그리고 그리스도인 친구들 틈에서 자랐지만 이에 대해서 어떠한 가르침도 받지 못했습니다. 이 계명이 없었더라면 어쩌면 그들은 죽는 날까지 할 수 있는 한 많이, 그리고 기회가 생기면 곧바로 이 계명을 어겼을 것입니다.

10. 이것보다 더 영혼을 빠져들게 하는 것은 이 세상에 없습니다. 이런 사람들 대부분이 성경을 읽거나 듣습니다. 그들 중에 많은 사람은 매주 교회에 가서 말씀을 읽거나 듣습니다. 그들은 이 말씀을 수 백 번도 더 읽고 들었습니다. 하지만 이들은 자기가 자기 자식들을 몰록에게 제물로 바치는 것을 금했던 바로 그 말씀에 의해 정죄를 받고 있다고 생각조차 해 본 적이 없습니다. 오! 하나님께서는 친히 자신의 위대하신 목소리로 자기 자신을 속이고 있는 이 불쌍한 자들에게 이렇게 말씀하십니다. 이 사람들은 자신의 눈에 붙어 있는 비늘을 떼어 내고[52] 악의 올무에서 깨어나야 합니다![53]

11. "이 땅 위에 보물을 쌓아 둔다."는 말이 무슨 뜻인지 궁금하십니까? 이 말은 세심하게 살펴볼 필요가 있습니다. 이 말씀이 무엇을 의미하는지 분명히 분간하기 위해서 우선 이 명령에서 금하고 있지 않은 것은 무엇인지 살펴보도록 합시다.

첫 번째로, 이 명령에서 금하고 있지 않은 것은 "모든 사람들 앞에서 선한 일을 도모하기"[54] 위한 것, 자기가 내야 할 모든 의무금을 ─ 그것이 무엇이든 상관없이 우리에게 정당하게 요구되는 것들 ─ 납부하기 위하여 재물을

---

52) 행 9:18
53) 딤후 2:26
54) 롬 12:17

쌓는 것입니다. 이것 때문에 하나님께서 "아무에게도 어떠한 빚도 지지 말라."[55]고 가르치신 것입니다. 따라서 우리는 다른 사람에게 빚지지 않기 위해서 우리의 직업에 최선을 다해 근면성실해야 합니다. 이것이 바로 우리 주님께서 "폐하러 온 것이 아니라 성취하러 왔다."[56]고 말씀하신 지극히 평범하고 당연한 바로 그 보편적 정의의 법칙입니다.

두 번째로, 재물을 쌓아 두지 말라는 말씀이 금하고 있지 않은 것은 우리의 육신의 필요를 채우기 위한 것입니다. 즉, 평범하고 몸에 좋은 음식을 공급하기 위한 것이나 깨끗한 의복을 갖추는 데 필요한 재물을 말합니다. 그렇습니다. 그렇게 하는 것은 우리의 의무입니다. 왜냐하면 하나님께서 이러한 것을 공급할 능력을 또한 우리에게 부여하셨기 때문입니다. 이렇게 해야 다른 사람들에게 짐이 되지 않고 "우리 스스로 자신의 먹을 것을 먹을 수" 있을 것입니다.[57]

세 번째로, 우리 자녀나 우리 식솔을 돌보기 위해 재물을 쌓는 것은 금지 사항이 아닙니다. 자기 가정을 책임지는 것은 이 세상의 도덕법에 비춰 보더라도 당연히 해야 할 우리의 의무입니다. 누구든지 자기 아내나 자녀들이 필요로 하는 평범한 것들을 공급해 주어야 하며, 자기가 죽은 이후에 이 식솔들이 경제적 어려움을 겪지 않도록 필요한 것들을 저축해야 합니다. 여기에서 내가 말하는 것은 고급스러운 것이나 필요 이상의 것이 아니라, 생활하는 데 꼭 필요한 지극히 평범하고도 기본적인 것을 말하는 것입니다. 또한 그것을 모을 때도 근면성실하게 일한 대가로 얻은 것을 말하는 것입니다. 유가족들이 호화스러운 삶이나 빈둥거리는 삶을 누릴 수 있도록 그 이상으로 남겨 주는 것은 의무가 아닙니다. 만일 누구든지 자기 자녀들이나 미망인을 위해서 그렇게 필요 이상으로 남겨 준다면 사도 바울이 디모데에게 주었던 그 유명한 말씀처럼 이 사람은 사실상 "믿음을 저버린 자요 믿지

---

55) 롬 13:8
56) 마 5:17
57) 살전 4:11; 살후 3:12

않는 자보다 나쁜 사람", 즉 이교도보다 나쁜 사람입니다.[58]

마지막으로, 이 명령에서 금하는 것이 아닌 것은 우리가 이 세상에서 위에서 언급한 목적들을 이루기 위해서 사업을 할 때 꼭 필요한 재물을 적절한 방법과 적절한 정도로 가끔 쌓아 두는 행동입니다. 먼저 여기에서 적절한 방법이라고 하는 것은 남에게 빚지지 않는 것을 말합니다. 둘째로 우리가 살아가는 데 꼭 필요한 것들을 얻기 위한 것을 말합니다.[59] 셋째로, 우리가 사는 동안 자기 집을 꼭 필요한 것으로 채워 놓기 위한 수단으로서, 우리가 죽어서 하나님께로 갈 때를 대비해서 쌓아 두는 수단으로서의[60] 경제활동을 의미합니다.

12. 이제 우리는 여기에서 금하고 있는 것이 무엇인지 확실하게 분간할 수(우리가 분간하려는 의지를 갖고 있다면) 있습니다. 여기에서 금하고 있는 것들은 앞에서 언급했던 목적들을 이루기 위한 것 이상으로 이 세상의 물질을 일부러 쌓아 두려고 하는 것입니다. 그것은 이 세상의 물질을 많이 얻으려고, 더 많은 금과 은을 모으려고 애쓰는 것입니다. 위에서 언급한 필요 이상으로 더 많이 축적하려는 것은 오늘 이 성경 말씀에서 분명하고도 단호하게 금하고 있는 것입니다. 이 말씀이 담고 있는 의미는 바로 이것이고 다른 어떤 의미도 아닙니다. 따라서 만일 어느 누가 다른 사람에게 어떤 것도 빚지지 않고, 자신과 자기 가족들에게 필요한 음식과 의복을 갖고 있으며, 또한 위에서 언급한 그 합당한 목적을 이루기 위해 이 세상에서 사업을 수행하는 데 충분한 자금을 갖고 있는데도 불구하고, 이미 이러한 상황에 처해 있는데도 불구하고, 만일 그가 이 세상에서 보다 더 많은 몫을 추구하고 있다면, 제가 단언하건대 그 사람이 누가 되었든지 그는 공공연

---

58) 딤전 5:8
59) 우리가 먹고사는 기본적인 것 이상으로 호화를 누리기 위해 돈을 버는 것을 반대한다는 의미.
60) 이것이 앞서 언급했던 유족들을 위해 일정 금액을 남겨 두는 것을 의미하는지, 혹은 장례비용을 남에게 지우지 않기 위해 일정 금액을 남겨 두는 것을 가리키는지는 확실하지 않다.

히 자신을 사신 주님을 습관적으로 부인하며[61] 사는 사람입니다. 그는 실제로 믿음을 저버렸으며[62] "믿지 않는 아프리카나 아메리카 사람들"보다 나쁜 사람입니다.

13. 여러분 이 말을 들으십시오! 이 세상에 사는 여러분, 자기가 사는 세상을 사랑하는 이들이여 들으십시오! 여러분은 "사람들로부터 높임을 받을지는" 몰라도 "하나님 보시기에는 역겨운" 사람들입니다.[63] 언제까지 여러분의 영혼이 이 먼지에 집착하며 살겠습니까? 언제까지 이 두꺼운 진흙덩이를 지고 살렵니까? 당신은 언제 정신을 차리고, 하늘나라보다 입을 더 벌리고 엄청난 기세로 있는 지옥이 당신에게 더 가까이 있다는 사실을 깨달으려 하십니까? 도대체 언제 여러분은 더 좋은 쪽을 선택하라는 말에 귀를 기울이겠습니까? 그렇게 귀를 기울이지 않는 이상 그 지옥은 여러분에게서 멀어지지 않을 텐데도 말입니다. 여러분은 도대체 얼마나 더 있어야 다른 모든 것들을 거부하고, 싫어하고, 혐오하면서 "하늘에 보화를 쌓아 둘" 생각만 하시렵니까? 만약에 여러분이 "땅 위에 보화를 쌓아 두려고" 한다면 여러분은 양식이 아닌 것을 위해 여러분의 시간과 에너지를 잃게 될 것입니다.[64] 설령 여러분이 땅 위에 보화를 잘 쌓아 두었다고 한들, 그 수고의 결과가 무엇이란 말입니까? 여러분은 그저 자신의 영혼을 죽였을 뿐입니다! 여러분은 영적인 생활의 마지막 불꽃을 꺼뜨린 것입니다! 그러므로 비록 지금 당신은 살아 있지만 실상은 죽은 것입니다![65] 여러분은 비록 살아 있는 사람이지만 그리스도인으로서는 죽은 자입니다. "왜냐하면 여러분의 재물이 있는 곳에 여러분의 마음도 있기 때문입니다." 여러분의 마음은 먼지 속으로 가라앉았고, 여러분의 영혼은 이 땅에 딱 달라붙어 있습니다. 여러분

---

61) 벧후 2:1; 고전 7:23
62) 딤전 5:8, 12
63) 눅 16:15
64) 사 55:2
65) 계 3:1

의 마음은 위의 것이 아닌 이 땅의 것에 쏠려 있습니다.[66] 여러분의 마음은 독이 있는 쥐엄 열매 껍데기에 가 있지만[67] 그것이 하나님을 위해 만들어진 영원한 영을 절대로 만족시킬 수는 없습니다. 여러분의 사랑, 기쁨, 여러분이 바라는 것들은 모두 쓰면 사라지고 말 것들에 있습니다.[68] 여러분은 여러분의 보화를 하늘의 보화인 하나님과 그리스도를 내던져 버렸고 그래서 그분들을 잃어버렸습니다. 그 대가로 여러분은 재물과 더불어 지옥 불을 얻게 된 것입니다!

14. 아! "부자가 하나님 나라에 들어가는 것이 얼마나 어렵습니까!"[69] 우리 주님의 제자들이 예수님께서 이렇게 말씀하시는 것을 듣고 놀랐을 때, 도리어 그분께서는 한술 더 떠서 이보다 더 강한 어조로 매우 중요한 진리를 반복하여 말씀하셨습니다. 즉, "부자가 하나님 나라에 들어가는 것보다 낙타가 바늘귀를 통과하는 것이 더 쉽다."는 것입니다. 하는 말마다 남들로부터 칭송받는 사람들이 자기 스스로를 돌아볼 때 자신이 똑똑하지 않다고 생각한다는 것은 거의 불가능하겠지요. 이들은 가난하고 미천하며 무식한 사람들보다 자신이 더 나은 것이 없다고는 절대로 생각하지 않을 것입니다. 이들이 자기가 가진 재물에서 행복을 찾지 않거나 그 재물을 의지하지 않으려 한다는 것 또한 거의 불가능한 일입니다. 그들은 자신들이 가진 재물에서 육체의 욕구, 눈의 욕구, 인생의 자랑에 대한 만족을 얻으려 합니다! 오, 부유한 그대여! 그대가 어찌 지옥의 저주에서 벗어나겠습니까? 오직 하나님으로만 그것이 가능합니다![70]

15. 설령 여러분이 이 땅에 재물을 쌓아 두지 못했다 한들, 이 땅에 재물

---

66) 골 3:2
67) 눅 15:16
68) 시 102:26
69) 마 19:23
70) 시 52:7

을 쌓으려고 애썼던 그 수고의 결과가 도대체 무엇이란 말입니까? "부자가 되려는 자들은"(hoi boulomenoi ploutein - 실제로 부자가 되었든 못 되었든 상관없이, 일단 부자가 되고 싶은 욕심이 있고 그렇게 되려고 애쓰는 이들은) "시험과 올무에 빠집니다."[71] 이것은 악마의 조면기(繰綿機)[72]이자 덫입니다. "그리하여 여러 가지 어리석음과 해로운 욕심(epithymias anoetous)에 빠집니다."[73] 이 말은 이성적인 판단 없이 욕망으로 가득하게 된다는 의미입니다. 이러한 것은 이성적이고 도덕적인 사람에게는 있을 수 없고 무식한 짐승 같은 사람에게나 어울리는 것입니다. "이것은 사람을" 지금뿐만 아니라 영원토록 불행한 상태, 즉 "파멸과 멸망에 빠지게 합니다."[74] 그러므로 여러분, 우리의 눈을 열어서 비록 우울하긴 하지만 엄연한 사실, 즉 부자가 되기를 열망하고 결심하는 자는, 모든 악의 뿌리가 되는 돈을 탐내는 자는, 이미 많은 고통으로 자기 자신을 찔렀으며[75] 자기들이 가게 될 지옥을 기다리고 있다는 이 사실을 직시하도록 합시다.

우리는 사도께서 여기에서 경계하고 있는 이 말씀을 매우 주의 깊게 살펴볼 필요가 있습니다. 사도께서 부(富)에 대해 것에 대해 절대적으로 단언하고 있는 것은 아닙니다. 왜냐하면 잘못을 저지르지 않고서도, 자기 자신의 선택이 아닌 하나님의 섭리에 의해서 부자가 될 수도 있기 때문입니다. 그래서 사도께서는 hoi boulomenoi plourein이라는 말, 즉 부자가 되기를 갈망하거나 추구하는 사람들이라고 말하고 있습니다. 재물이라는 것은 그 자체가 매우 위험한 것이긴 하지만 그렇다고 그 재물 자체가 항상 "사람들을 파멸과 멸망에 빠지게" 하는 것은 아닙니다. 그렇게 만드는 것은 재물이 아니라 재물을 탐하는 인간의 욕심입니다. 재물을 얻고자 갈망하거나 일부러 그것을 추구하는 사람은 그 결과로 세상을 얻게 될 수도 있고 얻지 못하

---

71) 딤전 6:9
72) 면화에서 씨를 빼내는 기계로서, 여기에 걸리면 절대로 빠져나가지 못한다는 의미로서 비유를 든 것이다.
73) 딤전 6:9
74) 딤전 6:9
75) 딤전 6:10

게 될 수도 있습니다. 그러나 어쨌거나 확실한 것은 그런 사람들은 자신의 영혼을 반드시 잃게 될 것이라는 사실입니다. 이런 자들은 당신의 핏값으로 자신들을 사신 분을[76] 고작 금전 몇 닢, 은전 몇 닢에 팔아넘기는 자들입니다. 이런 자들은 그 계약대로 사망과 지옥으로 들어가게 될 것이며 그 계약은 유효합니다. 왜냐하면 이들은 마귀와 그의 천사들이 받을 유업을 함께 나눌 자격을 날마다 갖추고 있기 때문입니다.[77]

16. 아, 누가 이 독사의 세대들에게 다가올 진노를 피하라고 경고하겠습니까![78] 문에 눕거나 그들의 발치에 웅크리고 앉아서 그 상에서 떨어지는 부스러기나 주워서 배를 채우고자 하는 자들이 그 경고를 외칠 수 없습니다. 호의를 구걸하거나 그들이 행여 인상이나 찌푸리지는 않을까 걱정이나 하는 자들도 아닙니다. 이 세상의 일들에 신경을 쓰는 이들도 그 경고를 말할 수 없습니다. 이 땅에 혹시 그리스도인이라고 하는 자가 있다면, 이 세상을 이겼다고 하는 사람이 있다면,[79] 하나님 외에 다른 어떤 것도 바라지 않는 이가 있다면, 육체와 영혼 모두를 지옥의 형벌로 멸망시키실 수 있는 그분 한 분만을 두려워하는 자가 있다면,[80] 바로 그 사람이 이 경고를 외칠 수 있습니다. 오 하나님의 사람이여! 목소리를 아끼지 말고 다 말하십시오! 나팔처럼 그대의 목소리를 높이십시오![81] 크게 외치십시오! 그래서 불쌍한 죄인들에게 자신들이 얼마나 절박한 상황에 처해 있는지 보여 주십시오! 그렇게 한다면 혹시 천 명 중의 한 사람이라도 들을 귀가 있어,[82] 일어나서 자기 몸에 붙은 먼지를 떨어 버릴는지[83] 모릅니다. 혹시 그가 이 땅에 묶어 두

---

76) 고전 7:23
77) Cf. 마 25:41
78) 마 3:7; 눅 3:7
79) 요일 5:4~5
80) 마 10:28
81) 사 58:1
82) 막 4:23
83) 사 52:2

고 있는 이 사슬을 깨뜨리고 마침내 하늘에 보화를 쌓을는지 모릅니다.

17. 만일 이들 중에 어느 한 사람이라도 하나님의 능력으로 깨어나서 "구원을 얻으려면 무엇을 해야 합니까?"[84]라고 묻는다면, 하나님의 계명에 따르면 그 답은 아주 명확하고 충분하며, 즉각적으로 그 답을 줄 수 있습니다. 하나님께서는 그대에게 "네가 가진 모든 것을 팔라."[85]고 말씀하지 않으십니다. 사람의 마음을 보시는 그분께서는 어떤 특별한 한 가지 경우에서는 이것을 명하실 필요를 느끼셨는데 그것은 바로 어느 부유한 청년 지도자의 경우였습니다.[86] 하지만 그분께서는 이 명령을 이 세대와 앞으로 다가올 모든 세대의 모든 부자들에게 일반화시켜서 명령하시지는 않았습니다. 그분께서 명하신 요지는 첫 번째로, "교만하지 말라."는 것이었습니다. 하나님은 사람이 보는 것처럼 보지 않으십니다. 그분께서는 그대의 재물을 갖고 그대를 평가하지 않으십니다. 그분께서는 그대가 얼마나 대단한 사람인지, 무엇을 갖추었는지, 혹은 그대가 재물 덕분에 직간접적으로 얻게 된 어떤 자격이나 업적(재물로 이런 것을 사거나 얻을 수 있지요.)을 보고 그대를 평가하지 않으십니다.[87] 이 모든 것들은 그분께 있어서는 분토와 같은 것입니다.[88] 그러므로 그대도 이런 것들을 분토와 같이 여기십시오. 그대가 이런 것들을 갖고 있다고 해서 그대가 조금 더 지혜롭거나 더 잘났다고 스스로 생각하지 않도록 주의하십시오. 도리어 다른 것에 치중하십시오. 즉, 그대 자신을 하나님께서 그대에게 주신 믿음과 사랑의 분량으로써 평가하도록 하십시오. 만일 그대가 하나님을 알고 그분을 사랑하는 것에 있어서 다른 사람보다 더 낫다면, 그대는 다른 것이 아닌 바로 이것 덕분에 개와 함께 양을 치는 그 사람보다 더 지혜롭고 더 나으며 더 소중하고 존귀한 사람인 것입니다. 하

---

84) 행 16:30
85) 눅 18:22
86) 막 10:21~22
87) 롬 2:11; 골 3:25; 신 10:17; 엡 6:9
88) 빌 3:8

지만 만일 그대가 이 보배를 갖지 못했다면 내가 단언하건대 그대는 그대의 발아래 있는 가장 천한 하인보다, 그대의 집 대문에 누워 있는 헌데 투성이인 거지보다[89] 더 어리석고 사악하며 더 경멸스러운 자입니다.

18. 두 번째로, "덧없는 재물을 신뢰하지 말아야 합니다."[90] 그것들에 도움을 받으려 하지 마십시오. 그것들이 행복을 안겨 줄 것이라고 믿지 마십시오.

먼저, 그것들에 도움을 받으려 하지 마십시오. 만일 그대가 금이나 은에서 도움을 받으려 한다면 큰 착각을 하고 있는 것입니다. 이런 것들은 그대가 이 세상 위에 올라서 있거나 마귀 위에 있게 되는 데 아무런 도움도 되지 못합니다. 이 세상이나 이 세상의 임금[91]도 자신들을 대항해 어떤 준비를 하는 것에 대해 코웃음을 칠 것입니다. 재물은 환난 날에 – 설령 그 시험 날에 남아 있다 하더라도 – 도움을 주지 못할 것입니다. 재물이 도움이 되어 줄 것이라는 것은 불확실합니다. 왜냐하면 재물은 종종 "날개를 달고 훌쩍 날아가 버리기" 때문입니다.[92] 설령 날아가 버리지 않는다 한들 그것들이 우리의 삶에 있어서 평범한 문제들에 있어서조차 무슨 도움이 되겠습니까? 그대의 눈에 보기만 해도 좋은 것들,[93] 그대의 젊은 날에 품었던 아내와[94] 자식, 그대의 외아들, 그대의 영혼과도 같았던 친구는 모두 단번에 날아가 버릴 것입니다. 그대가 가진 재물이 호흡이 끊어진 흙덩이[95]를 다시 살리거나 전에 살던 곳으로 다시 되돌려 놓을 것 같습니까? 재물이 있다고 그대가 병도 들지 않고 아프지도 않고 어떤 고통도 없겠습니까? 이런 고통은 가난한 사람에게만 찾아옵니까? 아닙니다! 그대의 양을 치는 사람이나 그대의 밭을 가는 사람이 그대보다 덜 아프고, 덜 고통을 느낄 수도 있습니다. 도

---

89) 눅 16:20
90) 딤전 6:17
91) 요 12:31. 사탄을 가리킴.
92) 잠 23:5
93) 겔 24:16
94) 잠 5:18
95) 창 2:7. 사람을 가리킴.

리어 이 불청객이 그런 사람에게는 덜 찾아올 수도 있습니다. 만약에 이런 고통이 찾아온다면, 그것들은 "구름 꼭대기에 자리 잡은 궁궐"보다 '작은 우리'에서 더 쉽게 쫓겨나가기조차 합니다. 그대의 육신이 고통에 쫓겨 다니는 동안, 찌르는 고통에 소진되어 나갈 동안, 그대가 쌓아 둔 재물은 도대체 무슨 도움이 된다는 말입니까? 그래서 불쌍한 이교도가 이렇게 답변합니다.

눈이 침침한 자에게 그림이 도움이 되듯,
통풍이 걸린 주인에게는 쌓아 둔 탁자나 도움이 된다.[96]

19. 그러나 이 모든 것보다 더 중대하고 시급한 것이 있습니다. 그것은 바로 그대가 죽게 되었다는 것입니다! 그대는 먼지로 사그라질 것입니다. 그리하여 그대가 왔던 바로 그 흙으로 되돌아가서 평범한 흙과 섞이게 될 것입니다. 몸은 원래 그 시작점인 땅으로 돌아가지만 그대의 영혼은 그것을 주신 하나님께로 되돌아갈 것입니다. 시간은 계속 흘러서 세월은 조용한 걸음으로 순식간에 흘러가 버릴 것입니다. 어쩌면 그대의 날은 벌써 많이 소진되었을지도 모릅니다. 인생의 정오가 벌써 지나서 저녁 그림자가 이미 그대 위에 드리우고 있을는지 모릅니다. 그대는 몸이 후패해지고 있다는 것을 속으로 확실히 느낄 것입니다. 인생의 봄날은 빨리 닳아져 버립니다. 그런데 그대의 재물이 도대체 여기에서 무슨 도움이 됩니까? 그 재물이 죽음을 달콤하게 만들어 줍니까? 그 재물이 그 엄숙한 시간을 사랑스러운 것으로 만들어 줍니까? 도리어 정반대입니다. "오 죽음이여, 재물을 갖고 평안하게 사는 이에게 너는 어찌 그리 쓰디쓴가!" "오늘 밤에 네게서 네 영혼을 찾을 것"[97]이라는 이 끔찍한 선고가 얼마나 그에게 있어서 받아들이기 힘든 말

---

96) 호라티우스(Horatius), *Epistula* II. 52~53.
97) 눅 12:20

입니까! 재물이 이 불청객의 앞길을 막을 수 있으며, 그 끔찍한 시간을 조금이라도 더 늦출 수 있겠습니까? 재물이 있다고 이미 지나간 시간을 되돌릴 수 있겠습니까? 재물이 있다고 그대에게 주어진 시간에서 한 달, 하루, 한 시간, 혹은 단 한순간이라도 더 늘일 수 있겠습니까? 그대가 그대의 몫으로 챙겨 둔 좋은 것들이 그대가 저 큰 바다를 건널 때에[98] 그대를 따라올 수 있겠습니까? 그렇지 않습니다. 이 세상에 벗은 몸으로 왔으니 벗은 몸으로 갈 것입니다.[99]

> 그대의 땅, 그대의 집, 그대의 사랑스런 아내,
> 이 모든 것들이 끝나야 하리니,
> 이것이 자연의 운명.

> 그대의 인생을 꾸며 주던 잘 자라던 나무들도 모두 사라지고
> 오직 슬픈 사이프러스 나무만이 그대의 무덤을 기다리고 있네.[100]

이 시가 말하는 사실들이 분명하다면, 이것들이 너무나 분명해서 부인할 수 없는 사실이라면, 언젠가는 죽을 운명인 그 누구도 확실하지도 않은 재물에서 도움을 얻으려 의지해서는 안 될 것입니다.

20. 그러므로 그것들에서 행복을 찾을 것이라고 믿지 마십시오. 이것들은 "속이는 저울"로[101] 드러날 것입니다. 올바른 판단을 할 수 있는 사람이라면 지금까지 살펴본 것들을 미루어보기만 해도 이것을 깨달을 것입니다. 수천 냥의 금이나 은도, 이것들로 얻게 되는 어떤 이익이나 쾌락도 우리의

---

98) 죽을 때를 가리킴.
99) 욥 1:21
100) 호레이스의 시. 사이프러스(cypress) 나무는 보통 죽음을 상징한다. 왜냐하면 보통 이 나무를 무덤 근처에 심었기 때문이다.
101) 미 6:11

불행을 막아 줄 수 없고, 결국 우리를 행복하게 만들어 줄 수 없습니다. 아래와 같은 노래를 부를 수밖에 없는 사람에게 그것들이 무슨 행복을 안겨다 줄 수 있겠습니까?

새로 지은 내 궁전에는 여전히 슬픈 생각이 남아 있고,
황금빛 지붕에는 근심이 감돌고 있네.

우리는 이러한 사실을 아주 충분히, 강하게, 그리고 부인할 수 없을 정도로 확실하게 경험했기 때문에 더 이상 왈가왈부할 필요도 없습니다. 그러므로 사실을 따져 봅시다. 부요하고 위대한 사람만이 행복합니까? 그리고 행복하다고 하는 사람들 역시 자기가 얼마나 많이 가졌는지 그 정도에 따라서 더 많이 행복하거나 덜 행복합니까? 그들이 정말로 행복하기는 한 것입니까? 이 사람들이 모든 사람들 중에서 가장 불행한 사람이라고 나는 충분히 말했습니다. 부자들이여, 그대들의 마음에서 우러나는 진심으로 한번 말해 보십시오. 그대 자신과 그대의 형제들을 위해서 한번 말해 보십시오!

우리는 풍족하지만, 그래도 여전히
나에게, 그리고 너에게, 그리고 그에게 뭔가 부족하네!
우리가 아직 갖지 못한 잔인한 바로 그것이
우리가 갖고 있는 다른 모든 것들을 썩고 부패하게 만드네.

그렇습니다. 그대의 허영에 찬 지친 나날들이 사망의 밤에 갇히게 될 그날까지 이런 모습은 지속될 것입니다.

그렇다면 행복을 얻으려고 재물을 의지하는 것이야말로 해 아래 있는 모든 것 가운데[102] 가장 어리석은 일인 것입니다! 아직도 이 말이 믿겨지지 않

---

102) 전 4:7

습니까? 그래도 여러분은 여전히 돈이나 그 돈으로 할 수 있는 것에서 행복을 찾을 수 있다고 기대하십니까? 뭐라고요! 은이나 금, 먹고 마시는 것, 말이나 하인, 번쩍거리는 의복, 기분전환거리나 쾌락거리가 그대를 행복하게 해 줄 것이라 믿는다는 것입니까? 이런 것들이 금세 그대를 불멸의 존재로 만들어 준답니까?

21. 이것들은 모두 죽은 쇼에 지나지 않습니다. 그것들을 생각하지 마십시오. 도리어 살아 계신 하나님을 신뢰하십시오. 그래야만 그대는 전능하신 분의 그늘 아래서[103] 안전하게 될 것입니다. 그분의 신실하심과 진실하심이 그대의 방패와 손 방패가 될 것입니다.[104] 그분은 환난 날에 실제로 도우실 분이시니[105] 그분의 도우심은 실패가 없습니다. 그대는 친구들이 모두 죽고 사라지더라도 "내 주는 살아 계시니, 내 강한 도움이신 분은 복되시도다."[106]라고 말할 것입니다. 그분께서는 그대가 아파서 누워 있을 때에 그대를 기억해 주실 것입니다.[107] 인간의 도움이 모두 허사가 될 때 그분은 그대를 도우실 것입니다. 이 세상 어떤 것도 그대에게 아무런 의지가 되어주지 못할 때, 그분께서는 "어떤 병이든 다 떨치고 일어나게 하실 것"입니다.[108]

그분께서는 그대의 고통을 없애 주실 것입니다. 하나님의 위로로 인해 그대는 불꽃 가운데서도[109] 손뼉을 치게 될 것입니다.[110] 이 땅의 장막이 거의 쓰러져서 이제 막 흙먼지로 돌아가려고 할 때,[111] 그분은 그대에게 이렇게 고백하도록 가르치실 것입니다. "사망아 너의 승리가 어디 있느냐 사망아

103) 시 91:1
104) 시 91:4
105) 시 46:1
106) 시 18:46
107) 시 41:3
108) 시 41:3
109) 사 43:2
110) 시 47:1
111) 벧후 1:14

네가 쏘는 것이 어디 있느냐? 우리 주 예수 그리스도로 말미암아 우리에게 승리를 주시는 하나님께 감사하노니."[112]

오, 행복과 도움을 얻기 위하여 그분을 신뢰하십시오. 모든 행복은 그분 안에서 솟아납니다. "우리에게 모든 것을 풍성히 주셔서 즐기게 하시는"[113] 그분을 의지하십시오. 그분께서는 자신의 풍성하시고 거저 주시는 자비로 친히 우리에게 그것들을 건네주십니다. 우리는 그분께서 주시는 선물이자 자신의 사랑에 대한 확증의 표로서 그것들을 받아 우리에게 있는 모든 것들을 즐길 수 있습니다. 그분의 사랑 덕분에 우리는 비로소 우리가 맛보는 모든 것의 맛을 느낄 수 있습니다. 그분의 사랑은 모든 것들에게 생기와 달콤함을 넣어 주며, 모든 피조물들은 우리를 위대하신 창조주께로 인도해 줍니다. 그리하여 모든 만물은 하늘로 인도하는 계단인 것입니다. 그분께서는 당신의 오른손에 있는 기쁨을 감사할 줄 아는 자신의 자녀들에게 주시는 모든 것들 안에 불어넣어 주십니다. 이 자녀들은 아버지와 아들 예수 그리스도와 더불어 교제를 나누는 가운데 모든 것 안에 계시고 모든 것 위에 계신 그분을[114] 즐기도록 해 주십니다.

22. 세 번째로, 재물을 늘리려 하지 마십시오. "너희를 위하여 재물을 땅에 쌓아 두지 말라." 이 말씀은 아주 평범하고 확실한 명령입니다. "간음하지 말라."는 계명처럼 매우 분명합니다. 어떻게 부자가 자신을 사신 주님을 부인하지 않은 채로[115] 더 큰 부자가 될 수 있겠습니까? 그렇습니다. 어떻게 이미 이 세상에 사는 데 필요한 것들을 다 갖춘 사람이 더 많이 소유하거나 더 많이 가지려고 하면서 동시에 잘못이 없을 수 있겠습니까? "이 땅에 보화를 쌓아 두지 말라."고 우리 주님께서 말씀하십니다. 만일 그럼에도 불구

---

112) 고전 15:55, 57
113) 딤전 6:17
114) 엡 4:6
115) 벧후 2:1; 고전 7:23

하고 여러분이 "좀이 먹고 녹이 슬거나 도둑이 뚫고 들어와 훔쳐갈 수 있는" 돈이나 재물을 쌓아 두거나 그렇게 하려고 하면서, 집에 집을 더하고 땅에 땅을 더하려[116] 하면서, 어떻게 여러분은 자신을 그리스도인이라고 부를 수 있다는 말입니까? 여러분은 예수 그리스도께 순종하지 않는 것입니다. 여러분은 그럴 생각도 없습니다. 그런데 어찌하여 여러분은 그분의 이름을 갖고 자신을 부릅니까? 그분께서 이렇게 말씀하셨지요. "너희는 내가 말하는 것을 실천하지도 않으면서 왜 나더러 주님, 주님 하느냐?"[117]

23. "우리가 사용할 것 이상으로 우리가 갖고 있다면, 그리고 그것을 쌓아 두어서는 안 된다면, 우리의 물질을 갖고 무엇을 해야 합니까? 그것을 내다 버려야 할까요?"라고 물으신다면, 저는 이렇게 대답하겠습니다. 만일 여러분이 그것을 바다에 던지는 것보다, 혹은 불에 던져서 다 태워 버리는 것보다 주는 것이 낫습니다. 자신의 번영을 위해서 재물을 쌓아 두거나 어리석음과 사치를 위하여 자신에게 재물을 쌓아 두는 것은 재물을 내다 버리는 방법 가운데 가장 못된 방법입니다. 재물을 내다 버리는 모든 방식들 가운데 이 두 가지가[118] 가장 나쁜 것입니다. 이런 것들은 그리스도의 복음에 정반대가 되는 것이며 여러분의 영혼에 가장 치명적인 것입니다.

이런 것들이 여러분의 영혼에 얼마나 치명적인지 아주 잘 보여 주는 글을 어떤 작가가 다음과 같이 썼습니다.[119]

"만일 우리가 돈을 낭비한다면 우리는 하나님께서 우리에게 주신 재능을 낭비하는 잘못을 저지를 뿐만 아니라, 훨씬 더 해로운 짓, 즉 이 유익한 재능을 도리어 우리 자신을 망가뜨리는 강력한 수단으로 바꾸는 행동을 하는

---

116) 사 5:8. 계속해서 욕심을 부려서 재산을 늘려가는 것을 뜻함.
117) 눅 6:46
118) 하나는 자신의 번영, 즉 필요 이상으로 더 많은 재물을 모으기 위해 재물을 활용하는 것이고, 다른 하나는 그 재물을 갖고 꼭 필요한 것 이상으로 자신의 쾌락을 위해 사치하는 것을 가리킨다.
119) 여기에서부터 24번 단락이 끝나는 지점까지 따옴표로 묶은 글은, 윌리엄 로오(William Low)의 『경건한 삶을 위하여』 제6장, '경건과 재물 사용 1'에서 인용한 문구다.

것이다. 우리가 재능을 잘못 사용하는 한, 우리가 잘못된 성품을 조장하는데 그 재능을 사용하는 한, 허탄하고 비이성적인 욕망을 달래기 위해 그 재능을 사용하는 한, - 그리스도인인 우리들은 이러한 것을 거부할 의무가 있다. - 우리는 그런 행동을 하고 있는 셈인 것이다."

"지식이나 재능이 허망하게 낭비될 수 있을 뿐만 아니라, 도리어 그것들로 인해 우리가 더 큰 어리석음에 빠질 수 있듯이, 재물 또한 그렇게 허망하게 낭비될 수 있을 뿐만 아니라, 이성과 신앙에 따라 적절하게 사용되지 않는다면 도리어 우리를 더 어리석고 사치하는 삶을 살도록 인도하여 결국에는 차라리 그것이 없느니만 못하게 될 수 있다. 따라서 만일 여러분이 여러분의 돈을 다른 사람들에게 선을 행하는 곳에 사용하지 않는다면, 그 돈은 분명히 여러분이 자기 자신을 해롭게 하는 데 사용될 것이다. 여러분이 그렇게 행동하는 것은 마치 아픈 친구에게 약[120]을 주지 않고 도리어 자기가 그 약을 마셔서 자기의 피가 타는 고통을 자초하는 사람과 같이 되는 것이다.[121] 이것은 필요 이상의 재물의 경우와 같은데, 만일 여러분이 그것을 필요로 하는 사람에게 준다면 그것은 강심제 역할을 할 것이다. 하지만 만일 여러분이 필요하지 않는 데도 불구하고 그 불필요한 것에 사용한다면, 그것은 그저 여러분의 마음에 불같은 고통을 가져다주고 그 마음에 혼란만을 안겨 줄 것이다."

"실제로 쓸모도 없고 필요도 없는데 우리의 재물을 사용하면, 우리는 그저 그 재물을 우리 자신에게 큰 상처를 내고 비이성적인 욕망을 자아내며 못된 성품을 더욱 키워 가고 어리석은 감정에 더욱 빠져들게 하며 괜히 마음에 허영심만 늘어나게 된다. 좋은 음식과 음료수, 좋은 의복과 좋은 집, 높은 지위나 마차, 쾌락과 방종, 이 모든 것들은 본성적으로 우리의 마음을

---

120) 진저 코디얼(ginger cordial). 물이나 브랜디 술에 생강이나 레몬 등의 과일을 혼합하여 만든 것으로서 강장제나 강심제로 사용된다.
121) 자신은 재물이 이미 충분히 있는데도 그 재물을 꼭 필요한 사람에게는 주지 않고 자기를 위해 사용하는 것은, 마치 병들어 고통받는 친구에게 약을 주지 않고 정작 자신은 건강해서 약이 필요 없음에도 불구하고 그 약을 오용하여 도리어 자신의 건강을 해치게 되는 것과 같다는 의미.

상하게 하고 혼란을 가져온다. 이것들은 우리들의 본성에 온갖 어리석음과 연약함을 키워 주는 좋은 음식이자 영양분 노릇을 한다. 이것들은 모두 키워서는 절대로 안 되는 것들을 도리어 키워 주는 것들이다. 이것들은 거룩한 것들에 젖어 들게 하는 근신과 경건에 대적하는 것들이다. 이것들이 많으면 우리는 그 무게에 짓눌려서 위의 것에 대해 생각하고 사모하도록[122] 우리의 마음을 높이 들 수도 없고 그러고자 하는 마음도 줄어들게 된다.

따라서 만일 우리가 돈을 그런 것을 위해 사용한다면 우리는 단지 돈을 낭비하거나 날려 버리는 것이 아니라, 더 나아가서 악한 목적과 비참한 결과를 만드는 것에 사용하는 셈이 된다. 그렇게 돈을 사용하면 우리의 마음이 부패해지고 혼란스럽게 된다. 그렇게 돈을 사용하면 복음의 고상한 진리를 따를 수 없게 된다. 돈을 그렇게 사용하는 것은 마치 가난한 자들에게서 돈을 거두어다가 자기 자신을 위해 독약을 사는 것과 같은 것이다."

24. 설령 어떤 합당한 이유를 대면서 사실 필요하지도 않은 것을 쌓아 두는 사람들도 마찬가지로 핑계를 댈 수 없습니다.

"만일 어떤 사람이 손과 눈과 발이 있어서 그것을 필요로 하는 다른 사람들에게 줄 수 있다고 해보자. 그런데 그 사람이 눈멀고 다리를 저는 자기 형제에게 그것을 주지 않고 그저 자기 금고에 그것을 넣고 문을 잠근다면, 이 사람을 가리켜서 비인간적인 나쁜 녀석이라고 마땅히 생각하지 않겠는가? 만일 그가 눈과 손을 필요로 하는 사람에게 그것들을 넘겨주어서 영원한 상급을 받기보다는 그저 자기 울타리에 가두어 놓고 혼자서 그것을 즐긴다면, 그 사람을 가리켜서 미친 사람이라 하지 않겠는가?"

"돈은 마치 눈이나 발과 같은 성질을 갖고 있다. 따라서 만일 가난하고 궁핍한 사람이 그것을 꼭 필요로 하고 있는데도 불구하고 우리가 그것을 금고에 가두고 보관한다면, 우리 자신 역시 손과 눈을 필요로 하는 사람에게 주

---

122) 골 3:2

기보다는 자기 울타리에 가두어 놓는 그 잔인한 사람과 다를 바 하나 없다. 만일 우리가 우리의 돈을 잘 활용하여서 영원한 상급을 받으려 하기보다는 그냥 그것을 쌓아 두려고만 한다면, 우리는 그것을 필요로 하는 사람에게 나누어 주어 영원한 축복을 받기보다는 그 눈과 손을 가두어 놓고 있는 제정신을 갖고 있지 않은 자라 할 것이다."

25. 이것이 또한 왜 부자가 천국에 들어가기가 어려운지 보여 주는 또 다른 이유가 되지 않겠습니까? 아주 많은 사람들이 하나님의 이 특별한 저주 아래에 놓여 있습니다. 그들은 자신들의 일상의 삶 가운데서 하나님의 것을 도둑질하고[123] 주님의 물건을 횡령하고 낭비할 뿐만 아니라, 바로 그런 방식으로 자기 자신의 영혼을 타락시키고 있습니다. 그들은 또한 가난하고 굶주리고 헐벗은 사람들의 것을 빼앗고, 고아와 과부에게 악을 행합니다. 그들은 결핍 상태에 놓여 있고 고통당하는 가운데 있으며, 슬퍼하는 자들의 그 모든 아픔들을 없애 줄 수 있는 데도 그렇게 하지 않습니다. 따라서 그들은 이 모든 것에 대해 책임을 져야 할 것입니다.[124] 그렇습니다. 이들이 낭비하거나 쌓아 둔 물건이 없어서 죽어 간 모든 사람들의 피가 땅에서부터 그들을 대적하여 울부짖고 있지 않습니까?[125] 산 자와 죽은 자를 심판하실 준비가 되신 분께 그들이 무어라 해명하겠습니까![126]

26. 그렇다면 네 번째로, 여러분이 필요로 하지 않는 재물을 잘 사용하는 참된 방법은 앞서 언급했던 것들에 반대로 상응하는 것으로서 우리 주님께서 주신 말씀에서 배울 수 있습니다: "너희는 재물을 하늘에 쌓아 두라. 거기에는 좀과 녹이 슬지 않고 도둑이 뚫고 들어와서 훔쳐가지 못한다."

---

123) 수 7:11
124) Cf. 눅 11:51
125) 창 4:10
126) 벧전 4:5

286 웨슬리가 전한 산상수훈

여러분이 아껴 둘 수 있는 것이 그 무엇이든 그것을 하늘에 쌓아 두십시오. 이 세상은 하늘만큼 확실하게 안전을 보장해 줄 수 없습니다. 그대의 보화를 하늘의 은행에 보관하십시오. 그러면 하나님께서 그날에 그것들을 그대에게 되돌려 주실 것입니다. "가난한 자를 불쌍히 여기는 자는 주님께 꾸어 주는 자이니 그분께서 그가 쌓아 둔 것을 갚아 주실 것이다."[127] 그분께서는 "내 앞으로 달아 두어라. 그러나 네가 지금의 네가 된 것은 다 내 덕분이라는 점에 대해서는 별도로 하여 내가 굳이 따지지는 않겠다."고 말씀하십니다.[128]

단순한 눈(single eye)과 올바른 마음을 갖고 가난한 자들에게 베푸십시오. 그리고 "하나님께 드렸다."[129]라고 쓰십시오. 왜냐하면 "내 형제들 가운데 가장 작은 자에게 한 것이 곧 내게 한 것이기"[130] 때문입니다.

이것이 바로 "충성되고 지혜로운 청지기"[131]입니다. 충성되고 지혜로운 청지기는 어떤 특별한 사정 때문이 아니라면 집이나 땅, 혹은 중요한 재산을 처분하지 않습니다. 그는 그 재산을 늘리려고 욕심내거나 애쓰지도 않습니다. 그저 쓸데없이 방탕하게 쓰지도 않습니다. 그는 그저 자기 주인이 그 손에 맡긴 그 목적에 맞게 지혜롭고도 합리적으로 잘 활용할 뿐입니다. 지혜로운 청지기는 그 식솔에게 생활하고 경건하게 살아가는 데 꼭 필요한 것들을 공급한 후에는 종종 그 나머지 것, 즉 "불의한 재물"로 친구를 사귑니다. "그러면 어려울 때에", 즉 그의 이 세상 장막이 사라질 때, "그들이 그를 영원한 처소로 맞아들일 것"입니다.[132] 즉, 그가 나눠 준 빵을 먹은 자들이,

---

127) 잠 19:17
128) 몬 1:19
129) 막 7:11. 고르반. 여기에서 웨슬리는 고르반을 정반대의 의미로 활용하고 있다. 즉, 성경에서 유대 지도자들은 부모에게 드릴 것을 하나님께 드렸다고 하면서 인간적인 책임을 회피하는 데 고르반이라는 표현을 사용한다. 이에 대해 예수님께서는 그러한 잘못을 지적하시는데, 웨슬리도 마찬가지로 이웃을 돕는 데 재물을 활용하면 그것이 하나님께 드려진 것이라고 말한다.
130) 마 25:40
131) 마 24:45
132) 눅 16:9

그보다 앞서 죽어서 아브라함의 품에 안겨 있으면서 흰 털옷을 입고 자기들을 위로해 주시는[133] 하나님을 찬양하는 그들이 그를 천국, 곧 "하늘에 있는 영원한 하나님의 집"으로 맞아들일 것입니다.[134]

27. 그러므로 우리는 "이 세상에서 부요한" 당신에게 위대하신 우리 주님, 우리의 주권자의 권위를 갖고 "권고합니다."[135] 꾸준히 선을 행하고 선을 행하는 가운데 살아가십시오.[136] "하늘에 계신 너희 아버지께서 자비하신 것같이 너희도 자비하여라."[137] 이 말은 선을 행하고 그만두지 말라는 것입니다. "자비하여라." - 얼마나 많이 해야 합니까? 하나님께서 그대에게 주신 모든 능력으로 힘이 다할 때까지 하십시오. 선을 행할 때는 이 세상의 어떤 초라한 격언이나 관습에 따라 할 것이 아니라, 이것을 유일한 기준으로 삼아 하십시오. 우리는 "선을 행하는 데 있어서 부요한 자가 될 것"을 권합

---

133) 계 7:17
134) 웨슬리는 누가복음 16장에 나오는 청지기에 대한 비유의 끝 부분, 불의한 재물로 친구를 사라는 말씀과 영원한 "처소"로 맞아들인다는 구절에 대해 이와 같이 해석한다. 그의 해석대로 한다면 이 비유에 나오는 청지기는 지혜로운 자이며 그를 칭찬하는 사람(16:8)은 비유에 나오는 "주인"(kyrios)이 아니라, "주님(kyrios) - 예수님"이 된다. 이러한 맥락에서 웨슬리는 그의 신약성서 주석에서(눅 16:9 부분) 다음과 같이 말한다. "내가 네게 이르노니 - 설령 하나님께서 당신에게 가장 보잘것없는 달란트를 주셨다고 하더라도 선한 청지기가 되어야 한다. 맘몬은 부나 돈을 뜻한다. 이것은 불의한 맘몬이라고 불리는데, 왜냐하면 일반적으로 돈은 그것을 벌거나 사용할 때 그런 방식으로 이루어지기 때문이다. 이것으로 친구를 사귀라. 즉, 가능한 모든 재물을 사용하여 특히 하나님의 자녀들에게 사용하라. 네가 실패할 때에, 즉 당신의 육체와 마음이 사라질 때에, 이 육신의 장막이 사라질 때에, 전에 그 재물을 통해 당신에게 도움을 받았던 그 사람들이 당신을 영원한 처소로 맞이할 것이다"(J. Wesley, Notes on the Gospel According to Luke, 16:9). 그러나 이러한 해석은 이 비유에 대한 올바른 해석이 될 수 없다. 이 비유에서 예수님께서는 주인, 청지기, 빚을 탕감받은 지역주민들이 재물을 의지하여 자신들의 살길을 개척하는 것에 대하여 조롱하고 있으며, 그의 조롱은 어려울 때에 "집"으로 자기를 맞아들일 것이라는 청지기의 계획과 달리 예수께서는 "영원한 장막"으로 인도할 것이라는 말에 나타난다. 즉, 청지기는 재물을 의지하면 집(oikos)으로 들어갈 것이라 생각했으나 정작 그가 들어갈 수 있는 곳은 "영원한 장막"(skene aionon)이며, 장막(텐트)은 하룻밤 자고 거둬 가는 것이지 "영원한" 것이 아니기 때문이다. 예수님께서 하신 이 가르침에 대해 "돈을 사랑하는 바리새인들이 비웃었다."(눅 16:14)는 구절은 돈은 의지할 것이 되지 못한다는 예수의 가르침이 세상적인 경제적 관점에서 볼 때는 어리석은 것임을 보여 주며, 이러한 이유에서 예수의 가르침에 대해 "돈을 사랑하는" 바리새인들이 비웃은 것이다. 재물을 의지하지 말 것에 대한 눅 12:16~20의 비유는 이러한 해석을 뒷받침해 준다. 따라서 여기에서 웨슬리의 이 비유 구절에 대한 해석은 적절하지 않다. Cf. 표준설교 20.4.12('산상수훈 강해 5')를 보라.
135) 약 5:1
136) 갈 6:9
137) 눅 6:36

니다.[138] 많이 갖고 있으니 넘치게 주십시오.[139] "거저 받았으니 거저 주십시오."[140] 하늘 이외에 다른 곳에 쌓아 두지 마십시오. 사람들의 필요에 따라 "언제든지 기꺼이 나눠 줄 수 있도록"[141] 하십시오. 여기저기 널리, 가난한 자들에게 주십시오. 여러분의 빵을 배고픈 자들에게 나눠 주십시오. 헐벗은 자들에게는 옷을 덮어 주고 나그네를 대접하며, 옥에 갇힌 자들에게 위로할 것을 건네주십시오.[142] 기적이 아닌 하나님께서 여러분에게 때를 따라 돕는[143] 은혜로 주신 축복을 통하여 병든 자를 고쳐 주십시오.[144] 없어서 죽어 가는 자가 필요로 하는 것을 채워 주어서 그에게 임할 축복이 그대에게도 임하게 하십시오.[145] 억압받는 자를 변호하고 고아를 위하여 신원하며, 과부의 마음이 기뻐 노래하도록 도와주십시오.[146]

28. 주님 예수 그리스도의 이름으로 여러분에게 권면하노니, "기꺼이 통용하도록" 하십시오.[147] 이 말은 그 옛날 초대교인들이 가졌던 것과 똑같은 마음(물론 겉으로 보기에는 서로 달라 보일 수도 있지만)을 품으라는 것입니다. 그들은 "어느 누구도 자기의 것을 주장하지 않고 서로 나눠 가지는"[148] 거룩하고 복된 교제를 꾸준히 하던 사람들이었습니다. 하나님과 가난한 자들의 신실하고 지혜로운 청지기가 되십시오. 다만 다음 두 가지 경우에 있어서만 그 초대교인들과 여러분은 다릅니다. 즉, 여러분은 자기 손에 있는 주님의 것 중에서 먼저 자기 자신이 필요한 것을 쓴다는 점에서, 그리고 나눠 주는

---

138) 딤전 6:18
139) 신 15:14
140) 마 10:8
141) 딤전 6:18
142) 마 25:35~36
143) 히 4:16
144) 마 10:8
145) 눅 10:6. Cf. 마 10:41
146) 사 1:17
147) 행 2:44
148) 행 4:32

복을 받는다는 점에서 그들과 다릅니다. 그러므로 지금 여러분이 있는 이 세상이 아닌 "다가올 날을 대비해서", "여러분 자신을 위하여 선한 기초를 쌓으십시오." 그리하면 "그대는 영원한 생명을 취하게 될 것"입니다.[149] 하나님께서 주시는 모든 이 땅의 축복들이나 영원한 축복들 가운데 가장 위대한 기초가 되는 것은 주님 예수 그리스도입니다.

그 축복은 그분께서 우리를 위해 하신 것, 즉 그분의 의이며,[150] 우리를 위해 겪으신 것, 즉 그분의 피입니다. 이런 의미에서 어떤 사도라도, 하늘의 천사라도,[151] "어느 누구도 다른 기초를 놓을 수 없습니다."[152] 그러나 그분께서 하신 일로 인하여 우리가 그분의 이름으로 무엇을 하든지 그것은 "모든 사람이 자기가 수고한 대로 받을"[153] 그 날에 좋은 보상을 위한 근거가 될 것입니다. 그러므로 "썩어 없어질 음식을 위하여 수고하지 말고 영원하도록 남아 있을 양식을 얻으려고"[154] 노력하십시오. "그대가 어떤 일을 하든지 그대의 힘을 다하여 하십시오."[155] 그러므로,

> 정신을 차려서 좋은 기회를 놓치지 말고
> 그 황금의 순간이 날아갈 때에 그것을 낚아채라.
> 그리하여 그대는 얼마 되지 않는 날아가는 세월 속에서
> 영원을 가지라!

"꾸준히 선을 행하고, 영광과 존귀와 영생을 구하십시오."[156] 꾸준히 열심히 모든 선을 행하는 가운데, 왕께서 오셔서 그대에게 "내 아버지께 복

149) 딤전 6:19
150) 표준설교 5.2.1('믿음에 의한 칭의')을 보라.
151) 갈 1:8
152) 고전 3:11
153) 고전 3:8
154) 요 6:27
155) 전 9:10
156) 롬 2:7

받을 자들이여 나아와 창세로부터 너희를 위하여 예비된 나라를 상속받으라. 내가 주릴 때에 너희가 먹을 것을 주었고, 목마를 때에 마시게 했고, 나그네 되었을 때에 영접했고, 헐벗었을 때에 옷을 입혔고, 병들었을 때에 돌보았고, 옥에 갇혔을 때에 와서 보았느니라!"[157]라고 말씀하실 그 행복한 시간을 기다리십시오.

---

157) 마 25:34~46

웨슬리와 함께 공부하는 산상수훈

1 이 설교의 본문은 어디이며 그 내용은 무엇에 대한 말씀입니까?

2 앞서 다루었던 표준설교 21~22번, 산상수훈 강해 6~7번 설교는 구제, 기도, 금
   식에 대한 것이었습니다. 이 말씀들은 궁극적으로 무엇을 강조하는 말씀이었습
   니까? (23.0.1)

3 "눈은 몸의 등불"이라는 구절에서 웨슬리는 "눈"을 무엇에 비유하고 있습니까?
   (23.0.2)

4 "눈이 성하다"는 구절을 가리켜서 웨슬리는 무엇으로 해석하고 있습니까?
   (23.0.3~6)

5 "온몸이 어둡다"라는 구절을 웨슬리는 어떻게 해석하고 있습니까? (23.0.7)

6 "온몸이 어둡게" 되면 우리는 어떻게 됩니까? (23.0.7)

7 "온몸이 어둡게" 되어서 6번 문제에서 언급한 것과 같은 결과를 당하지 않으려면, 우리는 어떻게 하면 될까요? (23.0.7)

8 "온몸이 어둡게" 된 사람의 삶은 어떻습니까? (23.0.8)

9 웨슬리는 표준설교 23.0.9에서 이교도들의 삶과 당시 영국 그리스도인들의 삶을 비교하고 있습니다. 표준설교 20번, 산상수훈 강해 5번의 20.4.7 후반부를 다시 읽어 보십시오. 오늘날 한국 교회와 그리스도인들의 삶을 비교하여 자신의 생각을 정리하고 서로 나눠 보십시오.

10 "재물을 땅에 쌓아 두는 것"에 대해 웨슬리는 구체적인 예를 들어 설명하고 있습니다. '이 땅에 재물을 쌓아 두는 행위'에 대해 웨슬리가 허용하고 있는 것들은 어떤 것들입니까? (23.0.11)

1)
2)
3)
4)

11 웨슬리는 재물과 관련하여 감리교도가 기본적으로 어떤 자세로 임해야 하는지 설명하고 있습니다. 구체적으로 말해 봅시다. (23.0.12)

12 부자가 천국에 들어가기 어려운 이유에 대해서 웨슬리는 무엇 때문이라고 말합니까? 여러분은 그 이유에 대하여 어떻게 생각하십니까? (23.0.14) 그리스도인은 부자가 되면 안 됩니까? 이 문제에 대해 웨슬리는 어떻게 생각하는 것 같습니까? (23.0.15)

13 부자가 되려는 노력이 왜 문제가 됩니까? (23.0.15)

14 웨슬리는 우리 그리스도인들이 재물에 대해 어떤 태도를 가져야 한다고 말합니까? (23.0.18~19)

15 우리에게 필요 이상의 재물이 있다면 이에 대해서 웨슬리는 어떤 조언을 해 줍니까? (23.0.23~24, 26~27)

16 그리스도인들이 저축하거나 적금, 연금이나 보험을 드는 것, 부동산을 매입하고 축적하는 것, 그리스도인들이 경제적 활동을 하는 것에 대해서 어떻게 생각하십니까? 그리스도인들이 가난하게 사는 것에 대해서는 어떻게 생각하십니까? 부와 가난의 기준과 그 분기점은 어디입니까? 청빈론과 청부론(깨끗한 부자)에 대해 자신의 생각을 말해 봅시다.

우리 주님의
산상수훈에 대하여

▶ 강해 9

요약과 해설

　이 설교 역시 앞의 두 설교처럼 그리스도인의 경제관에 대한 문제를 다루고 있으며, 마찬가지로 1747년 11월 1~16일 기간에 이루어진 설교다. 이 설교에서는 하나님을 섬긴다는 것이 무엇을 의미하는지, 그리고 맘몬을 섬긴다는 것이 무엇을 의미하는지 설명한다. 그리고 이 둘을 겸하여 섬기는 것에 대하여 설명한 후, 염려하는 행동에 대한 문제를 다룬다. 웨슬리는 우리가 보통 무엇을 염려하는지, 어떤 염려를 해서는 안 되는지 설명하고 이어서 그리스도인들이 염려 대신에 무엇을 마음에 두어야 하는지 말한다.

　하나님을 섬긴다는 것은 하나님에 대한 믿음(신뢰)을 갖는 것이며, 하나님을 온전히 사랑하는 것, 그리고 하나님을 본받아 살아가며 그분의 뜻에 순종하는 삶을 사는 것을 의미한다. 다른 한편으로 맘몬을 섬긴다는 것은 맘몬이 있으면 우리가 무엇이든 다 할 수 있다는 생각을 갖고 맘몬을 신뢰하는 것, 세상을 사랑하는 것, 세상의 원리대로 순응하며 따라 사는 것, 세상의 풍습이나 가치관에 복종하여 하는 것을 말한다. 이렇게 섬기는 행위에 대한 정의를 내린 후, 웨슬리는 이 둘을 동시에 섬기는 것은 불가능하고, 만약에 이 둘을 동시에 다 마음에 두고자 한다면 결국 그 어떤 것도 마음에 둘 수 없게 된다고 말한다. 그러므로 그리스도인은 오직 하나님만을 의지하고 재물을 마음에 두어서는 안 된다.

　그러나 하나님만을 마음에 둔다는 것이 경제활동에 대한 무관심이나 무책임을 의미하지는 않는다. 경제와 관련해서 그리스도인은 기본적으로 책임 있는 청지기와 같은 자세로 임해야 한다. 다만 그리스도인들이 경계해야 할 것은 재물에 대한 무관심이 아니라 염려하는 마음이다. 즉, 염려는 재물이 없으면 살아갈 수 없다는 마음의 불안감을 갖는 것으로서, 우리가 염려하는 이유는 하나님을 신뢰하지 못하기 때문이다. 하나님을 신뢰하지 못하기 때문에 우리는 염려하는 것이고, 염려하기 때문에 재물을 의지하려는 것이며, 재물을 의지하기 때문에 이 땅에 보화를 쌓아 두려고 하는 것이다. 웨슬리는 염려하는 대상을 단지 물질로만 한정하지 않는다. 우리는 물질뿐만 아니라 우리의 영적인 것에 대한 지나친 염려, 즉 내 신앙의 후퇴를 미리 겁먹고 두려워하는데, 이 또한 바람직하지 않다.

우리 주님의 산상수훈에 대하여

▶ 강해 9

한 사람이 두 주인을 섬기지 못할 것이니, 혹 이를 미워하고 저를 사랑하거나 혹 이를 중히 여기고, 저를 경히 여김이라. 너희가 하나님과 재물을 겸하여 섬기지 못하느니라. 그러므로 내가 너희에게 이르노니 목숨을 위하여 무엇을 먹을까 무엇을 마실까 몸을 위하여 무엇을 입을까 염려하지 말라. 목숨이 음식보다 중하지 아니하며 몸이 의복보다 중하지 아니하냐? 공중의 새를 보라. 심지도 않고 거두지도 않고 창고에 모아들이지도 아니하되, 너희 하늘 아버지께서 기르시나니 너희는 이것들보다 귀하지 아니하냐? 너희 중에 누가 염려함으로 그 키를 한 자라도 더할 수 있겠느냐? 또 너희가 어찌 의복을 위하여 염려하느냐? 들의 백합화가 어떻게 자라는가 생각하여 보라. 수고도 아니하고 길쌈도 아니하느니라. 그러나 내가 너희에게 말하노니 솔로몬의 모든 영광으로도 입은 것이 이 꽃 하나만 같지 못하였느니라. 오늘 있다가 내일 아궁이에 던져지는 들풀도 하나님이 이렇게 입히시거든, 하물며 너희일까보냐? 믿음이 작은 자들아, 그러므로 염려하여 이르기를 무엇을 먹을까 무엇을 마실까 무엇을 입을까 하지 말라. 이는 다 이방인들이 구하는 것이라. 너희 하늘 아버지께서 이 모든 것이 너희에게 있어야 할 줄을 아시느니라. 그런즉 너희는 먼저 그의 나라와 그의 의를 구하라. 그리하면 이 모든 것을 너희에게 더하시리라. 그러므로 내일 일을 위하여 염려하지 말라. 내일 일은 내일이 염려할 것이요 한 날의 괴로움은 그 날로 족하니라. 마 6:24~34

1. 아시리아의 왕이 이스라엘 백성들을 포로로 끌고 간 후에 다른 민족

들을 사마리아 도시들에 이주시켰는데, "그들이 주님을 두려워했고 자기들의 신들을 섬겼다."라고 성경에는 기록되어 있습니다. "다른 민족들은 주님을 두려워했다."라고 성경 기자는 기록하고 있습니다. 즉, 그들은 겉으로는 그분께 제사를 드렸지만(이것은 그들이 제대로 알고 있지는 않았지만 어쨌든 하나님에 대해 두려움을 갖고 있었다는 것을 증명해 줍니다.), 또한 자기들의 손으로 만든 형상들에게도 제사를 드렸습니다. 그리고 그들의 자녀와 그 후손들까지도 그렇게 했습니다.[1] 그들은 자기 조상들이 그렇게 했던 것처럼 자기들도 오늘날까지 이렇게 하고 있습니다(왕하 17:33).

그런데 오늘날 그리스도인들도 그 옛날 이교도들이 행했던 이런 행동을 거의 똑같이 하고 있습니다! "그들은 주님을 두려워합니다." 그들은 겉으로는 그분께 예배를 드리고 그렇게 함으로써 자기들이 하나님을 약간 두려워하고 있다고 표현합니다. 하지만 그들은 이와 마찬가지로 "자기들의 신들을 섬기고 있습니다." 아시리아 사람들에게 "그 땅의 하나님을 섬기는 방법"을 가르쳐 주던 사람들이 있었던 것처럼 오늘날에도 그들에게 가르쳐 주는 사람들이 있습니다. 그 옛날에 그들이 거룩한 예배로 섬겼던 그 하나님의 이름을 오늘날 이 나라에서도 간직하고 있습니다. "그렇지만" 그들은 그분 한 분만을 섬기지 않습니다. 그들은 그 정도로 그분을 두려워하지는 않습니다. "모든 민족이 자기 자신들의 신들을 만들었다. 각 도시의 모든 민족들이 자기들이 거주하는 그 도시들에서 그렇게 했습니다."[2] "이 민족들은 주님을 두려워했습니다."[3] 그들은 그분께 예배드리는 외형적인 모습을 버리지 않았습니다. 하지만 "그들은" 은이나 금, 사람들의 손으로 빚은 "형상들을 섬겼습니다."[4] 돈, 쾌락, 칭송, 이 세상의 우상들이 이스라엘의 하나님이 독점하셔야 하는 그 예배를 나누어 가졌습니다. "그들의 자녀와 자손도 그들의

---

1) 왕하 17:24~41
2) 왕하 17:29
3) 왕하 17:32
4) 왕하 17:29

조상이 한 것을 오늘날까지도 그대로 따라 하고 있습니다."[5]

2. 우리가 보통 예의를 차려서 말하듯이 대충 얼버무려서 이 불쌍한 이 교도들이 "주님을 두려워"했다고 표현하지만, 사실 성령께서는 그 뒤에 곧 바로 이어서 있는 그대로 다음과 같이 진실을 말씀하셨습니다: "그들은 주님을 두려워하지도 않고, 주님께서 야곱의 자손들에게 주신 율법과 계명을 따라 행하지도 않았다. 주님께서는 야곱의 자손들과 언약을 세우시고 '너 희는 다른 신을 두려워하거나 섬기지 말아야 한다. 오직 주 너희 하나님만 을 두려워해야 한다. 그분께서는 너희를 너희 원수의 손에서 건져 내신 분 이시다.'라고 말씀하셨습니다."[6]

실수가 없으신 하나님의 영께서 똑같은 심판을 내리십니다. 그리고 그분 께서는 소위 불쌍한 그리스도인들이라 부르는 사람들의 눈을 열어주셔서 그들의 지혜로 하나님의 일을 분간할 수 있게 하셨습니다.[7] 우리가 진리를 따라서 사실 그대로 말한다면, "그들은 주님을 두려워하지 않았으며 그분을 섬기지도 않았습니다." 왜냐하면 그들은 "주님께서 그들과 세우신 언약이나 그분께서 명령하신 율법이나 계명, 즉 주 너희 하나님께 경배하고 오직 그분 만을 섬기라는 명령을 따라서"[8] 행하지 않았기 때문입니다. "그들은 그날에 다른 신들을 섬겼습니다."[9] 그리고 "사람이 두 주인을 섬길 수 없습니다."

3. 한 사람이 두 주인을 섬기려고 하는 것처럼 헛된 일이 어디 있겠습니 까! 그렇게 하려고 하면 필연적으로 어떤 결과가 빚어질지는 뻔하지 않습니 까? "한쪽을 미워하면 다른 한쪽은 사랑한다. 한쪽을 중히 여기면 다른 한 쪽은 업신여긴다." 비록 이 구절이 두 문장으로 따로 이루어져 있지만 이 둘

---

5) 왕하 17:41
6) 왕하 17:34~35
7) Cf. 롬 1:19; 2:18
8) 마 4:10
9) 왕하 17:33. Cf. 수 24:15

은 서로 연결해서 이해해야 합니다. 왜냐하면 두 번째 문장은 첫 번째 문장의 결과이기 때문입니다. 사람은 자기가 사랑하는 것을 중히 여기어 붙잡게 되어 있습니다. 어떤 것을 사랑하게 되면 사람은 누구나 그것을 바라게 되고, 그것에 성실하게 되며, 열심히 그것을 섬기게 마련입니다. 그러는 동안 그는 자기가 미워하는 주인을 적어도 무시하게 되고 그 주인이 명령한 것을 개의치 않게 되며, 그 명령을 따르지 않게 - 적어도 그 명령을 가볍게 여기거나 그것에 주의를 기울이지 않는 정도라도 - 됩니다. 따라서 이 세상에서 똑똑하다고 하는 사람들이 무어라 말하든, "여러분은 하나님과 맘몬을 함께 섬길 수 없습니다."

4. 맘몬은 재물을 주관한다고 알려진 이교도들의 신 가운데 하나의 이름이었습니다. 하지만 여기에서는 재물 그 자체를 가리키는 것으로 이해할 수 있습니다. 즉, 금이나 은, 혹은 일반적으로 말해서 돈 말입니다. 혹은 흔히 하는 말로 돈을 갖고 살 수 있는 모든 것들, 즉 안락함이나 명예나 감각적인 쾌락 등을 가리킵니다.

그렇다면 여기에서 우리는 하나님을 섬긴다는 말과 맘몬을 섬긴다는 말을 어떻게 이해해야 할까요?

우리는 하나님을 믿지 않는다면 그분을 섬길 수 없습니다. 그분을 섬기는 유일하고 참된 근거가 바로 이것입니다. 따라서 "예수 그리스도를 통하여 세상과 자기 자신을 화해시키신 분"[10]으로서 하나님을 믿는다는 것, 사랑이 많으시고 용서하시는 하나님으로서[11] 그분을 믿는다는 것은 그분을 섬기는 가장 우선되고 중요한 가지(branch)가 됩니다.

따라서 하나님을 믿는다는 말은 그분을 우리의 힘이신 분으로서 신뢰한다는 것을 의미하며,[12] 우리가 그분 없이는 아무것도 할 수 없다는 것을 의

---

10) 고후 5:18
11) 단 9:9
12) 시 118:14

미합니다.[13] 이 말은 또한 그분께서는 높으신 능력으로 매 순간 우리를 참아 주신다는 것,[14] 그리고 그 믿음이 없이는 우리가 그분을 기쁘시게 해 드릴 수 없다는 것을 의미합니다.[15] 우리가 그분을 믿는다고 할 때 그것은 우리가 그분을 우리의 도움이신 분으로 신뢰하는 것을 의미하며, 환난 날에 우리의 유일한 도움이 되시는 분으로 고백하는 것이고,[16] 구원의 노래로 우리를 두르게 하시는 분으로서[17] 그분을 신뢰하는 것을 의미합니다. 우리가 그분을 믿는다는 것은 그분을 우리의 방패요 보호자로,[18] 우리를 에워싼 모든 원수들 위로 우리의 머리를 높이 드시는 분으로서 그분을 신뢰하는 것을 말합니다.[19]

우리가 하나님을 믿는다는 말은 그분을 우리의 행복으로 믿는다는 것을 의미하며, 우리 영혼의 중심이 되신 분, 우리 영혼의 유일한 안식처,[20] 우리를 가득 채우시는 유일하신 선(善), 그분께서 우리에게 주신 모든 소망을 만족시키기에 충분하신 분[21]으로서 믿는다는 것을 뜻합니다.

우리가 하나님을 믿는다는 것은 그분을 우리의 궁극적 목표로서 신뢰하는 것을 의미합니다. 또한 그것은 모든 것 가운데서 그분을 바라보는 눈을 갖는 것을 뜻합니다. 그것은 무엇을 하든 그것들을 그분을 즐거워하는[22] 수단으로 사용하는 것을 의미합니다. 그분을 믿는다는 것은 우리를 기쁜 마음으로 보시지만, 정작 우리 눈에는 보이지 않으시는 그분을 우리가 어디에 있든지, 무엇을 하든지 항상 바라보는 것이며, 그리스도 예수 안에서 모든 것에서 그분을 떠올리는 것을 의미합니다.

---

13) 표준설교 16.1.13('산상수훈 강해 1')을 보라.
14) 롬 3:25
15) 히 11:6
16) 시 46:1
17) 시 32:7. 우리로 하여금 구원하심에 대한 찬양을 부르게 한다는 의미.
18) 시 3:3
19) 시 27:6
20) 마 11:29
21) 시 103:5
22) 시 37:4

5. 그러므로 믿는다는 것은 첫 번째로, 하나님을 섬김으로써 우리가 그분을 이해한다는 것을 의미합니다. 두 번째로, 그것은 그분을 사랑하는 것을 뜻합니다.

이제 성경에서 말하는 대로, 즉 하나님께서 우리에게 요구하시는 대로, 그리고 우리 안에서 역사하도록 요구하시는 대로, 하나님을 사랑한다는 것은 그분을 한 분이신 하나님으로서 사랑하는 것을 의미합니다. 즉, "우리의 마음을 다하고, 우리의 목숨을 다하고, 우리의 뜻을 다하고, 우리의 생각을 다하고, 우리의 힘을 다하여"[23] 그분을 사랑하는 것입니다. 하나님을 사랑한다는 것은 단지 하나님이 하나님이시기 때문에 사랑하는 것을 의미합니다. 다른 이유는 없습니다. 그저 그분에 대해서만 이유를 델 수 있습니다. 그분을 사랑한다는 것은 하나님 안에서 기뻐하는 것이며, 주님 안에서 기뻐하는 것입니다.[24] 그것은 모든 행복을 오직 하나님에게서 찾으려 하고 또한 실제로 그분 안에서 행복을 발견하는 것입니다. 그것은 모든 것보다 그분을 가장 큰 기쁨으로 삼는 것이며, 우리의 하나님이시자 우리의 모든 것 되시는 그분 안에서 안식하는 것입니다. 한마디로 말해서, 우리를 항상 행복하게 하시는 하나님을 우리 안에 소유하는 것을 말합니다.

6. 세 번째로, 하나님을 섬긴다는 것은 그분을 닮아가거나 그분을 본받는 것을 의미합니다.

그래서 어떤 고대 교부가 "네가 예배하는 하나님을 본받는 것이 그분을 가장 잘 예배하고 섬기는 것이다."라고 말했습니다.

우리가 여기에서 말하는 것은 우리 마음의 영혼 가운데 그분을 닮거나 본받는 것입니다. 바로 여기에서 참 그리스도인의 하나님 본받기가 시작합니다. "하나님은 영이시니", 그분을 닮거나 본받으려 하는 사람은 반드시

---

23) 신 6:5
24) 빌 4:4

"신령과 진실로" 그렇게 해야 합니다.[25]

하나님은 사랑이십니다.[26] 그러므로 누구든지 마음의 영으로 그분을 닮는 사람은 그분과 같은 형상으로 변화됩니다. 그분께서 자비하시듯이 그들도 자비합니다.[27] 그들의 영혼은 온통 사랑으로 가득합니다. 그들은 친절하고, 자비하며, 동정심을 느끼고 온유한 마음을 지녔습니다.[28] 그들은 선하고 신사적인 태도를 지닌 사람뿐만 아니라 고약한 사람들에게도 이런 모습을 보입니다.[29] 그렇습니다. 그들은 하나님처럼 모든 사람을 사랑하고 모든 하는 일마다 자기의 자비를 드러냅니다.

7. 하나님을 섬긴다는 말의 또 한 가지 의미는 그분의 말씀에 순종한다는 것입니다. 이것은 우리의 영혼뿐만 아니라 우리의 몸으로써 그분을 영화롭게 해 드리는 것입니다. 이것은 그분께서 주신 계명들을 실천에 옮기는 것입니다. 그분께서 기뻐하시는 것이라면 무엇이든지 열심을 내어 하는 것입니다. 그리고 그분께서 금하신 것이라면 무엇이든지 주의하여, 하지 않는 것입니다. 우리가 매일 삶 속에서 행하는 모든 일마다 단순한 눈(single eye)[30]과 깨끗한 마음(pure heart)을 갖고,[31] 거룩하고 열심 있는 사랑으로 예수 그리스도를 통하여 하나님께 그것들을 희생제물로 바치는 것입니다.[32]

8. 이제 다른 한편으로, 맘몬을 섬긴다는 것이 무엇을 의미하는지 살펴보도록 합시다. 첫 번째로, 이것은 재물, 돈, 혹은 그것으로 우리가 살 수 있는 것들을 우리에게 힘이 되는 것으로서 신뢰하는 것을 의미합니다. 즉, 우

---

25) 요 4:24
26) 요일 4:16
27) 눅 6:36
28) 표준설교 17('산상수훈 강해 2')을 보라.
29) 마 5:45~48
30) 표준설교 23('산상수훈 강해 8')을 보라.
31) 딤후 2:22
32) 롬 12:1

리가 이것들을 갖고 있기 때문에 우리가 이것들을 통해서 무엇이든지 할 수 있다고 생각하는 것입니다. 맘몬을 섬긴다는 것은 이것들을 우리의 도움으로서 신뢰하는 것이며, 이것들을 통해서 우리가 어려움에서 위안을 얻거나 살아날 수 있기를 바라는 것입니다.

맘몬을 섬긴다는 것은 이것들을 통해 이 세상에서 행복을 얻을 수 있을 것이라고 믿는 것입니다. 즉, "사람의 생명이", 자기 생명의 위로가 "그가 얼마나 소유하고 있는가에 달려 있다."[33]라고 생각하는 것입니다. 이것은 보이는 것에서 안식을 찾으려는 것입니다. 겉으로 드러나는 것이 얼마나 많은가에 따라서 만족을 얻으려는 것입니다. 하나님에게서는 찾아볼 수 없는, 이 세상의 일들 가운데서 만족을 기대하는 것입니다.

만일 우리가 이렇게 한다면, 우리는 이 세상을 우리의 궁극적인 목표로 삼을 수밖에 없습니다. 설령 우리의 전부로 삼지는 않는다 하더라도, 적어도 우리의 사업에서 많은 부분으로서, 혹은 우리 행동이나 계획에서 많은 부분을 차지하는 것으로 삼는 것입니다. 이렇게 하면 우리는 재산을 늘리는 것만을, 쾌락을 얻거나 칭송을 받는 것만을, 영원한 것들과는 전혀 상관이 없는 잠시 있다가 없어질 것들을 더 많이 얻으려는 것만을 우리의 목표로 삼게 됩니다.

9. 두 번째로, 맘몬을 섬긴다는 것은 이 세상을 사랑하는 것입니다.[34] 세상이 좋아서 그것을 바라는 것입니다. 이것은 이 세상에 있는 것에 우리의 기쁨을 두는 것이며 그곳에 우리의 마음을 두는 것입니다. 맘몬을 섬긴다는 것은 우리의 행복을 세상에서 찾으려 하는 것(그러나 실제로 세상에서 행복을 찾을 수 없습니다.)입니다. 맘몬을 섬긴다는 것은 우리의 모든 영혼을 이 부러진 갈대 막대기에 올려놓는 것입니다. 매일같이 우리는 이 막대기가 우

---

33) Cf. 눅 12:15
34) 요일 2:15; 딤후 4:10

리를 지지해 주기는커녕 "우리의 손만 아프게 찔러대기만"[35] 하는 것을 경험하고 있습니다. 그런데도 불구하고 그렇게 의지하는 것입니다.

10. 세 번째로, 맘몬을 섬긴다는 말의 의미는 이 세상과 하나가 되어 닮아가는 것을 의미합니다.[36] 그저 생각뿐만이 아니라 욕구, 성격, 감정 등이 이 세상에 적합하게 되어가는 것을 말합니다. 맘몬을 섬긴다는 것은 세속적이고 감각적인 마음을 가진 사람이 되는 것이고, 이 세상의 것에 얽매여 있는 것을 말합니다.[37] 이것은 자기 뜻대로 하려는 것을 의미하고 지나치게 자기만을 사랑하는[38] 자가 되는 것을 의미합니다. 이것은 자기 자신이 이루어 놓은 것을 대단하게 여기는 것이며, 사람들의 칭송을 바라거나 기뻐하는 것을 말합니다. 이것은 또한 책망받기를 두려워하고 피하며 싫어하고,[39] 꾸중을 견디지 못하며, 쉽게 성을 내고,[40] 악을 악으로 갚는[41] 데에는 재빠른 것을 말합니다.

11. 마지막으로, 맘몬을 섬긴다는 것은 이 세상의 가르침과 관습을 따라 실제로 맞춰 살면서 이 세상에 복종하는 것을 의미합니다.[42] 이것은 다른 사람들이 걷는 것처럼 평범한 길, 넓고 평탄하고 잘 다져진 길을[43] 걷는 것을 말합니다. 이것은 세상의 풍조에 따라 사는 것이며, 많은 사람들을 따라 사는 것입니다. 맘몬을 섬긴다는 것은 다른 사람들처럼 행동하는 것을

---

35) 사 36:6
36) 롬 12:2
37) 요일 4:5
38) 딤후 3:2
39) 잠 12:1
40) 잠 12:16
41) Cf. 롬 12:17; 벧전 3:3; 살전 5:15
42) 엡 2:2
43) 마 7:13

말합니다.[44] 즉, 육체와 생각의 의지대로 행하는 것입니다.[45] 이것은 우리가 좋아하는 입맛대로 즐기며 사는 것입니다. 이것은 우리 자신에게 희생제사를 드리는 것이며, 우리의 평상시 말과 행동에 있어서 우리 자신의 안락과 쾌락을 목표로 삼으며 사는 것입니다.[46]

자, 이제 하나님과 맘몬을 동시에 섬길 수 없다는 것이 아주 분명하게 드러나지 않았습니까?

12. 이제 사람이 이 둘을 모두 속 편하게 섬길 수 없다는 것이 확실히 보이지 않습니까? 하나님과 세상 사이에서 양다리를 걸치고 서 있으면 분명히 이 둘 모두에게서 실망을 얻게 됩니다. 그리고 그 어느 쪽에서도 안식을 얻을 수 없게 됩니다. 하나님을 두려워하지만 사랑하지는 않는 사람은 그 삶이 얼마나 불편하겠습니까? 그분께 예배를 드리기는 하지만 전심을 다해 드리지는 않는 사람은 신앙생활을 해도 그 가운데는 괴로움만 있을 뿐 기쁨은 없습니다. 이런 사람에게 있어서 신앙생활이란 그저 그를 비참하게 만들어 주는 것일 뿐 그에게 행복을 안겨다 주지는 못합니다. 이런 사람은 신앙생활을 하기 때문에 세상을 즐기지도 못하고, 세상에 다리를 걸치고 있기 때문에 하나님을 기뻐할 수도 없습니다. 그러므로 이 둘 사이에서 우물쭈물하다가 둘 다 잃어버리게 됩니다. 이런 사람은 하나님에게서도 세상에서도 평안을 찾지 못합니다.

13. 사람이 이 둘을 모순 없이 섬길 수 없다는 것은 분명하지 않습니까? "하나님과 맘몬을 섬기려고" 하는 사람, 이 두 주인에게 모두 복종하려고 하는 사람은 그의 모든 행동 가운데서 모순점들이 계속 분명하게 드러나게 되어 있습니다. 이 사람은 "두 길을 가는 죄인"임에 틀림이 없습니다. 즉, 한

---

44) 고전 3:3
45) 골 2:18
46) Cf. 빌 3:19

걸음은 앞으로, 다른 한 걸음은 뒤로 가는 사람입니다. 이 사람은 한 손으로는 건물을 지으면서 다른 한 손으로는 그 건물을 허무는 사람입니다. 이 사람은 죄를 사랑하기도 하지만 미워하기도 합니다. 이 사람은 항상 하나님을 찾기는 하지만 여전히 하나님으로부터 항상 달아납니다. 이 사람은 하나님을 찾으려고도 하지만 다른 한편으로는 하나님을 찾으려고 하지 않습니다. 이 사람은 하루에도, 아니 한 시간 동안에도 자주 이랬다저랬다 합니다. 이 사람 안에는 여러 가지 상반되는 것들이 뒤죽박죽 섞여 있습니다. 온갖 모순점들이 한가득, 그 한 사람 속에 뒤섞여 있습니다. 오, 이렇게 하든 저렇게 하든 일관된 마음을 가지십시오! 오른쪽으로 가든지 아니면 왼쪽으로 가든지 하십시오. 만일 맘몬이 그대의 하나님이라면 그를 섬기십시오. 만일 주님께서 그대의 하나님이시라면 그분을 섬기십시오. 그러나 이 둘 모두를 한꺼번에 그대의 온 마음을 다해 섬길 수 있다고는 생각하지 마십시오.

14. 이성적인 생각이 좀 있는 사람이라면 하나님과 맘몬을 한꺼번에 섬길 수 있다고 생각할 수 없겠지요? 왜냐하면 이 둘은 서로 가장 극명하게 상반된 존재들이며 이 둘은 절대로 서로 화해할 수 없습니다. 불과 물, 어둠과 빛과 같이 이 세상에서 서로 대조가 되는 것은 하나님과 맘몬의 관계가 서로 대조를 이루는 것에 비하면 아무것도 아닙니다. 하여, 만일 여러분이 어느 한쪽을 섬긴다고 하면 여러분은 반드시 다른 한쪽을 부인해야만 합니다. 여러분은 그리스도를 통해 하나님을 믿고 있습니까? 여러분은 그분을 여러분의 힘이요, 도움이시요, 여러분의 방패요 여러분의 최상의 상급으로[47] 의지하고 있습니까? 여러분은 그분을 자신의 행복으로, 그 어떤 것보다 최상의 것, 가장 궁극적인 것으로 의지하고 있습니까? 그렇다면 여러분은 재물을 의지할 수 없습니다. 여러분이 하나님을 믿고 있는 한 재물을 의지하는 것은 절대로 불가능합니다. 여러분은 재물을 의지하고 있습니까?

---

47) 창 15:1

그렇다면 여러분은 믿음을 저버린 것입니다. 여러분은 살아 계신 하나님을 의지하고 있지 않은 것입니다. 여러분은 하나님을 사랑하십니까? 여러분은 그분에게서 행복을 추구하려고 하고 행복을 찾고 계십니까? 그렇다면 여러분은 이 세상이나 이 세상의 것들을 사랑할 수 없습니다. 여러분은 세상에 대하여 십자가에 못 박혔고, 세상은 여러분에 대하여 십자가에 못 박혔습니다.[48] 여러분은 이 세상을 사랑하고 있습니까?[49] 여러분은 이 땅의 것들에 애착을 갖고 있습니까? 당신은 이 세상의 것들에서 행복을 추구하고 있습니까? 그렇다면 당신은 절대로 하나님을 사랑할 수 없습니다.

만일 그렇다면 하나님의 사랑이 여러분 안에 없습니다.[50] 여러분은 하나님을 닮았습니까? 여러분의 하늘 아버지께서 자비로우신 것처럼 여러분도 자비롭습니까?[51] 여러분은 마음이 새롭게 되어 여러분을 창조하신 그분의 형상으로 변화되었습니까?[52] 그렇다면 여러분은 이 세상에 맞추어 살 수 없습니다. 여러분은 이 세상이 사랑하고 탐하는 모든 것들을 부정했습니다.[53] 여러분은 이 세상에 맞추어 살고 있습니까? 여러분의 영혼은 아직도 이 세상의 형상을 지니고 있습니까? 그렇다면 여러분의 마음의 영혼은 새롭게 된 것이 아닙니다. 만일 그렇다면 여러분은 하늘의 거룩한 형상을 지니고 있지 않은 것입니다. 여러분은 하나님께 복종하고 있습니까? 하늘에서 천사들이 그러하듯이 여러분도 이 땅에서 그분의 뜻을 열심을 내어 행하고 있습니까? 그렇다면 여러분은 맘몬에게 순종할 수 없습니다. 그렇다면 여러분은 이 세상을 공공연하게 부정합니다. 여러분은 이 세상의 관습과 가르침을 발아래 짓밟을 것이며, 그 세상의 관습과 가르침을 따르거나 그것에 인도함을 받지 않을 것입니다.[54] 여러분은 이 세상을 따릅니까? 여러분

---

48) 갈 6:14
49) 요일 2:15
50) 요일 2:15
51) 표준설교 23.27('산상수훈 강해 8')을 보라. 눅 6:36
52) 골 3:10
53) 갈 5:24
54) Cf. 엡 2:2

은 다른 사람들처럼 살아갑니까? 여러분은 사람들을 기쁘게 하고 있습니까?[55] 여러분은 여러분 자신을 기쁘게 하고 있습니까? 그렇다면 여러분은 하나님의 종이 아닙니다. 그렇다면 악마가 여러분의 주인이요 아버지인 것입니다.[56]

15. 그러므로 "주 여러분의 하나님께 경배하고 그분만을 섬기십시오."[57] 여러분은 하나님과 맘몬을 모두 섬기고 두 주인에게 순종할 생각일랑 접으십시오. 오직 하나님께만 여러분의 궁극적 목표를 삼고, 오직 그분에게서만 도움과 행복을 찾으려 하십시오. 이 땅에서든 하늘에서든 오직 그분 이외에 다른 어떤 것도 추구하지 마십시오. 여러분은 하나님을 알고[58] 그분을 사랑하며 그분만을 즐거워하는 일[59] 외에 다른 어떤 것도 목표로 삼지 마십시오. 이것이 이 세상에서 여러분이 해야 할 유일한 것이며, 여러분이 당연히 가져야 할 세계관이고, 모든 것 가운데서 여러분이 추구해야 할 유일한 생각인 것입니다. "그러므로 내가 너희에게 이르노니" (주님께서 계속해서 말씀하십니다.) "네 목숨을 위하여 무엇을 먹을까, 무엇을 마실까, 네 몸을 위하여 무엇을 입을까 염려하지 말라." 이것은 심오하고 중대한 가르침입니다. 따라서 우리는 이 말씀을 상세하게 잘 살펴보아야 합니다.

16. 여기에서 우리 주님께서는 이 세상의 삶에 대하여 그 어떤 생각도 하지 말고 만지지도 말라고 금하시는 것이 아닙니다.[60] 경박하고 조심성 없는 혈기는 모든 예수 그리스도의 종교에서 가장 멀리해야 할 것들입니다. 그분께서는 우리에게 "부지런히 일하여 게으르지 말고"[61] 꾸물대거나 늘어지지

---

55) 살전 2:4
56) 요 8:44
57) 마 4:10
58) 호 6:3
59) 시 33:1
60) 골 2:20~23
61) 롬 12:11

말 것을 요구하십니다. 이런 태도는 그분의 종교의 참모습과 모든 정신에 정반대가 되는 것입니다. 그리스도인은 술 취하는 것만큼이나[62] 게으름을 혐오합니다.[63] 그리스도인은 음란을 멀리하듯 게으름을 멀리합니다. 그는 하나님께서 기뻐하시는 생각이 한 가지 있다는 사실을 잘 알고 있습니다. 이 생각은 하나님께서 당신의 섭리로 부르신 자들이 해야 할 외적 행동을 잘 수행하는 데 절대적으로 필요한 것입니다.

모든 사람이 자기 자신의 음식을 위해서 일해야 하는 것은 하나님의 뜻입니다.[64] 그렇습니다. 모든 사람은 각자 자기 자신과 자기 식솔들에게 필요한 것을 알아서 공급해야 합니다.[65] "아무에게도 빚을 지지 말고[66] 모든 사람이 보기에 선하다고 하는 일들을 하십시오."[67] 그러나 이렇게 하려면 어떤 생각을 하게 마련이고, 우리 마음속에 신경을 쓸 수밖에 없습니다. 그렇습니다. 오랫동안 심각하게 숙고하기도 하고 진지하게 신경을 많이 쓰게 마련입니다. 복되신 우리 주님께서는 우리 자신과 우리의 식솔들에게 필요한 것을 공급하기 위해, 우리가 해야 할 의무를 어떻게 다할 것인지에 대해서 이렇게 생각하고 신경 쓰는 것에 대해서는 정죄하지 않으십니다. 그렇습니다. 그렇게 하는 것은 우리의 구세주이신 하나님이 보시기에 선하고 받으실 만한 것입니다.[68]

우리가 당장 해야 할 것들에 대해서 우리는 생각해야 하며, 우리가 하려고 하는 것에 대해서 분명하게 이해하고 있어야 하며, 우리가 어떤 사업을 하기 전에 그것에 대해 계획을 세워야 합니다. 그리고 이렇게 하는 것은 하나님께서 보시기에 선하고 받으실 만한 것입니다. 우리가 무엇을 하기 전에 어떤 과정을 거쳐야 하는지 종종 주의를 기울여서 심사숙고하는 것은 바

---

62) 롬 13:13; 엡 5:18
63) 롬 12:11
64) 살후 3:12
65) 표준설교 23.11('산상수훈 강해 8')을 보라.
66) 롬 13:8
67) 롬 12:17
68) 딤전 2:3

람직한 것입니다. 우리가 무엇을 할 때에는 가장 효과적인 방법으로 그것을 하기 위해서 미리 모든 일들을 잘 준비해야 합니다. 이런 것을 가리켜서 어떤 사람들은 '머릿속의 염려'라고 부르는데, 우리 주님께서는 이런 것들을 결코 정죄하지 않으십니다.

17. 그분께서 여기에서 정죄하시는 것은 마음의 염려입니다. 즉, 걱정이나 불안하게 염려하는 것, 고통스럽게 염려하는 것입니다. 이런 것들은 영혼과 마음을 모두 상하게 합니다. 그분께서 금하시는 것은 피를 말리고 우리 영혼을 삼키는 - 안타깝지만 우리는 경험이 이것을 잘 보여 줍니다. - 그러한 근심입니다. 근심을 하면 우리는 모든 두려운 고통을 미리 생각하게 되고, 그렇게 되면 우리는 실제로 그때가 오기도 전부터 괴롭게 됩니다. 그분께서는 내일 일을 미리 염려하여서 오늘 받을 축복을 망치는 그런 근심을 금하십니다. 그분께서 금하시는 염려는 훗날에 모자라게 될 것들을 생각하느라 지금 넉넉히 갖고 있는 것을 제대로 누리지 못하게 하는 염려입니다. 염려는 고통스러운 질병, 영혼의 아픈 질병일 뿐만 아니라 하나님께 대적하는 아주 못된 범죄, 가장 깊이 물든 죄악입니다. 이것은 모든 만물의 자비로우신 통치자요 지혜로우신 공급자이신 분에 대한 매우 큰 모독입니다. 우리가 염려하는 것은 위대한 심판자이신 그분께서 정의를 행하지 않으신다고 생각하기 때문입니다. 즉, 그분께서 모든 것들을 제대로 질서 있게 바로잡아 놓지 않으신다고 생각하기 때문입니다. 우리가 염려하는 이유는 그분께서 지혜가 부족하셔서 우리가 필요로 하는 것이 무엇인지 알고 계시지 못하다고 생각하기 때문입니다. 혹은, 우리가 염려하는 것은 그분께서 선하신 분이 아니어서 자기를 신뢰하는 사람들이 필요로 하는 것을 공급해 주시지 않는 분이라고 생각하기 때문입니다. 그러므로 이런 식으로 생각하지 않도록 주의하십시오. 즉, 아무것도 아닌 것에 염려하며 걱정하지 마십시오. 불안해하지 마십시오. 이것은 아주 쉽고도 분명한 법칙입니다. 불안한 염려는

올바른 염려가 아닙니다. 하나님을 향해 단순한 눈(single eye)을 가지십시오.[69] 여러분 안에 있는 모든 것을 모든 사람 앞에서 좋은 일을 하기 위하여[70] 하십시오. 그리고 모든 것을 더 나은 손에, 즉 모든 일을 하나님의 손에 맡겨드리십시오.[71]

18. "여러분의 목숨을 위해서 무엇을 먹을까, 무엇을 마실까, 여러분의 몸을 위해서 무엇을 입을까" 하는 이런 종류의 불안한 "생각을 하지 마십시오." "목숨이 음식보다, 몸이 의복보다 중요하지 않습니까?" 하나님께서 여러분에게 더 큰 선물인 생명을 주신 것이라면, 그분께서 또한 그 생명을 유지할 수 있도록 여러분에게 음식을 주지 않으시겠습니까? 그분께서 여러분에게 몸을 주셨다면 그분께서 또한 그 몸을 덮을 수 있도록 의복을 주시지 않을까 어찌 의심할 수 있다는 말입니까? 여러분이 여러분 자신을 그분께 드리고 여러분의 온 마음을 다해서 그분을 섬긴다고 한다면 더욱 그리하시지 않겠습니까? 여러분의 눈으로 보십시오. "공중에 나는 새를 보십시오. 그것들은 씨를 뿌리지도 않고 추수도 안 하고 곳간에 모아 두지도 않습니다." 그러나 그것들은 부족한 것이 없습니다. "그렇지만 여러분의 하늘 아버지께서는 그것들을 먹여 주십니다. 여러분은 그것들보다 더 낮지 않습니까?" 하나님의 유능한 창조물인 여러분은 하나님 보시기에 더욱 중요하지 않습니까? 여러분은 모든 존재들 가운데서 가장 뛰어난 존재들이 아닙니까? "여러분 가운데 누가 염려한다고 하여서 자기의 키를 한 자라도 더 길게 할 수 있습니까?" 그렇다면 이렇게 걱정하며 근심한다고 무슨 유익이 있을까요? 그것은 정말로 쓸모없는 헛된 일입니다.

"여러분은 왜 옷 걱정을 하십니까?" 여러분이 눈을 돌리는 곳마다 매일 여러분을 책망하는 것이 보이지 않으십니까? "들에 핀 백합화가 어떻게 자

---

69) 표준설교 23('산상수훈 강해 8')을 보라.
70) 고후 8:21
71) 벧전 5:7

라는가 보라. 그것들은 수고하지도 않고 물레질도 하지 않는다. 하지만 내가 너희에게 이르노니, 솔로몬이 자기의 모든 영광으로 입은 것이 이 꽃들 가운데 하나만도 못했다. 하나님께서 오늘 있다가 내일 아궁이에 던져지는 (이 말은 잘라다가 태워버려서 보이지도 않게 된다는 뜻입니다.) 들의 풀도 이와 같이 입히시거든 그분께서 하물며 너희들을 더 입히시지 않겠느냐, 오! 믿음이 적은 자들아?" 그분께서는 여러분을 영원히 지속되도록 창조하셨고[72] 영원하신 자기 자신의 형상이 되게 하셨습니다. 여러분은 정말로 믿음이 적습니다. 여러분에게 큰 믿음이 있었더라면 여러분은 그분의 사랑을 의심할 수 없을 것이며, 단 한순간도 염려할 수 없을 것입니다.

19. 만일 우리가 이 땅에 재물을 쌓아 놓지 않는다면, 만일 우리가 우리의 온 힘을 다해 하나님을 섬긴다면, 만일 우리의 눈이 오로지 단순하게 그분 한 분께만 고정되어 있다면, "그러므로 무엇을 먹을까, 무엇을 마실까 염려하지 마십시오." 만일 우리가 이 세상에 맞춰서 사는 사람이 아니라면, 만일 우리가 누구에게서 이익을 남길까 하고 미련을 두지 않는다면, "무엇을 입을까 염려하지 마십시오." "이 모든 것들은 이방인들이 구하는 것입니다." 여기에서 이방인들이란 하나님을 알지 못하는 이교도들을 가리킵니다. 그러나 "여러분의 하늘 아버지께서는 여러분이 이 모든 것들을 필요로 하고 있다는 것을 알고 계신다."는 사실을 잊지 마십시오. 그리하여 그분께서는 이 모든 것들을 끊임없이 공급받을 수 있는 확실한 길을 제시해 주셨습니다. 그것은 바로 "먼저 하나님의 나라와 그분의 의를 구하라."는 것입니다. "그리하면 이 모든 것이 여러분에게 더해질 것입니다."

20. "너희는 먼저 하나님의 나라를 구하라." 여러분이 다른 걱정이나 염

---

72) 오늘 있다가 내일 아궁이에 던져져서 사라져 버리는 풀과 대조를 보여 주기 위하여 웨슬리는 인간을 이렇게 말한다.

려하기 전에 먼저 우리 주님 예수 그리스도의 아버지이신 하나님(그분께서는 "자신의 독생자를 주셨으며", 결국 그를 믿으면 "여러분은 멸망하지 않고 영생을 얻게 됩니다.")께서 여러분의 마음을 다스리고 계신지, 그분께서 자기 자신을 여러분의 영혼 가운데 나타내시고 거기에 거하시며 다스리고 계신지에 대하여 관심을 두십시오. 여러분은 먼저 그분께서 "하나님 아는 것을 대적하여 높아진 것을 다 무너뜨리고 모든 생각을 사로잡아 그리스도에게 복종하게"[73] 하는지에 대하여 관심을 두십시오. 오직 하나님께서만 경쟁자 없이 혼자 여러분을 다스리시도록 하십시오. 그분 외에 다른 누구도 다스리지 못하게 하십시오.[74] 오직 그분만이 여러분의 마음을 소유하시고 홀로 다스리도록 하십시오. 그분께서 여러분의 유일한 소망, 기쁨, 사랑이 되도록 하십시오. 그리하여 여러분의 마음속에 있는 모든 것들이 끊임없이 "전능하신 주 하나님께서 다스리신다."[75]라고 외치게 하십시오.

"하나님의 나라와 그의 의를 구하라." 의는 하나님의 다스리심이 마음속에 이루어진 결과입니다. 의가 사랑이 아니면 무엇이겠습니까? 의는 하나님과 모든 인류를 사랑하는 것입니다.[76] 이것은 예수 그리스도에 대한 믿음에서 흘러나와 마음의 겸손, 온유함, 신사적인 태도, 오래 참음, 인내, 세상에 대한 죽음을 만들어 냅니다.[77] 의라는 것은 하나님과 이웃을 향한 모든 올바른 마음의 성향을 말합니다. 이런 마음들이 있을 때 우리는 비로소 모든 거룩한 행동을 – 그것이 무슨 사랑스러운 것이든지 혹은 칭찬할 만한 것이 되었든지,[78] 하나님께서 기뻐 받으시고 사람들에게 유익이 되는 어떠한 믿

---

73) 고후 10:5
74) 표준설교 7.1.7('하나님 나라로 가는 길')을 보라.
75) 계 19:6
76) 웨슬리는 표준설교 7.1.7~8('하나님 나라로 가는 길')에서 의라는 개념을 두 가지, 즉 하나님에 대한 사랑과 이웃에 대한 사랑으로 정의한다. 특히 하나님을 사랑한다는 것은 다른 어떤 것도 하나님과의 경쟁자 위치에 놓지 않고 그분만이 홀로 우리를 다스리시도록 하는 것을 의미한다고 설명한다.
77) 표준설교 2.2.2('이름뿐인 그리스도인')를 보라.
78) 빌 4:8

음의 행위나 어떤 사랑의 수고가 되었든지[79] - 할 수 있습니다.

"그의 의", 이것은 전적으로 그분의 의를 가리킵니다. 이것은 의로우신 예수 그리스도를 위하여 우리에게 거저 주신 그분 자신의 선물입니다. 오직 그분을 통해서만 우리는 이것을 받을 수 있습니다. 이것은 그분께서 하신 일입니다. 우리 안에서 성령의 감화를 통해 그것을 이루시는 분은 오직 그분 한 분입니다.[80]

21. 이 말씀을 잘 살펴보면 우리가 종종 잘 이해하지 못하던 또 다른 성경 구절의 의미가 밝혀질 수 있습니다. 성 바울께서는 자신의 로마서에서 믿지 않는 유대인들에 대해서 "그들은 하나님의 의를 알지도 못하고 자신들의 의를 세우려고 합니다. 그래서 그들은 하나님의 의에 자신들을 복종하지 않았습니다."[81]라고 말씀하셨습니다. 나는 이 말씀이 다음과 같은 의미를 담고 있다고 생각합니다. 이 사람들이 "하나님의 의를 알지 못했다."는 말은 그리스도의 의 - 이 의는 모든 믿는 자들에게 주어졌으며 이것을 통해 그 사람의 모든 죄가 사라지게 되고 하나님의 은혜에 화해를 이루게 되는 그 의입니다. - 를 알지 못한 것뿐만이 아닙니다. 사람들이 "하나님의 의를 알지 못했다."는 말에는 또한 하나님의 의라고 하는 말의 가장 본질적 속성을 이루는 내적인 의, 마음의 거룩함에 대해 알지 못했다는 의미도 갖고 있습니다(이 구절에서는 이러한 의미로 이해되어야 할 것 같습니다). 이 의는 하나님께서 그리스도를 통해서 거저 주시는 선물이기도 하며 당신의 전능하신 영을 통하여 하시는 일이기도 합니다.[82] 이들이 이러한 하나님의 의에 대해 "알지 못했기" 때문에 그들이 "자기 자신들의 의를 세우려고" 한 것입니다. 그들은 자기 자신들의 의라고 부를 수 있는 것의 본질적 속성인 외적인

---

79) 살전 1:3
80) 표준설교 6('믿음에 의한 의')을 보라. 믿음에 의한 의는 칭의를 위한 선결조건이며(6.1.7), 그것은 하나님의 일방적인 은혜다.
81) 롬 10:3
82) 표준설교 5.2.1~5.3.6('믿음에 의한 칭의')을 보라.

의를 세우려고 애를 썼습니다. 이러한 것은 하나님의 성령으로부터 말미암은 것도 아니요, 그분에게 속한 것이나 그분께서 받으실 만한 것도 아닙니다. 그들은 이것들을 자기 자신이 갖고 있는 힘으로 하려고 합니다.[83] 그러나 그들이 이루어 놓은 것은 그분께 있어서는 역겨운 냄새가 나는 것입니다. 그런데도 그들은 계속해서 자신들의 의를 신뢰하면서 "하나님의 의에 자신들을 복종시키려 하지 않습니다." 그렇습니다. 그들은 믿음에 대적하여 자신들의 마음을 강퍅하게 하고 있는데, 의는 오직 이 믿음으로만 얻을 수 있는 것입니다.[84] "그리스도는 모든 믿는 자에게 의를 이루기 위하여 율법의 마침이 되십니다."[85] 그리스도께서 "다 이루었다."[86]라고 말씀하셨을 때 율법을 종결지으신 것입니다. 이 율법은 외적으로 드러나는 의식이나 예식으로서, 예수께서는 자기 자신을 단번에 드리심으로써[87] 자신의 피를 통해 더 나은 의를 이루셨으며,[88] 모든 믿는 자들의 영혼 가장 깊은 곳에 하나님의 형상을 심어 주셨습니다.

22. 이와 연결될 수 있는 것이 사도께서 빌립보 교인들에게 보낸 편지의 말씀들입니다. "내가 그리스도를 얻기 위하여 이 모든 것들을 배설물로 여기고"[89] 이것은 영원한 나라에 들어가는 출입구입니다. "그 안에서 발견되려 함이니"[90] 이 말은 그분을 믿는다는 것입니다. "내가 가진 의는 율법에서 난 것이 아니요 오직 그리스도를 믿음으로 말미암은 것이니, 곧 믿음으로 하나님께로부터 난 의라."[91] "내가 가진 의는 율법에서 난 것이 아니요."라

---

83) 표준설교 2('이름뿐인 그리스도인')에서 '이교도들'과 '거의 그리스도인'(almost Christians)에 대한 설명을 보라.
84) 갈 2:16; 롬 3:28; 5:1
85) 롬 10:4
86) 요 19:30
87) 히 10:10
88) 롬 3:25
89) 빌 3:8
90) 빌 3:9
91) 빌 3:9

는 말은 외적인 의, 내가 이전에 가졌던 외적 종교를 가리킵니다. 그때에 나는 "율법의 의로는 흠이 없었기"[92] 때문에 내가 하나님께 받아드려질 수 있을 것이라 생각하고 있었습니다. "그러나 오직 그리스도를 믿음으로 말미암은 것, 즉 믿음으로 하나님께로부터 난 의"를 통해서만 나는 받아드려질 수 있습니다(빌 3:8~9). 마음의 거룩함, 모든 욕구와 기질, 감정 등에서 완전히 영혼이 새롭게 되어야 하는데, 이것은 "하나님께로부터 난 것"이며(즉, 사람이 한 것이 아니라 하나님께서 하시는 것이라는 말입니다.), "믿음으로 말미암은 것"입니다.[93] 이것은 그리스도를 믿는 믿음을 통해 가능하고, 우리 안에 예수 그리스도께서 자신을 계시해 주셔야만 가능하며, 그분의 피를 믿는 믿음으로 가능해집니다. 오직 이것을 통해서만 우리가 우리의 모든 죄에서 사하심을 받고 거룩해진 자들과 더불어 그 나라를 유업으로 받을 수 있습니다.[94]

23. "너희는 먼저" 너희 마음에 "하나님의 나라를 구하라." 이것은 의, 곧 하나님께서 선물로 주신 것이며 여러분의 영혼에 새로워진 하나님의 형상을 가리킵니다.[95] "그리하면 이 모든 것을 너희에게 더하시리라." 이것은 우리 육신을 위해 필요한 모든 것, 즉 하나님 생각에 하나님의 나라를 이루기 위해서 우리가 필요로 하는 모든 수단을 주신다는 의미입니다. 이 모든 것을 더하신다는 말은 흔들어 넘치도록 안겨 주신다는 것입니다.[96] 평화와 하나님의 사랑을 추구하다 보면 여러분은 지금 여러분이 추구하는 흔들리지 않는 그 나라뿐만[97] 아니라, 여러분이 구하지도 않았던 것까지 - 물론 이것은 그 자체를 위한 것이 아니라 하나님 나라와 결국 연관된 것입니다. - 찾

---

92) 빌 3:6
93) 딛 3:5
94) 행 20:32
95) 골 3:10
96) 눅 6:38
97) 히 12:28

게 될 것입니다. 여러분이 하나님 나라로 가는 길 가운데 여러분에게 적절한 모든 외적인 것들을 얻게 될 것입니다. 하나님께서는 친히 이 염려를 짊어지셨습니다. 그분께서는 여러분이 무엇을 필요로 하는지 알고 계십니다. 여러분에게 필요한 것이 무엇이 되었든지 그분께서는 반드시 그것들을 공급해 주실 것입니다.

24. "그러므로 내일 일을 염려하지 마십시오." 단지 이 땅에 어떻게 재물을 쌓아 둘 것인지 염려하거나 이 세상의 물질을 어떻게 하면 더 늘릴지 염려하는 것뿐만이 아니라, 여러분이 먹을 수 있는 것보다 더 많은 음식을 어떻게 확보할 것인지 염려하는 것뿐만이 아니라, 혹은 여러분이 입을 수 있는 것보다 더 많은 의복을 어떻게 챙겨둘 것인지 염려하는 것뿐만 아니라, 혹은 평범하고 합리적인 정도의 삶을 위해 날마다 필요한 것보다 더 많은 돈을 어떻게 벌 것인지 염려하는 것뿐만이 아니라, 한 걸음 더 나아가서 비록 그것이 육신을 위해 꼭 필요한 것에 관련된 것일지라도 그것에 대한 염려가 우리를 불안하게 하는 걱정이 되지 않도록 하십시오. 아직 먼 훗날에 하게 될 일에 대해서 지금 당장 걱정하면서 여러분 자신을 괴롭히지 마십시오. 어쩌면 그 먼 훗날이 아예 오지 않을 수도 있습니다. 혹은 그것이 사실 여러분이 신경 쓸 일이 아닐 수도 있습니다. 그날이 미처 오기도 전에 어쩌면 여러분은 이 모든 파도를 넘어서 영원의 나라에 가 있을 수도 있습니다. 이 먼 훗날의 일들은 하루살이 같은 여러분에게는 해당이 없는 것입니다. 엄밀하게 말하자면, 여러분이 내일과 무슨 상관이 있다는 말입니까? 왜 여러분은 쓸데없이 자신을 괴롭히십니까? 하나님은 자신이 여러분에게 주신 그 생명을 유지하기 위해서 여러분에게 필요한 것을 오늘 공급해 주십니다. 그것으로 충분합니다. 여러분을 그분의 손에 맡겨 드리십시오. 여러분이 하루를 더 살게 된다면, 그분께서는 또 그날을 위해서 여러분에게 필요한 것을 공급해 주실 것입니다.

25. 무엇보다도 앞날의 일들을 걱정하느라 오늘 마땅히 해야 할 의무들을 소홀히 하지 마십시오. 이것이 "내일 일을 위하여 염려하는" 가장 치명적인 모습입니다. 그러나 이런 모습들이 얼마나 흔히 우리에게 벌어지고 있습니까! 만약에 우리가 사람들에게 양심의 거리낌이 없도록 자기가 생각하기에 악한 것이라는 것들을 멀리하라고 가르친다면, 많은 사람들이 양심의 가책도 없이 이렇게 말합니다. "아니, 그렇다면 우리더러 어떻게 살라는 것입니까? 우리 자신이나 우리 가족도 돌보지 말라는 말입니까?" 이 사람들은 알면서도 일부러 계속 죄를 짓는 것을 합리화시켜 주는 충분한 이유로서 이렇게 생각합니다. 그들은 매일 먹을 양식을 확보하기만 한다면 하나님을 섬긴다고 말하거나 혹은 그러겠다고 생각은 합니다. 그들은 영원한 것을 준비하려고 합니다. 하지만 그러면서도 동시에 그들은 이 세상에서 살아가는 데 필요한 것들이 혹시 부족하지는 않을까 두려워합니다. 그래서 그들은 고작 한 덩이 빵을 위해서 악마를 섬깁니다. 그들은 모자라게 되지는 않을까 두려워하여 지옥을 향해 내리 달립니다. 그들은 자기들의 몸에 필요한 것이 때로는 부족하게 되지는 않을까 하여 자기의 불쌍한 영혼을 내버리고 있습니다.

이들은 그리하여 하나님의 손에 맡겨 드리지 않으며 결국 자기들이 추구하는 바로 그것에 대해 자주 실망하게 되는데, 이는 결코 놀랄만한 일이 아닙니다. 그들은 이 땅의 것을 확보하기 위해서 하늘의 것을 내버리는데, 이렇게 하다가 그들은 두 가지 모두를 다 얻지 못하게 되며, 이 또한 결코 놀랄만한 일이 아닙니다. 질투하시는 하나님께서는[98] 자신의 지혜로운 섭리 가운데서 자주 이런 것으로 인해 가슴 아파하십니다. 그러므로 잠시 있다가 사라질 것들을 염려하느라 하나님께 자신의 염려를 맡겨드리지 않는 자들은 영원한 것들에 대해 전혀 관심이 없으며, 자기들이 선택한 바로 그것조차도 결국 잃게 됩니다. 이들은 자기가 하는 일에 눈에 보일 만큼 큰 실패

---

98) 출 34:14

를 겪게 됩니다. 그들이 무엇을 하든 결코 번창하지 않을 것입니다. 이 세상을 위해서 하나님을 저버렸기에, 그들은 자기들이 찾지 못하는 것뿐만 아니라 찾는 것까지 다 잃어버립니다. 그들은 하나님 나라와 그분의 의에 이르지 못합니다. 그들은 그들에게 더해지는 다른 것들도 얻지 못합니다.

26. 오늘 본문 말씀에서 금하고 있는 "내일 일을 위하여 염려하는" 또 다른 모습이 있습니다. 그것은 영적인 일이라 하더라도 그것을 잘못된 방식으로 염려하는 경우입니다. 앞으로 어떻게 될까 너무나 신경을 많이 쓰는 바람에 지금 당장 우리가 해야 할 일들을 소홀히 하는 것입니다. 우리는 얼마나 어처구니없게 이런 잘못에 빠져들고 있습니까! 그렇게 되지 않기 위해서 우리는 끊임없이 주의하여 기도해야만 합니다. 우리는 꿈에서 깨어난다 하면서도 먼 훗날의 계획을 세우느라, 그리고 우리 머릿속으로 멋진 장면들을 상상하느라, 얼마나 쉽게 엉뚱한 곳으로 흘러가고 있습니까!⁹⁹⁾ 우리는 우리가 그런 자리에 있게 되거나 그런 순간이 우리에게 찾아온다면 착한 일을 할 것이라고 생각합니다. '여건이 좀 더 나아져서 여유를 갖게 되면 나는 참으로 유익한 사람이 되겠지? 착한 일도 아주 많이 하고, 내 삶에서 장애물들이 좀 없어지면 하나님도 열심히 섬기고 말이야.' 하면서 헛된 상상을 합니다!

아니, 어쩌면 여러분은 이미 영혼이 무거워진 상태에 있을지도 모릅니다. 하나님은 이전에도 그러했듯이 자신의 얼굴을 여러분에게서 숨기십니다. 여러분은 그분의 얼굴빛을 거의 보지 못합니다. 여러분은 그분의 구속의 사랑을 맛보지 못합니다. 만일 마음이 그런 상태에 있다면 당연히 "오, 그분께서 그 얼굴을 내 영혼에 비춰 주실 때¹⁰⁰⁾ 나는 하나님을 찬양하리라! 그분께서 내 마음에 그 사랑을 다시 두루 비춰 주실 때 나는 다른 이들에게

---

99) 표준설교 36('방황하는 생각들', Wandering Thoughts)에서 두 번째 종류의 방황하는 생각들에 대한 설명을 참고하라.
100) 시 4:6

그분을 찬양하라고 말하리라! 그때 나는 그렇게 하고 또 그렇게 하리라. 내가 어느 곳에 있든지 하나님을 위해 말하고, 나는 복음을 부끄러워하지 않으리라.[101] 이제 세월을 아껴야겠다.[102] 내가 받은 모든 은사를 최대한 활용해야겠다."라고 말할 것입니다. "그대 자신을 믿지 마십시오. 지금 당장 그렇게 하지 않는다면 그대는 그대로 실천하지 않을 것입니다. 어떤 종류의 일이 되었든지, 그 일이 세상적인 일이든지 혹은 하나님을 사랑하거나 그분을 두려워하는 일이든지 상관없이, "작은 일에 충실한 사람이 큰일에도 충성하는 법"[103]입니다. 그러나 만일 여러분이 이 땅에서 하나의 은사를 감추어 둔다면 그것은 사실 다섯 개의 은사를 감추어 두는 셈입니다. 물론 혹시 그들이 은사를 받았을 경우에 그렇다는 말입니다. 하지만 이런 사람들이 그렇게 은사를 받을 것이라고 기대하기는 어렵습니다. 진실로 "가진 자는", 즉 자기가 가진 것을 활용하는 사람은 "더 많이 받아 넘치게 될 것입니다." 그러나 "가지지 못한 자는", 즉 크든 작든 상관없이 이미 자기가 받은 은사를 활용하지 않는 자는 "그 가진 것마저 빼앗기게 될 것"입니다.[104]

27. 여러분은 혹시 내일 유혹에 빠지는 것은 아닐까 하고 걱정하지 마십시오. 이 또한 위험한 올무입니다. '시험이 닥쳐오면 어떻게 하지? 내가 어떻게 견뎌 낼 수 있을까? 그 유혹을 거부할 힘이 없는 것 같은데… 그 원수를 이길 수 없을 것 같아.'라고 생각하지 마십시오. 사실 여러분은 지금 견뎌 내는 데 필요한 힘이 없습니다. 여러분은 지금 원수를 정복할 수 없습니다. 그리고 그 원수도 지금은 여러분을 공격하고 있지 않습니다. 여러분이 지금 받은 은혜로는 여러분이 당하지 않은 시험들을 견뎌 낼 수 없을 수도 있습니다. 하지만 시험이 닥쳐오면 은혜도 또한 찾아옵니다. 더 큰 시험의 때가

---

101) 롬 1:16
102) 엡 5:16
103) 눅 16:10
104) 마 25:29

되면 여러분은 더 큰 힘을 갖게 될 것입니다. 고난이 여러분을 둘러싼다 해도 또한 그만큼 하나님의 위로가 넘쳐날 것입니다. 따라서 모든 상황 속에서 하나님의 은혜는 여러분에게 충분합니다.[105] 그분께서는 "여러분이 견딜 수 없는 시험으로"[106] 오늘 여러분을 힘들게 하시지 않습니다. 또한 그분께서는 "시험 당할 때에 피할 길을 주십니다."[107] "여러분이 사는 날 동안 여러분에게는 이겨낼 힘도 갖고 있게 될 것입니다."[108]

28. 그러므로 "내일 일은 내일이 염려하게 하십시오." 이 말은 내일이 오거든 그때 가서 그것을 생각하라는 말입니다. 여러분은 그저 오늘을 충실히 살기만 하십시오. 지금 이 시간을 더 잘 보낼 수 있도록 열심히 신경 쓰십시오. 지금 현재만이 여러분의 것이고, 그것이 여러분의 전부입니다. 과거는 마치 존재하지도 않았던 것처럼 아무것도 아닙니다. 미래 또한 여러분에게 아무것도 아닙니다. 미래는 여러분의 것이 아닙니다. 어쩌면 그 미래는 없을 수도 있습니다. 아직 오지도 않을 것에 의지할 것은 없습니다. 왜냐하면 여러분은 "오늘 하루 동안 무슨 일이 일어날지 알지 못하기 때문"입니다.[109] 그러므로 오늘을 충실히 사십시오. 시간을 버리지 마십시오. 이 순간을 잘 활용하십시오. 오직 지금만이 여러분의 것이기 때문입니다. "이 세상에서 누가 자기가 태어나기 이전에 있던 일을 알 것이며, 또한 누가 자기가 죽은 뒤에 일어날 일을 알겠습니까?" 세상이 시작할 때로부터 있었던 세대들이 지금 어디에 있습니까? 날아가 버렸습니다. 잊혔습니다. 그들은 자기들의 시대에 존재했고 그때 살았습니다. 그들은 나무에서 낙엽이 떨어지듯 이 땅에서 떨어져 나갔습니다. 그들은 썩어서 먼지가 되었습니다! 다른 세대가, 그리고 또 다른 세대가 뒤를 이어갔습니다. 그들은 "자기 조상들의

---

105) 고후 12:9
106) 고전 10:13
107) 고전 10:13
108) 신 33:25
109) 잠 27:1

세대를 따라 돌아갔고 다시는 빛을 보지 못했습니다."[110] 이제 여러분 차례입니다. "오, 젊은이들이여, 그대의 젊은 날에 기뻐하십시오. 바로 지금을 즐기십시오. 그분을 즐기면서 현재를 즐기십시오.[111] 그분의 연대는 끝이 없으십니다."[112] 이제 그대의 눈이 "변함이 없으시고 회전하는 그림자도 없으신"[113] 그분께만 고정이 되도록 하십시오. 이제 그분께 그대의 마음을 드리십시오. 그분과 함께 있으십시오. 그분께서 거룩하신 것처럼, 그대 또한 거룩하십시오.[114] 그분께서 받으실 만한 온전한 뜻을 행할 복된 기회를 꼭 붙잡으십시오! 이제 기쁜 마음으로 "모든 것을 잃어버리십시오." 그리하면 "그리스도를 얻게 될" 것입니다.[115]

29. 오늘 그분께서 여러분에게 무엇을 허락하시든 그분의 이름을 위하여 기쁜 마음으로 견디십시오. 그러나 내일 당할 어려움을 미리 바라보지는 마십시오. "그날의 괴로움은 그 날로 족합니다." 인간적인 방식으로 말하자면 질책을 당하는 것이든, 무엇인가 부족함에 허덕이는 것이든, 고통이든 질병이든, 이런 것들은 괴로운 것입니다. 하지만 하나님의 언어로 표현하자면 이 모든 것들은 축복입니다. 그것은 지혜의 하나님께서 예비하신 소중한 치료제이며, 각 사람의 다양한 영혼의 질병에 따라서 당신의 자녀들을 위해 다양하게 처방해 주시는 약입니다. 그분께서는 그날에 쓰기에 충분한 하루 치를 주십니다. 그분께서는 환자들의 필요와 힘에 알맞게 각각 주십니다. 그러므로 만일 여러분이 내일에 속한 것을 오늘 낚아채려고 한다면, 만일 여러분이 내일에 속한 것을 이미 여러분에게 주어진 것에 덧붙인다면, 여러분은 그것을 감당할 수 없을 것입니다. 이것은 여러분의 영혼을 치유하

---

110) 시 49:19
111) 전 11:9
112) 히 1:12
113) 약 1:17
114) 벧전 1:16
115) 빌 3:8

는 것이 아니라 도리어 파괴시키는 짓입니다. 그러므로 그저 오늘 여러분에게 주신 것만큼만 취하십시오. 오늘 그분의 뜻대로 행하고 그분의 뜻대로 견뎌 내십시오! 오늘 여러분 자신을, 여러분의 몸과 혼과 영을 그리스도 예수를 통하여 하나님께 내어 드리십시오. 아무것도 바라지 말고 오직 여러분의 모든 존재와 여러분이 하는 모든 일과 여러분이 견디는 모든 것 가운데서 하나님께서 영광을 받으시도록 하십시오. 아무것도 구하지 말고 오직 영원하신 영을 통하여 하나님과 그의 아들 예수 그리스도를 알려고만 하십시오. 아무것도 쫓지 말고 지금 바로 이 시간, 그리고 영원토록 그분만을 사랑하고 그분만을 섬기며 그분을 즐기려고만 하십시오!

이제 "나와 이 모든 세상을 창조하신 하나님 아버지"와 "나와 모든 인류를 구속하신 성자 하나님"과 "나와 모든 하나님의 택하신 백성들을 거룩하게 하시는 성령 하나님"께[116] 영광과 찬송과 위엄과 통치가 영원무궁토록 있을지어다! 아멘.

---

116) 표준설교 5.2.1을 보라.

웨슬리와 함께 공부하는 산상수훈

1 오늘의 설교 본문은 어디이며, 그 내용은 무엇에 대한 말씀입니까?

2 맘몬의 원래 의미는 무엇이며, 이것은 어떤 의미로 확대되어 해석될 수 있습니까? (24.4)

3 "하나님을 믿는다."는 말은 무슨 뜻입니까? (24.4)

4 "하나님을 섬긴다."는 말은 무슨 뜻입니까?

　　1) (24.4)
　　2) (24.5)
　　3) (24.6)

5 "맘몬을 섬긴다."는 말은 무슨 뜻입니까?

　　1) (24.8)
　　2) (24.9)
　　3) (24.10)
　　4) (24.11)

6 하나님과 맘몬을 동시에 섬길 수 있습니까? 만일 그렇게 하면 어떻게 됩니까? (24.12~14, 25)

7 맘몬을 섬기지 말라는 것이 세상에서 경제활동을 하지 말라는, 혹은 경제에 대하여 부정적인 입장을 취하라는 말입니까? (24.16) 만일 아니라면 맘몬을 섬기지 말라는 그 명령에서 금지하고 있는 것은 무엇입니까? (24.17)

8 우리가 염려하지 않아도 되는 이유는 무엇입니까? (24.18~19) 염려하지 않는다는 것은 하나님과 우리들 사이의 관계를 어떤 방식으로 정의하고 있기 때문입니까? (24.18)

9 "하나님의 나라를 구한다."는 말은 무슨 뜻입니까? (24.20, 23)

10 "하나님의 의를 구한다."는 말은 무슨 뜻입니까? (24.20)

11 맘몬을 섬기지 않는다는 말, 내일 일을 염려하지 않는다는 말은 오늘날 그리스도인들이 경제생활을 하는 것과 연결해서 볼 때 어떻게 이해될 수 있습니까? 그리스도인의 경제관에 대하여 서로 생각을 나눠 봅시다.

우리 주님의
산상수훈에 대하여

▶ 강해 10

요약과 해설

　이 설교는 1742년 6월 2일 수요일에 한 것으로서, 이즈음 웨슬리는 교회 내에서의 설교권을 박탈당한 상태였다. 이 설교를 했던 그 주 일요일, 6월 6일에 그는 고향 엡워스의 성 안드레 교회 예배에 참석했다. 웨슬리는 당시 엡워스 교구 담당이었던 롬리(Romley)에게 자기가 주일 예배를 위해 설교나 기도 인도를 해도 되는지 물어보았으나 그는 거절했다. 도리어 "성령을 소멸치 말라!"는 제목의 주일 낮 예배 설교에서 롬리는 열성적인 신앙이 도리어 신앙에 방해가 되는 것으로 말했고, 웨슬리는 그날 아침 롬리가 자신에게 보였던 태도가 그 설교 제목에 어울리지 않는 것이라고 비꼬았다. 아마도 롬리는 웨슬리의 신앙적 방식을 탐탁지 않게 여긴 것으로 보인다. 예배가 끝난 후, 존 테일러(John Taylor) 씨는 교회 마당에 서서 예배를 마치고 나오는 교인들에게 웨슬리가 교회 안에서는 설교를 못 하기 때문에 저녁 6시에 교회 마당에서 설교할 것이라고 광고했다. 6월 5일, 토요일에 웨슬리가 엡워스에 도착해서 만났던 사람들은 말씀을 사모하는 이들이었다. 그들은 웨슬리가 6월 6일, 주일에 교회에서 설교할 것이라는 기대를 갖고 있었던 것으로 보인다. 저녁 6시에 약속대로 웨슬리는 성 안드레 교회 마당에 있는 아버지 사무엘 웨슬리의 무덤에 올라가서 '하나님 나라로 가는 길'(표준설교 7)이라는 제목으로 설교했는데, 그날 일기에서 웨슬리는 사람들이 그렇게 많이 모인 것은 엡워스에서 처음 있는 일이라고 회고한다.

　당시 웨슬리는 영국 국교회로부터 경계의 대상이었지만 군중으로부터는 많은 호응을 받았다. 이런 상황에서 산상수훈 강해 10번의 내용은 자기를 공격하는 사람에게나 자기 자신에게 있어서도 새겨야 할 메시지였던 것으로 보인다. 이 설교는 하나님 나라로 가는 길에 있어서 장애물이 되는 정죄하는 행위에 대하여 논하고 있다. 남을 판단하고 정죄하는 것은 하나님의 자녀들이 쉽게 저지를 수 있는 잘못이기에 늘 경계하고 있어야 한다고 웨슬리는 말한다. 그는 이 설교에서 정죄한다는 것이 무엇을 의미하는지 먼저 설명하는데, 그것은 다른 사람에 대해서 나쁘게 생각하는 것을 가리킨다. 정죄하는 행위는 실제 입 밖으로 말을 내뱉은 것뿐만 아니라 마음속으로만 생각한 것까지 포함한다. 정죄하는 것의 의미는 보다 구체적으로는 어떤 사람이 잘못하지도 않았는데 억울하게 만드는 것, 확증하기 전에 미리 의심하여 나쁘게 여기는 것, 실제보다 더 부풀려서 나쁘게 생각하는 것 등 모든 사랑의 법칙에 거스르는 행동들을 말한다. 다른 사람들의 잘못을 교정해 준다고 섣불리 나서는 것도 경계해야 할 것으로 손꼽는다. 웨슬리는 이런 태도를 주의하고 모든 사람을 사랑의 법칙에 따라 대할 것을 권고한다.

우리 주님의 산상수훈에 대하여

▶ 강해 10

비판을 받지 아니하려거든 비판하지 말라. 너희가 비판하는 그 비판으로 너희가 비판을 받을 것이요 너희가 헤아리는 그 헤아림으로 너희가 헤아림을 받을 것이니라. 어찌하여 형제의 눈 속에 있는 티는 보고 네 눈 속에 있는 들보는 깨닫지 못하느냐. 보라! 네 눈 속에 들보가 있는데 어찌하여 형제에게 말하기를 나로 네 눈 속에 있는 티를 빼게 하라 하겠느냐? 외식하는 자여 먼저 네 눈 속에서 들보를 빼어라. 그 후에야 밝히 보고 형제의 눈 속에서 티를 빼리라. 거룩한 것을 개에게 주지 말며 너희 진주를 돼지 앞에 던지지 말라. 그들이 그것을 발로 밟고 돌이켜 너희를 찢어 상하게 할까 염려하라. 구하라! 그리하면 너희에게 주실 것이요. 찾으라! 그리하면 찾아낼 것이요. 문을 두드리라! 그리하면 너희에게 열릴 것이니, 구하는 이마다 받을 것이요. 찾는 이는 찾아낼 것이요. 두드리는 이에게는 열릴 것이니라. 너희 중에 누가 아들이 떡을 달라 하는데 돌을 주며, 생선을 달라 하는데 뱀을 줄 사람이 있겠느냐? 너희가 악한 자라도 좋은 것으로 자식에게 줄 줄 알거든 하물며 하늘에 계신 너희 아버지께서 구하는 자에게 좋은 것으로 주시지 않겠느냐? 그러므로 무엇이든지 남에게 대접을 받고자 하는 대로 너희도 남을 대접하라. 이것이 율법이요 선지자니라. 마 7:1~12

1. 복되신 우리 주님께서 주된 계획을 마치신 후, 즉 먼저 참된 종교의 모든 면모를 전달하신 후에 하나님의 말씀을 무효하게 만드는 인간의 해석들

에 대해서 주의할 것을 말씀하셨습니다. 그다음, 예수께서는 우리가 우리의 모든 외적인 행동들을 할 때 갖고 있어야만 하는 올바른 의도에 대한 원칙을 말씀하셨습니다. 그리고 이제 예수께서는 이 종교를 가로막는 주된 장애물들이 무엇인지 지적하시고 적절하게 적용하심으로써 모든 가르침을 마무리하십니다.

2. 마태복음 5장에서 우리의 위대하신 스승께서는 내적 종교의 다양한 가지들(branches)에 대해 낱낱이 말씀해 주셨습니다. 그분께서는 거기에서 참된 기독교를 구성하는 영혼의 기질들을 우리에게 펼쳐 보이셨습니다. 이 기질은 바로 "거룩함이며, 이 거룩함 없이는 어느 누구도 주님을 뵐 수 없습니다."[1] 이 기질은 또한 사랑인데, 이 사랑은 그 참된 근원에서부터, 즉 그리스도 예수를 통한 하나님에 대한 믿음에서 흘러나오는 것이어야 하며,[2] 내적으로나 본질적으로 선하며 하나님께서 받으실 만한 것입니다. 마태복음 6장에서 그분께서는 어떻게 우리의 모든 행동들이 이와 마찬가지로 – 비록 그 본질상 이와는 무관한 것이지만 – 순수하고 거룩한 의도에 의하여 거룩하고 선하고 하나님께서 받으실 만한 것이 될 수 있는지 보여 주셨습니다. 그분께서는 이 순수하고 거룩한 의도 없이는 무엇을 하든지 하나님께 있어서는 아무런 가치도 없는 것이라고 선언하셨습니다. 반면에, 어떤 외적인 행동을 하나님께 구별해 드리든지 상관없이 거기에 이러한 의도가 있다면 그 행위는 그분께서 보시기에 매우 값진 일이 됩니다.

3. 마태복음 7장 전반부에서 예수님께서는 이러한 거룩함을 이루는 데 있어서 가장 흔히 발견되는, 그러나 가장 치명적인 장애물이 되는 것이 무엇인지 지적하셨습니다. 7장 후반부에서 예수님께서는 우리에게 다양한 동

---

1) 히 12:14
2) 표준설교 24.20('산상수훈 강해 9')을 보라.

기들을 부여하시면서 이 모든 장애물들을 헤치고 나가서 우리를 향한 하늘의 부르심의 상을 얻도록 가르치고 계십니다.[3]

4. 그분께서 우리에게 경고하신 첫 번째 경계할 사항은 바로 심판하는 행위입니다. "심판을 받지 않으려거든 심판하지 말라." 주님의 심판을 받지 않으려거든, 여러분 자신의 머리에 복수를 자초하지 않으려거든, 다른 사람들을 심판하지 마십시오. "너희가 남을 심판하는 그 심판으로 하나님께서 너희를 심판하실 것이요, 너희가 되질하여 주는 그 되로 너희에게 되어서 주실 것이다." 이 말은 마지막 심판 날에 그분께서 여러분을 어떻게 다루실 것인지 여러분 스스로 잘 생각해 보라고 하나님께서 주신 지극히 평범하고 지당한 법칙입니다.

5. 우리가 처음으로 회개하고 복음을 믿은 그 시간부터 우리가 사랑으로 완전하게 될 때까지 하나님의 자녀인 우리에게 이 경고가 필요하지 않은 인생의 단계나 기간이란 없습니다. 남을 심판할 기회는 항상 넘쳐납니다. 심판하고자 하는 유혹은 셀 수 없이 많습니다. 이 유혹은 대부분 기가 막히게 위장되어 있어서 우리가 차마 위험 상황을 알아차리기도 전에 이미 죄에 빠지는 경우가 많습니다. 이로써 발생하는 해로움은 이루 말로 다 할 수 없습니다. 다른 사람들을 심판하는 사람은 항상 자기 자신의 영혼에 상처를 입힐 뿐만 아니라, 자기 자신을 하나님의 의로우신 심판대 앞에 올려놓고 있는 것입니다. 그리고 심판을 받는 사람 또한 비록 그 길에서 완전히 벗어나서 완전한 파멸로 되돌아가는 정도는 아니더라도, 살아가는 동안 손이 축 늘어질 정도로 연약해지고 길이 막히는 해를 입게 됩니다. 그렇습니다. 얼마나 자주 이 "쓴 뿌리가 돋아날" 때에 "많은 사람들이 이로 인해 더렵혀지

---

3) 빌 3:14

고" 있습니까?[4] 이로 인해 진리의 길이 비방을 받고,[5] 우리에게 붙여진 존귀한 이름이 모독을 받고 있습니까?[6]

6. 그렇지만 우리 주님께서 이 경고의 말씀을 하나님의 자녀들에게만, 혹은 주로 하나님의 자녀들에게 주신 것 같지는 않습니다. 도리어 이 세상의 자녀들, 하나님을 알지 못하는 사람들에게 주신 경고인 것 같습니다. 이 세상의 자녀들은 세상에 속하지 않은 사람들에 대해 듣지 않을 수 없습니다. 세상에 속하지 않은 자들은 위에서 설명한 기독교의 가르침을 따르는 자들이며, 겸손하려고 노력하는 이들이며, 진지하고, 신사적이며, 자비롭고, 마음이 성결한 자들입니다. 이들은 이와 같은 거룩한 기질들을 마치 아직 얻지 못한 것처럼 열심히 구합니다. 이들은 모든 사람에게 선을 행하고 인내로써 악을 견뎌 내면서 세상에 속한 자들을 기다려 주고 있습니다.[7] 이렇게 하는 이들은 마치 "산 위에 있는 도시"처럼 감추어질 수 없습니다.[8] 그렇다면 이들의 "선한 행실을 보면서"도 그들은 왜 하늘에 계신 그들의 아버지께 영광을 돌리지 않습니까?[9] 이런 사람들의 발자취를 따라 밟지 않는 것에 대해 그들은 무슨 핑계를 대고 있습니까? 세상의 자녀들은 이런 사람들이 마치 그리스도를 본받듯이 이들의 사례를 모방하거나 이들을 따라가지 않는데, 이에 대하여 무슨 핑계를 갖고 있습니까? 왜 세상의 자녀들은 자기 핑곗거리를 대기 위하여 자기들이 본받아야 할 사람들을 비난하고 있습니까? 그들은 자기 자신의 잘못을 고치는 대신 자기 이웃의 잘못을 찾아내기 위해 시간을 쏟고 있습니다. 그들은 다른 사람들이 길에서 벗어난 문제에 대해서 너무 정신이 팔린 나머지 정작 자기 자신

---

4) 히 12:15
5) 벧후 2:2
6) 약 2:7
7) 살전 5:15
8) 마 5:14
9) 마 5:16

은 그 길 안으로 들어서지 않고 있습니다. 그들은 적어도 결코 앞으로 나아가지 못합니다. 그들은 능력이 없는 죽은 경건의 그 불쌍한 모습 이상으로 결코 나아가지 못합니다.[10]

7. 특히 이런 사람들에게 우리 주님께서 이렇게 말씀하십니다. "왜 네 형제의 눈에 있는 티끌은 보면서"(이것은 하나님의 자녀들이 갖고 있는 부족함, 실수, 신중하지 못함, 연약함을 가리킵니다.), "네 눈 속에 있는 들보는 생각하지 않느냐?" 여러분은 저주받을 완고함, 사탄적인 교만, 저주받을 자기 의지, 이 세상을 사랑하는 우상숭배 등과 같이 여러분 안에 있는, 그리고 여러분의 모든 삶이 주님께서 혐오하실 것으로 만드는 것들을 생각하지 않고 있습니다. 무엇보다도, 얼마나 태만한 부주의와 무관심으로 그대는 지옥의 입 위에서 춤을 추고 있습니까! "그렇다면 어떻게", 무슨 우아함이나 품위나 겸손으로 "그대는 자신의 형제에게 네 눈에서 티끌을 빼 주겠다고 말하겠습니까?" 여기에서 말하는 티끌은 하나님을 향한 지나친 열정, 극단적인 자기 부정, 세상적인 염려와 일들로부터 지나치게 동떨어져 있는 것, 밤낮으로 기도하려는 욕구, 혹은 영생의 말씀을 듣고자 하는 욕구를 가리킵니다. "그러나 들보가 그대의 눈에 있다는 것을 보십시오!" 위와 같이 작은 티끌이 아니라 들보 말입니다. 다른 사람들을 염려하는 척하지만 정작 자기 자신의 영혼에 대해서는 관심이 없는 "너 위선자여!" 실제로는 하나님을 사랑하지도 않고 두려워하지도 않으면서 하나님을 위하는 열심을 가진 척하는 이여! "먼저 그대 자신의 눈에 있는 들보를 빼 내십시오." 완고한 들보를 내버리십시오! 여러분 자기 자신을 아십시오! 그대가 죄인이라는 사실을 직시하고 느끼십시오! 그대의 내면이 매우 사악하며 그대가 온통 타락해 있고 혐오스러우며, 따라서 하나님의 진노가 그대 위에 임했다는 사실을 느끼십시오! 교만의 들보를 버리십시오. 자기 자신의 그런 모습을 혐오하십시

---

10) 딤후 3:5

오. 먼지와 잿더미 위에 주저앉으십시오.[11] 자기 눈에 보기에 더욱 작고 초라하고 낮고 천한 존재가 되십시오! 자기 의지를 내세우는 들보를 내버리십시오! "누구든지 나를 따라오려거든 자기를 부인하라."[12]는 말씀의 뜻이 무엇인지 배우십시오! 자기 자신을 부인하고 매일 자기의 십자가를 지십시오. 그대의 온 영혼이 "나는 나의 뜻을 하기 위해서가 아니라 나를 보내신 분의 뜻을 행하려고 하늘에서 - 여러분이 이 사실을 알든 모르든 상관없이 어쨌든 여러분은 실제로 하늘에서 내려온 불멸의 영혼입니다. - 내려왔다"고[13] 외치도록 하십시오. 이 세상을 사랑하는 사랑의 들보를 내버리십시오! 이 세상이나 이 세상에 속한 것들을 사랑하지 마십시오.[14] 이 세상에 대하여 십자가에 못 박히고, 세상은 여러분에 대하여 못 박히도록 하십시오.[15] 세상은 이용하기만 하고 하나님만을 즐거워하십시오. 그대의 모든 행복을 그분 안에서만 찾으려 하십시오! 무엇보다도, 나태한 부주의와 무관심이라는 큰 들보를 내버리십시오! "오직 한 가지가 부족하다."[16]라고 하신 말씀을 깊이 생각하십시오. 그 한 가지는 그대가 거의 생각해 보지 않았던 것입니다. 그대가 그 커다란 구렁텅이[17] 위에서 무서워 떨고 있는 초라하고 천하며, 죄 많은 벌레라는[18] 사실을 깨닫고 느끼십시오. 그대가 무엇입니까? 죽어야 할 죄인입니다. 바람 앞에 날리는 낙엽이고 방금 전에 나타났다가 공기 중에 흩어져서 곧 사라져 안 보이고 마는 안개입니다![19] 이것을 보십시오! "그래야 네 눈이 잘 보여서, 남의 눈 속에 있는 티를 빼 줄 수 있을 것이다." 그대가 자신의 영혼의 염려에서 벗어나 여유를 찾게 되었을 때 그대는 비로소

---

11) 욥 42:6
12) 마 16:24; 눅 9:23; 막 8:34
13) 요 6:38
14) 요일 2:15
15) 갈 6:14
16) 막 10:21
17) 눅 16:26
18) 시 22:6
19) 약 4:14

그대의 형제를 어떻게 바로잡아 줄 수 있을지 알게 될 것입니다.

8. "심판하지 말라."는 이 말씀의 정확한 의미는 무엇입니까? 여기에서 금하고 있는 심판하는 행동은 무엇입니까? 이것은 악담이라는 말과 종종 연결되기는 하지만 똑같은 말은 아닙니다. 악담은 사람이 자리에 없는데 그 사람에 대해서 나쁘게 어떤 말을 하는 것입니다. 반면에, 심판하는 것은 그 사람이 자리에 있든 없든 상관이 없습니다. 또한 심판한다는 것은 반드시 말로 내뱉는 것만을 의미하지도 않습니다. 그저 다른 사람에 대하여 나쁘게 생각하는 것만으로도 심판하는 행위에 해당합니다. 다른 사람에 대해서 나쁘게 생각하는 모든 종류가 다 우리 주님께서 책망하신 심판하는 행위는 아닙니다. 만일 어떤 사람이 강도나 살인하는 것을 내가 봤든지, 혹은 그가 하나님의 이름을 모독하는 말을 내가 들었다면 나는 분명히 그 강도, 살인자에 대해 나쁘게 생각하지 않을 수 없을 것입니다. 이런 것은 악한 심판의 행위가 아닙니다. 이런 것은 죄도 아니고 온유한 감정에 상반되는 그 어떤 것도 아닙니다.

9. 여기에서 책망하고 있는 심판은 사랑에 반하는 방식으로 다른 사람들을 생각하는 것을 가리킵니다. 이런 방식으로 심판하는 것은 다양한 종류가 있을 수 있습니다. 첫 번째로, 아무런 잘못도 없는 사람을 비난하는 것이 있을 수 있습니다. 이것은 잘못하지도 않은 일을 갖고 그 사람이 잘못했다고 하는 (마음속으로 생각만 했다 하더라도) 것입니다. 그 사람이 하지도 않은 말이나 하지도 않은 행동을 갖고 그리하는 것입니다. 혹은, 그 사람이 행동하는 방식이 아무런 문제가 없는데도 불구하고 그것이 잘못됐다고 생각하는 것일 수도 있습니다. 심지어는 그 어떤 것도 비난받을 이유가 없고 그 사람이 한 일이나 행동하는 방식에 있어서도 아무런 문제가 없는데도 불구하고, 도리어 마음을 감찰하시는 분께서는[20] 이 사람의 단일한 마음(simplic-

---

20) 잠 21:2

ity)과 경건한 진실성을 보고 계시는데도 불구하고, 우리는 그 사람의 의도가 좋지 않다고 생각하고 그것에 근거해서 그 사람을 정죄합니다.

10. 두 번째로, 우리는 아무런 잘못도 없는 사람을 심판하는 죄를 범하기도 하지만 또한 어떤 사람이 잘못했을 때 그 사람이 실제로 잘못한 것보다 더 크게 그 사람을 정죄하는 죄를 저지르기도 합니다. 이렇게 남을 심판하는 것은 자비뿐만 아니라 정의에도 거스르는 것입니다. 오직 가장 강력하고 가장 따스한 사랑만이 우리가 이러한 잘못을 범하지 않도록 우리를 지켜 줄 수 있습니다. 이러한 마음이 없다면 우리는 어떤 사람이 잘못했을 때 실제로 그 사람이 행한 잘못보다 더 큰 잘못을 범했다고 생각하기 쉽게 됩니다. 그 사람이 어떤 선한 일을 했더라도 우리는 그 가치를 폄하하게 됩니다. 그렇습니다. 우리가 그 사람이 어떤 잘못을 한 것을 발견하기라도 한다면 우리는 그 사람 안에 어떤 선한 것이 그래도 남아 있을 것이라는 생각을 좀처럼 하려고 하지 않습니다.

11. 이런 모든 것들은 악한 것을 생각하지 않는 속성을 가진 사랑이 부족하다는 것을 증명합니다.[21] 사랑은 위에서 말한 그 어떤 전제들을 근거로 불공정하거나 친절하지 않은 어떠한 결론도 이끌어 내지 않습니다. 사랑은 어떤 사람이 한번 죄를 지어서 드러나게 되었는데 그것을 갖고 그 사람은 항상 그렇게 한다느니 습관적으로 그런 죄를 저지른다느니 하는 생각을 하지 않습니다. 사랑은 설령 그 사람이 이전에 습관적으로 그렇게 죄를 저질렀었다 하더라도 그 사람이 지금도 여전히 그렇게 하고 있다고 단정하지 않습니다. 백번 양보하여, 설령 그 사람이 지금도 그런 죄를 짓고 있다고 하더라도 그러기 때문에 그 사람이 지금 다른 죄도 저지르고 있을 것이라고 단정하지 않습니다. 이러한 악한 생각들이 우리 주님께서 여기에서 우리에

---

21) 고전 13:5

게 주의하라고 경계하신 악한 심판의 행위에 모두 해당합니다. 만일 우리가 하나님이나 우리 자신의 영혼을 사랑한다고 한다면 우리는 반드시 이런 잘못을 범하지 않도록 상당히 주의를 기울여야 합니다.

12. 설령 우리가 무고한 사람을 정죄하거나 그 사람이 저지른 잘못 이상으로 그 사람이 잘못이 있다고 여기는 행동을 하지 않는다 하더라도, 여전히 우리는 모든 올무에서 자유로워진 것은 아닙니다. 왜냐하면 세 번째 종류의 심판이 있는데, 이것은 충분한 증거가 없는데도 불구하고 그 사람을 정죄하는 것입니다. 우리가 추측한 것이 사실이었다 하더라도 우리의 심판하는 행동이 정당화될 수는 없습니다. 왜냐하면 우리가 추측하지 말고 증명했어야 했기 때문입니다. 그들의 잘못이 증명되기 전에 우리는 어떠한 심판도 하지 말았어야 했습니다. 나는 지금 그들의 잘못이 증명되기 전까지는 이라고 말했습니다. 비록 그 일에 대한 아주 확실한 증거가 있다고 하더라도 우리의 심판하는 행동이 정당화될 수는 없습니다. 우리가 어떤 판결을 내리기 전에 먼저 증명이 되어야 하며, 이 증거는 다른 편의 증거와 비교되어야만 합니다. 또한 잘못했다고 하는 사람이 자기를 변호하는 말을 하기 전에 먼저 확정판결을 내려버린다면 그 또한 심판하지 말라는 명령을 어긴 것이 됩니다. 심지어 유대인들조차도 이 점에 대해서 가르침을 주고 있습니다. 그것은 자비와 형제 사랑에서 나온 정의에 대한 간단한 가르침인데, 니고데모가 "우리의 율법으로는, 먼저 그 사람의 말을 들어보거나, 또 그가 하는 일을 알아보거나, 하지 않고서는 그를 심판하지 않는 것이 아니오?"(요 7:51)라고 말했습니다. 그렇습니다. 유대 나라의 지도자가[22] 자신의 죄수에[23] 대해 판단하려고 할 때 어떤 이교도조차[24] "로마 사람의 관례로서는, 피고가 원고를 직접 대면해서, 그 고발한 내용에 대하여 변호할 기회를 가지기

---

22) 아그립바를 가리킴.
23) 바울을 가리킴.
24) 베스도 총독을 가리킴.

전에는, 그 사람을 넘겨주는 일이 없다고 했습니다."라고 대답했습니다.[25)

13. 우리가 만일 또 다른 로마인 이교도 세네카가 자신의 행동에 대한 기준으로 삼았던 규칙을 잘 살펴보기만 하더라도, 우리는 쉽사리 남을 심판하는 죄를 저지르지 않을 수 있을 것입니다. 그는 "나는 모든 사람, 혹은 어떤 사람이 다른 사람에 대하여 반대하는 증거를 제시하더라도 절대로 쉽게 믿어주지 않는다. 또한 그 사람이 자기 자신에 반대하는 증거를 제시하여도 그 자리에서 당장 쉽게 믿어주지 않는다. 나는 항상 그 사람이 한 번 더 생각할 수 있는 시간을 주고, 그것을 여러 번 돌아보라고 한다."라고 말했습니다.[26) 소위 그리스도인이라고 불리는 그대여, 가서 이와 같이 하십시오.[27) 그리하여 마지막 날에 이교도가 일어나서 그대를 심판하지 못하도록 하십시오![28)

14. 만일 우리가 우리 주님께서 직접 우리에게 가르쳐 주신 분명하고 명확한 가르침에 따라 걷는다면 그 악이 속히 치료될 것이고, 그렇게 되면 우리는 서로 심판하거나 정죄하지 않게 될 것입니다. "만일 그대의 형제가 네게 죄를 짓거든", 즉 그가 그렇게 했다는 말을 그대가 듣게 되거나 그가 그렇게 했다는 생각이 그대에게 들거든, "그에게 가서 그의 잘못에 대해 그 사람과 그대, 단 두 사람만 이야기 하십시오."[29) 이것이 여러분이 취해야 할 첫 번째 단계입니다. "그러나 만일 그가 듣지 않거든, 둘이나 셋을 데리고 가서 두세 증인의 입으로 말마다 확증하게 하십시오."[30) 이것이 두 번째 단계입니다. "만일 그가 그들의 말도 듣지 않거든, 교회에게 말하십시오."[31)

---

25) 행 25:16
26) 표준설교 17.3.6('산상수훈 강해 2')을 보라.
27) 눅 10:37
28) 눅 11:31
29) 마 18:15
30) 마 18:16
31) 마 18:17

다시 말하면, 교회의 지도자들이나 교인 전체에게 말하십시오. 이렇게 하면 그대는 그대가 할 몫을 다한 것입니다. 그 이상에 대해서는 생각하지 마십시오. 그저 모든 것을 하나님께 의탁하십시오.

15. 그대가 하나님의 은혜로 "그대 자신의 눈에서 들보를 빼내어" 이제 "그대의 형제 눈에 있는 티끌이나 들보를 분명하게 보게" 되었다 하더라도 그대가 그 사람을 돕느라 애쓰는 중에 그대 자신을 상하게 하지 않도록 주의하십시오. 하여, "거룩한 것을 개에게 주어서는 안 됩니다." 아무나 쉽게 이런 사람이라고 분류하지 마십시오. 다만 그 사람이 정말로 이런 부류에 해당되는 사람인지 아주 분명하게 드러나거든, 그때 "여러분의 진주를 돼지에게 던져 주지 마십시오." 제대로 아는 지식에 따르지 않은 열정을 조심하십시오. 왜냐하면 제대로 알지도 못하면서 열정만 앞서는 것은 "하늘 아버지께서 온전하신 것처럼 온전해"지려고 하는 사람들의 앞길에 놓인 또 다른 큰 장애물이기 때문입니다. 온전해지기를 갈구하는 사람들은 반드시 모든 인류가 똑같이 이런 축복을 나눠 갖게 되기를 갈구하게 마련입니다. 우리가 먼저 이 하늘의 선물, 즉 "보이지 않는 것들에 대한 거룩한 증거"[32]에 참여하게 되면 우리는 모든 인류가 우리의 눈에 아주 분명하게 보이는 것들을 보지 못하고 있다는 사실에 놀라게 됩니다. 그리고 당연히 우리와 관계가 있는 모든 사람의 눈을 열어 주고 싶어 하게 됩니다. 그래서 우리는 우리가 만나는 사람들을 지체 없이 비판하고, 그들이 원하든 원하지 않든 상관없이 그들의 눈을 억지로 열어 보게 해 주려고 합니다. 이 다듬어지지 않은 열정이 성공하지 못하게 되면 우리는 종종 우리 자신의 영혼에 아픔을 겪습니다. 우리의 힘이 헛되이 소모되지 않도록 우리 주님께서는 이 필요한 경고를 (이 경고는 모든 사람에게 필요하지만 특히 첫사랑으로[33] 이제 뜨거워진 사람들

---

32) 히 11:1
33) 하나님을 처음으로 제대로 만나 뜨거워진 사람이 느끼는 하나님과의 첫사랑을 가리킴.

에게 필요합니다.) 덧붙여 주셨습니다. "거룩한 것을 개에게 주지 말며 너희 진주를 돼지 앞에 던지지 말라. 그렇지 않으면 그들이 그것을 발로 밟고 돌이켜 너희를 찢어 상하게 할 것이다."

16. "거룩한 것을 개에게 주지 말라." 여러분이 더 이상 거부할 수 없을 정도로 충분하고 확실한 증거가 있기까지는 어느 누구도 이런 호칭에 해당되는 사람이라고 생각하지 않도록 주의하십시오. 그러나 만일 그들이 불경건하고 사악한 사람이라는 것이, 하나님과 상관없는 사람일 뿐만 아니라 하나님과 모든 의와 참된 거룩함의 원수라는 것이 명백하고 분명하게 증명되었다면, "거룩한 것을" 그들에게 "주지 마십시오." 거룩한 것, 특히 복음의 교리들은 이런 사람들, 즉 성령이라는 분이 계신지도 모르는 이런 사람들에 의해 더럽혀지면 안 됩니다. 이런 거룩한 것은 "이전 세대에게는 감추어져 있던"[34] 것들인데 이제 오직 예수 그리스도와 그분의 성령의 감동에 의해 우리에게 알려지게 되었습니다.[35] 그리스도의 사절들은[36] 많은 군중 앞에서 복음의 교리들을 선포해야 합니다. 물론 그런 사람들이[37] 그 군중 가운데 좀 섞여 있을 수도 있습니다. 하지만 그렇다고 해서 입을 다물고 있으면 안 됩니다. 우리는 사람들이 듣든 거부하든 상관없이 말해야 합니다. 그러나 각 개인으로서의 그리스도인의 경우에는 그렇지 않습니다. 각 개인으로서의 그리스도인들은 그런 끔찍한 성품을 갖고 있지 않습니다. 그들은 이 위대하고 영광스러운 진리에 대한 뿌리 깊은 적대감을 갖고 그 진리를 대적하고 모독하는 사람들에게 그 진리를 강제로 전해야 하는 어떤 의무도 없습니다. 그렇습니다. 그들은 그렇게 할 필요는 없고, 다만 그들이 감당할 수 있는 만큼 그들을 인도해 주면 됩니다. 그 사람들과 대화할 때 죄의 용서

---

34) 골 1:26
35) 롬 16:25
36) 고후 5:20
37) "개"에 해당되는 사람들을 가리킴.

라든지 성령의 선물에 대한 것으로 그 대화를 시작하지 마십시오. 그저 그들의 방식으로, 그들의 원칙들에 대해서 그들과 이야기를 나누십시오. 이성적이고 체면을 따지고 정의롭지 못한 쾌락주의자들과는 "의와 절제, 그리고 다가올 심판"[38]에 대하여 대화를 나누십시오. 이것이 벨릭스 총독을 떨게 만든 가장 적절한 방법이었습니다. 더 높은 주제는 더 높은 것을 얻을 수 있는 자들을 위해서 남겨두십시오.

17. "너희 진주를 돼지에게 던지지 말라." 아무에게나 대해서 이 판단을 함부로 내리지 마십시오.[39] 그러나 만약에 그러한 것이 분명하고 부정할 수 없을 정도의 사실이라면, 더 이상 논란의 여지가 없는 확실한 것이라면, 만일 그 돼지가 자기를 위장하여 감추려 하기보다는 자기의 부끄러운 것을 자랑스럽게 여기고 자기의 마음이나 삶을 성결하게 하려는 흉내조차 내지 않고, 도리어 탐욕으로 온갖 더러운 짓을 하거든, 그때에는 그대의 진주를 그들 앞에 "던지지" 마십시오. 그들과 더불어 그 나라의 비밀에[40] 대하여 이야기를 나누지 마십시오. 그들과 더불어 눈에 보이지 않는 것이나 귀에 들리지 않는 것에 대하여 이야기를 나누지 마십시오. 그렇게 해 봤자 그들에게는 지식이 들어갈 구멍이 없고 영적 감각도 없기 때문에 그 비밀이 그들의 마음속에 들어가 자리를 잡을 수 없습니다.[41] 그들에게는 하나님께서 사랑하시는 아들을 통하여 우리에게 주신 "아주 위대하고 귀중한 약속들"[42]에 대하여 말하지 마십시오. 그들은 이 세상에서 탐욕으로 더럽혀진 타락을 벗어버릴 생각조차 하고 있지 않은데, 거룩한 성품을 나누는 자가[43] 된다는 것에 대하여 그들이 무슨 생각을 할 수 있겠습니까? 돼지가 진주에

---

38) 행 24:25
39) 표준설교 19.3.7('산상수훈 강해 4')을 보라.
40) 마 13:11
41) 마 13:13~15
42) 벧후 1:4
43) 벧후 1:4

대해서 알면 얼마나 알고 있으며, 진주에 대해 무슨 맛을 느끼겠습니까? 그 사람들은 돼지가 진주에 대해 느끼는 정도로 하나님의 심오한 것들의 맛을 느낍니다. 이 세상의 진흙탕에, 이 세상의 쾌락과 욕망과 걱정 속에 빠져 있는 이 사람들은 돼지가 진주에 대해 아는 만큼 복음의 비밀에 대하여 알고 있습니다. 오, 이 진주들을 그들 앞에 던지지 마십시오. "그렇지 않으면 그 것들이 자기 발로 그 진주를 짓밟을 것입니다." 그렇게 해야 자기들이 이해할 수 없는 것들을 대놓고 무시하거나 자기들이 알지도 못하는 것에 대해서 악담을 하지 않게 될 것입니다. 아니, 어쩌면 그렇게 한 결과로 생기는 피해가 다만 이것뿐만이 아닐 것입니다. 그 사람들의 성품으로 미루어보건대 그들이 "돌이켜 여러분을 무는 것"이 이상한 일이 아닐 것입니다. 그들이 여러분이 베푼 선에 대하여 악으로 갚는다고[44] 해도, 복을 빌어 주었는데 저주로 답한다 해도, 여러분의 호의를 증오로 되돌려 준다고 해도[45] 전혀 이상한 일이 아닙니다. 이러한 것은 육적인 사람이 하나님과 모든 하나님의 것들에게 대적하는 증오입니다. 만일 여러분이 그들의 영혼을 사망에서 건져내려고 하는, 불구덩이에서 나무토막을 끄집어내는 이 용서할 수 없는 모욕을 그들에게 주었다면,[46] 여러분은 그들에게서 이런 취급을 당연히 받게 될 것입니다.

18. 그렇다고 지금 "돌이켜 여러분을 무는" 사람들에 대해서 완전히 낙담할 필요는 없습니다. 설령 여러분이 주장하고 설득했던 모든 것들이 통하지 않았다 하더라도 여전히 또 다른 치료법이 남아 있습니다. 이것은 다른 방법들이 없을 때 종종 효과가 있습니다. 그것은 바로 기도입니다. 그러므로

---

44) 시 35:12
45) 시 109:5
46) 복음의 진리를 전하는 행동 자체가 남에게 모욕을 주는 행위라는 말이 아니라, 세상에 빠져서 하나님과 대적하고 있는 자들은 그리스도인들이 자기들을 꺼내려고 하는 것을 모욕으로 느낀다는 말이다. 예를 들면, 불자(佛子)에게 그리스도인들이 복음을 믿으라고 전도하면, 혹은 그리스도인들에게 불자들이 부처님을 믿으라고 전도하면 상당히 기분 나빠하며 모욕으로 느끼는 것과 같은 이치다.

여러분이 바라거나 원하는 것이 무엇이든 상관없이, 그것이 다른 사람들을 위한 것이든 혹은 여러분 자신의 영혼을 위하는 것이든 상관없이, "구하십시오. 그리하면 여러분에게 주어질 것입니다. 찾으십시오. 그리하면 여러분은 찾게 될 것입니다. 두드리십시오. 그리하면 여러분에게 열릴 것입니다." 이것을 무시하는 것이 거룩함에 이르는 것을 방해하는 세 번째 커다란 장애물입니다. 여전히 우리는 "구하지 않았기 때문에 거룩함을 갖고 있지 않습니다." 여러분이 구하기만 했더라면 여러분은 오늘까지 얼마나 온유하고 신사적인 사람이 되었겠습니까? 또한 얼마나 마음이 겸손하고 하나님과 사람들에 대한 사랑으로 가득 차 있었겠습니까? 여러분이 끊임없이 기도했더라면 말입니다! 따라서 이제는 적어도 "구하기라도 하십시오. 그리하면 여러분에게 주어질 것입니다." 구하십시오. 그리하면 여러분은 우리 주님께서 오늘 본문 말씀에서 멋지게 표현해 주신 기독교의 모든 것들을 충분히 경험하고 완전하게 실행할 수 있을 것입니다. 그리하면 그분께서 거룩하신 것처럼 여러분도 마음과 여러분의 모든 대화의 방식들이 거룩하게 될 것입니다. 그분께서 명하신 길 가운데서, 성경 말씀을 살펴보는 가운데, 그분의 말씀을 듣는 가운데, 그리고 그 말씀을 묵상하는 가운데, 금식하는 가운데, 주님의 성만찬에 참여하는 가운데, 찾으십시오. 그리하면 여러분은 반드시 찾게 될 것입니다. 여러분은 값진 진주를,[47] 세상을 이기는 믿음을,[48] 세상이 줄 수 없는 평화를,[49] 여러분이 받을 유업의 보증인[50] 사랑을 찾게 될 것입니다. 두드리십시오. 주님의 모든 다른 길 가운데 계속해서 기도하십시오. 지치거나 마음이 약해지지 마십시오. 푯대를 향해 전진하십시오.[51] 이 가르침을 받아들이십시오. 그분께서 여러분을 축복하실 때까지 그분을 붙

---

47) 마 13:46
48) 요일 5:4
49) 요 14:27
50) 엡 1:14
51) 빌 3:14

잡으십시오.[52] 그리하면 자비의 문, 거룩함의 문, 천국의 문이 여러분에게 열릴 것입니다.

19. 우리 주님께서는 하나님의 선하심을 잘 믿으려 하지 않는 우리 마음의 완악함을 불쌍히 여기시고, 이 말씀을 기꺼이 더 확대하여 자신이 말씀하신 것을 반복하고 또한 확증해 주십니다. 그분께서는 "누구든지 구하면 받을 것이다."라고 말씀하셨습니다. 따라서 누구나 복을 받게 됩니다. "찾는 자는", 즉 모든 찾는 사람들은 하나님의 사랑과 형상을 "발견하게 될" 것입니다. 또한 "두드리는 자는", 즉 두드리는 모든 사람에게 의의 문은 열릴 것입니다. 따라서 어느 누구도 마치 자신이 구하고 찾고 두드리는 것이 헛된 일인 것처럼 생각하여 낙심할 필요가 없습니다. 그저 항상 기도하고 찾고 두드리고 약해지지 말아야 한다는 것을 기억하십시오. 그리하면 그 약속은 분명히 보장될 것입니다. 그 약속은 마치 천국의 기둥처럼 굳건하게 서 있습니다. 그렇습니다. 그보다 더 굳건합니다. 하늘과 땅은 없어지더라도 그분의 말씀은 영원할 것이기 때문입니다.[53]

20. 모든 불신을 떨쳐버릴 수 있도록 복되신 우리 주님께서는 다음 구절에서 우리의 마음속에 파고들도록 호소하심으로써 당신께서 앞에서 말씀하셨던 것을 조금 더 설명하십니다. 그분께서는 "너희들 가운데 누가 아들이 있어 빵을 원하면 그에게 돌을 주겠느냐?" 본능적으로 애정이 있는 사람이라면 자기가 사랑하는 사람이 합당하게 부탁하는 것을 거절하겠습니까? "또한 만일 아들이 생선을 원한다면 그에게 독사를 주겠느냐?" 그 사람이 유익한 것 대신에 해로운 것을 주겠습니까? 여러분이 느끼는 것이나 본인이 직접 행동하는 것을 통해서도 여러분은 확신을 가질 수 있을진대,

---

52) 창 32:26
53) 마 24:35; 막 13:31; 눅 21:33

여러분이 구하는 것에 한편으로 어떤 나쁜 결과도 따르지 않을 것이며, 다른 한편으로는 선한 결과, 즉 여러분이 원하는 모든 것이 충분히 공급되는 결과가 수반될 것이라고 확신할 수 있습니다. 왜냐하면 "너희가 악할지라도 좋은 것을 너희 자녀에게 줄 줄 알거든 하물며 하늘에 계신 너희 아버지께서", 즉 순수하고 혼합되지 않은 선의 정수(精髓)이신 분께서 "구하는 자에게 좋은 것으로 주시지 않겠습니까!" 즉, 그분께서 다른 곳에서 말씀하셨던 것처럼 "구하는 자에게 성령을 주시지 않겠습니까?"[54] 그분 안에 모든 선이 있습니다. 그분께는 모든 지혜, 평화, 기쁨, 사랑이 있습니다. 그분 안에 거룩함과 행복의 모든 보화가 있습니다. 하나님께서는 이 모든 것들을 자기를 사랑하는 자들을 위해 준비해 두셨습니다.

21. 여러분의 기도가 하나님께서 중히 여기실 기도가 되게 하려면 그대는 모든 사람을 사랑해야 합니다. 그렇지 않으면 그것이 여러분의 머리에 복을 가져오기는커녕 저주를 불러들일 수도 있습니다. 여러분이 여러분의 이웃에게 자비롭지 못하다면 하나님으로부터 복을 받기를 기대할 수 없습니다. 그러므로 이러한 장애물들을 지체 없이 제거하십시오. 여러분의 사랑이 서로에게, 모든 사람을 향해 있는지 확인해 보십시오. 그들을 사랑하십시오. 말로만 사랑하지 말고 행함과 진실함으로 사랑하십시오.[55] "그러므로 무엇이든지 남에게 대접을 받고자 하는 대로 여러분도 남을 대접하십시오. 이것이 율법이요 선지자입니다."[56]

22. 이것이 왕의 법, 자비와 정의의 황금률입니다. 그래서 심지어 어떤 이교도 황제는 이 말을 자신의 왕궁 문 위에 써넣었습니다. 이 법은 이 세상 모든 사람의 마음 판에 태생적으로 새겨진 법이라고 많은 사람들이 믿습니

---

54) 눅 11:13
55) 요일 3:18
56) 마 7:12

다. 이처럼 어떤 사람이든 이 말이 그의 귀에 들어가자마자 그 말은 그들의 양심과 머리에 명령을 확실히 내려 줍니다. 그래서 어떤 사람이든 이 명령에 어긋나게 행동하면 반드시 그의 마음속에 찔림을 느끼게 되어 있습니다.

23. "이것이 율법과 선지자다." 구약의 하나님께서 인간들에게 나타내 주신 율법에 적힌 그 무엇이든, 하나님께서 태초 이래로 당신의 거룩한 선지자들을 통해 주셨던 그 어떤 가르침이든 상관없이, 이 모든 것들은 이 몇 단어로 이루어진 말씀 안에 다 요약되어 있으며, 이 짧막한 지침 안에 모두 담겨 있습니다. 그리고 이 가르침을 올바로 이해한다면 이 가르침 안에 우리 주님께서 이 땅 위에 이루고자 하셨던 기독교의 모든 것들이 담겨 있다는 것을 우리는 알 수 있습니다.

24. 이 말씀은 긍정적인 의미와 부정적인 의미로 각각 이해할 수 있습니다. 먼저 부정적인 의미로 이 말씀을 이해한다면, 이 말씀은 "다른 사람들이 네게 하지 않았으면 하고 네가 바라는 것이라면, 그것이 무엇이든지 너도 그들에게 행하지 말라."는 의미를 담고 있습니다. 여기에 아주 간단한, 언제든지 즉석에서 쉽게 적용할 수 있는 법칙이 있습니다. 여러분이 이웃과 관련하여 어떤 것을 하든 그 경우가 바로 여러분 자신의 경우가 되도록 하십시오. 입장을 바꿔서 여러분이 지금 바로 그 사람의 자리에 있다고 생각하십시오. 그리고 여러분이 입장을 바꿔 놓았을 때, 여러분이 정죄하려고 했던 그 사람의 어떤 감정이나 생각에 여러분도 빠져들지 않도록, 여러분이 정죄하려고 했었던 그 사람의 어떤 말도 여러분의 입에서 흘러나오지 않도록, 여러분이 정죄하려고 했던 그 어떤 것도 따라 하지 않도록 주의하십시오. 이 말씀을 직접적이고도 긍정적인 의미로 이해한다면, 그 의미는 이렇습니다. "다른 사람이 여러분에게 해 주었으면 하고 합리적으로 바라는 것이 있다면, 그것이 어떤 것이든지 여러분이 그 사람의 입장에 있다고 생각

하여서 여러분의 온 힘을 다해 모든 사람에게 그것을 행하십시오."

25. 이 법칙을 한두 개 정도의 분명한 예를 들어서 적용해 보겠습니다. 우리가 다른 사람들이 우리를 심판하는 것, 아무런 이유도 없이 혹은 경솔하게 우리에 대해 나쁘게 생각하는 것을 원하지 않는다는 것은 그 누가 자신의 도덕적 판단력으로 생각해 보더라도 아주 분명합니다. 우리는 다른 사람들이 우리에 대해 악담을 하는 것도 마찬가지로 허용하지 않습니다. 다른 사람들이 우리들이 실제로 갖고 있는 흠이나 부족한 점들을 떠벌리고 다니는 것도 가만히 두고 볼 수 없습니다. 이것을 여러분 자신에게 적용하십시오. 다른 사람들이 여러분에게 어떤 행동을 할 때에 그것이 마냥 하도록 내버려 둘 수 없는 일들이라면, 여러분도 마찬가지로 그런 일들을 그들에게 하지 마십시오. 그러면 여러분은 여러분의 이웃을 정죄하지 않게 될 것이며, 어느 누구에 대해서도 아무런 이유도 없이 경솔하게 나쁜 생각을 품지 않게 될 것입니다. 또한 그들에 대해서도 나쁘게 말하지 않게 될 것이고, 남들이 실제로 잘못을 행했다 하더라도 그 사람이 없는 자리에서 절대로 말하지 않게 될 것입니다. 여러분이 생각하기에 다른 사람의 영혼에 도움이 되는 데 반드시 필요하다는 확신이 들기 전에는 절대로 그렇게 말하지 않게 될 것입니다.

26. 다시 말합니다. 우리는 다른 사람들이 우리를 사랑해 주고 우리를 존중해 주며, 우리에게 정의와 자비와 진리에 따라서 우리에게 대해 주기를 바랍니다. 우리는 또한 다른 사람들이 자기 자신들에게 해를 입히지 않으면서 우리들에게도 모든 선한 행동을 해 주었으면 하고 무척 바랍니다. 그렇습니다. 우리는 그들이 (정해진 규칙에 따라서) 우리의 편의를 위해서 자기들의 여유분의 물질을 양보해 주기를 바랍니다. 우리는 그 사람들이 자신들의 편의를 위해 쓸 물질을 양보하여 우리가 꼭 필요로 하는 것들을 채워 주

기를 바랍니다. 우리는 그들이 꼭 필요로 하는 물질을 양보하여 우리가 극한 상황에서 벗어날 수 있게 해 주기를 바랍니다.[57] 그렇다면 우리도 똑같은 법칙을 따라갑시다. 다른 사람들이 우리에게 해 주었으면 하고 바라는 대로 우리도 그들에게 해 줍시다. 다른 사람들을 사랑하고 존중해 줍시다. 정의와 자비와 진리가 우리의 생각과 행동을 다스리도록 합시다. 우리 이웃들의 편의를 위해서 우리가 필요하지도 않은 것들(superfluities)을 양보해 줍시다(그런데 필요하지도 않은 사치품들을 누가 갖게 될까요?). 그리고 이웃의 필요(necessities)를 위해서 우리의 편의(conveniences)를 위한 물질을, 이웃의 극한 상황(extremities)을 위해서 우리가 필요한 물질을 양보해 줍시다.

27. 이것이 순전하고 참된 도덕입니다. 이것을 행하십시오. 그러면 그대는 살 것입니다. "이 법칙을 따라 걸으면 걸을수록 평화와 자비가 여러분에게 임할 것입니다."[58] 왜냐하면 그들은 "하나님의 이스라엘"이기 때문입니다.[59] 그러나 만일 누구든지 먼저 하나님을 사랑하지 않으면 어느 누구도 이 법칙을 준수하거나 따라 걸을 수도 없고(태초부터 그랬습니다.), 자기 이웃을 자기 자신처럼 사랑할 수 없습니다. 어느 누구도 먼저 그리스도를 믿지 않는다면 하나님을 사랑할 수 없습니다. 어느 누구도 그분의 피로써 구속함을 받지 못한다면, 하나님의 영께서 이 사람이 하나님의 자녀라는 사실을 이 사람 자신의 영과 더불어서 증거해 주지 않으신다면, 하나님을 사랑할 수 없습니다.[60] 그러므로 믿음은 이 모든 것의 뿌리, 미래뿐만 아니라 현재적 구원의 뿌리입니다. 우리는 모든 죄인들에게 "주 예수를 믿으십시오. 그리하면

---

57) 여기에서 웨슬리는 물질을 용도별로, 정도에 따라 단계적으로 분류를 하고 있음을 알 수 있다. 즉, 굳이 필요하지도 않은 사치품(superfluities), 이보다 더한 단계로서 편의를 위한 여분의 물질(convenience), 이보다 더 절박한 것으로서 생활에 꼭 필요한 물질(necessities), 그리고 이보다 더 절박한 것으로서 없으면 생명의 위협을 당장 받을 수 있는 극한 상황에서 필요한 물질(extremities)이다. 각각은 그다음 단계보다 우선순위에서 밀려난다.

58) 갈 6:16

59) 갈 6:16

60) 표준설교 10('성령의 증거, 강론 1', The Witness of the Spirit, Discourse 1)을 보라.

여러분은 구원받을 것입니다."[61]라고 말해야만 합니다. 그대는 지금 구원받을 것이고, 이로써 영원한 구원을 받게 될 것입니다. 지금 이 땅에서 구원받을 것이고, 이로써 하늘에서 구원받게 될 것입니다. 그분을 믿으십시오. 그리하면 그대의 믿음이 사랑으로 역사할 것입니다.[62] 하나님께서 그대를 사랑하셨기 때문에 그대는 그대의 주 하나님을 사랑할 것입니다. 그대는 자기 자신처럼 그대의 이웃을 사랑하게 될 것입니다. 그리할 때에 이 사랑을 행하고 더해가는 것이 그대의 영광이요 기쁨이 될 것입니다. 사랑을 행하고 더한다는 것은 그것에 반대되는 것을 안 하는 것, 즉 모든 불친절한 생각이나 말이나 행동을 하지 않는 것 그 이상으로, 더 나아가서 남들이 나에게 보여 주었으면 하고 바라는 그 친절함을 그대가 도리어 모든 사람에게 보여 주는 것으로써 이룰 수 있습니다.

---

61) 행 16:31
62) 표준설교 20.3.9('산상수훈 강해 5')를 보라.

웨슬리와 함께 공부하는 산상수훈

1 이 설교 본문은 어디이며, 그 내용은 무엇에 대한 말씀입니까?

2 웨슬리는 산상수훈 강해를 통해 기독교 신앙의 기초와 하나님 앞에서 의도의 순수성을 갖고 행동할 것에 대해 말했습니다. 오늘 설교 말씀을 통해서 무엇을 말하고 있습니까? (25.3)

3 우리가 거룩한 길을 걸을 때 마주치는 첫 장애물은 무엇입니까? (25.4)

4 남을 정죄하는 행동은 누가 하며, 예수님께서 주신 이 경고의 말씀은 주로 누구에게 해당되는 경고라고 웨슬리는 보고 있습니까? (25.5~6)

5 "정죄한다"라는 말의 의미는 구체적으로 어떤 행동을 가리킵니까? (25.8)

6 그렇다면 다른 사람의 잘못을 지적하는 것은 남을 정죄하는 행동입니까? (25.9) 산상수훈 강해 2번(17.3.14~16)을 다시 읽어 보십시오. 이것에 대해 웨슬리는 어떻게 해야 한다고 말합니까?

7 웨슬리는 우리가 저지르기 쉬운 정죄하는 모습에 대해 몇 가지 유형을 제시합니다. 무엇입니까? (25.9~14)

1) (25.9)
2) (25.10~11)
3) (25.12~14)

8 웨슬리는 "거룩한 것을 개에게 주지 말고 돼지에게 진주를 던져주지 말라."는 말씀을 어떠한 의미로 해석합니까? (25.15)

9 웨슬리는 "거룩한 것"을 무엇이라고 설명합니까? (25.16)

10 위의 9번과 같이 "거룩한 것"을 해석했다면 우리는 전도를 할 필요가 없는 것입니까? (25.16) 산상수훈 강해 4번(19.3.7)을 다시 읽어 보고 이 문제를 좀 더 깊이 생각해 보십시오.

11 "구하라, 찾으라, 두드리라."는 말씀을 웨슬리는 어떤 의미로 해석합니까? (25.18~19). 12번 설교 '은혜의 수단'의 기도에 대한 부분(12.3.1~3)을 다시 읽어 보십시오. 또한 산상수훈 강해 6번(21.2.5)을 비교해서 읽어 보십시오.

12 웨슬리는 기도할 때 아주 중요한 내적 자세로 무엇을 꼽습니까? (25.21)

우리 주님의
산상수훈에 대하여

▶ 강해 11

요약과 해설

산상수훈 강해 11번은 산상수훈 강해 13번과 표준설교 29번('율법의 기원과 본성'), 31번('믿음으로 세워진 율법'), 32번('광신의 본질'), 33번('편협한 신앙에 대한 경고'), 37번('사탄의 계책')과 함께 1749년 11월 1일부터 7일 주간에 나온 것이다. 비교적 짧은 이 강해에서 웨슬리는 작은 문, 좁은 길로 갈 것 권고하면서 생명으로 인도하는 길과 멸망으로 이끄는 길의 특성과 사람들이 그런 길로 가는 이유를 설명한다.

웨슬리는 먼저 멸망으로 인도하는 길과 그 문이 넓다는 특징을 갖고 있다는 점을 말한다. 그 길이 넓은 이유는 하나님의 명령 그 어느 하나만 어겨도 지옥으로 인도되기 때문에 웬만해서는 다 그 길에 빠지게 되고, 이러한 의미에서 길이 넓다는 것으로 설명한다.

두 번째로 웨슬리는 왜 많은 사람들이 그 넓은 길로 가는지에 대한 이유를 설명한다. 첫째로, 많은 사람들이 그 길로 가기 때문이라는 점이다. 생명 길로 가는 자는 적고 멸망 길로 가는 자는 많기 때문에 많은 사람들이 그 대세에 휩쓸려서 무작정 넓은 길로 가기 쉽다는 것이다. 둘째로, 넓은 길로 가는 사람들이 세상적으로는 학식과 교양 등에 있어서 뛰어나기 때문에 많은 사람들이 그들의 겉모양만 보고 옳겠거니 하고 그들이 가는 길로 따라나선다는 것이다. 셋째로, 넓은 길로 가는 사람들은 힘을 갖고 있기 때문에 그들에게 감히 맞서서 싸울 수 없고 그들의 위세에 눌려서 겁을 먹고 따라나서기 때문에 많은 사람들이 넓은 길로 가게 된다고 웨슬리는 말한다. 넷째로, 넓은 길로 가는 사람들은 부와 권력을 갖고 있어서 많은 사람들이 이들처럼 되기를 꿈꾸면서 그들의 뒤를 따라 나서기 때문이라고 웨슬리는 말한다.

이러한 유혹을 물리치기 위해서 그리스도인은 단순한 마음을 가져야 한다고 말한다. 즉, 모든 시선을 하나님을 향해 고정시키고 다른 사람이 뭐라고 하든 상관없이, 다른 사람들이 모두 넓은 길로 갈지라도 대세에 휩쓸리지 말고 좁은 길로 가야 한다고 말한다. 좁은 길로 갈 때에 외로운 여정이 될 수 있다는 각오를 하고 꿋꿋하게 나아가야 한다고 말한다.

우리 주님의 산상수훈에 대하여

▶ 강해 11

좁은 문으로 들어가라 멸망으로 인도하는 문은 크고 그 길이 넓어 그리로 들어가는 자가 많고, 생명으로 인도하는 문은 좁고 길이 협착하여 찾는 자가 적음이라. 마 7:13~14

1. 우리 주님께서는 우리가 처음 참된 기독교로 들어갔을 때 우리를 흔히 괴롭히는 여러 가지 위험들에 대하여 경고하신 후에, 즉 우리 자신의 마음의 악에서 비롯되는, 마음속에서 자연스럽게 일어나는 장애물들에 대해 경고하신 후에, 이제 바깥에서 비롯하는 장애물들에 대하여, 특히 나쁜 사례와 나쁜 충고와 같은 장애물들에 대하여 계속해서 경고하십니다. 바로 이런 장애물 하나 또는 몇 가지 때문에 한때 잘 나아가던 수많은 사람들이 물러나서 타락하게 되었습니다. 그렇습니다. 이런 사람들 가운데 대부분이 그저 초심자가 아니었습니다. 도리어 그들은 의에 관하여 상당한 진보를 이루었던 사람들이었습니다. 그러므로 그분께서는 행여 우리가 그 경고의 말씀을 놓치지 않도록 여러 가지 표현을 통해 반복해서 우리에게 이러한 장애물들에 대한 경고의 말씀을 우리에게 최선을 다해 주셨습니다. 그래서 나쁜 사례들에 대하여 효과적으로 우리에게 경계하시기 위해서 그분께서는 "좁

은 문으로 들어가라. 멸망으로 인도하는 그 문은 크고 그 길은 넓어서 많은 사람들이 그리로 들어간다."라고 말씀하셨습니다. 우리가 나쁜 충고에 넘어가지 않도록 해 주시기 위해서 그분께서는 "거짓 선지자를 조심하라."고 말씀하셨습니다.[1] 우선 여기에서 우리는 나쁜 사례들에 대해서만 생각해보도록 하겠습니다.

2. 우리의 복되신 주님께서는 "좁은 문으로 들어가라. 멸망으로 인도하는 그 문은 크고 그 길은 넓어서 많은 사람들이 그리로 들어간다. 생명으로 인도하는 문은 좁고 길이 협착하여 찾는 자가 적다."고 말씀하십니다.

3. 첫 번째로, 이 말씀에서 우리는 지옥으로 이끄는 문이 갖고 있는 본질적인 속성을 살펴볼 수 있습니다. "좁은 문으로 들어가라. 멸망으로 인도하는 그 문은 크고 그 길은 넓어서 많은 사람들이 그리로 들어간다." 두 번째로, 우리는 천국으로 인도하는 문이 갖고 있는 본질적인 속성을 살펴볼 수 있습니다. "생명으로 인도하는 문은 좁고 길이 협착하여 찾는 자가 적다." 세 번째로, 이것을 바탕으로 진지한 충고가 나옵니다. "좁은 문으로 들어가라."

I

1. 첫 번째로, 지옥으로 인도하는 길의 본성에 대해 살펴볼 수 있습니다. "그 문은 크고 그 길은 넓어서 많은 사람들이 그리로 들어갑니다."

2. 멸망으로 인도하는 그 문은 정말 크고 그 길은 정말 넓습니다! 죄는 지옥의 문이며, 사악함은 파멸로 이끄는 길입니다! 죄의 문은 얼마나 큰지요! 사악함의 길은 얼마나 넓은지요! 하나님의 "계명은 정말로 넓습니다." 그래

---

1) 마 7:15

서 우리의 모든 행동뿐만 아니라 우리의 입에서 나오는 모든 말, 우리의 마음에서 솟아나오는 모든 생각들, 이 모든 것들에까지 그 길이 뻗어 있습니다. 계명을 어기는 것은 모두 죄라는 사실로 미루어보건대, 죄의 길 또한 그 계명의 길만큼 넓습니다. 그렇습니다. 그것은 몇천 배 더 넓습니다. 왜냐하면 계명을 지키는 것은 오직 한 길밖에 없기 때문입니다. 만약에 우리가 그 계명대로 하지 않는다면, 또한 올바른 방식으로, 올바른 상황에서 그 계명을 지키지 않는다면 그 계명을 올바로 지킨 것이 아닙니다. 하지만 계명을 어기는 것은 수천 가지의 방법이 있고, 그래서 그 문은 참으로 넓다고 하는 것입니다.

3. 이 문제를 좀 더 자세히 살펴봅시다. 이 어미 노릇 하는 죄는 넓게 뻗어나가서 거기에서 많은 새끼들을 칩니다. 여기에서 생겨난 새끼들은 하나님을 미워하는 육적인 생각, 마음의 교만, 자기 의지, 세상에 대한 사랑 등 온갖 것들입니다. 이것이 뻗어나가지 못하도록 묶어둘 수 있습니까? 이것들은 우리의 모든 생각으로 퍼져 나가서 우리의 모든 성품들과 뒤섞입니다! 이것들이 바로 우리의 모든 감정들을 발효시키는 누룩이 아닙니까? 우리가 우리 자신을 세심하고도 꼼꼼하게 살펴보았을 때, 이 쓴 뿌리들이 끊임없이 솟아 나와서 우리의 모든 말을 감염시키고 우리의 모든 행동을 더럽히는 것을 볼 수 있지 않습니까? 그것들이 모든 세대와 민족 가운데서 얼마나 셀 수 없이 많은 새끼들을 치고 있는지요! 온 지구를 어둠으로 뒤덮어서 끔찍한 곳으로 충분히 덮을 정도입니다.

4. 오, 누가 저주받은 그 열매들을 셀 수 있습니까? 하나님을 거스르는 것이든 우리 이웃에 대한 것이든, 이 모든 죄악들을 셀 수 있다는 말입니까? 이런 죄악들은 굳이 상상력을 동원할 필요도 없이, 그저 우리들이 매일 우울하게 경험하는 것들입니다. 이런 죄악을 찾아보기 위해서 우리가 온

지구를 찾아 헤매고 다닐 필요도 없습니다. 그저 아무 나라, 어느 한 지역이나 도시, 혹은 마을만 살펴보아도 됩니다. 또한 얼마나 많이 볼 수 있는지요! 굳이 이슬람교나 다른 이교도의 어둠이 드리운 곳이 아니라 하더라도, 그리스도의 이름으로 불리는, 그분의 영광스러운 복음의 빛을 본다고 공공연히 말하는 곳에서도 쉽게 이런 죄악들을 찾아볼 수 있습니다. 우리가 사는 이 나라, 우리가 지금 있는 도시를 벗어나서 멀리 갈 필요도 없습니다. 우리는 자신들을 가리켜서 그리스도인이라고 부릅니다. 그렇습니다. 가장 순전한 그리스도인이라고 하지요. 우리는 개신교도, 개혁주의 그리스도인들입니다! 하지만, 아! 누가 우리의 개혁된 생각들을 우리의 마음과 삶 속까지 날라다 줄까요? 그렇게 할 사람이 하나도 없습니까? 우리의 죄악은 얼마나 헤아릴 수 없을 정도로 많습니까? 또한 얼마나 깊이 물들어 있습니까? 온갖 종류의 아주 역겨운 것들이 우리 가운데 매일 넘쳐나고 있지 않습니까? 온갖 종류의 죄악들이 물이 바다를 덮듯이 이 땅을 덮고 있지 않습니까? 누가 그것을 셀 수 있을까요? 차라리 나가서 빗방울을 세든지 바닷가의 모래를 세라고 하십시오. 그토록 "멸망으로 인도하는 그 문은 크고 그 길은 넓습니다."

5. 그 문으로 "들어가는 사람이 많다." 그 길로 걸어가는 많은 사람들, 무덤으로 내려가서 사망의 문으로 들어가는 사람 숫자만큼 많은 사람들이 그 길로 갑니다. 소위 기독교 국가라고 하는 이곳에서조차 일반적으로 모든 연령대의 남녀가, 일반적으로 모든 종류의 직업에 있어서, 일반적으로 모든 지위와 계층의 사람들이, 높은 사람이든 낮은 사람이든, 부자든 가난한 사람이든, 거의 모든 사람이 이 멸망의 길로 걸어가고 있다는 사실을 부인할 수(이런 생각을 하면 마음의 수치와 슬픔을 느끼지 않을 수 없습니다.) 없습니다. 이 도시에 사는 상당히 많은 사람들이 오늘날에도 죄 가운데 살고 있습니다. 그들은 명백하게 율법을 어기고 있으며, 습관적으로, 잘 알려진 범법행

위를 드러내 놓고 하고 있습니다. 그렇습니다. 그들은 겉으로 보이는 범죄행위, 불경건하거나 의롭지 못한 겉으로 보이는 종류의 죄악을 저지르고 있습니다. 그들은 하나님과 사람에 대하여 자기들이 마땅히 해야 할 바를 대놓고 하지 않습니다. 어느 누구도 부인할 수 없듯이 이 모든 것들은 다 멸망으로 인도하는 길 가운데 있는 것들입니다. 또한 살았다고 하는 이름은 가졌으나 하나님에 대하여 아직 살아 있지 않은 사람들도 있습니다.[2] 이들은 사람들이 겉으로 보기에는 깨끗해 보이지만 안에는 모든 더러움으로 가득 차 있습니다.[3] 그들에게는 교만이나 허영이 가득하고 분노와 복수, 야망과 탐욕이 가득 차 있습니다. 그들은 이 세상을 사랑하는 사람들이고 하나님을 사랑하는 자가 아니라 쾌락을 사랑하는 자들입니다. 이들은 사람들에게는 존경받을지 모르지만 주님께는 구역질 나는 사람들입니다. 이 세속의 성도들이 지옥의 자녀들의 숫자를 얼마나 많이 부풀려 놓겠습니까! 그렇습니다. 다른 측면에서 볼 때 이들이 어떤 경건의 모양은 다소 갖고 있을지 모르지만, 이들은 "하나님의 의를 알지도 못하고 도리어 자기 자신의 의를 세우려고 하는"[4] 사람들입니다. 이들은 자신들의 의를 통해서 하나님과 화해를 이룰 수 있고 그분께서 받으실 만한 사람이 된다고 생각합니다. 그렇기 때문에 이들은 믿음으로써 "자기 자신을 하나님의 의에 복종시키지"[5] 않았습니다. 이제 이 모든 것들이 하나로 합쳐져서 우리 주님께서 하신 말씀, 즉 "멸망으로 인도하는 그 문은 크고 그 길은 넓어서 많은 사람이 그리로 들어간다."라는 말씀이 얼마나 진리의 말씀인지 잘 보여 줍니다.

6. 이러한 것은 가난하고 낮고 어리석고 상스러운 무리들에게만 해당되는 것이 아닙니다. 세상에서 잘났다고 하는 사람들, 농토도 많고 가축도 많

---

2) 계 3:1
3) 마 23:27
4) 롬 10:3
5) 롬 10:3

은 이런 사람들도 이런 부류에 자기가 속하지 않았으면 하고 바라지 않습니다. 도리어 반대로 "많은 지혜로운 자들이 육신을 좇아가고", 즉 인간적인 심판의 방식을 따라가며, 권력, 용기, 재산을 많이 보유한 "많은 세도가들", "소위 고귀한 사람들"이라고 하는 많은 사람들이 여기에 해당합니다.[6] 이들은 세상과 육체와 악마를 따라서 넓은 길로 부름을 받아 들어갔습니다. 그들은 이 부름을 거부하지 않았습니다. 그렇습니다. 자기가 가진 재산과 권력이 더 커갈수록 그들은 이 사악함으로 더 깊이 빠져들어 갔습니다. 하나님으로부터 더 많은 축복을 받을수록 그들은 더 많은 죄를 저질렀습니다. 이들은 자기들의 명예와 부, 지식과 지혜를 자기들의 구원을 이루는 수단으로 사용하지 않고 악을 더 많이 짓는 데 사용하여 자기들의 파멸을 더욱 확실하게 했습니다.

II

1. 많은 사람들이 넓은 길로 그렇게 확신하고 들어가는 이유는 바로 그 길이 넓기 때문입니다. 그들은 이것이 멸망으로 인도하는 길이 가진 본성이라는 사실을 생각하지 못합니다. 우리 주님께서는 "그리로 들어가는 자가 많다."라고 말씀하셨습니다. 길이 넓은데, 왜 그들이 그 길에서 벗어나겠습니까? 더구나 "생명으로 인도하는 문은 좁고 길이 협착하여 찾는 자가 적은데", 왜 넓은 길을 두고 그런 곳으로 가겠습니까?

2. 이것이 바로 천국으로 인도하는 길의 본성입니다. 생명으로, 영원한 생명으로 인도하는 길은 좁습니다. 그리고 그 문은 아주 협착합니다. 그래서 부정한 것, 거룩하지 못한 것들은 그리로 들어갈 수 없습니다.[7] 죄인은 모

---

6) 고전 1:26
7) 계 21:27; 사 35:8

든 죄에서 자신이 깨끗해지기 전에는 결코 그 문을 통과해서 들어갈 수 없습니다. 단지 외적인 죄에서만 깨끗해질 것이 아니라 "자기 조상들이 물려준 악한 행실에서"[8] 깨끗해져야 합니다. 그저 "악을 그치고 선을 행하는 법을 배우는"[9] 것으로 충분하지 않습니다. 그 문으로 통과해서 들어가려면 단지 모든 악한 행동에서 구원받는 것으로, 모든 악하고 쓸데없는 이야기를 그치는 것으로 충분하지 않습니다.[10] 더 나아가서 그 마음을 완전히 새롭게 함으로써 내적인 변화를 받아야 합니다.[11] 그렇지 않으면 이 사람은 절대로 그 생명의 문을 지나서 영광으로 들어갈 수 없습니다.

3. "생명으로 인도하는 길은 좁다." 이 길은 우주적인 거룩함의 길을 뜻합니다. 심령이 가난해지는 길은 정말로 좁습니다.[12] 거룩한 애통함의 길은 좁습니다.[13] 온유함의 길은 좁습니다.[14] 의를 위하여 주리고 목이 마르는 길은 좁습니다.[15] 자비로워지는 길은 좁습니다.[16] 진실한 사랑의 길은 좁습니다.[17] 마음이 성결한 길은 좁습니다.[18] 모든 사람에게 선을 행하는 그 길은 좁습니다. 의를 위하여 기꺼이 악을, 모든 모양의 악을 견디는 길은 좁습니다.[19]

4. "그것을 찾는 자가 적다." 아! 이교도의 정직함의 길조차 찾는 자가 얼마나 적은지요! 다른 사람들이 자기에게 하지 않았으면 하고 바라는 것을

---

8) 벧전 1:18
9) 사 1:16~17
10) 딛 3:9
11) 롬 12:2
12) 표준설교 16('산상수훈 강해 1')을 보라.
13) 표준설교 16('산상수훈 강해 1')을 보라.
14) 표준설교 17('산상수훈 강해 2')을 보라.
15) 표준설교 17('산상수훈 강해 2')을 보라.
16) 표준설교 17('산상수훈 강해 2')을 보라.
17) 표준설교 17('산상수훈 강해 2')을 보라.
18) 표준설교 18('산상수훈 강해 3')을 보라.
19) 표준설교 18('산상수훈 강해 3')을 보라.

남에게 하지 않는 사람은 얼마나 적은지요![20] 하나님 앞에서 불의나 불친절한 행동을 하지 않는 사람은 얼마나 적은지요! "자기의 혀로 죄를 범하지" 않는 사람은 얼마나 적은지요![21] 즉, 불친절한 말이나 진실하지 않은 것을 말하지 않는 사람은 얼마나 적은지요![22] 외적으로 드러나는 범죄만이라도 저지르지 않는 사람은 얼마나 적은지요! 그렇다면 하물며 하나님 앞에서 올바른 마음을 갖고 있는 사람, 그분께서 보시기에 깨끗하고 거룩한 사람은 얼마나 더 적겠습니까! 모든 것을 감찰하시는 그분의[23] 눈에 진실로 겸손한 사람이라고 구별될 사람은 어디에 있습니까? 그분께서 보시기에 정말로 자신의 악한 모습을 혐오하면서 먼지와 재를 뒤집어쓰고 자기의 구세주가 되신 하나님 앞에 있을 사람은 어디에 있습니까? 그분께서 보시기에 진심으로 꾸준하게 진지한 태도로써 자신의 부족함을 느끼고 "이 세상에서 나그네로 있을 때에 두려움으로 지내는" 사람은 어디에 있습니까?[24] 진정으로 온유하고 신사적이며,[25] 결코 "악에게 지지 않고 선으로 악을 이기는"[26] 사람은 어디에 있습니까? 항상 하나님을 간절히 목말라하고[27] 끊임없이 그분을 본받아 새로워지는 사람은 어디에 있습니까? 그 영혼이 모든 사람을 사랑하는 마음으로 커져 있는 사람이 이 지구 곳곳에 얼마나 조금밖에 없는지요! 자기의 온 힘을 다해 하나님을 사랑하는 사람, 그분께 자기 마음을 드린 사람, 이 땅이나 천국에서 그밖에 다른 어떤 것도 구하지 않는 사람은 얼마나 적은지요! 하나님과 이웃을 사랑하는 사람, 자기의 온 힘을 다해서 모든 사람에게 선을 행하는 사람은 얼마나 적은지요! 한 영혼을 영원한 죽

---

20) 표준설교 25.21~26('산상수훈 강해 10')을 보라.
21) 시 39:1
22) Cf. 잠 8:7
23) 잠 21:2
24) 벧전 1:17
25) '신사적'(gentle, gentleness)이라는 용어의 의미에 대하여는 표준설교 17.1.4~6과 그 부분에 덧붙인 이 용어에 대한 각주 설명을 보라. 이것은 단순히 '점잖은 태도'를 의미하지 않는다.
26) 롬 12:21
27) 표준설교 17.2.1~4('산상수훈 강해 2')를 보라.

음에서 건져 내기 위해서 모든 고난을 기꺼이 견뎌 내려고 하는 사람, 심지어는 죽음조차도 기꺼이 받아들이려 하는 사람은 얼마나 적은지요!

5. 생명의 길에 있는 사람들은 찾아보기 힘들고, 도리어 너무 많은 사람들이 멸망의 길에 있는데, 그렇기 때문에 우리에게 더 큰 위험이 있습니다. 만일 우리가 이 위험한 본보기들에 주의하지 않으면 급류에 휩쓸려가듯이 이러한 것들과 함께 한꺼번에 휩쓸려 갈 수 있기 때문입니다. 이러한 위험한 본보기들 가운데 그저 단 하나에 불과한 것이라 하더라도 우리가 그것에 항상 노출된다면 우리는 그것에 더 많은 영향을 받게 됩니다. 특히 그것이 어떤 악한 본성이 있어서, 우리 자신들의 취향과 맞아떨어질 때 더욱 그러합니다. 하물며 그렇게 많은 본보기들이 우리 눈앞에서 계속 펼쳐진다면 그 영향력이 얼마나 크겠습니까! 이것들이 모두 우리의 취향과 맞아떨어졌을 때 얼마나 강하게 우리를 악한 본성의 흐름 속으로 빠져들게 하겠습니까! 이 큰 흐름을 막고 우리 자신을 "이 세상에 물들지 않게"[28] 지켜 낸다는 것이 얼마나 어려운지요!

6. 우리가 이런 악한 영향력에 대항하는 것이 더 어려운 이유는 악한 본보기가 되는 사람들이 적어도 무례하거나 아무런 생각 없이 사는 사람들이 아니라는 것 때문입니다. 우리에게 본보기를 보여 주면서 타락의 길에 잔뜩 모여 있는 사람들은 도리어 예의 바르고 가정교육도 잘 받은 사람들, 신사적이고, 똑똑하고, 세상 물정을 잘 알고, 지식도 많고, 다양한 것을 깊이 잘 아는 학식 있는 사람들, 이성적이고 말도 잘하는 사람들입니다!

이런 사람들은 모두, 거의 모두가 우리를 대적합니다. 이런 대단한 사람들이 대적하는데 어떻게 우리가 견뎌 낼 수 있겠습니까? 그들의 혀에서는 달콤한 만나가 뚝뚝 떨어지지 않습니까? 그들은 부드럽게 설득하는 기술을

---

28) 약 1:27

배운 사람들이 아닙니까? 게다가 논리적이기도 하지 않습니까? 이 사람들은 논쟁이나 토론에 아주 능숙한 사람들입니다. 따라서 이 사람들에게 있어서는 자기들이 가는 길이 옳은 길이라는 것을 증명하는 것은 식은 죽 먹기입니다. 왜냐하면 그 길은 넓은 길이니까요. 이 사람들은 대다수의 사람들을 따르면 악한 일을 하지 않게 된다고, 도리어 대다수 사람들을 따르지 않으면 옳지 못한 일을 하게 된다는 것을 능숙하게 증명합니다. 이 사람들은 여러분이 가는 길은 좁기 때문에, 그래서 그 길을 찾는 사람이 아주 적기 때문에, 그 길은 잘못된 것이라는 것을 쉽게 증명합니다. 그들은 악한 것을 갖고 선한 것이라고, 선한 것을 갖고 악한 것이라고 아주 깔끔하게 잘 설명할 것입니다. 그들은 거룩함에 이르는 길을 갖고 멸망으로 이끄는 길이라고, 세상적인 길이야말로 하늘로 인도하는 유일한 길이라고 아주 잘 설명해 줄 것입니다.

7. 아, 잘 배우지도 못하고 무식한 사람들이 어떻게 이렇게 대단한 반대자들의 논리에 버텨낼 수 있겠습니까! 그러나 비록 이들에게는 벅차겠지만 그럼에도 불구하고 이들이 싸워내야만 하는 것들이 여전히 더 있습니다. 멸망으로 인도하는 길에는 똑똑한 사람들뿐만 아니라 권력이 있고 사회적 지위가 높으며 능력 있는 사람들이 있습니다. 이 사람들은 논리나 논쟁보다 더 간편하게 논박하는 방법을 갖고 있습니다. 이 사람들은 이 방법을 자기들에 반대하는 사람들의 이해력에 적용하는 것이 아니라 그들의 공포심에 적용합니다. 설령 그들이 논쟁을 해서 설득하지 못했다 하더라도 이 방법을 쓰면 거의 실패하지 않습니다. 이 방법은 모든 인간이 가진 능력의 가장 밑바닥 수준에서 접근하는 방법인데, 모든 사람은 논리적 사고 능력이 있든 없든 상관없이 기본적으로 공포심이라는 것을 갖고 있기 때문입니다. 그래서 하나님에 대한 굳은 신뢰를 갖고 있지 않다면, 그분의 능력이나 사랑을 확실히 의지하지 않는다면, 그 사람은 세상의 권력을 손에 쥐고 있

는 사람에게 싫다고 감히 맞설 수 없습니다. 그러므로 이러한 본보기들이 하나님을 알지 못하는 사람들이 따르는 법이라는 점은 전혀 놀랄 만한 것이 아닙니다.

8. 많은 재물들도 마찬가지로 이 넓은 길에 있는 것입니다. 재물이라는 것은 사람들의 희망사항, 그들의 어리석은 욕심을[29] 이용합니다. 그리고 그 효과는 권력을 쥐고 높은 지위에 있는 사람들이 그들의 공포심을 이용하는 것만큼이나 강하고 효과적입니다. 따라서 만일 여러분이 아래 것에 대하여 죽지 않는다면,[30] 이 세상에 대하여 십자가에 죽지 않는다면, 그리고 세상은 여러분에 대해 십자가에 죽은 것이 되지 않는다면,[31] 여러분이 다른 어떤 것도 찾지 않고 오로지 하나님만을 찾는 일을 하지 않는다면, 여러분은 그 나라에 가는 길에 제대로 머물러 있을 수 없습니다.

9. 그러나 그 반대의 길을 바라보면 얼마나 그것이 어둡고 불편하며 소름 끼치는 일입니까! 협착한 문! 좁은 길! 게다가 그 문을 찾는 사람은 거의 없습니다! 그 길로 걸어가는 사람도 거의 없습니다! 뿐만 아니라 얼마 안 되는 그 사람들이 똑똑하거나 학식이 있거나 언변에 유창한 사람들도 아닙니다. 그들은 강력하고 분명하게 논리적 사고를 펼 수 있는 사람들도 아닙니다. 그들은 유리하게 논쟁을 펼쳐 가지도 못합니다. 그들은 자기들이 믿는다고 공언하는 것에 대하여 어떻게 증명해야 하는지도 모릅니다. 이들은 자기들이 체험한 것을 설명하는 것조차 할 줄 모릅니다. 이들처럼 자기의 믿는 바를 말하는 사람들에 대해 사람들은 수긍해 주지 않으며 도리어 이들이 주장하는 것에 대해 사람들은 불신만 갖습니다.

---

29) 딤전 6:9
30) 골 3:2
31) 갈 6:14

10. 뿐만 아니라 이 사람들은 사회적으로 높은 위치에 있지도 않고 존경받는 위치에 있지도 않은 사람들입니다. 만약에 이 사람들이 그런 위치에 있었더라면 설령 이들이 어리석은 말을 하더라도 여러분은 잘 받아들였을 것입니다. 그들은 이 세상에서 어떤 권한이나 권위, 혹은 중요한 사람들도 아닙니다. 그들은 뒤떨어져 있고, 비천하고, 생활수준도 낮은 사람들입니다. 그들은 마음만 먹으면 여러분을 해칠 수도 있는 그런 권력도 갖고 있지 않은 사람들입니다. 따라서 그들은 두려워할 만한 대상이 아닙니다. 또한 그들은 뭔가 얻어낼 것은 없을까 하고 은근히 기대해볼 만한 사람들도 아닙니다. 그들 중 대부분은 "은과 금은 내게 없습니다."[32]라고 말할 사람들입니다. 아주 평범한 것조차 나눠 가질 것이 없는 사람들입니다. 아니오, 도리어 그들 중에서 어떤 사람들은 도리어 먹을 것도, 입을 옷조차 거의 없는 사람들입니다.[33] 이러한 이유 때문에, 또한 그들이 걷는 길이 다른 사람들의 길과 다르기 때문에, 모든 사람이 그들을 적대시하고 멸시하며, 그들이 악한 자라고 쫓아내 버리고 박해합니다. 그들은 세상 사람들로부터 더러운 찌꺼기 취급을 받습니다.[34] 그렇기 때문에 여러분이 느끼는 공포,[35] 여러분이 은근히 바라는 것들, 여러분의 모든 탐욕(여러분이 하나님으로부터 직접 받은 것들은 빼고), 여러분의 모든 육체적 욕망이 끊임없이 여러분을 돌이켜서 넓은 길로 가도록 합니다.

III

1. 그러므로 우리 주님께서 간곡하게 훈계하고 계십니다. "좁은 문으로 들어가라." 혹은 "그리로 들어가기를 힘써라." (다른 곳에서는[36] 이와 똑같은

---

32) 행 3:6
33) 고전 4:10~13
34) 고전 4:13
35) 바로 위의 7번 단락을 보라.
36) 눅 13:24

가르침을 이렇게 표현하고 있습니다.) 이 말은 "고민하면서 힘쓰라."는 말입니다. 우리 주님께서는 "왜냐하면 많은 사람들이 그리로 들어가기를 구하여도", 즉 대충 노력하는 척만 하기 때문에, "들어갈 수 없을 것이다."라고 말씀하셨습니다.

2. 이 말씀은 사실입니다. 그분께서는 이것에 대한 또 다른 이유, 즉 그들이 그리로 들어가지 못하는 이유로 보이는 것을 이제 뒤에 나오는 말씀을 갖고 친숙한 예를 들어서 보여 주십니다. 그분께서 "내가 너희에게 이르노니 많은 사람이 그리로 들어가기를 구하여도 들어갈 수 없을 것이다."라고 말씀하신 후에, 그분께서는 "집 주인이 일어나서 문을 닫으면 너희는 바깥에 서기를 시작하여", 즉 너희가 바깥에 서서 "문을 두드리며 말하기를, '주님, 주님, 우리에게 문을 열어주십시오.'라고 말할 것이다. 그때 그 주인이 너희에게 대답하여 말하기를, '나는 너희를 알지 못한다. 불의를 행하는 너희 모두는 내게서 떠나라.'"라고 말씀하십니다(눅 13:24).

3. 이 말씀을 슬쩍 살펴보면 그 사람들이 들어가지 못한 이유가 마치 그들이 구하는 방식 때문이 아니라, 그들이 늦게 구했기 때문인 것처럼 보입니다. 그러나 사실 이 둘은 똑같은 것입니다. 이 사람들이 "불의를 행하는 자들"이었기 때문에 떠나가라는 말을 들었습니다. 그들이 이런 말을 듣게 된 것은 그들이 넓은 길을 걸었기 때문입니다. 다른 말로 하면, 그들이 "좁은 문으로 들어가려고" 고민하며 애쓰지 않았기 때문에 그렇게 된 것입니다. 아마도 문이 닫히기 전에도 그들 역시 구하기는 했었을 것입니다. 그러나 그것으로 충분하지 않았습니다. 그들은 문이 닫힌 이후에나 비로소 애를 썼던 것입니다. 하지만 그때는 이미 늦었습니다.

4. 그러므로 여러분, 지금, 여러분이 살고 있는 바로 오늘, "좁은 문으로

들어가십시오." 그렇게 하기 위해서 여러분의 마음속에 '내가 넓은 길 가운데 있다면 나는 지금 멸망으로 가는 길 위에 있는 것'이라는 말씀을 새겨 두고 그 말씀이 여러분의 생각 가운데서 항상 가장 중요한 것이 되게 하십시오. 만일 여러분이 많은 사람들과 함께 가고 있다면, 하나님이 진실하시다는 사실이 분명하듯이 그 사람들이나 여러분이나 모두 지옥으로 가고 있다는 사실 또한 분명합니다. 만일 여러분이 대부분의 사람들이 걷는 것처럼 걷는다면, 여러분은 지금 밑바닥이 없는 구덩이로 걸어가고 있는 것입니다! 똑똑하고, 부유하고, 권력이 있고, 고귀한 사람들이 지금 당신과 함께 같은 길을 걷고 있습니까? 더 볼 것도 없이 이것 하나만 보더라도 여러분은 그 길이 생명으로 이끄는 길이 아니라는 사실을 알 것입니다. 여러분이 복잡하게 생각할 것도 없이, 이것은 아주 간단하고도 분명하며, 틀림없는 법칙입니다. 여러분이 어떤 일을 하든지 상관없이 여러분의 마음을 단순하게(singular) 하십시오. 그렇지 않으면 여러분은 멸망할 것입니다! 지옥으로 인도하는 길은 그 안에 단순함이 없습니다.[37] 그러나 하늘나라로 가는 길은 모든 것이 단순함(singularity)입니다.[38] 만일 여러분이 하나님을 향해 단 한 걸음이라도 옮겨 놓았다면, 여러분은 분명 다른 사람들과 다를 것입니다. 그러나 그것을 신경 쓰지 마십시오. 멸망의 구덩이에 빠지는 것보다 차라리 혼자 외로이 있는 것이 훨씬 낫습니다. 그러므로 여러분, 비록 여러분과 함께하는 사람이 거의 없다 하더라도 여러분 앞에 놓인 그 경주를 인내하면서 달리십시오.[39] 여러분과 함께하는 사람이 항상 그렇게 없는 것은 아닙니다. 머지 않아서 여러분은 "셀 수 없이 많은 천사와 장자들의 모임과 교회와 온전하게 된 의인의 영들"[40]의 무리에 합류하게 될 것입니다.

---

37) 표준설교 23.2~3('산상수훈 강해 8')과 표준설교 24.1~15('산상수훈 강해 9')를 보라.
38) 표준설교 7.1.7('하나님 나라로 가는 길')을 보라.
39) 히 12:1
40) 히 12:22~23

5. 그러므로 이제 여러분, 여러분이 넓은 길에 있다면, 즉 여러분에게 심령의 가난함이나 내적인 종교의 모든 것들 - 많은 사람들, 부유한 사람들, 똑똑한 사람들은 이런 것을 가리켜서 미쳤다고 생각합니다. - 이 없다면, 여러분은 자신의 영혼이 말로 형용할 수 없는 큰 위험에 처해 있다는 사실을 깊이 인식하고 "좁은 문으로 들어가려고 애쓰십시오." "들어가려고 애쓴다."는 것은 여러분이 아무 생각도 없이 사는 대다수의 군중, "거룩함이 없이는 어느 누구도 주님을 뵈올 수 없다."[41]는 말씀을 멸시하는 것까지는 아니더라도, 완전히 그 말씀을 무시하며 사는 군중과 함께 지금까지 달려오고 있었다는 사실에 대해 통렬하게 가슴 아파하고 그것을 부끄럽게 여긴다는 것을 의미합니다. "여러분이 그분의 안식에 들어가게 해 주신다는 약속",[42] "하나님의 백성들을 위해 떼어 두신 안식"[43]인데도 불구하고 정작 여러분은 "그것을 받기에 부족하게"[44] 되지 않도록 거룩한 근심을[45] 하면서 애쓰십시오. 여러분, "말로 다 할 수 없는 탄식"[46]으로 열망하는 가운데 애쓰십시오. 쉬지 말고 기도함으로써 애쓰십시오.[47] 언제, 어디에 있든지, 여러분이 "그분을 형상대로 깨어나서, 그 형상에 만족하게 될"[48] 때까지 쉬지 말고 여러분의 마음을 하나님께 높이 들어 드리십시오.[49]

6. 결론을 내리겠습니다. "좁은 문으로 들어가기를 애쓰십시오." 영혼의 고민, 확신, 슬픔, 부끄러움, 욕구, 두려움, 쉼이 없는 기도를 하면서 그렇게 애쓸 뿐만 아니라, 더 나아가서 여러분의 행실을 바르게 하고,[50] 여러분의

---

41) 히 12:14
42) 히 4:1
43) 히 4:9
44) 히 4:1
45) 고후 7:10
46) 롬 8:26
47) 살전 5:17
48) 시 17:15
49) 애 3:41
50) 벧전 1:15

온 힘을 다해 하나님의 모든 길, 그 흠 없고 경건하고 자비로운 길 가운데 걸으면서 애쓰십시오.[51] 악은 그 모양이라도 버리십시오.[52] 모든 사람에게 모든 선한 일을 하십시오. 모든 일 가운데 그대 자신과 그대의 의지를 부인하고 그대의 십자가를 매일 지십시오.[53] 그대의 오른손을 기꺼이 잘라내고, 그대의 오른 눈을 빼 내버리십시오.[54] 천국에 들어갈 수 있도록 물질, 친구, 건강, 이 세상의 모든 것을 기꺼이 잃어버릴 각오를 하십시오![55]

---

51) 웨슬리는 '애쓰는 행동'에 있어서 이와 같이 부정적 차원과 긍정적 차원, 두 가지 차원을 말한다. 부정적 차원은 악한 길을 가지 않으려는 노력을 말하고, 긍정적 차원은 선한 길을 가려는 노력을 말한다.
52) 살전 5:22
53) 막 8:34; 마 16:24; 눅 9:23
54) 마 5:29~30
55) Cf. 눅 18:28~29

웨슬리와 함께 공부하는 산상수훈

1 우리가 예수님을 뒤따르는 길에 들어선 이후 성장하는 과정에서 우리가 겪게 될 수 있는 여러 유혹들과 걸림돌에 대한 경계의 말씀으로 오늘 웨슬리는 성경의 어느 구절을 갖고 논하고 있습니까?

2 멸망으로 인도하는 길의 특징은 무엇입니까? 또한 생명으로 인도하는 길의 특징은 무엇입니까? (26.0.3)

3 웨슬리는 "멸망으로 인도하는 길이 넓다."는 의미를 어떤 차원으로 설명하고 있습니까? (26.1.2)

4 로마서 1~4장을 읽어 보십시오. 그리고 오늘 설교 말씀 중 26.1.1~6을 읽어 보십시오. 로마서와 오늘 설교에서 공통적으로 말하고 있는 것은 무엇입니까?

5 하나님 나라로 들어가는 길의 특징은 무엇입니까? (26.2.2)

6 하나님 나라로 들어가기 위해서 반드시 필요한 것은 무엇입니까? (26.2.2) '하나님 나라로 가는 길'(7.1.5), '마음의 할례'(13.1.1), 그리고 '신생'(39.3.12)을 읽어 보십시오.

7   설령 우리는 멸망의 길을 걷고 있지 않다고 하더라도 그러한 길에 빠지지 않도
     록 우리는 늘 경계해야 합니다. 왜냐하면 우리는 그러한 길에 빠지기 쉽기 때문
     입니다. 우리가 그러한 길에 빠지기 쉬운 이유 가운데 하나로 웨슬리는 무엇을
     제시하고 있습니까? (26.2.5)

8   웨슬리는 우리가 멸망의 길로 휩쓸려 들어가는 것이 쉬운 이유로 어떤 상황을
     들어 설명하고 있습니까? (26.2.6~7)

9   웨슬리는 우리가 멸망의 길로 휩쓸려 들어가기 쉬운 이유로 세 번째 상황을 예
     로 제시합니다. 그것은 무엇입니까? (26.2.8)

10   좁은 길로 들어가는 것이 우리에게는 썩 내키지 않습니다. 그 이유는 무엇입니
     까? (26.2.9~10)

11   좁은 길로 가기 위해 우리가 가져야 할 중요한 마음은 무엇입니까? (26.3.4) 산
     상수훈 강해 8번(23.0.3~7)을 읽어 보십시오. '하나님 나라로 가는 길'(7.1.7)도
     읽어 보십시오.

표준설교

우리 주님의
산상수훈에 대하여

▶ 강해 12

요약과 해설

이 설교는 1743년 1월 30일에 한 것으로 알려져 있다. 이 설교에서 웨슬리는 거짓 선지자가 누구이며, 그들은 어떤 모습으로 사람들에게 찾아오는지, 그리고 어떻게 거짓 선지자들을 구분해 낼 수 있는지에 대해 설명한다. 거짓 선지자들은 하늘나라로 가는 길이 아닌 잘못된 길로 가는 길을 가르치는 자들이다. 그들이 가르치는 길은 멸망으로 인도하는 길이며, 넓은 길이요 넓은 문이다. 거짓 선지자들은 속이는 자들이라서 많은 사람들이 그들의 참모습을 제대로 알아보기 힘들다고 웨슬리는 말한다.

그들을 알아보기 힘든 이유는 그들이 자신의 모습을 꾸며서 다가오기 때문이다. 그들은 마치 선량한 사람인 것처럼 다가오고, 그래서 많은 사람들은 그들이 악한 짓을 할 것이라고 전혀 의심하지 못한다고 웨슬리는 말한다. 그들은 도리어 선한 일을 하는 사람들의 모습을 하고 사람들에게 다가온다. 그들은 사람들의 영혼을 돌보는 사람처럼 다가오며 교회를 사랑하고 악한 자들로부터 지켜내는 일을 한다고 속인다. 또한 그들은 사람들을 사랑하는 모습을 보인다. 이러한 이유로 인해 거짓 선지자들을 구별하는 것은 참으로 어렵다.

웨슬리는 거짓 선지자들을 구분해 내려면 그들이 자신의 삶 속에서 어떤 열매를 맺고 있는지 살펴보거나 그들의 가르침을 받은 사람들이 어떤 삶의 열매를 맺는지 살펴보면 알 수 있다고 말한다. 그러나 거짓 선지자들을 구별해 낼 때에 섣불리 판단하지 않도록 주의해야 한다고 웨슬리는 말한다. 그리고 비록 그들은 거짓 선지자들이지만 그들의 가르침이 옳은 내용을 담고 있다면 단지 그들이 거짓 선지자들이라는 이유로 그 옳은 가르침마저 배격해서는 안 된다고 말한다.

우리 주님의 산상수훈에 대하여

▶ **강해 12**

거짓 선지자들을 삼가라. 양의 옷을 입고 너희에게 나아오나 속에는 노략질하는 이리라. 그들의 열매로 그들을 알지니 가시나무에서 포도를, 또는 엉겅퀴에서 무화과를 따겠느냐. 이와 같이 좋은 나무마다 아름다운 열매를 맺고 못된 나무가 나쁜 열매를 맺나니, 좋은 나무가 나쁜 열매를 맺을 수 없고 못된 나무가 아름다운 열매를 맺을 수 없느니라. 아름다운 열매를 맺지 아니하는 나무마다 찍혀 불에 던져지느니라. 이러므로 그들의 열매로 그들을 알리라. 마 7:15~20

1. 좁은 길이 영원한 구원으로 인도하는 길임에도 불구하고 그 길로 걸어 가라는 말씀을 받아들이려고 하지 않기 때문에, 얼마나 많은 사람들이 멸 망을 향해 달려가고 있는지 말로 다 표현할 수도, 헤아릴 수도 없습니다. 그 런데도 오늘날에도 여전히 우리는 이러한 일이 매일 벌어지고 있는 것을 볼 수 있습니다. 단지 그 길이 넓다는 이유 하나로 수도 없이 많은 사람들이 그 지옥의 길로 아직도 내달리고 있는데, 이것처럼 어리석고 미친 짓이 따로 없 습니다. 그들은 다른 사람들이 그 길을 걷고 있기 때문에 그냥 자기들도 그 길을 걷는 것입니다. 결국 많은 사람들이 멸망할 때 그들 역시 멸망당할 것 입니다. 그런데 놀랍게도 연약하고 불쌍한 사람들이 그러한 나쁜 본보기에

영향을 받고 있습니다! 계속해서 사망의 땅에 사람들은 몰려들고, 수없이 많은 영혼들이 영원한 파멸로 빠져 죽습니다.

2. 이런 인간들에게 경고하기 위해서, 될 수 있는 대로 많은 사람들이 이 번져 가는 전염병에 걸리지 않도록 경고하기 위해서, 하나님께서는 그의 파수꾼에게 소리 높여 외쳐서 사람들이 지금 위험에 처해 있다는 것을 보여 주라고 명령하셨습니다. 이런 목적을 위해서 그분께서는 당신의 일꾼들, 선지자들을 모든 세대마다 계속해서 보내 주셨고, 그들은 좁은 길을 가리키면서 사람들에게 이 세상을 본받아 살지 말라고[1] 훈계했습니다. 그러나 다른 사람들에게 경고해야 하는 이 파수꾼들이 도리어 자기부터 그 올무에 빠지게 된다면 어떻게 합니까? "선지자들이 거짓 예언을" 한다면,[2] 그들이 "사람들로 하여금 길에서 벗어나 잘못된 길로 가도록"[3] 한다면 어떻게 합니까?[4] 그들이 영생의 길이라고 가리킨 그것이 사실은 영원한 사망으로 가는 길이라면 어떻게 합니까? 그들 자신부터 좁은 길이 아닌 넓은 길로 가면서 다른 사람에게도 그렇게 하라고 권면한다면[5] 어떻게 합니까?

3. 이것이 전혀 생소한 일입니까? 이것이 흔하지 않은 일입니까? 아니요! 그렇지 않다는 것은 하나님이 아십니다. 이런 사례는 헤아릴 수 없을 정도로 많습니다. 우리는 이런 일들을 모든 세대, 모든 나라에서 찾아볼 수 있을 것입니다. 이것이 얼마나 끔찍한 일입니까! 하나님의 사절이라고 하는 사람들이 사절이 아니라 마귀가 된 것입니다! 사람들에게 하늘나라로 가는 길을 가르치라고 사명을 받은 자들이 도리어 실제로는 지옥으로 가는 길을 가르치고 있습니다! 이런 사람들은 마치 "우박이 쓸고 지나간 뒤에 거기

---

1) 롬 12:2
2) 사 30:10
3) 사 3:12
4) Cf. 롬 2:20~24
5) 롬 1:32

에서 살아남은 것들을 다 먹어 치우는"[6] 이집트에 있는 메뚜기들과 같습니다. 그들은 나쁜 본보기를 따라가지 않아서 멸망당하지 않게 된 살아남은 사람들을 집어삼킵니다. 그러므로 지혜로우시고 은혜로우신 우리 주님께서 그런 사람들을 향해 엄중하게 경고의 말씀을 주신 것은 다 그럴만한 이유가 있어서 그렇게 하셨던 것입니다. 그분께서는 "거짓 선지자들을 조심하라. 그들은 양의 탈을 쓰고 너희에게 오지만 속으로는 노략질하는 늑대들이다."라고 말씀하셨습니다.

4. 이 경고의 말씀은 매우 중요합니다. 이 경고의 말씀이 보다 효과적으로 우리 마음속에 자리 잡도록 첫 번째로 이 거짓 선지자들이 누구인지 살펴보도록 합시다. 그다음 두 번째로 그들이 무엇을 입고 오는지 살펴보고, 세 번째로는 어떻게 하면 그들이 멋진 모습으로 다가오더라도 그들이 정말 누구인지 알아볼 수 있는지 살펴보도록 합시다.

I

1. 첫 번째로, 우리는 이 거짓 선지자들이 누구인지 살펴보아야 합니다. 우리는 먼저 좀 더 세심하게 잘 살펴보아야 하는데, 왜냐하면 이 사람들은 "이 성경 말씀을 자기들 멋대로 왜곡해서"[7] 단지 자기 자신들의 "멸망"만을 자초하고 있지 않기 때문입니다.[8] 따라서 모든 논란을 종식시키기 위해서 나는 (마치 누가 정말 그런 것처럼) 쓸데없이 무성하게 먼지만 피워대지 않을 것이며, 괜히 어설픈 수사적 표현을 써서 단순한 마음을 가진 사람들을 속이려고 하지 않을 것입니다. 대신에 나는 그냥 투박하게, 이해력을 가진 평범한 사람이라면 어느 누구도 부인할 수 없는 평범한 진리를 말할 것입니

---

6) 출 10:5
7) 벧후 1:20
8) 벧후 3:16

다. 그 평범한 진리는 이전 설교들에서 말한 모든 이야기의 취지와 긴밀히 연관되어 있는 것들입니다. 너무나 많은 사람들이 마치 오늘 설교의 내용과 앞에 나왔던 말씀들이 아무런 상관관계가 없다는 듯이, 앞에 나온 설교 내용과는 상관없이 이 말씀을 해석했습니다.

2. 여기에서 말하는 선지자들은 (성경에서 많은 다른 본문들, 특히 신약성서의 본문들에서 그러하듯이) 앞으로 벌어질 일들을 미리 말해 주는 사람을 가리키는 것이 아니라, 하나님의 이름으로 대언하여 말하는 사람을 뜻합니다.[9] 이들은 하나님으로부터 보내심을 받아 다른 사람들에게 하늘로 가는 길을 가르쳐 주는 사람들입니다.

이 사람들은 하늘로 가는 거짓된 길을 가르쳐 주는, 그리로 인도해 주지 않는 길을 가르쳐 주는 거짓 선지자들입니다. 혹은, 이 사람들은 (결국, 마찬가지로 천국으로 이끌어 주는) 진리를 가르치지 않는 사람들입니다.

3. 모든 넓은 길은 틀림없이 다 잘못된 길입니다. 그러므로 "사람들에게 넓은 길로 가라고, 많은 사람들이 걷는 길로 가라고 가르치는 사람들은 거짓 선지자들"입니다.

다시 말하거니와, 천국으로 가는 참된 길은 좁은 길입니다. 그러므로 "사람들에게 좁은 길로 가라고, 단순한(singular) 길로 가라고 가르치지 않는 사람들은 거짓 선지자들"입니다.

4. 좀 더 구체적으로 말하자면, 천국으로 가는 유일하고 참된 길에 대해서는 앞에서 이미 했던 설교에서 잘 지적했습니다. 그러므로 사람들에게 이 길을 걸어가라고 가르치지 않는 사람은 거짓 선지자입니다.

---

9) 이점에 있어서 웨슬리는 예언자(預言者)가 미리(豫) 바라보고 앞일을 말하는 사람이 아니라, 하나님으로부터 말씀을 맡은(預) 사람이라는 의미를 정확히 간파하고 있다.

앞에서 했던 설교에서 천국으로 가는 길로 손꼽았던 것은 낮아짐의 길, 애통하는 길, 온유함의 길, 거룩한 욕구의 길, 하나님과 이웃 사랑의 길, 선을 행하는 길, 그리고 그리스도를 위하여 기꺼이 악을 견뎌 내는 길입니다. 이것들 이외에 다른 길을 천국에 가는 길이라고 가르치는 사람은 거짓 선지자입니다.

5. 그들이 그 다른 길을 뭐라고 부르든 상관없습니다. 어쩌면 그들은 그 길을 믿음이라고 부를지도 모릅니다. 혹은 선행, 혹은 믿음과 선행, 혹은 회개, 아니면 회개와 믿음과 새로운 순종이라고 부를지도 모릅니다. 이 모든 것들이 다 좋은 말이지요. 그러나 무슨 말을 하든, 다른 어떤 용어를 갖고 말을 하든 상관없이, 만일 그들이 이것과 다른 길을 사람들에게 가르친다면, 그들은 거짓 선지자입니다.

6. 이 선한 길에 대해 악담하는 자들이 당할 심판은 얼마나 크겠습니까! 그러나 무엇보다도 완전히 정반대의 길을 가르치는 사람들, 즉 교만과 경솔함과 격정과 세상적인 욕망의 길, 하나님보다 쾌락을 더 사랑하는 길, 이웃에 대하여 친절하지 않은 길, 선한 행위에 대하여는 별로 관심이 없는 길, 악을 견뎌 내려고 하지 않는 길, 의를 위하여 박해를 받으려 하지 않는 길을 가르치는 사람들은 얼마나 큰 심판을 당하겠습니까!

7. "그런 길을 천국으로 가는 길이라고 가르치는 사람은 왜 그렇게 가르칩니까? 도대체 그들이 누구입니까?"라고 묻는다면, 나는 그들이 똑똑하고 존경받는 수천 명의 사람들이라고 대답하겠습니다. 그 사람들은, 심지어 그들 모두는 어떤 교단이 되었든 거기에 속해 있는 사람들인데, 그들은 교만한 사람들, 경솔한 사람들, 다혈질적인 사람들, 세상을 사랑하는 사람들, 쾌락을 사랑하는 사람들, 정의롭지 못하고 친절하지 못한 사람들, 안일하

고 부주의하며 대충 사는 무익한 사람들, 의를 위하여 어떠한 치욕도 견뎌내려 하지 않는 사람들, 자기는 천국으로 가는 길에 있다고 착각하고 있는 사람들에게 지금 잘하고 있다고 격려하고 있습니다. 엄격하게 말하자면 이들은 거짓 선지자들입니다. 이들은 하나님과 사람들에 거스르는 배신자들입니다.[10] 이들이야말로 사탄의 맏아들입니다.[11] 파괴자인 아볼루온의 장자입니다.[12] 이들은 평범한 수준의 살인자들보다 훨씬 고수들입니다. 왜냐하면 그들은 사람의 영혼을 죽이는 자들이기 때문입니다. 이들은 끊임없이 밤의 왕국에 사람들이 북적이도록 만듭니다. 이 사람들은 자기들이 파괴한 불쌍한 영혼들을 뒤따라가는데, 그것은 마치 "저 아래 지옥이 그들이 오는 것을 맞이하려고 소동을 벌이는 것"[13]과 같습니다.

II

1. 그렇다면 그들이 자기가 생긴 모양 그대로 옵니까? 절대로 그렇지 않습니다. 만일 그들이 그런 식으로 다가왔다가는 아무도 망가뜨리지 못할 것입니다. 여러분도 깜짝 놀라 살기 위해서 그들을 피하겠지요. 그래서 그들은 정반대의 모양을 하고 나타납니다. 이것이 두 번째로 살펴볼 내용입니다. "그들은 속으로는 노략질하는 늑대들이지만 겉으로는 양의 옷을 입고 너희에게 다가온다."

2. "그들은 양의 옷을 입고 너희에게 다가온다." 이 말은 해를 끼치지 않는 모양을 하고 있다는 말입니다. 그들은 가장 온순하고 전혀 해를 끼칠 것 같지 않은 방식으로, 어떠한 적대감의 표시도 없이 다가옵니다. 그러니 누

---

10) 딤후 3:4
11) Cf. 고후 11:15
12) 계 9:11
13) 사 14:9

가 이토록 온순한 사람들이 그 누구에게 해를 끼칠 것이라고 상상이나 할 수 있겠습니까? 어쩌면 그들은 선을 행하는 데 있어서도 너무 열정을 보이거나 앞장서서 활개를 치고 다니지도 않아서, 도리어 어떤 사람은 그들이 좀 적극적인 모습을 보이면 좋겠다고 생각하기도 합니다. 이들이 그런 정도이니 여러분은 그들이 어떠한 해악을 끼치려 한다고 의심할 아무런 이유도 찾지 못하는 것입니다. 그러나 사실은 전혀 그렇지 않습니다.

3. 둘째로, 그들은 유익한 사람의 모습을 하고 나타납니다. 그들은 특히 이런 선한 일을 하라고 부르심을 받았습니다. 그들은 바로 이런 일을 하라고 특별히 구별된 사람들입니다. 그들은 여러분의 영혼을 돌보라고, 여러분이 영생을 얻을 수 있도록 잘 양육하라고 특별히 사명을 받은 사람들입니다. "나가서 두루 선한 일을 하고, 마귀에게 억눌린 자들을 치유하는"[14] 것이 이들이 해야 할 모든 임무입니다. 이런 면에서 여러분은 그 사람들을 하나님의 사신이요 여러분에게 복을 가져다주는 사람들로 항상 바라보곤 해 왔습니다.

4. 셋째로, 그들은 기독교의 모습으로 다가옵니다. 그들이 그렇게 하는 것은 모두 양심 때문입니다! 그들은 하나님을 거짓말쟁이로 만드는데, 그들은 도리어 그것을 가리켜서 하나님을 향한 순전한 열정에서 그렇게 하는 것이라고 여러분에게 확신을 줍니다. 그들은 기독교의 뿌리와 가지를 모두 파괴하려고 하는데, 그들은 도리어 그것을 갖고 자기들은 기독교에 대하여 순수한 관심이 있어서 그렇게 하는 것이라고 여러분에게 말합니다. 그들이 하는 모든 말은 진리에 대한 사랑에서 비롯한 것뿐이라고 하며, 행여 그 진리에 대한 사랑이 해를 당하지는 않을까 걱정합니다. 그들은 진리에 대한 사랑이 교회에 대한 관심에서 비롯한 것이며, 모든 적들로부터 교회를 지켜

---

14) 행 10:38

내려는 열정에서 비롯한 것이라고 여러분을 설득합니다.

5. 무엇보다도 그들은 사랑의 모습을 하고 옵니다. 그들은 오직 여러분의 유익을 위해서 이 모든 고통을 감수합니다. 그들은 여러분을 걱정하며 근심을 자초할 필요가 없는데도 여러분에게 친절합니다. 그들은 선한 일을 많이 하려고 하며 여러분이 처한 위험에 대한 관심을 많이 갖고 있고, 여러분이 새로운 교리나 교묘한 교리에 걸려들어서 잘못에 빠지지 않도록 지켜주기를 진지하게 갈망합니다. 만일 어떤 사람이 의도는 좋았는데 너무 극단으로 치우치게 되어서 낯설고 이해하기 어려운 생각에 휩싸이게 되거나 열광주의에 현혹되어 들어가게 되면 그들은 그 모습을 보고 아주 속상해할 것입니다. 그래서 그들은 여러분에게 그냥 적당한 선에서 잠잠히 있으라고 충고할 것입니다.[15] 그들은 "너무 지나치게 의롭게 되지 않도록" 조심하라고, 그렇지 않으면 "여러분 스스로를 망치고 말 것"이라고 충고합니다.[16]

III

1. 그렇다면 우리는 그들이 그렇게 그럴싸한 모습으로 오더라도 그들이 실제로 어떤 사람들인지 어떻게 알 수 있을까요? 이제 세 번째로 바로 이 문제를 살펴보고자 합니다. 복되신 우리 주님께서는 거짓 선지자들이 비록 알아보기 어렵게 변장을 하더라도, 그들을 알아보는 것이 모든 사람에게 있어서 얼마나 필요한 일인지 잘 알고 계셨습니다. 또한 이와 마찬가지로 그분께서는 대부분의 사람들에게 있어서 기나긴 결과들의 연속들을 통해서 실체를 더듬어 찾아내는 것이 얼마나 불가능한 것인지도 잘 알고 계셨습니다. 그래서 그분께서는 아주 짧고 분명한 법칙, 보잘것없는 사고력을 가진 사람

---

15) 표준설교 17.2.6('산상수훈 강해 2')을 보라.
16) 전 7:16

들조차도 쉽게 이해할 수 있고 모든 경우에 쉽게 적용해 볼 수 있는 법칙을 우리에게 주셨습니다. 그것은 바로 "너희는 그들의 열매로 그들을 알아야 한다."는 것입니다.

2. 여러분은 모든 경우에 있어서 이 법칙을 적용해 볼 수 있습니다. 하나님의 이름으로 말하는 사람이 진짜 선지자인지 아니면 가짜 선지자인지 알아내려면, 우선 그들이 주는 가르침의 열매들이 그들 자신들에게 있어서 무엇인지 관찰해 보면 쉽게 알 수 있습니다. 그 가르침들이 자기들의 삶에 어떤 영향력을 발휘하고 있습니까? 그들이 모든 일에 있어서 거룩하고 흠이 없습니까?[17] 그 가르침이 그들 자신의 마음에 어떤 영향을 미치고 있습니까? 그들의 평상시 행실 가운데서 그들의 품성이 거룩하고 성스러우며 신성하게 나타납니까? 예수 그리스도 안에 있는 마음이 그들의 마음속에도 있습니까?[18] 온유하고 겸손하며, 인내하고 하나님과 이웃을 사랑하고 선한 일에 열심을 내는 모습이 그들의 일상생활 가운데서 나타납니까?

3. 둘째로, 그 사람들이 가르친 열매들이 그 가르침을 듣는 많은 사람들, 전부는 아니라 하더라도 적어도 많은 사람들 가운데(사도들께서도 자기들의 말을 듣는 모든 사람을 다 돌이키게 만든 것은 아니었으니까요.) 어떻게 나타나는지 살펴보면 그들이 진짜 선지자인지 가짜 선지자인지 쉽게 알 수 있습니다. 그 사람들이 그리스도 안에 있는 마음을 가졌습니까?[19] 그들의 가르침을 받은 사람들이 그분께서 걸어가셨던 것처럼 걸어가고 있습니까? 이 사람들이 그들의 가르침을 듣고 나서 그렇게 하기 시작했습니까?[20] 그들이 그들의 가르침을 받기 전에는 내적으로나 외적으로 모두 악한 사람들이었습

---

17) 엡 1:4; 5:27
18) 빌 2:5
19) 빌 2:5
20) 표준설교 33.3.3('편협한 신앙에 대한 경고')에 언급된 두 번째와 세 번째 기준을 보라.

니까? 만일 그렇다면 그것은 그 사람들이 하나님으로부터 보내심을 받은 진짜 선지자들이라는 것을 분명하게 증명해 줍니다. 그러나 만일 그렇지 못하다면, 그들이 자기 자신뿐만 아니라 남들을 가르치고 영향력을 나타내어서 하나님을 사랑하고 그분을 섬기도록 하는 열매를 만들어 내지 않았다면, 이것은 그들이 거짓 선지자요, 하나님으로부터 보내심을 받은 선지자가 아니라는 것을 분명하게 증명해 줍니다.

4. 참 어려운 말입니다! 이 말씀을 감당할 수 있는 사람이 얼마나 적습니까! 그래서 우리 주님께서는 이것을 다 아시고 대략 몇 가지 분명하고 설득력이 있는 논지를 통해 친히 그것을 증명해 주십니다. 그분께서는 "사람이 가시나무에서 포도를, 엉겅퀴에서 무화과를 따겠느냐?"(마 7:16)라고 말씀하십니다. 여러분은 악한 사람들이 선한 열매를 맺을 것이라고 생각하십니까? 차라리 가시나무가 포도 열매를 맺고 엉겅퀴에서 무화과가 자라기를 기대하십시오! "모든 좋은 나무가 좋은 열매를 맺고 나쁜 나무는 나쁜 열매를 맺는다"(마 5:17). 이 말씀은 "모든 참된 선지자들, 내가 보낸 모든 교사들은 거룩함의 선한 열매를 맺는다."는 말입니다. "좋은 나무는 나쁜 열매를 맺을 수 없고, 나쁜 나무가 좋은 열매를 맺을 수 없다." 이 말씀은 하나님으로부터 보내심을 받은 참 선지자와 교사는 가끔 선한 열매를 맺는 것이 아니라 항상 선한 열매를 맺는다는 뜻입니다. 이들은 어쩌다가 우연히 그렇게 열매를 맺는 것이 아니라, 그런 사람이라면 반드시 그렇게 맺게끔 되어 있습니다. 이와 같은 방식으로, 하나님께서 보내시지 않은 거짓 선지자는 어쩌다가 우연히 나쁜 열매를 맺는 것이 아니라, 항상 나쁜 열매를 맺고 필연적으로 그런 열매를 맺게 되어 있습니다. "좋은 열매를 맺지 않는 나무는 모두 찍어서 불에 던진다"(19절). 좋은 열매를 맺지 않는 선지자들, 죄에서 영혼을 구해내지 않는 선지자들, 죄인들을 회개시키지 않는 선지자들은 이런 운명에 처해질 것입니다. "그러므로 너희는 그 열매로 그들을 알지니

라."(마 7:20)라는 말씀을 영원한 법칙으로 삼읍시다. 교만하고 다혈질적이며 무자비하고 세상을 사랑하는 사람들을 돌이켜서 겸손하고 신사적이며 하나님과 이웃을 사랑하는 사람들로 만드는 사람은 참 선지자요, 하나님으로부터 보내심을 받은 사람인데, 그들의 이런 행실들이 그 사람이 그런 사람이라는 것을 확증해 줍니다. 반면에 이전에 불의했던 사람들이 선지자의 말을 들었는데도 여전히 불의한 상태로 남아 있다면, 혹은 적어도 "바리새인들과 서기관들의 의보다 더 나은" 정도의 의조차도 없다면, 그 선지자들은 거짓 선지자들입니다. 그들은 하나님으로부터 보내심을 받은 자들이 아니며, 따라서 그들이 하는 말은 그냥 땅에 떨어지고 맙니다. 그래서 은혜의 기적이 벌어지지 않는다면 그들과 그들의 말을 들은 사람들 모두 끝없는 구덩이로 떨어지게 될 것입니다!

5. 오, "이 거짓 선지자들을 조심하십시오!" 비록 그들이 "양의 옷을 입고 다가오지만 그들의 속은 노략질하는 늑대"이기 때문입니다. 그들은 양 떼를 죽이고 삼킵니다. 만일 양들을 도와줄 사람이 하나도 없다면 그들은 그 양들을 조각조각 찢어 놓습니다. 그들은 여러분을 하늘로 인도하려고 하지도 않을뿐더러, 인도할 수도 없습니다. 자기 자신들부터 그 길을 알지 못하는데 어떻게 여러분을 인도하겠습니까? 오, 그들이 여러분을 꼬드겨서 길에서 벗어나도록,[21] 여러분으로 하여금 "여러분이 이루어 놓은 것을 다 잃어버리도록"[22] 하지 못하게 조심하십시오.

6. 어쩌면 여러분 가운데 "그들의 말을 듣는 데 위험이 있다면, 그래도 내가 그 사람들이 하는 말을 들어야 하나요?"라고 질문하는 사람이 있을지 모르겠습니다. 이 문제는 아주 중요하기 때문에 심사숙고해야 하며, 함부

---

21) 히 2:1
22) 요이 1:8

로 답변할 것이 아니라 차분하게 잘 생각하고 아주 깊이 생각하고 또 생각해서 답을 내려야 할 문제입니다. 여러 해 동안 나는 이 문제에 대해서는 아예 말하는 것조차 두려웠습니다. 이렇게 해야 하는지, 아니면 다른 편을 택해야 할는지, 혹은 아예 어떤 판단을 하는 것이 옳은지 쉽게 결정할 수 없었습니다. 지금 내 머릿속에 떠오르는 많은 이유들을 생각해 보면 나는 "그들의 말을 듣지 말라."고 말하고 싶습니다. 하지만 우리 주님께서는 그 당시에 있었던 거짓 선지자들에 대하여 내 생각과는 반대되는 것 같은 말씀을 하셨습니다. "그때 예수께서 무리들과 자기 제자들에게 이렇게 말씀하셨다. 서기관들과 바리새인들이 모세의 자리에 앉아 있다." - 이들은 여러분의 교회에 있는 평범한 교사들이라 생각하면 됩니다. - "따라서 그들이 너희에게 지키라고 하는 것은 무엇이든 다 지켜서 행하여라. 그러나 너희는 그들은 본받지 말아야 한다. 왜냐하면 그들은 말만 하고 실천하지 않기 때문이다."[23] 우리 주님께서는 이 사람들이 "그들은 말만 하고 실천하지는 않는다."는 바로 그 말씀처럼 엄밀한 의미에서 거짓 선지자들이었다는 것을 자신의 사역 기간에 증명해 보이셨습니다. 그러므로 그분의 제자들은 그 사람들이 모든 사람의 시선을 의식하는 것을 보고 오직 그들의 열매를 통해서 그들을 알 수 있었습니다. 따라서 그분께서는 제자들에게 거듭해서 거짓 선지자들을 조심하라고 경고하셨습니다. 하지만 그렇다고 해서 그분께서 제자들에게 그 사람들에게 전혀 귀를 기울이지 말라고 금하지는 않으셨습니다. 아닙니다. 사실 그분께서는 다음과 같은 말씀을 통해 도리어 그들에게 그렇게 하라고 명령하셨습니다. "따라서 그들이 너희에게 지키라고 하는 것은 무엇이든 다 지켜서 행하여라." 만일 제자들이 그 사람들이 하는 말 자체를 듣지 않았다면, 그들이 하라고 시킨 말대로 실천해 보지 않았더라면, 그 사람들이 어떤 자들인지 알 수 없었을 것입니다. 그래서 여기에서 우리 주님께서는 친히 아주 명료한 지침을 자신의 사도들과 모든 군중에게

---

23) 마 23:2~3

주셔서, 설령 그들이 거짓 선지자들이라고 알려지고 그렇게 판명된 사람들이라 하더라도 그들이 하는 말은 들으라고 하셨습니다.

7. 그러나 "그분께서는 그들이 모임에서 성경 말씀을 낭독할 때만 그들에게 귀를 기울이라고 하셨던 것이다."라고 말하는 사람이 어쩌면 있을지도 모르겠습니다. 이에 대하여 나는 이렇게 답변하겠습니다. 그 사람들이 성경을 낭독할 때는 그 말씀에 대한 강해도 일반적으로 했습니다. 이 말씀 가운데는 그들이 어떤 말은 듣고 어떤 말은 듣지 말아야 한다는 어떤 암시도 없습니다. 아닙니다. "그들이 너희에게 지키라고 시키는 것은 그 어떤 것이든"이라는 바로 이 말씀에는 그러한 암시는 전혀 없습니다.

8. 또한, 거짓 선지자들은, 부인할 수 없이 분명한 거짓 선지자들은 종종 성례전의 집례도 맡습니다. (아, 이렇게 말해야 한다니 참으로 가슴 아픕니다. 절대로 그래서는 안 되는데도 그렇게 하고 있으니 말입니다.) 그러므로 사람들에게 그들의 말을 듣지 말라고 하는 것은 실제로는 그들을 하나님의 성무(聖務)에서 제외시키라는 말과 같습니다. 그러나 성무라는 것이 그것을 맡은 사람이 선한 사람인지의 여부에 그 정당성이 달려 있는 것이 아니라, 그것을 명하신 그분의 신실하심에 달려 있다는 것을 생각한다면 우리는 함부로 그렇게 해서는 안 됩니다. 그분께서는 우리로 하여금 자신이 지정하신 방식으로 우리를 만나 주시려고 하고 실제로 그렇게 하여 우리를 만나 주시는 분이십니다. 그러므로 이러한 이유에서 나는 "거짓 선지자들의 말에는 귀를 기울이지 말라."고 주저함 없이 말할 수 없습니다. 하나님께서는 저주 아래에 있는 사람들을 통하여서도 우리에게 자신의 축복을 주실 수도 있으시고 또한 실제로 주시기도 하십니다. 우리는 지금까지 그 사람들이 떼는 떡을 "그리스도의 성만찬 몸"이라고 알아 왔습니다. 그들의 거룩하지 못한 입술을 통하여 하나님께서 축복하신 그 잔이 우리에게 그리스도의 성만찬 피였습니다.

9. 그러므로 내가 할 수 있는 말은 이게 전부입니다. 즉, 어떤 경우에서든 겸손함과 진심 어린 기도로써 하나님을 기다리십시오. 그리고 여러분 생각에 최선의 판단이라고 여겨지는 것에 따라서 행동하십시오. 모든 일에 여러분의 영적인 유익에 가장 좋은 것이라고 확신이 드는 것에 따라서 행동하십시오. 너무 조급하게 판단하지 않도록 주의하십시오. 함부로 어떤 사람이 거짓 선지자라고 경솔하게 생각하지 않도록 주의하십시오. 여러분이 충분한 증거를 갖고 있을 때라도 혹시 여러분 안에 그 사람에 대한 어떤 분노나 경멸이 있지는 않은지 살펴보십시오. 그렇게 한 후에 하나님 앞에서 그분을 두려워하는 가운데[24] 여러분 스스로 결정하십시오. 여러분의 경험상 그들의 말을 들어서 여러분의 영혼이 상했다면 그들에게 귀를 기울이지 말라고 말할 수 있을 뿐입니다. 그냥 조용히 그들에게서 떠나서 여러분에게 유익을 주는 이들에게 귀를 기울이십시오. 하지만 그들의 말을 듣는다고 해도 여러분의 영혼이 해를 입지 않는다면, 그때는 그냥 그들에게 귀를 기울이십시오. 다만 "여러분이 어떻게 들을까 주의하십시오."[25] 그들과 그들의 가르침을 조심하십시오. 두려움과 떨림으로 들어서[26] 여러분이 속아 넘어가지 않도록,[27] 그리고 여러분도 그들처럼 강한 미혹에[28] 여러분 자신을 내주어 거기에 빠지지 않도록 조심하십시오. 그들은 끊임없이 진리와 거짓을 섞기 때문에 여러분은 아주 쉽게 이 두 가지 모두를 다 받아들일 수도 있습니다! 따라서 하나님께 열심히, 그리고 꾸준히 기도하여 오직 그분께서 홀로 여러분에게 지혜를 주시도록 간구하십시오.[29] 그리고 여러분이 무엇을 듣든지 그것을 "율법과 증거의 말씀"에 비춰 살펴보십시오.[30] 시험해 보지 않은 것

---

24) Cf. 엡 5:21
25) 눅 8:18
26) 빌 2:12
27) 마 24:4; 막 13:5; 눅 21:8
28) 살후 2:11
29) 잠 2:6; 약 1:5
30) 사 8:20

은 무엇이든 받아들이지 마십시오.[31] 성소 저울에 그것을 달아 보기 전에는 받아들이지 마십시오. 그들이 말하는 것은 성경 말씀에 비춰 분명하게 확증되기 전에는 절대로 믿지 마십시오. 무엇이든지 그 말씀에 어긋나는 것이면, 무엇이든지 그 말씀에 의해 확증되지 않는 것이라면 모두 거부하십시오. 특히 구원의 길과 관련하여 그들의 가르침이 앞에서 내가 했던 설교에서도 지적했던 바, 우리 주님의 길과 다르거나 그 길에 미치지 못한다면 그 가르침을 아주 끔찍하게 여기면서 완전히 거부하십시오.

10. 이제 결론을 내리기 전에 지금까지 내가 말한 사람들에 대해서 몇 마디 분명한 말을 덧붙여야만 하겠습니다. 오, 너 거짓 선지자여! 오, 너 마른 뼈다귀여! 주님의 말씀을 한번 들어보시오! 도대체 언제까지 여러분은 하나님께서 여러분을 통해 말씀하지도 않으셨는데 "하나님께서 말씀하신다." 하고 말하면서 하나님의 이름으로 거짓말을 하려고 합니까?[32] 도대체 언제까지 여러분은 주님의 바른길을 굽게 하렵니까?[33] 도대체 언제까지 빛을 어둠이라고 말하고 어둠을 빛이라고 말하렵니까?[34] 도대체 언제까지 여러분은 사망의 길을 가리켜 생명의 길이라고 하면서 그 길을 가르치려고 합니까? 도대체 언제까지 여러분은 사람들의 영혼을 하나님께도 인도한다고 하면서 그 영혼들을 사탄에게 넘겨주려고 합니까?

11. "너 소경을 인도하는 소경이여![35] 너희에게 화가 있다. 너희는 사람들이 들어오지 못하도록 하늘나라의 문을 닫기 때문이다. 너희는 자기도 들어가지 않고, 들어가려고 하는 사람도 들어가지 못하게 하고 있다."[36] 여러

---

31) 요일 4:1
32) 렘 23:25~26
33) 행 13:10
34) 사 5:20
35) 마 23:16
36) 마 23:13

분은 "좁은 문으로 들어가려고 애쓰는" 사람들을 불러내어 다시금 넓은 길로 가게 합니다. 여러분은 하나님의 길에 이제 막 한 걸음밖에 들여놓지 않은 사람들에게 너무 멀리 나아갔다고 하면서 호들갑을 떨며 경고합니다. 여러분은 이제 겨우 "의를 위하여 주리고 목마르기" 시작한 사람들에게 "너무 지나치게 의로워지지" 않도록[37] 조심하라고 합니다. 그렇게 해서 여러분은 그 사람들이 바로 문지방에서 걸려 넘어지게 합니다. 그렇습니다. 여러분은 그 사람들이 넘어져서 다시는 일어나지 못하게 만듭니다. 오, 도대체 여러분은 왜 그렇게 합니까? 그 사람들이 구덩이로 떨어진다 한들 그들의 피에서 무슨 유익을 보겠다고 그렇게 합니까? 여러분에게 비참한 유익이 있겠지요! "그들은 자기 죄 중에서 멸망하겠지만, 하나님께서는 그들의 핏값을 여러분의 손에서 찾으실 것입니다!"[38]

12. 여러분은 무엇을 보고 있습니까? 여러분은 무슨 생각을 하고 있습니까? 여러분은 자기 자신도 속일 때까지 남을 속였습니까? 여러분이 알지도 못했던 길을 가르치라고 누가 여러분에게 일을 맡겼습니까? 여러분은 "강한 미혹에 빠져들어서" 그렇게 가르칠 뿐만 아니라 그 "거짓말을 믿기까지" 합니까?[39] 그러고도 어떻게 여러분은 하나님께서 여러분을 보내셨다고, 여러분은 그분의 사신이라고 생각할 수 있다는 말입니까? 아닙니다. 만약에 주님께서 정말로 여러분을 보내셨다면 주님의 역사가 여러분의 손을 통해 번창해 나갔을 것입니다. 만일 여러분이 정말로 하나님의 사신이라면, 주님은 살아 계시기에[40] 그분께서는 "자신이 보낸 사신의 말을 확증"[41]해 주셨을 것입니다. 그러나 주님의 역사는 여러분의 손을 통해 번창해 나가지 않습니다. 여러분은 어떤 죄인도 회개하도록 인도하지 않습니다. 주님께서는

---

37) 전 7:16
38) 겔 3:20
39) 살후 2:11
40) 시 18:46
41) 사 44:26

여러분의 말을 확증해 주시지 않습니다. 왜냐하면 여러분은 어떤 영혼도 사망에서 구해 내고 있지 않기 때문입니다.

13. 우리 주님께서 그토록 충만하고 강하며 분명하게 말씀하시는데, 여러분이 어떻게 그 말씀의 힘에서 벗어날 수 있겠습니까? 어떻게 여러분이 여러분의 열매, 즉 나쁜 나무에 달리는 나쁜 열매로서의 여러분 자신을 모른다고 할 수 있습니까? 그게 아니면 뭐라는 말입니까? "가시나무에서 포도를 딸 수 있으며, 엉겅퀴에서 무화과를 딸 수 있습니까?" 여러분이 바로 이런 것에 해당하는 사람이라는 사실을 인정하십시오! 오, 그대 열매 없는 나무여! 왜 애꿎은 땅만 귀찮게 합니까? "모든 좋은 나무는 좋은 열매를 맺습니다." 여기에는 예외란 없다는 것을 모르시겠습니까? 그렇다면 여러분은 좋은 나무가 아니라는 것을 아십시오. 왜냐하면 여러분은 좋은 열매를 맺지 못하니까요. "나쁜 나무는 나쁜 열매를 맺습니다." 여러분은 처음부터 그렇게 해 왔습니다. 여러분은 자기가 하나님께로부터 온 사람인 것처럼 말하지만, 사람들은 굳이 여러분의 행동까지는 아니더라도 여러분이 말하는 것만 들더라도 여러분이 악하다는 것을 확신할 수 있습니다. 여러분은 그분의 이름을 빌려 말을 하거니와, 그분께서 선고를 내리시기 전에, 바로 그 이름의 주인이 주시는 경고를 받아들이십시오. "좋은 열매를 맺지 않는 나무는 모두 찍혀서 불에 던져질 것입니다."

14. 내 사랑하는 형제 여러분, 여러분의 마음을 강퍅하게 하지 마십시오![42] 여러분은 너무 오랫동안 빛에 대하여 눈을 감고 있었습니다. 이제 너무 늦기 전에 눈을 뜨십시오. 여러분이 바깥 어둠 가운데로 던져지기 전에 말입니다![43] 잠시 있다가 없어질 것들을 중요하게 여기지 마십시오. 영원한

---

42) 히 3:7~8
43) 마 25:30

것을 잃어버릴 위기에 처해 있기 때문입니다. 여러분은 보내심을 받기도 전에 달려갔습니다. 오, 더 이상 멀리 나가지 마십시오! 여러분 자신과 여러분의 말을 듣는 사람들이 저주를 받도록 고집 피우지 마십시오! 여러분이 아무리 수고해봤자 아무런 열매도 없습니다. 왜 그렇습니까? 왜냐하면 주님께서 여러분과 함께하시지 않기 때문입니다.[44] 그런데 이 싸움을 여러분 혼자만의 힘으로 해 나갈 수 있습니까? 그럴 수 없습니다. 그렇다면 그분 앞에 여러분을 겸손히 낮추십시오. 먼지를 뒤집어쓰고 그분께 부르짖으십시오. 그리하면 그분께서 그대의 영혼을 속히 깨워 주실 것입니다. 또한 그분께서는 그대에게 사랑으로 역사하는 믿음을 주실 것입니다.[45] 그것은 낮아지고 온유하며, 성결하고, 긍휼하며, 선한 일에 열심을 내고,[46] 의를 위하여 환란이나 비난이나 극심한 고통이나 핍박을 받는 가운데서도 기뻐하는 것입니다! 그리하여 "영광의 영과 그리스도의 영께서 여러분 위에 임하도록"[47] 하십시오. 그리하면 하나님께서 여러분을 보내셨다는 증거가 나타나게 될 것입니다. 그렇게 되면 여러분은 "전도자의 일을 하며 여러분의 직무를 온전히 완수하게 될"[48] 것입니다. 그리하면 여러분의 입에 있는 하나님의 말씀이 "바위를 산산조각으로 쳐서 부수는 망치가 될 것"[49]입니다. 그때 그대의 열매를 통해서, 하나님께서 그대에게 주신 자녀들을 통해서 그대가 주님의 선지자라는 것을 알게 될 것입니다. 그대가 "많은 사람을 옳은 데로 돌아오게 한 연후에 그대는 별처럼 영원히 빛날 것입니다."[50]

---

44) 시 127:1
45) 갈 5:6
46) 웨슬리는 여기에서 팔복이라고 알려진 복의 선언(Beatitudes)의 내용을 나열하고 있다. 여기에서 "선한 일에 열심을 내는 것"은 화평케 하는 자에 대한 복의 선언(마 5:9)에 해당하는 것이다. 웨슬리는 평화를 일구는 것에 대해 두 가지로 설명하는데, 첫 번째는 말 그대로 평화를 만들어 내는 것이고, 두 번째 의미는 모든 사람에게 선을 행하는 것이라고 말한다. 이 설교에서 "선한 일에 열심을 낸다."는 말은 바로 이 "화평케 하는 자"를 염두에 두고 한 말이다. 이에 대해서는 표준설교 18.2.2~7('산상수훈 강해 3'), 특히 4~7부분을 보라.
47) 벧전 4:14
48) 딤후 4:5
49) 렘 23:29
50) 단 12:3

웨슬리와 함께 공부하는 산상수훈

1 이 설교 말씀의 본문은 어디이며 무엇에 대한 말씀입니까?

2 이 설교에서 다루고 있는 내용은 크게 무엇입니까? (27.0.4)

   1)

   2)

   3)

3 거짓 선지자들은 어떤 사람들이며 그들은 무엇을 가르칩니까? (27.1.2~7)

4 거짓 선지자들은 어떤 모습으로 우리에게 다가옵니까? (27.2.1~5) 구체적으로 말해 보십시오.

   1) (27.2.2)

   2) (27.2.3)

   3) (27.2.4)

   4) (27.2.5)

5 거짓 선지자들은 위와 같은 모습으로 오기 때문에 알아내기가 무척 어렵습니다. 이들을 분별해 내는 방법은 무엇입니까? (27.3.1~3)

1) (27.3.2)
2) (27.3.3)

6 거짓 선지자들이 가르침을 줄 때 우리는 그들이 거짓 선지자들이라는 이유로 그들의 가르침을 통째로 함께 거부해야 합니까? (27.3.6~8) 아니라면 왜 그렇습니까?

7 거짓 선지자들을 구별해 낼 때 우리가 취해야 할 태도는 무엇입니까? (27.3.9) 웨슬리가 말하는 사랑의 기준에 대해 다시 살펴봅시다(17.3.14, 산상수훈 강해 2번). 정죄에 대한 경고의 말씀(표준설교 25번, 산상수훈 강해 11번)도 다시 살펴봅시다.

8 한국 교회 안에 있는 거짓 선지자들이나 교회 안으로 악한 마음을 품고 침투해 들어온 이단들은 무엇이 있는지 살펴보고 이들을 어떻게 대처해야 하면 좋을지, 그리고 교회 안에 있는 하나님의 자녀들을 어떻게 지켜낼 수 있는지 방법들을 서로 나눠 봅시다.

표준설교
28

우리 주님의
산상수훈에 대하여

▶ 강해 13

요약과 해설

산상수훈 마지막 강해는 11번 강해와 같이 1749년 11월 1일에서 7일까지 기간에 이루어진 설교다. 이 설교는 모래 위에 집을 짓는다는 것에 대하여, 반석 위에 집을 짓는다는 것에 대하여, 그리고 우리들의 신앙에 어떻게 구체적으로 이 말씀을 적용할 수 있는지 살펴보는 내용으로 구성되어 있다. 웨슬리는 모래 위에 집을 짓는다는 것에 대하여 논한다. 모래 위에 집을 짓는 것은 말로만 고백이 이루어질 뿐 실천에 옮겨지지 않는다는 것을 가리킨다. 아무리 훌륭한 신앙고백을 하더라도 그것이 단지 말에서 그친다면 그것은 모래 위에 집을 짓는 행위다.

웨슬리는 모래 위에 집을 짓는 것이 단순히 말에서 그치는 것으로만 국한하지 않고 실제로 실천에 옮겼다고 하더라도 모래 위에 집을 짓는 결과를 가져올 수 있다고 말한다. 즉, 성경 말씀대로 악한 일을 하지 않고 남을 돕는 선행(자비의 행위)과 성만찬이나 예배 참석 등과 같은 종교적 행위(경건의 행위)를 잘한다 하더라도 그 가운데 내적인 성결, 즉 하나님을 향해 시선이 고정되어 있지 않은, 단순함(simplicity)이 없다면 그것은 결국 말로만 주님을 외치는 행위, 모래 위에 집을 짓는 행위에 해당하는 것이다.

이와 대조적으로 반석 위에 집을 짓는 사람은 복의 선언(팔복)에 대한 설교(강해 1~3번)에서 말했던 심령이 가난하고 온유하며, 하나님을 목말라하며 간절히 찾는 사람, 하나님과 이웃을 사랑하는 사람을 가리킨다. 반석 위에 집을 짓는 사람은 믿음으로 말미암은 은혜로 구원받는다는 사실로 자신의 구원의 소망을 삼는다. 마지막으로 웨슬리는 우리들이 자신의 신념이나 교리나 의식 등과 같은 종교적 행위를 반석으로 삼아서 의지해서는 안 된다고 말한다. 또한 자신이 선행을 한다든지 열심히 신앙생활을 한다고 해서 그것으로 구원을 보장받는다는 생각을 버려야 하며, 오로지 믿음으로 말미암은 은혜로 구원받는다는 것을 기억해야 한다고 말한다.

우리 주님의 산상수훈에 대하여

▶ 강해 13

나더러 주여 주여 하는 자마다 다 천국에 들어갈 것이 아니요 다만 하늘에
계신 내 아버지의 뜻대로 행하는 자라야 들어가리라. 그 날에 많은 사람이 나더러
이르되 주여 주여 우리가 주의 이름으로 선지자 노릇 하며 주의 이름으로 귀신을
쫓아 내며 주의 이름으로 많은 권능을 행하지 아니하였나이까 하리니, 그 때에
내가 그들에게 밝히 말하되 내가 너희를 도무지 알지 못하니 불법을 행하는
자들아 내게서 떠나가라 하리라. 그러므로 누구든지 나의 이 말을 듣고 행하는
자는 그 집을 반석 위에 지은 지혜로운 사람 같으리니 비가 내리고 창수가 나고
바람이 불어 그 집에 부딪치되 무너지지 아니하나니 이는 주추를 반석 위에 놓은
까닭이요. 나의 이 말을 듣고 행하지 아니하는 자는 그 집을 모래 위에 지은
어리석은 사람 같으리니 비가 내리고 창수가 나고 바람이 불어 그 집에 부딪치매
무너져 그 무너짐이 심하니라. 마 7:21~27

1. 우리의 거룩하신 선생님께서는 구원의 길에 대한 하나님의 모든 권고
의 말씀을 선포하시고, 이어서 그 길을 걷고자 하는 자들의 앞을 가로막는
주된 장애물들이 무엇인지 살피십니다. 그리고 이 비중 있는 말씀들로써 이
모든 가르침들을 마무리하십니다. 이렇게 함으로써 당신께서 하신 예언의

말씀을 봉인하시고,[1] 친히 전하신 말씀들 위에 당신의 모든 권위로 인을 치셔서 그 가르침이 모든 세대에 이르도록 굳건하게 서 있을 수 있게 하셨습니다.

2. 주님께서는 어느 누구도 이 외에 다른 길이 있다는 것을 생각하지 못하도록 이렇게 말씀하셨습니다. "나더러 주여, 주여 하는 자마다 다 천국에 들어갈 것이 아니요, 다만 하늘에 계신 내 아버지의 뜻대로 행하는 자라야 들어가리라. 그 날에 많은 사람이 나더러 이르되 주여, 주여, 우리가 주의 이름으로 선지자 노릇 하며 주의 이름으로 귀신을 쫓아내며 주의 이름으로 많은 권능을 행하지 아니했나이까? 하리니, 그 때에 내가 그들에게 밝히 말하되, 내가 너희를 도무지 알지 못하니 불법을 행하는 자들아 내게서 떠나가라 하리라. 그러므로 누구든지 나의 이 말을 듣고 행하는 자는 그 집을 반석 위에 지은 지혜로운 사람 같으리니, 비가 내리고 창수가 나고 바람이 불어 그 집에 부딪치되 무너지지 아니하나니 이는 주추를 반석 위에 놓은 까닭이요, 나의 이 말을 듣고 행하지 아니하는 자는 그 집을 모래 위에 지은 어리석은 사람 같으리니 비가 내리고 창수가 나고 바람이 불어 그 집에 부딪치매 무너져 그 무너짐이 심하니라."

3. 저는 이번 강해에서 첫 번째로 모래 위에 집을 짓는 사람의 경우를 생각해 보고, 두 번째로 반석 위에 집을 짓는 사람의 지혜에 대하여, 그리고 세 번째로는 구체적인 적용의 문제로 결론을 짓도록 하겠습니다.

I

1. 첫 번째로, 저는 모래 위에 집을 짓는 사람의 경우를 살펴보고자 합

---

1) Cf. 계 22:10

니다. 이런 사람에 대해서 우리 주님께서는 "나더러 주여, 주여 하는 자마다 천국에 들어갈 것이 아니다."라고 말씀하셨습니다. 이 말씀은 절대로 없어지지 않을 말씀입니다. 이 말씀은 영원토록 굳게 서 있을 것입니다. 그러므로 우리는 이 말씀의 힘을 매우 깊고도 온전하게 이해해야 합니다. 그렇다면 "나더러 주여, 주여 하는 자"라는 말씀을 어떻게 이해해야 합니까? 이 말씀은 제가 설명했던 것 이외에 다른 길을 통해서 천국에 들어갈 수 있다고 생각하는 것을 가리키는 것이 틀림없습니다. 그러므로 이것은(가장 낮은 지점에서 시작한다면) 모든 그럴듯한 말들이나 말뿐인 종교를 가리킵니다. 여기에는 우리가 반복하여 말하는 어떠한 신앙고백이든지, 우리가 표현하는 어떠한 믿음의 고백이든지, 우리가 드리는 수많은 기도, 혹은 우리가 하나님께 표현하는 모든 감사의 말씀 등도 다 포함됩니다. 우리는 그분의 이름을 좋게 말할 수도 있고 인류를 향하신 그분의 친절한 사랑을 선포할 수도 있습니다. 우리는 그분께서 하신 모든 위대한 일들에 대해 말할 수도 있고 매일 그분의 구원에 대해서 말할 수도 있습니다. 영적인 것으로 영적인 것을 빗대어 말함으로써 우리는 하나님의 뜻이 무엇을 의미하는지도 보일 수도 있습니다. 우리는 창세로부터 감추어져 있던 그분의 나라의 신비에[2] 대해서 설명할 수도 있습니다. 우리는 하나님의 깊으신 것들에 대하여 사람이 아닌 천사의 언어로 말을 할 수도 있습니다.[3] 우리는 죄인들에게 "보라, 세상 죄를 지고 가는 하나님의 어린 양이로다!"[4]라고 선포할 수도 있습니다. 그렇습니다. 우리는 이러한 것들을 놀라우신 하나님의 능력으로 행할 수 있고, 성령의 능력으로 많은 영혼들을 사망에서 구해 낼 수도 있으며, 허다한 허물을 덮어 줄 수도 있습니다.[5] 그렇지만 이러한 모든 것들이 그저 "주여, 주여."라고 말하는 것에 지나지 않을 수도 있습니다. 제가 남들에게

---

2) 골 1:26
3) 고전 13:1
4) 요 1:29
5) 약 5:20; 잠 10:12

는 성공적으로 설교하고 나서 도리어 저 자신은 버림을 받을 수도 있습니다.[6] 제가 많은 영혼들을 지옥에서 건져 내어 하나님의 손에 넘겨 드리고서도 정작 저 자신은 그 일을 하고 나서 지옥에 빠질 수도 있습니다. 제가 많은 사람들을 하나님 나라에 들어가도록 하고서도 정작 저 자신은 거기에 들어가지 못할 수도 있습니다. 독자 여러분! 하나님께서 내 말이 여러분에게 복되게 하셨다면 부디 죄인인 내게 하나님께서 자비를 베풀어 주시도록 기도해 주십시오!

2. "주여, 주여."라는 말은 둘째로, 어떠한 해악도 끼치지 않는 것을 의미할 수 있습니다. 우리는 의도적인 죄,[7] 외적으로 드러나는 모든 종류의 악독을 저지르지 않으려고 합니다. 우리는 성경 말씀에서 금하고 있는 모든 행동이나 말을 하지 않으려고 합니다. 우리는 우리 주위 사람들에게 "여러분 중에서 과연 누가 나로 하여금 죄를 짓도록 하겠습니까?"라고 자신 있게 말할 수도 있습니다. 우리는 하나님과 사람들에게 어떠한 외적인 죄를 짓지 않았다고 자부하는 양심을 갖고 있을 수도 있습니다. 우리는 어떠한 외적인 행동과 관련해서 어떤 형태로든 부정이나 불경건, 불의한 일을 하지 않았다고 말할 수 있습니다. 혹은 (사도 바울이 자신에 대해서 당당하게 말하듯이) "율법의 의로는", 즉 외적으로 드러나는 의로는 "흠이 없다."[8]고 말할 수 있습니다. 그렇지만 여전히 우리는 이로써 의롭게 되지 못합니다. 이것은 그저 "주여, 주여."라고 말하는 것에 지나지 않습니다. 만일 우리가 이보다 더 나아가지 못한다면 우리는 결코 "하늘나라에 들어가지 못할 것"입니다.

3. "주여, 주여."라는 말은 셋째로, 흔히 선행이라고 일컫는 많은 것들을 가리킵니다. 우리는 주님의 성만찬에 참여할 수도 있고, 매우 훌륭한 설교

---

6) 고전 9:27
7) 표준설교 1.2.6('믿음에 의한 구원')을 보라.
8) 빌 3:6

말씀도 들을 수 있습니다. 또한 우리는 이 외에 하나님의 다른 모든 의식에 참여할 기회를 소홀히 하지 않을 수도 있습니다. 저는 제 이웃에게 선행을 할 수 있고, 제 빵을 배고픈 이들에게 나누어 줄 수도 있습니다. 또한 제 옷으로 헐벗은 이들을 덮어 줄 수도 있습니다. 저는 선행에 너무 열의를 보인 나머지 심지어 "나의 모든 소유를 팔아 가난한 자들에게 나누어 줄 수"[9]도 있습니다. 그렇습니다. 저는 하나님을 기쁘시게 하려는 열망으로 이 모든 일들을 할 수도 있습니다. 또한 그렇게 함으로써 하나님을 기쁘시게 할 수 있을 것이라고 실제로 믿어서 그렇게 할 수 있습니다. 그렇게 하면서도 어떠한 영광도 제게 돌아오지 않도록 할 수 있습니다. 그런데 이러한 것들도 우리 주님께서 "주여, 주여."라고 지적하신 말씀에 해당하는 경우가 될 수 있습니다.

4. 만일 누가 이러한 사실에 놀란다면, 그 사람은 자신이 예수 그리스도 종교의 모든 진면목에 대해서 제대로 알지 못한 사람이라는 것을 깨달아야 할 것입니다. 특히 이 사람은 이 강해 말씀을 통해서 그분께서 우리에게 보여 주신 완전한 그림을 자신이 제대로 알지 못하고 있다는 사실을 깨달아야 합니다. 그분께서 여기에서 설명하신 모든 의로움과 참된 거룩함에[10] 비해 이 모든 것들이 얼마나 부족한 것들입니까! 이제 믿는 자들의 영혼 안에 활짝 열린 내적 천국으로부터 그것이 얼마나 멀리 떨어져 있는 것들입니까! 그 내적 천국은 겨자씨와 같이 그 마음속에 처음 뿌려졌으나 후에는 큰 가지를 내고, 이후에는 의와 모든 선한 성품과 말과 행실의 온갖 열매를 맺습니다.[11]

5. 그러나 그분께서는 자주 이것을 반복하여 말씀하셨고 분명히 말씀하

---

9) 마 19:21
10) 엡 4:24
11) 마 13:31

셨는데, 즉 자기 안에 이러한 하나님의 나라를 가지지 못한 사람은 하늘나라에 결코 들어가지 못한다는 사실입니다. 우리의 주님께서는 많은 사람들이 이 말씀을 받아들이지 않을 것이라는 사실을 잘 알고 계셨습니다. 그래서 이렇게 말씀하신 것입니다. "많은 사람들이 (그분께서 말씀하신 것은 어떤 한 사람이나 몇몇 사람들이 그렇다는 것이 아닙니다. 이것은 결코 드문 일이 아닙니다.) 그 날에 나에게 말할 것이다."라고 말입니다. 실제로 우리도 많은 기도를 했습니다. 우리도 그분께 찬양을 드렸습니다. 우리는 죄로부터 스스로 멀리했습니다. 우리는 많은 선행을 했습니다. - 하지만 이보다 훨씬 더한 것을 말하자면, "우리는 당신의 이름으로 예언하고, 당신의 이름으로 귀신을 내쫓고, 당신의 이름으로 많은 놀라운 일들을 행했습니다." "우리가 예언했습니다." - 이 말은 우리가 당신의 뜻을 사람들에게 선포했다는 말입니다. 우리는 죄인들에게 평화와 영광으로 가는 길을 보여 주었습니다. 게다가 우리는 그것을 "주님의 이름으로" 했습니다. 당신 복음의 진리에 따라[12] 그렇게 한 것입니다. 그렇습니다. 하늘에서 내려온 성령으로 말씀을 굳게 하신 당신의 권위를 갖고 그렇게 한 것입니다. 당신의 이름으로, 당신의 말씀과 당신의 성령의 능력을 갖고 귀신들이 오랫동안 자신의 것이라고 주장하면서 완전히 자기 수하에 넣고 지배하던 많은 영혼들로부터 "우리가 귀신을 내쫓았습니다." "당신의 이름으로", 즉 우리 자신의 권능이 아니라 당신의 권능을 갖고 "우리가 많은 놀라운 일들을 행했습니다." 그리하여 우리가 하는 말을 통해서 "심지어 죽은 자들이 하나님의 아들의 음성을 듣고" 살아났습니다.[13] "그러나 그 때에 내가 그들에게 나는 너희를 알지 못한다고 말할 것이다." 여러분이 "내 이름으로 귀신을 내쫓는" 그때에 여러분을 알지 못한다고 말씀하신다는 것입니다. 바로 그때에 여러분이 그분의 소유라는 것을[14] 알지 못하신다는 것입니다. 여러분의 마음이 하나님을 향해서 올바르

---

12) 갈 2:14
13) 요 5:25
14) 사 43:1

지 않았기 때문입니다. 여러분이 온유하고 겸손하지 않았기 때문입니다.[15] 여러분이 하나님과 이웃을 사랑하는 자들이 아니었기 때문입니다. 여러분은 하나님의 형상으로 새롭게 되지 못했습니다.[16] 여러분은 그분의 거룩하심처럼 거룩하지 못했습니다.[17] "너는 나에게서 떠나가라." 여기에서 너는 이러한 모든 "불법을 행하는" 사람, 즉 아노미아(anomia)를 행하는 사람을 가리킵니다. 이 사람은 그분의 율법, 거룩하고 완전한 사랑의[18] 율법을 어기는 사람입니다.

6. 우리의 주님께서는 적절한 비유를 통해서 이의의 여지가 없이 깔끔하게 이것을 확증하셨습니다. 그분께서는 "나의 이 말을 듣고 행하지 아니하는 자는 그 집을 모래 위에 지은 어리석은 사람 같으리니 비가 내리고 창수가 나고 바람이 불어 그 집에 부딪치매 무너져 그 무너짐이 심하니라."라고 말씀하십니다. - 머지않아 이러한 일들이 반드시 모든 사람에게 이루어질 것입니다. 외적인 고통의 홍수나 내적인 유혹이 밀어닥칠 것입니다. 교만과 분노와 두려움과 욕망의 폭풍이 밀려올 것입니다. "무너져 그 무너짐이 심하니라." 그리하여 영원토록 멸망할 것입니다. 주님께서 가르쳐 주신 이 종교의 가르침을 충족하지 못한 상태에 머물러 있는 사람들은 이러한 쓸쓸한 결과를 맞이하게 될 것입니다. 그들의 무너짐은 매우 심할 것입니다. 왜냐하면 그들이 "이 말씀을 듣고도" 여전히 "행하지 아니했기" 때문입니다.

II

1. 두 번째로, 저는 이것을 행하는 사람 곧, 그의 집을 반석 위에 짓는 사

---

15) 엡 4:2; 골 3:12; 마 11:29
16) 골 3:10
17) 벧전 1:16
18) 요일 4:18

람의 지혜에 대해 말씀드리겠습니다. 이 사람 곧, "하늘에 계신 아버지의 뜻을 행하는" 사람은 현명한 사람입니다. "율법학자들과 바리새인들의 의보다 훨씬 뛰어난 의"[19]를 지닌 사람들은 진실로 지혜로운 사람들입니다. 이 사람은 심령이 가난한 사람입니다.[20] 이 사람은 하나님의 눈에 비쳐지는 자기 모습 그대로를 스스로도 잘 알고 있습니다. 이 사람은 자기 죄악과 모든 죄책감이 속죄의 보혈로 다 씻겨 없어질 때까지 그것들을 직시하고 있으며 절실히 느끼고 있습니다.[21] 이 사람은 자기가 길을 잃고 방황하는 상태에 있다는 것을 잘 인식하고 있으며, 이로 인해 하나님의 진노가 자기에게 임할 것이라는 것도 잘 알고 있습니다. 이 사람은 자기 스스로의 힘으로 이러한 상태를 이겨낼 수 없다는 것도 잘 알고 있으며,[22] 오직 성령 안에서의 평화와 기쁨으로 가득 찰 때에만 비로소 이러한 것들이 사라진다는 것도 잘 알고 있습니다.[23] 이 사람은 온유하고 신사적인 태도(gentleness)[24]를 지니고 있으며, 모든 사람에 대해 참아 줄 줄 알고 절대로 "악을 악으로, 욕지거리는 욕지거리로 되받아치지 않고 도리어 축복해 주어서" 결국 선으로 악을 이기는 사람입니다.[25] 이 사람의 영혼은 이 세상의 어떠한 것에도 목말라하지 않습니다. 오직 살아 계신 하나님 한 분만을 간절히 찾습니다.[26] 이 사람은 모든 사람을 사랑하는 마음을 지닌 사람입니다. 그는 원수를 위해서 기꺼이 자신의 목숨을 내려놓을 준비가 된 사람입니다. 이 사람은 자기 마음과 모든 뜻과 영혼과 힘을 다해서 주 하나님을 사랑합니다.[27] 오직 이러한 사람만이, 이러한 마음가짐으로 모든 사람에게 선을 행하는 이 사람만이

---

19) 마 5:20
20) 마 5:3
21) 표준설교 16('산상수훈 강해 1')의 "애통하는 자"에 대한 설명을 보라.
22) 표준설교 16.1.4~8('산상수훈 강해 1')을 보라.
23) 표준설교 16.1.11('산상수훈 강해 1')을 보라.
24) 표준설교 17.1.4('산상수훈 강해 2')를 보라.
25) 롬 12:21
26) 표준설교 17.2.1~4('산상수훈 강해 2')를 보라.
27) 신 6:5; 마 22:37; 막 12:30; 눅 10:27

하늘나라에 들어갈 수 있습니다. 이 사람은 이러한 이유 때문에 사람들로 부터 멸시와 배척을 받습니다. 또한 미움도 받고 비난을 당하며 핍박을 받습니다. 그러나 이 사람은 그럼에도 불구하고 기뻐하고 "크게 즐거워"합니다.[28] 왜냐하면 믿음을 갖고 있으며 이 빛에 확신을 가진 이 사람은 이러한 일시적인 고난이 "지극히 크고 영원한 영광의 중한 것을 그에게 이루게 할 것"을[29] 잘 알고 있기 때문입니다.

2. 이 얼마나 참으로 현명한 사람입니까! 그는 자기 자신을 알고 있습니다. 이 사람은 하나님으로부터 온 영원한 영혼을 지닌 사람입니다. 이 사람은 질그릇으로 된 집에 보내심을 받아서 자기의 뜻이 아닌 자기를 보내신 그분의 뜻을 행하는 사람입니다.[30] 이 사람은 세상을 잘 알고 있습니다. 그는 자기가 이 세상에서 며칠 혹은 몇 년 동안만 머물다 갈 것이라는 것을 알고 있으며, 자기는 이 땅에서 거주하며 사는 사람이 아니라 영원한 처소를 향해 가는 동안에 잠시 들렀다 가는 나그네요 여행자라는 사실을 알고 있습니다.[31] 따라서 이 사람은 이 세상을 함부로 쓰지 않습니다. 왜냐하면 이 세상의 것들은 잠시 있다가 사라지는 것임을 알기 때문입니다. 이 사람은 하나님을 압니다. 그는 그분께서 자신의 아버지요 친구라는[32] 사실을 압니다. 그는 하나님께서 모든 선한 것들의 아버지이시며, 모든 육체의 중심이시며, 모든 지각 있는 존재들의 유일한 행복이 되시는 분이라는 것을 알고 있습니다. 이 사람은 그분을 영화롭게 하는 것이 인간의 존재 목적이라는 사실을 한낮의 태양빛보다도 더 환하게 잘 알고 있습니다. 이 사람은 그분께서 당신 자신을 위하여 자기를 창조하셨고 당신을 사랑하고 당신을 영원히 즐거

---

28) 마 5:11~12
29) 고후 4:17
30) 요 6:38
31) 벧전 2:11; 히 11:13
32) 렘 3:4; 요 15:15

위하도록 창조하셨다는 것을 알고 있습니다.[33] 이 사람은 또한 이러한 목적을 이루기 위한 방법과 영광 가운데서 하나님을 즐거워하는 방법이 무엇인지 분명히 알고 있습니다. 이 사람은 어떻게 하면 하나님을 잘 알고 그분을 사랑하며, 어떻게 하면 그분을 본받을 수 있는지, 그리고 하나님께서 보내신 예수 그리스도를 믿을 수 있는지 잘 알고 있습니다.

3. 이 사람은 하나님께서도 친히 지혜롭다고 하신 사람입니다. 왜냐하면 "이 사람은 자기 집을 반석 위에" 곧, 만세반석이신 분, 영원하신 반석, 주님 예수 그리스도 위에 세우기 때문입니다. 그분께서는 굳건하신 분이십니다. 왜냐하면 그분께서는 변하지 않으시기 때문입니다. 그분께서는 "어제도, 오늘도, 그리고 영원토록 동일하신"[34] 분이십니다. 그분께 대하여는 그 옛날 하나님의 사람들이나 사도들이 그분의 말씀을 인용하여 증언한 바 있습니다. 즉, "또 주여 태초에 주께서 땅의 기초를 두셨으며 하늘도 주의 손으로 지으신 바라. 그것들은 멸망할 것이나 오직 주는 영존할 것이요 그것들은 다 옷과 같이 낡아지리니, 의복처럼 갈아입을 것이요 그것들은 옷과 같이 변할 것이나 주는 여전하여 연대가 다함이 없으리라.(히 1:10~12)"[35]라는 말씀입니다. 그러므로 그분 위에 집을 세우는 사람은 지혜롭습니다. 오직 그분만을 기초로 삼은 사람은 지혜가 있습니다. 그분의 보혈과 의 위에, 그분께서 우리를 위해 행하시고 겪으셨던 것 위에 집을 세우는 사람은 현명합니다. 이 모퉁잇돌 위에 이 사람은 자신의 믿음을 고정시키고, 자기의 모든 영혼을 그 위에 올려놓습니다. 이 사람은 하나님께 가르침을 받아서 "주님, 저는 죄를 지었습니다. 저는 지옥 아랫목에나 어울리는 사람입니다. 그러나 저는 당신의 은혜로써, 그리스도 예수 안에 있는 구속을 통하여 거저 의롭다 하심을 입었습니다. 그러므로 이제 제가 사는 것은 나를 사랑하사 나

---

33) 사 43:21
34) 히 13:8
35) 시 102:25~27

를 위해 자신을 내어 주신 분을 믿는 믿음으로 사는 것입니다."[36]라고 고백합니다. 이 사람은 "이제 내가 사는 삶은 거룩한 하늘의 삶이며, 하나님 안에서 그리스도와 함께 감추어져 있습니다.[37] 이제 내가 육체 안에 살면서도 사랑의 삶, 하나님과 이웃을 사랑하는 삶을 삽니다. 나는 거룩함과 행복한 삶을 살며, 하나님의 영광을 위하여 모든 것을 행하면서 하나님을 찬양하는 삶을 삽니다."라고 고백합니다.

4. 하지만 이러한 사람이라 할지라도 앞으로 더 이상 전쟁이 없을 것이라 생각해서는 안 됩니다. 이 사람은 이제 겨우 유혹의 손길에서 벗어난 것일 뿐입니다. 하나님께서는 당신께서 주신 은혜를 증명하실 일이 아직 남아 있으십니다. 이 사람은 불에 연단하는 금처럼 연단의 과정을 거치게 될 것입니다.[38] 그들은 하나님을 알지 못하는 사람들이 받는 것 못지않게 유혹을 받을 것입니다. 어쩌면 그들보다 더 많은 유혹을 받게 될지도 모릅니다. 왜냐하면 사탄은 자기가 무너뜨리지 못하는 가장 멀리 떨어진 사람들조차도 반드시 시험하려 할 것이기 때문입니다. 따라서 "비"가 맹렬하게 들이닥칠 것입니다. 이 비는 공중 권세를 잡은 임금이[39] 생각하기에 적절하다고 느껴지는 시간이나 방식에 들이닥치는 것이 아니라, "모든 것을 다스리시는 왕국을 소유하신" 그분께서 보시기에 적절하다고 생각되는 시간과 방식으로 내릴 것입니다.[40] "홍수", 즉 급류가 들이닥칠 것입니다. 그 물결은 높이 일어날 것이고 매우 사납고도 맹렬하게 들이닥칠 것입니다. 그렇지만 주님께서는 그 물결 위에 좌정하사 왕으로서 영원히 다스리시면서 "네가 여기까지 오고 더 넘어가지 못하리니, 네 높은 파도가 여기서 그칠지니라."[41]라고

36) 갈 2:20
37) 골 3:3
38) 벧전 1:7; 계 3:18
39) 엡 2:2
40) 표준설교 18.3.5('산상수훈 강해 3')를 보라.
41) 욥 38:11; 렘 5:22

명하십니다. 마치 그 집의 기초부터 갈기갈기 찢어놓을 듯이 "바람이 불어와 집에 부딪칠 것"입니다. 그렇지만 그 바람이 이기지는 못할 것입니다. 그 집은 무너지지 않습니다. 왜냐하면 그 집은 반석 위에 기초를 두고 있기 때문입니다. 이 사람은 믿음과 사랑으로 그리스도 위에 집을 지었습니다. 그러므로 그 사람은 무너지지 않을 것입니다. 그는 "땅이 흔들리고 산이 바다 한가운데 옮겨질지라도 두려워하지 않을 것"[42]입니다. "바닷물이 솟아나고 뛰놀든지, 그것이 넘침으로 산이 흔들릴지라도" 여전히 그는 "지존자의 보호 아래 거하며 전능자의 그늘 아래에 삽니다."[43]

III

1. 이 가르침이 모든 사람에게 실제로 적용함에 있어서 얼마나 잘 들어맞는 것입니까! 모든 사람은 자기가 어디 위에 집을 세웠는지, 즉 반석 위에 세웠는지 모래 위에 세웠는지 부지런히 늘 점검해 보아야 합니다. 여러분은 얼마나 심각하게 "내 소망의 기초는 어디 위에 있는가?"라고 자문하고 있습니까? 여러분은 얼마나 심각하게 "나는 천국에 들어가기 위한 나의 소망을 무엇 위에 세우고 있는가? 혹시 모래 위에 세워 두고 있지는 않은가? 혹시 내가 말씀을 크게 잘못 생각하면서도 그것을 믿음이라고 부르면서, 이것에 바탕을 둔 나의 신념이나 올바르다고 생각되는 의견 위에 그 소망을 세워 두고 있지는 않은가?"라고 자문하고 있습니까? 여러분은 얼마나 심각하게 "내가 다른 사람들보다 더 이성적이고 성경적이라고 생각하는 그러한 사고방식 위에 내 소망을 세워 두고 있지는 않은가?"라고 자문하고 있습니까? 아! 이 얼마나 어리석은 생각입니까? 이러한 생각들은 모래 위에 집을 짓는 것이나 바닷물의 거품과 같은 것입니다! 도리어 이렇게 말하십시오. "나

---

42) 시 46:2
43) 시 91:1

는 이것을 확신한다. 나는 지탱해 줄 수 없는 것 위에 내 소망을 또다시 세우지 않는가? 혹시 내가 '매우 뛰어난 교파'라고 하는 어떤 종파에 - 그것이 참된 성경적 모델을 따라 만들어진 개혁교회라고 생각하면서, 그리고 그것이 가장 순수한 교리와 가장 원조가 되는 예배 의식을 고수하고 있으며 따라서 그 교회가 가장 사도적인 형태의 교회라고 생각하면서 - 소속되어 있다는 것을 의지하고 있지는 않은가?" 물론 이러한 것들은 우리가 하나님께 감사 찬양을 드릴 만한 것들입니다. 왜냐하면 이러한 것들은 우리가 경건하게 되는 데 도움을 줄 수 있기 때문입니다. 그렇지만 그것 자체가 거룩함은 아닙니다. 만일 이러한 것들이 우리로 하여금 거룩함에서 멀어지게 한다면 그것들은 우리에게 아무런 유익을 주지 못합니다. 이런 것들 때문에 도리어 우리가 더욱 핑계를 댈 만한 것들이 없어지게 되고, 더 큰 정죄를 당하게 될 것입니다. 따라서 만일 내가 이러한 것들에 내 소망의 기초를 세운다면 나는 모래 위에 집을 짓는 꼴이 되고 맙니다.

2. 여러분, 여기에서 안주할 수도 없고 안주하려고 해서도 안 됩니다. 이 것 말고 무엇 위에 여러분의 구원의 소망을 세우려고 하십니까? 여러분이 죄가 없다는 것 위에 세우려고 하십니까? 여러분이 남에게 해를 끼치지 않는다는 것이요? 다른 사람에게 잘못된 행동도 하지 않고 다른 이들에게 상처도 주지 않는다는 것 위에 세우려고 하십니까? 잘하셨습니다. 제가 진심으로 부탁드립니다. 여러분은 여러분이 하는 모든 거래에 있어서 공정하게 했습니다. 여러분은 철저하게 정직한 사람입니다. 여러분은 모든 사람에게 정당한 값을 치러주었습니다. 여러분은 남을 속이지도 않고 억지로 빼앗지도 않았습니다. 여러분은 모든 사람에게 공평하게 대해 주었습니다.[44] 여러분은 하나님을 향해 떳떳한 양심을 갖고 있습니다.[45] 여러분은 어떠한 고

---

44) 표준설교 20.4.7('산상수훈 강해 5')을 보라.
45) 행 23:1

범죄를 저지르지도 않습니다.[46] 그렇게 하는 것은 참으로 잘하는 것입니다. 그러나 그것으로 해결되지는 않습니다. 여러분은 그것보다 더 잘하더라도 천국에 결코 들어갈 수 없습니다. 설령 남에게 해악을 끼치지 않는 이 모든 행동들이 올바른 원칙에서 나온 것이라 하더라도, 여전히 이것은 그리스도의 종교의 가장 작은 일부분에 지나지 않습니다. 더구나 여러분이 하는 것들은 그러한 올바른 원칙에서 비롯된 것도 아니며, 따라서 그리스도 종교의 어떠한 일부분에도 해당되지 않습니다. 그러므로 이러한 것들에 여러분의 구원의 소망을 위한 기초를 삼는다면 여러분은 모래 위에 집을 짓는 사람들인 것입니다.

3. 여러분은 그래도 이것보다는 더 잘하고 있습니까? 단지 남에게 해를 끼치지 않거나 하나님의 모든 의식에 참여하는 것 이상으로 무엇인가를 하고 있습니까? 여러분은 기회가 닿는 대로 주님의 성만찬에 참여합니까? 개인적으로나 공적으로나 기도에 힘쓰고 있습니까? 자주 금식도 하십니까? 말씀을 듣고 탐구하며 그 말씀을 묵상하십니까?[47] 이러한 일들은 여러분이 하늘에 마음을 두기 시작한 이후로 마땅히 해 왔어야 하는 당연한 일입니다. 이러한 일들은 그 자체로만은 아무것도 아닙니다.[48] 이런 것들은 "율법의 더 중한 것들"[49] 없이는 아무것도 아닙니다. 여러분은 이러한 것들을 망각했습니다. 적어도 여러분은 그것들을 경험하지 못했습니다. 즉, 믿음과 자비, 그리고 하나님에 대한 사랑, 마음의 거룩함, 영혼 안에 활짝 열린 천

---

46) 고범죄와 도덕적 결함의 죄(sins of infirmity)를 혼동하면 안 된다. 후자는 선을 행하려고 의도했지만 결과적으로 해를 입히는 결과를 낳은 것을 뜻하며 이것은 죄가 아니다. 오히려 얼떨결에 짓는 죄(sins of surprise)가 고범죄로 여겨진다. 이것은 죄인 줄은 알고 있었으나 영혼의 나태함으로 인해 긴장하지 않아서 결국 예방하지 못하고 짓는 죄로서, 죄를 짓고 난 후에는 자신이 죄를 지은 것에 깜짝 놀라게 되는 것(surprise)이다. 그러나 비록 적극적이지는 않지만 죄라는 것에 대한 충분한 인지가 있었기에 조금이라도 죄에 대한 의지가 있었던 것으로 보아 웨슬리는 이것을 고범죄로 분류하여 정죄한다. 표준설교 8.2.8~11('성령의 첫 열매들')을 보라.
47) 성만찬, 기도, 말씀 등은 웨슬리가 은혜의 수단으로 제시하는 것이다. 표준설교 12('은혜의 수단')를 보라.
48) 표준설교 12.5.4('은혜의 수단')를 보라.
49) 마 23:23

국 등입니다. 따라서 만일 그러하다면 여러분은 아직도 모래 위에 집을 짓고 있는 것입니다.

4. 이보다 더 나아가서 여러분은 선행을 하는 데 열의를 보이고 있습니까? 여러분은 시간이 날 때마다 모든 사람에게 선한 일을 하고 있습니까? 여러분은 배고픈 이들에게 먹을 것을 주십니까? 여러분은 헐벗은 자에게 옷을 입히고 고통 중에 있는 고아와 과부들을 찾아가십니까? 여러분은 병든 이들을 방문하고 옥에 갇힌 이들을 위로해 주고 있습니까? 여러분은 어떠한 나그네라도 맞아들입니까?[50] 친구들이여! 보다 더 높은 차원으로 올라오십시오! 여러분은 그리스도의 '이름'으로 '예언'하십니까? 여러분은 예수 안에 있는 진리를 설파하십니까? 성령의 능력이 여러분의 말 가운데 임하여 그것이 구원에 이르는 하나님의 능력이 되도록 하고 있습니까? 그분께서 여러분에게 능력을 주시어 여러분으로 하여금 죄인들을 어둠에서 빛 가운데로 나아오도록, 사탄의 권세에서 하나님께로 나아오도록 하고 있습니까? 그렇다면 가서 여러분이 그토록 자주 배워왔던 것, 즉 "믿음으로 말미암아 은혜로 너희가 구원을 받았다."[51]라는 말씀을 배우십시오. "우리가 행하는 의의 행위를 통해서가 아니라 우리를 구원하시는 그분의 자비의 행위를 통해서"[52] 이루어집니다. 여러분이 행한 모든 것들이 배설물과 같다는 생각을 하면서 그리스도의 십자가 위에 벗은 몸으로 매달리는 법을 배우십시오.[53] 죽어가는 강도의 심령으로,[54] 일곱 귀신 들렸던 매춘부의 심령으로[55] 그분께 매달리십시오! 이러한 것 이외에 다른 것을 의지한다면 여러분은 여전히 모래 위에 집을 짓는 사람입니다. 만일 그렇다면 여러분은 다른 사람

---

50) 마 25:35
51) 엡 2:8
52) 딛 3:5
53) 빌 3:8
54) 눅 23:40~43
55) Cf. 막 16:9; 눅 8:2

은 구원하고도 정작 자기 자신의 영혼은 잃어버리는 자가 될 것입니다.[56)]

5. 주여, 제가 이제 믿사오니 제 믿음을 크게 해 주소서! 아니면 제게 겨자씨만큼 작은 믿음이라도 주소서! 그러나 "믿는다고 하면서도 행함이 없으면 무슨 유익이 있겠습니까? 그 믿음이 그를 구원하겠습니까?"[57)] 절대로 아닙니다! 행함이 없는 믿음은, 내적으로나 외적으로 어떠한 거룩함의 결실을 맺지 못하는 믿음은, 하나님의 온전한 형상을 그 마음에 각인시켜서 그분께서 순결하신 것처럼 우리를 순결하게 하지 못하는 믿음은, 지금까지 주님께서 설명하셨던 기독교의 모든 면모대로 결실을 맺지 못하는 믿음은, 복음에서 말하는 믿음도 아니며 그리스도인의 믿음도 아닙니다. 그러한 믿음은 우리를 영광으로도 인도해 주지 못하는 믿음입니다. 여러분! 모든 마귀의 올무보다도 이것을 조심하십시오! 여러분이 거룩하지 못하고 구원의 능력이 없는 믿음에 안주하지 않도록 주의하십시오. 만일 여러분이 이러한 것이 전부인 줄 안다면 여러분은 영원히 잃어버린 자가 될 것입니다. 만일 그러하다면 여러분은 여전히 그 집을 모래 위에 짓는 사람입니다. "비가 오고 홍수가 들이닥칠 때에 그 집은 반드시 무너지되 그 무너짐이 매우 심할 것입니다."

6. 그러므로 여러분의 집을 반석 위에 세우십시오. 하나님의 은혜로 여러분 스스로가 어떠한 존재인지 직시하십시오. 여러분이 죄악 중에 형성되었고, 여러분의 모친이 죄 가운데 여러분을 잉태했다는 사실을 분명히 알고 느끼십시오.[58)] 또한 여러분이 선과 악을 구별할 줄 알게 된 이후로 스스로 죄 위에 죄를 더 쌓아 올리고 있다는 사실도 직시하십시오. 영원한 죽음의 죄책감을 갖고 있으십시오. 그리고 자신의 힘으로 스스로를 구원할 수 있

---

56) 고전 9:27
57) 약 2:14
58) 시 51:5

다는 모든 희망을 버리십시오. 오직 그분의 피로 깨끗하게 된다는 것에 당신의 모든 소망을 거십시오. "십자가 위에서 친히 자신의 몸으로 여러분의 모든 죄를 짊어지신"[59] 그분의 성령을 통해서만 정결케 될 수 있다는 것에 여러분의 모든 소망을 거십시오. 그리고 그분께서 여러분의 죄악을 모두 도말하셨다는 것을 알았으면, 그만큼 그분 앞에 여러분을 낮추십시오. 또한 모든 선한 생각과 말과 행실을 함에 있어서 계속해서 그분을 전적으로 의지하십시오. 그리고 그분께서 "매 순간 여러분에게 물을 주지 않으시면"[60] 어떠한 선한 일도 여러분이 할 수 없다는 것을 늘 잊지 마십시오.

7. 이제 여러분은 하나님께서 여러분의 무거운 짐을 기쁨으로 바꿔 주실 때까지 여러분의 죄로 인해 울며 하나님 앞에서 애통하십시오. 그리고 우는 자들과 함께 우십시오.[61] 또한 자기 자신을 위해서 울지 않는 사람들을 위해서 우십시오. 모든 인류의 죄와 고통을 위해서 우십시오.[62] 그리고 수많은 사람들을 이미 삼켜버린 밑도 끝도 없는 거대한 영원의 바다가 여러분의 눈앞에 펼쳐지는 것을 보십시오. 또한 그 바다가 아직 삼켜지지 않은 남은 사람들마저 삼키려고 입을 벌리는 것을 보십시오! 이쪽 편에 있는 하늘의 영원한 하나님의 집을 보십시오. 또한 저편 너머에 활짝 열려 있는 지옥과 파멸을 보십시오. 그러므로 잠시 있다가 곧 영원히 사라지고 마는 매 순간이 얼마나 소중한 것인지 배우십시오.

8. 여러분의 진지함에 지혜의 온유함을[63] 더하십시오. 여러분의 모든 감정에 있어서 어느 한쪽으로 치우치지 않도록 하십시오. 특히 분노와 슬픔, 그리고 두려움의 감정에 그렇게 하도록 하십시오. 무엇이든지 하나님의 뜻

---

59) 벧전 2:24
60) 표준설교 16.1.13('산상수훈 강해 1')을 보라. 사 27:3
61) 롬 12:15
62) 표준설교 16.2.6('산상수훈 강해 1')을 보라.
63) 약 3:13

이라면 잠잠히 따르십시오. 여러분이 어떠한 상태에 있든지 그것에 만족하는 법을 배우십시오.[64] 선량한 이들에게 부드러운 태도를 취하십시오. 모든 사람에게 신사적인 모습을 보이십시오.[65] 특히 악한 자들과 감사할 줄 모르는 이들에게 더욱 그리하십시오. 여러분의 형제를 라가 곧 바보라고 욕하는 것과 같이 겉으로 여러분의 화를 드러내는 것뿐만 아니라, 여러분의 모든 내적인 감정이 혹시 사랑에 - 설령 그것이 그저 마음속으로만 그러하고 겉으로는 표현되지 않는다 하더라도 - 위배되고 있지는 않은지 주의하십시오. 죄에 대하여 분노하되, 그것이 마치 하늘에 계신 위대하신 분을 욕되게 하는 것인 것처럼 분노하십시오. 그러나 그런 순간에도 죄를 짓는 그 사람은 사랑하십시오. "바리새인들의 마음이 완악한 것을 탄식하시어 노하심으로 그들을 둘러보신"[66] 우리 주님처럼 되십시오. 그분께서는 죄인들을 보시고 슬퍼하셨고 죄에 대해서는 분을 내셨습니다. 그러므로 "분을 내더라도 죄는 짓지 마십시오."[67]

9. 이제 여러분은 "썩을 양식이 아닌 영생하도록 있는 양식을"[68] 배고파하고 목말라하십시오. 온갖 부귀와 명예와 쾌락과 같이 세상과 그 세상에 속한 것들을 발아래 짓밟으십시오. 세상이 도대체 여러분에게 무엇이란 말입니까? 죽은 자는 죽은 자로 장사지내도록 내버려 두고[69] 여러분은 하나님의 형상을 따르십시오. 혹시 이러한 복된 갈증이 여러분의 영혼 안에 이미 있다면 소위 말하는 종교라는 것으로 인해서 그 갈증이 사라지지 않도록 조심하십시오.[70] 그것은 볼품없고 지루한 희극이며, 형식의 종교이자 겉

---

64) 빌 4:11~13
65) 부드러운 태도(mildness)와 신사적인 태도(gentleness)의 의미에 대하여는 표준설교 17.1.4('산상수훈 강해 2')를 보라.
66) 막 3:5
67) 엡 4:26
68) 요 6:27
69) 마 8:21; 눅 9:60
70) 표준설교 17.2.2~4('산상수훈 강해 2')를 보라.

으로 보이는 쇼에 지나지 않는 것으로서, 그것은 이 세상의 감각적인 것들처럼 결국 사람의 마음을 먼지처럼 잘게 부수어 놓습니다. 오직 경건의 능력만이,[71] 영적이고 생명 있는 종교만이 여러분을 만족하게 하십시오. 오직 하나님 안에 거하고 하나님만이 여러분 안에 거하시도록 하십시오. 영원한 세계의 시민이 되십시오. 그분의 피 뿌리심을 통하여 "휘장 안으로"[72] 들어가서 "그리스도 예수와 함께 하늘에 앉아 있도록"[73] 하십시오.

10. 이제 여러분은 그리스도께서 여러분에게 힘을 주심으로써 이 모든 것들을 할 수 있다는 것을 알게 되었습니다. 그러므로 여러분은 하늘에 계신 아버지께서 자비로우신 것처럼 자비로우십시오![74] 여러분의 이웃을 여러분 자신처럼 사랑하십시오! 여러분의 친구와 원수를 여러분 자신의 몸처럼 사랑하십시오! 또한 여러분의 사랑이 모든 사람을 향해서 오래 참고 인내하는 사랑이 되도록 하십시오. 여러분의 사랑이 친절하고 부드러우며 인자한 사랑이 되도록 하십시오. 가장 달콤하고 부드러운 감정과 가장 열렬하고 부드러운 감정이 항상 여러분 안에 일어나도록 하십시오. 무엇에든지 경건함을 따른 진리[75] 안에서 기뻐하십시오. 무엇이든지 하나님께 영광을 돌리는 것을 즐기고, 사람들 가운데 항상 화평과 선한 뜻을[76] 증진하도록 하십시오. 사랑 안에서 모든 것들을 덮어 주십시오.[77] 쓸데없는[78] 헛된 말을[79] 버리고 선한 말만[80] 하십시오. 여러분의 이웃의 좋은 성품을 잘 드러내는 모든 것들을 믿으십시오. 그분의 은혜 안에서 모든 것을 바라십시오. 또한

---

71) 딤후 3:5
72) 히 6:19
73) 엡 2:6
74) 눅 6:36
75) 딛 1:1
76) 눅 2:14
77) 벧전 4:8
78) 딤전 5:13
79) 딤전 1:6
80) 엡 4:29

모든 것들을 견디어서 모든 대적하는 자들을 이기십시오. 참사랑은 언제까지나 영원토록 떨어지지 않습니다.[81)

11. 이제 여러분은 마음의 성결을 유지하도록 하십시오. 모든 불경건한 감정을 멀리하고 믿음으로써 여러분 자신을 성결하게 하십시오. "하나님을 두려워하는 가운데서 거룩함을 온전히 이루어 육과 영의 온갖 더러운 것에서 여러분 자신을 깨끗하게 하십시오."[82) 그분의 은혜의 능력을 통하여 심령이 지극히 가난하게 됨으로써 교만으로부터 성결케 되십시오. 온유와 자비함으로써 모든 불친절과 격한 감정으로부터, 분노로부터 스스로를 지키십시오. 의에 주리고 목말라 함으로써 모든 욕망으로부터 벗어나 오직 하나님을 기쁘시게 하고 그분만을 기뻐하도록 하십시오. 이제 여러분의 모든 마음과 모든 힘을 다해서 주 여러분의 하나님을 사랑하도록 하십시오.[83)

12. 결론적으로 말씀드리겠습니다. 여러분의 종교가 마음의 종교가 되도록 하십시오. 그 종교가 여러분의 가장 깊은 영혼 안에 있는 것이 되도록 하십시오. 여러분 스스로가 돌아보더라도 여러분 자신이 보잘것없는 사람, 천한 사람, 비열한 사람, 악한 사람(말로 다 형용할 수 없을 정도로)으로 보이도록 하십시오. 그리스도 예수 안에 있는 하나님의 사랑에 놀라서 그 사랑으로써 먼지처럼 겸손해지도록 하십시오. 진지한 태도를 지니십시오. 그래서 마치 내가 거대한 심연의 끝자락에 서 있다고, 나 자신과 모든 인류가 영원한 영광으로 들어가든지 아니면 영원히 불타는 지옥에 빠지든지 하는 기로의 찰나에 지금 서 있다는 것을 깊이 자각 하면서 여러분의 모든 생각과 말과 행동을 하도록 하십시오. 여러분의 영혼이 모든 사람을 향해서 온유함과 신사적인 태도, 인내와 오래 참는 태도로 충만해지도록 하십시오. 이

---

81) 고전 13:8
82) 고후 7:1
83) 표준설교 3.2.12('잠자는 자여 깨어나라'), 표준설교 16~18('산상수훈 강해 1~3')을 보라.

와 동시에 여러분 안에 있는 모든 것들이 살아 계신 하나님을 목말라하도록 하십시오. 아침에 잠에서 깨어날 때에 그분을 본받는 모습으로 깨어나고 그것으로 만족하게 되기를[84] 늘 사모하십시오. 이러한 심령으로 모든 것을 행하고 모든 것을 견뎌 내십시오! 여러분의 행함으로 여러분의 믿음을 보이십시오. 그리하여 "하늘에 계신 여러분의 아버지의 뜻을 행하십시오." 그리고 여러분이 이 땅에서 살아가는 동안 하나님과 늘 동행하며 영광 중에 그분과 함께 다스리게 될 것을 확신하십시오.[85]

---

84) 시 17:15
85) 계 20:6

웨슬리와 함께 공부하는 산상수훈

1 이 설교 본문 말씀은 어디이며 무엇에 대한 말씀입니까?

2 그럴 것 같지 않은데 사실 "나더러 주여, 주여 하는 자"에 해당될 수도 있는 것은 어떤 것들이 있습니까? (28.1.1~3)

   1) (28.1.1)
   2) (28.1.2)
   3) (28.1.3)

3 위의 문제에서 거론된 모습들을 보인 사람들이 심판의 날에 주님 앞에 섰을 때, 주님으로부터 외면을 당할 수도 있습니다. 웨슬리는 왜 그럴 수 있다고 예를 들어 말하고 있습니까? (28.1.5)

4 "반석 위에 집을 지은 지혜로운 사람"은 누구를 가리킵니까? (28.2.1)

5 "비가 오고 홍수가 들이친다."는 말은 무슨 의미로 해석되고 있습니까? (28.2.4)

6 "반석 위에 집을 짓는다."는 것은 무엇을 의미합니까? (28.3.4)

7 우리가 "반석으로" 삼지 말아야 할 것들은 무엇들이 있습니까?

　1) (28.3.1)
　2) (28.3.2)
　3) (28.3.3)
　4) (28.3.4)

8 나는 무엇을 구원의 반석으로 삼고 있습니까? 자신의 지난 삶과 현재, 그리고 미래의 결단을 서로 고백하며 나눠 봅시다.

답과 해설

Answer

표준설교 16 **산상수훈 강해 1**

1 하늘과 땅의 주인이며 만물의 창조자이고 다스리시는 분. 모든 법을 제정하시고 그 법을 집행하시는 분.

해설 웨슬리는 이것을 통해서 산상수훈이 신적인 권위를 가지는 당위적인 명령이라고 말하려고 하며, 그래서 법의 제정과 집행을 말하는 것입니다.

2 하늘나라로 가는 길. 영원한 생명으로 인도하는 길.

해설 웨슬리는 이것을 통해서 산상수훈이 우리를 구원으로 이끄는 매우 중요한 길을 가르쳐 주는 것임을 말합니다.

3 제자들과 같은 특정한 집단이 아닌 그 자리에 있던 군중들이며, 이것은 더 나아가서 시대와 공간을 초월하여 모든 사람에게 요구되는 명령임.

해설 마 5:1~2 부분에서 가르침의 대상으로 지목된 대명사의 정체에 대한 논란이 있습니다. 헬라어 원어 성경에서 문법적으로 볼 때, 이 복수 목적격 대명사는 군중/열두 제자 모두를 가리킬 수 있습니다. 웨슬리는 이 대명사가 군중들을 가리킨다고 보며, 더 나아가서 오늘날 우리들까지도 그 가르침의 대상이라고 해석합니다. 16.0.6에서 가르침의 성격 때문에 대상의 제한을 두어야 한다는 사람들을 언급하는데, 이것은 토마스 아퀴나스(*Summa Theo.*) 등과 같은 사람들의 입장, 즉 이중적 기준(double standard)이라는 입장에서 산상수훈을 해석하는 사람들을 염두에 둔 것으로 보입니다.

4 기독교의 모든 진리와 면모를 종합적으로 다 담고 있는 가르침이 산상수훈임. 다른 가르침들은 일부만 보여 주지만 산상수훈은 모든 것을 다 보여 줌.
"어떤 곳, 그 어떤 때에도 그분의 종교의 모든 계획을 한꺼번에 펼쳐 보인 적이 없습니다. 또한 산상수훈에서처럼 기독교의 모든 면모를 우리에게 보여 주신 적도 없습니다. 이처럼 주님을 볼 수 있는 유일한 길인 거룩함의 특성에 대해서 전반적으로 기술한 적이 없었습니다."

5 세 부분. 1) 마 5장: 기독교의 참모습을 8개 조항으로 기술. 거짓 가르침에 대한 경계. 2) 마 6장: 외적 행동에 대한 우리의 규범. 의도의 순수성에 대한 주제. 3) 마 7장: 우리의 신앙생활에 있어서 방해가 되는 것들에 대한 경고와 실천을 종용하는 말씀.

6 심령이 가난해지는 것.

7 자신의 영적인 부족함, 즉 자신의 악함을 제대로 인식할 줄 아는 사람. 자신이 얼마나 죄악으로 가득 찬 인간이라는 것과 더불어 자기 힘으로 그 문제를 해결할 수 없는 한계를 가진 존재임을 인식하는 것(16.1.7).

해설 웨슬리는 신앙의 첫걸음으로 자신의 실존론적인 한계를 제대로 간파하는 것을 꼽고 있습니다. 이것은 일종의 자신의 구제불능적 현실 – helplessness – 을 솔직히 인식하는 것을 의미합니다. 이것이 선행되어야만 비로소 하나님의 자비를 구할 마음이 생기기 때문입니다.

8 인간이 스스로 도덕이나 율법적 완성을 이루려고 하지만, 그것으로는 결코 문제가 온전히 해결될 수 없으며, 그러한 율법적인 태도는 우리를 구원으로 이끌지 못한다. 세상적인 도덕을 갖고 자신의 노력으로 스스로 구원할 수 있다는 자신감이 무너지는 순간, 그곳에서 우리의 눈은 비로소 하나님을 향하게 되고, 거기에서 비로소 하나님의 자비가 시작된다. 기독교는 인간의 무기력함과 하나님의 자비에서 비로소 시작되는 것이다.

9 심령이 가난한 사람은 자신의 한계를 늘 인식하면서 매 순간 하나님의 은혜와 자비를 구하는 삶을 살게 됨.

10 "애통하는 자는 복이 있나니 저희가 위로를 받을 것이다."

11 이미 천국의 기쁨을 맛보았음에도 불구하고 머지않아 자신의 연약함으로 인해, 이전의 악한 성품들이 다시 일어나서 죄와 유혹으로 고통당하고 있는 자신의 모습에 대해 가슴 아파함.

12 인류의 죄와 불행을 가슴 아파함. 아직도 이 땅에 하나님의 나라가 온전히 이루어지지 않은 채 여전히 세상 곳곳에서 악행이 저질러지고 있는 모습을 보며 가슴 아파하는 것.

 표준설교 17 **산상수훈 강해 2**

1 온유한 자(17.1), 의에 주리고 목마른 자(17.2), 긍휼히 여기는 자(17.3).

2 온유한 사람을 가리켜서 일반적으로 어리숙하여 세상 물정을 잘 모르는 사람, 선악을 구분하지 못하는 사람, 세상에서 벌어지는 일에 대해서 천성적으로 무뎌서 쉽게 동요하지 않는 사람이라고 생각하지만, 산상수훈에서 말하는 "온유한 자"는 이런 사람을 가리키는 것이 아님.

3 극단을 피하고 평정심을 가진 사람

4 ▶ 사람에게 대하여는 신사적인 태도(gentleness), 화를 내지 않음, 이웃과 화목하게 지냄. ▶ 하나님께 대하여는 무엇이든지 주님을 의지하면서 그분의 뜻을 묵묵히 따름.

해설 남에게 대하여 가지는 모습은 신사적인 태도(gentleness)와 부드러운 태도(mildness)인데, 부드러운 태도는 일반적으로 사람들에게 보이는 모습이고, 악한 자에 대해서는 신사적인 태도를 취하는 것이 온유한 자의 모습입니다. 악에 대하여 신사적인 태도를 보인다는 것은 "악은 미워하되 그 악을 저지른 사람은 미워하지 말라."는 표현과도 일맥상통합니다. 즉, 분을 내어도 화를 품지 않도록 하는 태도로서, 악에 대하여는 단호하게 대항하지만, 그렇다고 해서 그 악을 저지른 사람을 똑같이 악으로 대하지 말고, 그 사람의 잘못을 비판하거나 지적할 때도 이런 오류를 범하지 않도록 신사적으로 잘해야 한다는 의미입니다.

5 1) 온유한 자들은 세상 사람들처럼 약삭빠르게 살지 못하기 때문에 세상적인 관점에서 볼 때는 늘 빼앗기는 삶을 살게 된다. 따라서 땅을 기업으로 받는다는 말은 하나님께서 세상에서 늘 손해를 보게 되는 온유한 자들을 위해서 그들이 필요한 것들을 채워 주신다는 의미다. 2) 죽어서 천국에 갔을 때 좋은 자리를 차지하게

된다는 의미.

6 1복: 신앙생활의 첫걸음에 방해되는 교만을 제거하는 것(심령이 가난해짐). 2복: 1단계를 통과한 자에게 다시금 찾아오는 신앙의 뿌리내림을 방해하는 요소들을 제거하는 것(애통함). 3복: 신앙생활에 찾아오는 분노, 인내하지 못함, 불만 등과 같은 신앙성숙 방해 요소들을 제거하는 것(온유함). 4복: 위의 단계들을 통해 영혼이 다시 건강하게 회복되면 하나님을 향한 식욕이 다시 찾아오게 되며, 이러한 다시 갈급해하는 상태를 가리켜서 의에 주리고 목마름이라고 설명한다.

7 오직 하나님만을 추구하고 오직 그 안에서만 참된 만족을 찾으려고 하는 것.

8 하나님만을 갈급해하는 이들(주리고 목마른 자)에게는 이들이 갈망하는 의와 참된 거룩함, 하늘의 기쁨과 만족을 얻게 됨.

9 오직 하나님 안에서만 참된 만족을 찾으려고 하나님만 바라보던 그 눈을 돌려서 하나님 없이 살아가는 많은 죽어가는 영혼들을 향해 눈을 돌리게 되며, 이런 자들이 세상을 향해 갖는 마음은 자비, 불쌍히 여기는 마음임.

10 이웃을 내 자신과 같이 사랑하는 것.

11 고린도전서 13장, 사랑장.

12 남을 성급히 함부로 판단하거나 정죄하지 않는 것.

13 A. 1) 하나님의 영광을 위한 것일 때. 2) 이웃에게 유익이 될 때. B. 1) 남의 허물을 들추는 나의 행동이 온전한 사랑의 동기에서 나온 것인지 확신하기 전에는 움직이지 말 것. 2) 들추는 행위가 가져오는 결과를 분명히 직시하고 자신의 이러한 행위가 선한 것이라는 확신이 들 때만 움직일 것. 3) 불가피한 최후의 수단으로서 할 것. 4) 남의 허물을 들추어낼 때 가슴 아파할 것. 5) 최소한만 할 것.

1 마음이 성결한 자(18.1), 화평케 하는 자(18.2), 의를 위하여 박해받는 자(18.3).

2 "모든 육과 영의 더러움으로부터 깨끗하게 되어서 하나님을 두려워하는 가운데 완전히 거룩한 사람들."

3 1) 영적 가난함. 2) 분노와 모든 불친절함과 격한 감정. 3) 의를 굶주려 하고 목말라하는 것.

4 1) 간음에 대한 가르침과 이혼에 대한 가르침(5:27 이하, 2~3번째 초월제). 2) 맹세에 대한 가르침(4번째 초월제) 3) 복수에 대한 가르침(5번째 초월제)과 원수에 대한 가르침(6번째 초월제)

해설 웨슬리는 산상수훈 강해 가운데서 설교의 본문으로 삼지 않은 부분이 있는데, 그 부분이 5:21~48에 나오는 여섯 가지의 유형적 가르침(초월제)입니다. 소위, "너희는 옛말에 이르기를 ~라 하는 것을 들었으나 나는 너희에게 이르노니…"라는 패턴으로 이루어지는 이 부분은 모세의 불완전한 가르침을 뛰어넘는(16번 설교 참조) 가르침을 주시는 뛰어난 분으로서의 예수님을 반영합니다. 이것은 모세의 율법을 반대하는 가르침(반제)이 아니라, 그 불완전한 가르침을 뛰어넘어 온전케 완성하는(마 5:17~20 참조) 가르침(초월제)입니다.

5 거짓 교사들은 외적인 부정함에 대해서만 신경 쓰지만, 예수님의 가르침은 내적 성결을 중시한다.

해설 웨슬리의 산상수훈 강해에서 중요한 키워드 가운데 하나는 '의도의 순수성'(purity of intention)입니다. 이것을 다시 말하면 내적 성결이라고도 할 수 있습니다. 산상수훈에서 예수님께서 가르치신 가르침의 핵심에도 바로 이 내면적 상태에 대한 중요성이 해당됩니다. 내적 성결, 의도의 순수성은 곧 사람들에게 어떻게 보이느냐는 외적인 문제가 아니라, 하나님께서 보시기에 어떠한가(코람데오)라는 질문에 대한 것입니다. 이것은 마태복음 6장 전반부에 나오는 세 가지의 유대 신앙의 핵심, 즉 구제, 기도, 금식에 대한 가르침의 바탕 정신이 되는 것입니다.

6 하나님께서 친히 자기 자신을 그들에게 드러내셔서 그들이 하나님, 예수님과 함께 친밀한 교제를 나눌 수 있도록 하시는 것. 즉, 자신의 삶 속에서 늘 하나님의 임재를 체험하고 하나님과 늘 사귐을 갖게 됨.

7 화평케 하는 행동

8 1) 이웃과 화해하면서 평화를 유지하고 만들어내는 행동. 2) 모든 이들에게 기회가 닿는 대로 선한 행동을 하는 것.

9 구제, 어려움에 처한 이들을 찾아보고 돌보는 일, 하나님 나라 확장을 위해 애쓰는 것, 죄인을 꾸짖고 그로 하여금 잘못된 길에서 돌이키도록 권면하는 행동, 사람들이 거룩한 믿음 안에 굳게 설 수 있도록 격려하는 것, 사람들 속에 있는 은사들을 일깨우는 것, 이런 것들을 통해서 사람들이 천국에 들어갈 수 있도록 돕는 행동.

해설 웨슬리는 '모든 이들에게 기회가 닿는 대로 선을 행하는 것'이 화평케 하는 행동이라고 설명합니다. 그런데, 이 '선을 행하는 것'은 크게 두 가지 양상으로 나타나는데, 첫 번째는 일반적인 의미로서 '선행'하는 것이고, 두 번째는 신앙적 차원에서 '선행'하는 것입니다. 이 신앙적 차원에서의 선행이란, 사람들로 하여금 구원에 이르도록 가르치고 권면하고 인도하는 모든 신앙을 세워가는 노력들을 가리킵니다. 따라서 웨슬리의 설명에 따르면 성도들이 서로 신앙과 믿음의 격려를 하는 것은 화평케 하는 행동에 해당합니다.

10 하나님의 양자가 되어서 그분께서 약속하신 기업을 상속받는 상속자가 된다는 의미.

11 박해, 어려움을 당하고 있는지 여부.

12 1) 육으로 난 자. 2) 세상에 속한 영은 하나님의 영과 대적하게끔 되어 있기 때문에.

13 박해는 하나님의 영광을 가장 잘 드러내는 방식과 정도만큼 주어짐. 기독교 역사상 이루어진 모든 박해도 결국 하나님의 섭리와 계획 가운데 있는 것이며, 궁극적으로 그러한 박해를 통해 하나님의 나라가 이루어지고 하나님의 영광이 드러나게 되었음.

14 1) 일부러 박해를 받으려고 찾아다닐 필요도 없고, 그렇다고 일부러 피할 필요도 없다. 즉, 주어지면 받고, 안 주어지면 안 받으면 된다. 2) 박해받을 때 기쁨과 즐거움으로 받으라. 3) 박해받는 순간에도 겸손, 온유, 사랑, 선행을 멈추지 말라.

산상수훈 강해 4

1 마 5:13~16, 빛과 소금에 대한 설교.

2 만일 그리스도인들이 자신의 내적인 차원에서 신앙을 국한시킨다면 비기독교인들은 그런 모습을 싫어하지 않는다. 그들이 싫어하는 것은 왜 그리스도인들이 그러한 신앙의 수준 이상으로 더 나아가야 하느냐 하는 것이다.

해설 여기에서 웨슬리가 말하고자 하는 것은, 기독교를 단지 내적인 종교 체험, 자기 영적 만족을 하는 수준의 것으로 국한시키는 것이 잘못된 것이라는 점입니다.

3 사탄의 계략

4 1) 기독교는 본질적으로 사회적인 종교이며, 고립된 종교로 만든다면 그것은 기독교를 망치는 것이다. 2) 신앙을 내면적, 개인적인 것으로 국한시키는 것은 하나님의 뜻에 반하는 것이며, 기독교를 감추어 두는 것(개인적, 내면적인 것으로 국한시키는 것)은 사실 불가능하다. 3) 반대 입장들에 대한 반론 제기.

5 기독교는 사회를 떠나서 사람들과 교류하지 않고 혼자 동떨어져 살 수 없다는 의미. 그러나 그렇다고 해서 탈속세적인 면모나 그것을 위한 시간을 가져야 한다는 점을 부인하는 것은 아님.

6 ▶ 온유는 타인과의 관계 속에서 보이는 덕목이므로 기독교가 사회적이지 않다고 하는 것은 이러한 기독교인의 덕목을 부인하는 셈이다. ▶ 화평하다는 것은 선을 행하는 의미도 내포한다(18.2.5~6). 따라서 본질적으로 사회적이다.

7 불의를 행하는 악한 자들과의 관계를 완전히 끊어버려서는 안 되지만, 그렇다고 해서 단짝친구처럼 각별한 사이로 관계를 유지하면 안 된다. 만일 그렇게 하면 많은 위험과 올무에 노출될 가능성이 높아진다.

8 1) 밖에 버려져 사람들의 발에 밟히는 소금의 비참한 모습. 2) 열매를 맺지 못

해 잘려져 나가 불에 태워지는 나뭇가지.

9 1) 이들은 깨우침을 받아 성령의 은사에 동참했던 사람들이며, 아직 이것을 경험해 보지 못한 사람들은 해당 없음. 2) 떨어져 나간다는 것은 배교를 의미하는 것임. 그리스도인도 다시 죄를 짓고 실족하기도 하지만 완전히 떨어져 나가지는 않기 때문에 이 둘을 혼동해서는 안 됨. 소금이 맛을 잃는다는 것은 배교, 즉 완전히 떨어져 나가는 상태를 가리킴.

10 불가능하다. 또한 그렇게 하는 것은 하나님의 뜻에도 배치되는 것이다(19.2.4).

11 ▶ 문제 제기: 기독교는 하나님과의 영적인 합일에 목적이 있으며, 외적인 것은 가치 없다. ▶ 웨슬리의 반론: 1) 하나님과의 영적인 합일이 중요하다는 것은 동의한다. 2) 그러나 뿌리가 있다면 반드시 가지가 뻗어 나오듯이, 하나님과 깊은 내면적 합일, 체험은 반드시 외적인 형태로 드러나게 되어 있다.

12 ▶ 문제 제기: 사랑이 가장 중요하다. 사랑의 마음 없이 하는 선행은 다 헛것이다. ▶ 웨슬리의 반론: 1) 하나님과 이웃 사랑이 가장 중요한 것은 맞다. 2) 그러나 믿음이나 선행보다 사랑이 우선한다는 의미로 사랑이 가장 중요하다고 말하는 것은 아니다.

해설 여기에서 웨슬리가 말하는 사랑은 사랑의 행위가 아니라 사랑하는 마음을 가리키는 것으로 보입니다. 즉, 선행을 하는 데 있어서 그 마음에 진정한 사랑의 마음을 품고 해야 하는 것은 맞지만, 사랑이 가장 중요하다고 말할 때, 그저 마음만 갖고 있을 뿐 믿음이나 선한 행동으로 연결되지 않더라도 사랑이 가장 중요하다는 의미는 아니라고 주장하는 것입니다. 이 말은, 사랑의 마음에서 우러나온 선행이어야 하지만, 선행으로 이어지지 않고 마음만 사랑으로 가득한 것은 진정한 의미에서 사랑이 아니라는 것입니다.

13 ▶ 문제 제기: 하나님과 영적으로 사귀는 내적 경건에 있어서 선행 등과 같은 외적인 것은 집중하지 못하도록 방해만 된다. ▶ 웨슬리의 반론: 하나님께 영적으로 예배를 드리는 것은 맞는 말이다. 그러나 영적 예배를 드리는 한 방법은 하나님이 명하신 외적 계명을 행동으로 보이는 것이다(19.3.4). 만일 영적인 것만을 치중해서 외적인 면을 배제하면 예배의 다양한 면모 가운데 한 가지만 선택하고 나머지는 버

리는 셈이며, 외적인 면에 노력한다고 해서 영적 예배가 방해를 받는 것은 아니다 (19.3.5).

14 1) 하나님께서는 모든 죄악을 꿰뚫어 보시는 지혜롭고 공의롭고 거룩하신 분이심을 믿는 것. 2) 하나님이 자비, 은혜, 오래 참아주시며 용서하시고 우리의 죄를 자신의 등에 짊어지신 분이라는 사실을 아들 예수 그리스도 안에서 받아들이는 것. 3) 온 마음과 생각과 영혼과 힘을 다해 하나님 안에서 기뻐하며 하나님을 갈망하는 것. 4) 하나님이 순결하신 것처럼 우리 자신을 순결하게 하여 그분을 본받는 것. 5) 우리의 생각과 말과 행실을 통해 하나님께 순종하는 것. 6) 우리의 영혼과 몸으로써 하나님을 영화롭게 하는 것. 7) 우리의 내적, 외적인 모든 면에서 날마다 희생제사를 드리면서 하나님의 영광을 드러내는 것.

15 ▶ 문제 제기: 실제로 실천하는 노력을 해 봤지만, 나아진 것은 없고, 도리어 우리가 외적 행동을 하기 때문에 그리스도인이 되었다는 착각을 하도록 만들 뿐이었다. ▶ 웨슬리의 반론: 그것은 행위 자체가 잘못이 아니라 사람이 행위를 제대로 활용하지 못했기 때문이다.

16 ▶ 문제 제기: 선행을 한다 해도 그것이 불신자들을 올바른 길로 인도하지 못한다. 따라서 진주를 돼지에게 던져 줘봤자 아무 소용없는 짓이다. ▶ 웨슬리의 반론: 1) 그들이 우리의 선행 덕분에 구원을 받든 못 받든 상관없이 어쨌든 주님은 선행을 하라고 우리에게 명령하셨다. 2) 그 사람이 바뀌든 안 바뀌든 그것은 하나님께서 하실 몫이다. 우리는 최선을 다하고 결과는 하나님이 정하신다. 3) 우리가 어떤 사람에게 선행을 할 때 그 사람이 우리의 선행을 통해 구원받을지 못 받을지 알지 못하는데, 우리가 무슨 기준으로 미리 그 사람이 구원받을 자인지 선행을 해 봤자 아무 소용이 없게 될지 어떻게 안다는 말인가? 따라서 우리가 함부로 판단해서는 안 된다.

17 ▶ 문제 제기: 선행을 해 봤지만, 아무 소용없었고 도리어 우리에게 낙심과 분노와 상처만 안겨주었다. ▶ 웨슬리의 반론: 실제로 선행을 했지만 아무런 소용이 없을 때도 많다. 예수님 주변에도 그런 일이 많았다. 그러나 그럼에도 불구하고 예수

님은 그들에게 대한 선한 사역을 중단하지 않으셨다.

18 자신의 말로 답해 보라.

표준설교 20 산상수훈 강해 5

1 마 5:17~20, 율법을 폐하지 않고 완성하러 오셨다는 것의 의미와, 서기관들과 바리새인들의 의보다 나아야 한다는 것에 대하여.

2 율법의 모든 부분에 대한 참되고 온전한 뜻을 선포하기 위해 오셨다는 의미.

3 굳이 말로 하지 않더라도 자신이 어기는 모습을 보임으로써 다른 사람이 보고 따라 하도록 유도하거나, 설령 의도적으로 그렇게 하지 않더라도 그렇게 함으로써 결국 다른 사람들도 그런 불의에 동참하도록 하는 결과를 낳는 행동도 그렇게 어기라고 가르치는 것과 다를 바 아닌 것으로 설명한다. 예: 술주정뱅이는 (비록 자신이 남들에게 그렇게 되라고 가르치지는 않았지만 결과적으로는) 술 취함의 교사가 된다.

4 하늘나라에 속하지 않는다. 하늘나라에서 차지할 몫이 없다. 결국 천국에 못 간다는 말.

5 1) (20.3.5) - 의도적, 습관적으로 죄 가운데 사는 자. 2) (20.3.6) - 악하게 살지는 않지만 그렇다고 해서 말씀대로 제대로 살려고도 노력하지 않는 자. 즉, 구원을 이루기 위해서 애쓰고, 좁은 문 좁은 길로 가려고 노력하지 않은 채 그저 안일하게 신앙생활을 하는 것도 계명을 어기는 악한 행위다. 3) (20.3.7) - 율법은 오늘날 시대와 어울리지 않는다고 하는 율법폐기론자. 4) (20.3.8) - 더 나아가서 율법폐기가 하나님을 영화롭게 해드리는 것이라 착각하는 자.

6 자신의 말로 답해 보라.

7 자신의 말로 답해 보라.

8 1) (20.4.10) - 율법학자, 바리새인=일부분에 대해서만 철저히 지키는 의. 그리스도인=모든 계명을 다 지키는 의. 2) (20.4.11) - 율법학자, 바리새인=문자적, 외형적, 형식적인 것만 지키는 의(보이는 의). 그리스도인=외적인 순종뿐만 아니라 내적인 순종까지 하는 의(내면적 의).
Cf. 20.4.6 바리새인들의 위선 - 남에 대한 정죄. Cf. 10번 설교(마 7:1~6)

　표준설교 21　**산상수훈 강해 6**

1 마 6:1~14, 구제와 기도.

2 구제=자비의 행위, 기도와 금식=경건의 행위.

3 산상수훈 강해 4번에서 산 위에 있는 동네가 감춰질 수 없다는 말씀을 갖고 그리스도인은 선한 행위를 감추려고 해서도, 감출 수도 없다는 점을 말한다. 이 설교에서 중요시하는 것은 '의도의 순수성'인데, 이 본문 말씀에서 문제로 삼는 것은 보이는 것이 아니라, 남에게 보이기 위한 속셈을 꼬집고 있는 것임.

4 우리의 행위가 하나님의 영광을 위한 것인지, 나 자신의 영광을 위한 것인지 확인하라는 것.

5 1) 내 행위를 드러냄으로써 내가 더 많은 선을 행할 수 있게 될 때. 2) 그렇게 함으로써 다른 사람도 같이 선을 많이 행할 수 있도록 자극제나 도전을 줄 수 있을 때.

6 내 기도가 하나님과의 교제를 위한 것인가?

7 의도의 순수성. 우리가 어떤 행위를 할 때 그것이 나 자신의 유익이나 영광을 취하려는 속셈에서 비롯한 것인지, 아니면 하나님만을 위하고(하나님께 영광, 하나님

사랑) 그 행위가 이웃의 행복을 증진시키려는(이웃사랑) 깨끗한 의도에서 비롯한 것
인지 살펴보는 것.

8 자신의 말로 답해 보라.

9 서문, 간구, 송영(결론).

10 1) 창조자 - 우리에게 생명을 주신 하나님. 2) 보호자 - 우리를 사랑으로 돌보
시고 보존해 주시고 우리의 생명을 날마다 유지시켜 주시는 분. 3) 새로운 창조자 -
우리를 그리스도 예수를 통해 새롭게 창조하시고 우리를 거듭나게 하셔서 은혜의
자녀로 입양하신 하나님.

11 나만의 아버지가 아닌 '우리'라는 공동체의 아버지로서, 모든 사람을 사랑하신
하나님. 따라서 우리도 그분처럼 서로를 사랑해야 한다는 결론이 도출됨.

12 하나님께서 모든 통치권을 가진 주권자라는 의미. 따라서 우리는 그분을 두려
움과 떨림으로 섬기며 그분께 영광을 돌리고 그분 앞에서 우리의 행실을 삼가야
한다는 의미.

13 모든 지적인 존재들이 하나님을 하나님으로 알기를 원하는 것. 그분께서 모든
존재들로부터 그분의 이름에 합당한 영예, 경외, 사랑을 받기를 원하는 것.

14 모든 세상이 온전히 하나님의 다스리심 안으로 들어와서 이 세상이 기쁨, 거
룩, 행복으로 가득하게 될 것을 구하는 것. 모든 죄악의 결과나 그 현상들이 다 사
라지고 만물이 새롭게 되어서 하나님의 통치 안에 들어오는 것.

15 이 땅에 거하는 모든 인류가 하나님의 거룩하신 뜻을 받들어 이 땅에서 그 뜻
을 행하도록 해 달라는 간구. 모든 인류가 하나님을 기쁘시게 해드리는 방식으로
하나님께서 원하시는 뜻대로 순종하게 해 달라고 구한다는 것.

16 오늘을 위해 필요한, 오늘 먹을 양식, bread for today.

17 하나님은 우리를 시험하지 않으심. 우리가 시험에 드는 것은 스스로 품은 욕심에 끌려서 미혹되기 때문임. 따라서 이런 기도를 한다는 것은 하나님께 우리를 시험하지 말아 달라고 요구하는 것이 아니라, 우리가 그런 유혹의 길로 스스로 빠져들지 않도록 도움을 구하는 것임.

표준설교 22 **산상수훈 강해 7**

1 마 6:16~18, 금식에 대한 가르침.

2 1) 금식의 본성과 종류. 2) 금식을 하는 이유와 근거, 목적. 3) 금식에 대한 반대의견과 이에 대한 웨슬리의 답변. 4) 금식을 하는 방법에 대하여.

3 1) (22.1.3): 40일 금식, 하루 금식, 반절의 금식(수요일, 금요일에 예배를 드리고 온 후에 오후 3시까지 하는 금식). 2) (22.1.4): 절식 - 음식의 양을 줄이는 방식으로서 병든 이나 몸이 약한 사람이 하는 방식. 3) (22.1.5): 가려 먹는 금식 - 가장 낮은 수준의 금식으로서, 특정한 음식을 골라서 먹지 않는 방식(예: 초콜릿, 고기, 술 등). 4) (22.1.6): 유대교인들의 금식 - 속죄일 금식, 4월, 5월, 10월 금식, 특별한 사건을 두고 하는 금식(위기 상황 등). 5) (22.1.6 후반부): 초대 그리스도인들의 금식 - 고난주간 금식(1~2주), 매주 수요일과 금요일 금식, 사순절 금식, 대제일 금식, 승천일 3일 금식, 매주 금요일 철야예배, 전야제 금식.

4 1) (22.2.1): 큰 슬픔이나 번민에 빠져서 거기에 몰두하느라 식사를 할 마음이 없기 때문에 자연스럽게 금식을 하게 됨. 2) (22.2.2): 자신의 죄악에 대하여 너무 큰 슬픔을 느끼거나 하나님의 진노에 대한 큰 두려움으로 인해 근심하여 식욕을 잃게 됨. 3) (22.2.3~4): 자신이 너무 음식을 탐함으로 인해서 절제하지 못하고 탐욕스러운 마음을 갖게 되었기 때문에 하나님에게 집중하지 못하고 영혼이 육적인 것에 빠져들게 됨. 이러한 육적이고 감각적인 것을 억누르고 이러한 것에 빠져

드는 것을 방지하기 위해서 자신의 육체적인 것을 절제하는 방편으로 금식함. 4) (22.2.5): 하나님이 주신 좋은 선물들을 잘못 사용했다는 생각이 들어서 이것을 금함으로써 스스로에게 벌을 내리는 방편으로서 금식함. - 거룩한 복수. 예를 들면, 인터넷이라는 것은 좋은 것인데 너무 과도하게 빠져들어서 인터넷 중독이 되면 이것을 얼마 동안 끊음으로써 자신의 잘못된 사용에 대해 스스로 벌을 내리는 것. 5) (22.2.6): 기도, 즉 하나님과의 사귐에 좀 더 집중하기 위해서 잠시 육체적인 것을 멀리함.

5 1) 하나님의 진노를 피하는 방편으로서의 금식: 아합 왕, 다니엘, 니느웨 백성. 2) 하나님의 복을 받는 방편으로서의 금식: 이스라엘 백성과 베냐민 지파의 다툼 사건, 사무엘과 블레셋의 전투, 에스라, 느헤미야의 이야기. 3) 중대한 결정이나 사역을 앞두고 하나님의 도우심을 구하기 위한 금식: 바나바와 사울을 파송하기 위한 금식(행 13), 각 교회 장로들을 선출하기 위한 금식(행 14), 제자들의 사역에서 하나님의 도우심을 얻기 위한 방편으로서의 금식(기도와 금식으로 기적을 행함, 마 17:19~21).

6 ▶ 반론: 금해야 할 것은 음식이 아니라 죄악이다. ▶ 방어: 죄악을 금하는 것은 당연한 것이며, 금식의 이유와 목적을 미루어보건대 금식은 죄악을 금하는 데에 좋은 방편이 된다.

7 ▶ 반론: 금해야 할 것은 음식이 아니라 교만, 욕심, 난폭한 성품, 분노, 불평 등이다. ▶ 방어: 금식은 이러한 것을 없애는 데 좋은 방편이 된다.

8 ▶ 반론: 실제로 금식을 해 봤는데 나아진 것도 별로 없고, 좋은 결과를 가져오지 못했다. ▶ 방어: 잘못된 것은 금식이 아니라 금식을 한 사람이 제대로 금식을 안 했기 때문이다.

9 ▶ 반론: 과연 하나님이 우리가 몇 끼 음식 굶는다고 그것을 대단하게 보시겠느냐? ▶ 방어: 만일 그렇다면 예수님을 포함한 성경에 나오는 많은 사람들이 금식한 것은 무어라고 설명할 것인가? 그들이 쓸데없는 짓을 했다는 말인가?

10 ▶ 반론: 그렇게 좋은 금식이면 매일 해야 하지 않겠는가? ▶ 방어: 할 수만 있다면 그렇게 하라. 하지만 단지 음식을 굶는 것으로서의 금식이 아니라 삶 속에서 다양한 방식의 절제로서의 금식도 행하라.

11 1) 우리의 마음을 오직 하나님께로만 향하는 금식이 되도록 하라(22.4.1). 2) 금식의 대가로 하나님께로부터 어떤 공로를 인정받으려고 계산하지 말라(22.4.2). 3) 단순히 음식을 안 먹었다고 해서 그것 덕분에 하나님의 축복을 받을 것이라 생각하지 말라. 만일 그렇다면 쓸데없이 몸만 고생한 꼴이 될 것이다(22.4.3). 4) 몸이 상해서 일상적 생활에 지장을 주도록 하지는 말라(22.4.4). 건강은 하나님이 주신 축복이며 이것을 잘 지킬 의무가 있다. 5) 금식이 거룩한 근심이 되도록 하라(22.4.5). 금식이 우리가 다시금 거룩한 삶을 사는 자로 회복되도록 돕는 도구가 되도록 하라. 6) 금식이 나 자신과 이웃의 죄악을 통회하는 기회가 되도록 하라(22.4.6). 7) 금식할 때는 구제 행위도 함께 동반하여 하라(22.4.7). 금식하는 동안 다른 사람들의 영혼과 육체를 위한 자비의 행위(works of charity)도 하라.

표준설교 23 **산상수훈 강해 8**

1 마 6:19~23, 재물에 관한 예수님의 가르침.

2 이러한 가르침들이 순수하고 거룩한 의도에서 행해져야 한다는 것을 강조한 말씀.

3 우리의 의도.

4 우리의 시선이 오직 하나님께로만 향해 있는 것.

해설 '성하다'라는 말은 헬라어로 *haplous*입니다. 이 단어는 두 가지의 의미를 갖고 있는데, 하나는 온전하다는 의미이지만, 다른 하나는 simple, 즉 단순함의 의미를 갖고 있습니다. 이 두 번째 의미는 '이것도 저것도 다 함께'가 아닌 '이것 아니면 저것'이라는 '한 가지'를 가리킵니다. 이러한 의미에서 웨슬리의 이 구절 해석은 매우 적절합니다. 이 설교에서 웨슬리가 설명하고 있지는 않지만, 이 구절을 '단순함'으로 해석했을 때 비로소 마 6:24~25의 말씀, 즉 사람이 하나님과 재물을 동시에 섬길 수 없다는 구절이 왜 이 구절 뒤에 따라붙는지 설명이 가능합니다.

이런 점에서 웨슬리가 23번 설교 본문을 마 6:23에서 끝낸 것은 좀 아쉽습니다.

5 그리스도의 영광스러운 복음의 빛이 우리에게 비치지 못하도록 세상의 맘몬에 의해서 가려지는 것.

6 무지와 오류에 빠져서 하나님의 일을 분별하거나 받아들이지 못하게 된다. 또한 의심과 난관에 싸여 미로를 방황하게 된다.

7 이 세상의 것, 순수하지 못한 땅의 것만을 추구하는 것에서 눈을 돌려서 오직 하나님만을 바라보아야 한다.

8 멸망과 불행, 평강이 없는 삶, 참된 만족이 없는 삶, 허무와 불안, 영적 괴로움에 빠진 삶, 참되고 영원한 안식을 누리지 못한다.

9 자신의 말로 답해 보라.

10 1) 다른 이들에게 폐를 끼치지 않고 우리가 책임져야 하는 의무금(세금, 헌금 등)을 감당하기 위한 정도의 축적. 2) 우리의 기본적 생활(의식주)을 남에게 짐을 지우지 않고 스스로 책임질 수 있기 위한 정도의 축적. 3) 내가 책임지고 있는 가족을 남에게 짐을 지우지 않고 스스로의 힘으로 부양할 수 있기 위한 정도의 축적. 4) 남에게 빚을 지지 않기 위한 정도의 축적.

해설 웨슬리가 이렇게 몇 가지를 나열하는데, 그 기본적인 생각은 남에게 짐이 되지 않도록 한다는 것입니다. 어떤 부를 축적하여 잘 먹고 잘 사는 것을 위한 축적이 아니라, 스스로 경제적 자립을 이루어 민폐를 끼치지 말아야 한다는 것이 기본 생각입니다.

11 재물을 모으기 위해서 안간힘을 쓰는 것을 하지 말아야 한다. 이러한 세계관의 기본적 관점은 우리가 재물을 다스리고 있는지, 아니면 우리가 재물에 의해서 휘둘리고 끌려다니는지 점검하라는 것이다. 그 양과 질이 문제가 아니라, 우리가 그 재물에 얽매여 그것에 사로잡혀 있는지 점검하라는 것이다.

12 부자들은 자기의 소유나 물질에서 행복을 찾지 않으려고 하는 것을 굉장히 어려워한다. 부자들은 자신의 재물에 의지하려는 습성이 있기 때문이다.

13 부자가 되려고 애를 쓰면 유혹에 빠져서 올무에 걸리고 어리석고 해로운 온갖 욕심에 사로잡혀서 파멸에 이르게 되기 때문이다.

14 재물은 의지할 만한 것이 못 되므로 그것에서 도움을 얻으려고 하지 말아야 한다.

15 재물을 우리 자신의 쾌락을 추구하기 위해 쓰지 말고 그것을 잘 활용하여 구제와 같은 선한 일에 쓰라.

16 자신의 말로 답해 보라.

표준설교 24 ﹒ 산상수훈 강해 9

1 마 6:24~34, 염려하지 말라는 내용.

2 맘몬은 이방 신들의 이름 가운데 하나로서 재물을 다스리는 신이다. 일반적으로 재물, 돈의 의미를 갖고 있으나, 돈뿐만 아니라 재물로 얻을 수 있는 안락함, 명예, 쾌락 등의 의미로까지 확대되어 해석될 수 있다.

3 하나님께서 우리의 유일한 도움이시자 보호자라는 사실을 신뢰하는 것; 하나님을 우리의 유일한 안식처이자 우리의 모든 것을 만족시킬 수 있는 유일한 선으로서 신뢰하는 것; 하나님을 우리의 유일한 목표로 삼고 그분만을 바라보는 것.

4 1) (24.4) 하나님을 믿는 것. 2) (24.5) 하나님을 사랑하는 것. 3) (24.6) 하나님을 본받고 그분께 순종하는 것.

5 1) (24.8) 재물을 갖고 있으면 무엇이든 우리 스스로의 힘으로 다 할 수 있다고 생각하는 것. 2) (24.9) 세상을 사랑하는 것. 3) (24.10) 세상을 닮아가고 그 세계에 순응하여 사는 것. 4) (24.11) 세상의 관점에 순응하여 많은 사람이 가는 넓은 길로 따라가는 것.

6 동시에 섬길 수 없다. 만일 동시에 섬기려고 한다면 둘 다 놓치게 된다(24.12).

7 경제활동을 금하는 것이 아니다. 이 명령에서 경계하고 있는 것은 마음의 염려, 즉 물질에 마음을 쏟는 태도다. 염려하는 이유는 물질이 나를 어려움에서 건져 줄 수 있다고 생각하기 때문에 그렇게 하는 것이며, 이것은 하나님을 의지하기보다는 물질을 의지하는 행동이다.

8 우리가 염려하지 않아도 되는 것은 하나님께서 우리를 돌보시기 때문이다. 염려하지 않는다는 것은 하나님은 우리의 아버지요 우리는 그분의 자녀이며, 그분께서는 자신의 자녀들이 필요로 하는 것을 다 아시고 채워 주시고 좋은 것으로 주시기를 원하시는 선하신 아버지이기 때문이다.

9 오직 하나님 한 분만이 우리를 다스리시도록 한다는 것이다. 그분께서 온전히 우리 안에서 다스리실 때 비로소 우리 안에 새로운 하나님의 형상이 새겨진다.

10 하나님의 의는 하나님께서 예수 그리스도를 통하여 우리에게 거저 주시는 선물이다(24.20).

11 자신의 말로 답해 보라.

표준설교 25 **산상수훈 강해 10**

1 마 7:1~12, 비판에 대한 가르침과 구하는 것에 대한 가르침.

2 ▶ 전반부: 거룩한 길을 걸을 때 겪게 되는 치명적인 장애물들은 무엇인가? ▶ 후반부: 부르심의 상을 받기 위해 노력하라는 권면.

3 남을 정죄하는 행동.

4 웨슬리는 남을 정죄하는 행동은 그리스도인을 포함한 모든 사람이 하고픈 유혹을 받게 되는 것이지만(25.5), 이 경계의 말씀은 주로 세상의 자녀들을 염두에 둔 말씀이라고 생각한다.

5 해당되는 당사자가 내 앞에 있든 없든 상관없이 꼭 말로 내뱉지 않았다 하더라도, 다른 사람에 대해 악하게 생각하는 것을 가리킨다.

6 그렇지 않다. 남의 잘못을 지적하는 행동을 모두 정죄라고 하는 것이 아니다. 중요한 것은 그 행동이 사랑의 법칙에 어긋나느냐라는 것이다.

7 1) (25.9) 다른 사람이 실제로 하지도 않은 것을 갖고 억울하게 헐뜯는 행동의 모습. 2) (25.10~11) 다른 사람이 저지른 잘못 이상으로 더 크게 부풀려 비난하는 모습. 3) (25. 12~14) 충분한 증거도 없이 정죄하는 모습.

8 열정만 너무 앞서간 나머지 남의 잘못을 똑바로 지적하고 바로 잡으려고 지혜 없이 행동하면, 결과적으로 그것이 성공하지 못하고 괜히 나 자신만 고통을 당하게 된다는 의미로 해석한다.

9 복음의 중요한 교리들.

10 아니다.

11 25번, 12번 설교에서 웨슬리는 이 구절을 끈질기게 요구하라는 의미로 해석한다. 하지만 21번 설교에서는 이와 반대되는 개념으로 기도의 방식을 설명한다. 마태복음의 산상수훈에 따르면 기도는 25번, 12번 설교에서 말하는 것처럼 하는 게

아니라, 21번 설교에서 말하는 것처럼 해야 한다. 한편, 누가복음 18장의 비유에서는 25번, 12번 설교에서 가르치듯 끈질기게 받을 때까지 요구하는 기도를 말하고 있다.

12 모든 사람에 대한 사랑의 마음.

표준설교 26 **산상수훈 강해 11**

1 마 7:13~14, 좁은 문, 좁은 길

2 멸망으로 이끄는 문은 크고 그 길은 넓다. 반면 생명으로 인도하는 길은 좁다.

3 죄의 종류가 하도 다양하여서 웬만하면 걸리지 않는 것이 없을 정도로 쉽게 범할 수 있으며, 이러한 차원에서 멸망의 길이 넓다는 것을 설명한다.

4 어느 누구도 죄의 길에서 벗어나기 힘들다.

5 좁고 작다. 부정하고 거룩하지 못한 것은 갈 수 없다.

6 내적으로도 변화를 받아 새로운 심령이 되어야 한다.

7 생명 길을 걷는 이는 적고 멸망 길을 걷는 이는 하도 많아서 대세에 나도 모르게 휩쓸려 갈 수 있다. 이 대세를 거슬러 올라간다는 것은 그리 쉽지 않다.

8 멸망 길을 걷는 이 중에 학식과 교양 등을 갖춘 이들이 있어서 우리가 자칫 그러한 세속적인 권위에 눌리고 얼떨결에 그들의 모습이 올바른 줄 착각하고 따라갈 수 있고, 때로는 그들이 갖고 있는 그러한 권력을 두려워하여 대항하지 못하고 그냥 따라가는 수가 있다.

9 부와 권력을 가진 자들이 멸망 길을 걷는 것을 보고, 우리도 그들이 걷는 길을 걸어야 그런 부와 권력을 가질 수 있을 것이라는 유혹을 받게 된다.

10 그 길을 걷는 자는 보잘것없고 별 볼 일 없는 자로 흔히 보인다. 그래서 그러한 길을 걷고 싶지 않은 마음이 생긴다.

11 우리의 시선을 오로지 하나님께로 고정시키고 단일한 마음(*haplous*)을 가지는 것.

표준설교 27 산상수훈 강해 12

1 마 7:15~20. 나무와 열매의 비유를 통해 주신 거짓 선지자들을 조심하라는 경고의 말씀.

2 1) 누가 거짓 선지자인가? 2) 거짓 선지자의 모습은 어떠한가? 3) 어떻게 하면 거짓 선지자를 구별해 낼 수 있는가?

3 하늘로 인도하지 않는 그릇된 길을 가르치는 자들이며, 그들이 인도하는 길과 문은 넓고 크다.

4 1) (26.2.2) 위험하지 않은 모습으로 다가오며 그래서 사람들은 마음을 놓는다. 2) (26.2.3) 유익한 모습으로 온다. 마치 선을 행하고 복음을 전하는 자들의 모습으로 온다. 3) (26.2.4) 종교적 열심과 교회를 사랑하는 것처럼 행동하면서 온다. 4) (26.2.5) 다른 사람들을 사랑하는 모습으로 다가온다.

5 1) (26.3.2) 자기들이 가르치는 내용이 실제로 자기들의 삶에서 어떻게 나타나는지 보면 알 수 있다. 2) (26.3.3) 그들의 가르침을 들은 자들이 어떤 열매를 맺는지 보면 알 수 있다.

6 그들이 비록 거짓 선지자임에 틀림이 없지만, 그렇다고 그들이 가르치는 내용의 옳고 그름을 따지지 않고 무조건 배척하는 것은 옳지 않다. 따라서 그들은 배격하지만 그들의 가르침이 옳다면 그것은 들어야 한다.

7 너무 섣불리 함부로 판단하면 안 된다. 충분히 증거를 갖고 있는지 살펴보고, 설령 그렇다 하더라도 혹시 내 마음이 깨끗함이 없는지 살펴보아야 한다.

8 자신의 말로 답해 보라.

표준설교 28 산상수훈 강해 13

1 마 7:21~27, 말씀을 듣고 행하는 자라야 천국에 들어갈 수 있다.

2 1) (28.1.1) 말로만 하는 신앙생활. 모든 신앙적 고백 행위. 2) (28.1.2) 외적으로 드러나는 행동에 있어서 성경 말씀에서 금하는 악한 것을 하지 않는 것. 3) (28.1.3) 구제와 같은 선행이나 성만찬, 예배 등 종교적 행위에 있어서도 흠이 없는 것

3 외적으로는 잘했을는지 모르나, 그 마음이 하나님을 향해 올바로 있지 않았기 때문에; 온유하고 겸손하지 않았기 때문에; 참된 의미에서 이웃을 사랑한 것이 아니었기 때문에; 하나님의 형상을 따라 새롭게 되지 못했고, 그분처럼 거룩하지 못했기 때문에. 즉, 이러한 내적인 거룩함이 없이도 위와 같은 외적인 행동은 충분히 할 수 있다는 점을 기억해야 한다.

4 심령이 가난한 자, 온유한 자, 하나님을 갈급해 하는 자(의에 주리고 목마른 자), 하나님을 사랑하고 이웃을 사랑하는 자, 의를 위하여 박해받는 자

5 여러 가지 시험과 유혹이 밀려오는 것.

6 우리의 구원의 소망을 다른 것이 아닌 믿음으로 말미암아 은혜로 구원을 받았다는 것에 두는 것.

7 1) (28.3.1) 나의 신념이나 교리, 예배 의식이나 종파 등 종교 시스템. 2) (28.3.2) 내가 남에게 악을 행하지 않았다는 것, 즉 내가 선한 사람이라는 것. 3) (28.3.3) 내가 성만찬, 예배, 기도 등 각종 종교적 열심을 내고 있다는 사실. 4) (28.3.4) 어렵게 사는 이들을 돌보는 선행을 했다는 것.

8 자신의 말로 답해 보라.

주요 용어 해설 Glossary

거룩함, 마음의 거룩함, 행실의 거룩함(holiness of heart, holiness of conversation): 거룩함이란 우리 마음에 각인된 하나님의 형상이며, 이 거룩함을 이루기 위해서 반드시 신생이 있어야 한다(39.3.1). 17.3.13; 18.2.1(내적인 거룩함과 행실의 거룩함).

경건의 행위(works of piety): 자비의 행위(works of charity, works of mercy)와 짝을 이루는 말로서, 기도와 금식, 말씀, 성례전 등 각종 종교적 행위를 가리킨다. 경건의 행위와 자비의 행위는 우리 신앙에 있어서 두 기둥과 같은 것들이다. 17.1.10; 19.4.4; 21.2.1

교만(pride): 신앙생활에 있어서 가장 첫째 되는 장애물로서, 심령의 가난함으로 없앨 수 있다. 17.2.1

그리스도인의 완전(Christian Perfection): 그리스도인은 세 가지 의미에서 완전하지 않고 두 가지 의미에서 완전하다. 첫 번째로, 그리스도인은 (1) 모든 것을 다 알지 못하는 인간으로서의 한계가 있다는 점에서 완전하지 않다(35.1.1~3). (2) 그리스도인은 실수에 있어서 자유롭지 못하다는 점에서 완전하지 않다(35.1.4~6). (3) 그리스도인은 성품, 미성숙한 인격 등 연약성으로부터 자유롭지 못하다는 면에서 완전하지 않다(35.1.7). 따라서 살아 있는 동안 이러한 의미에서 그리스도인은 완전하지 않다. 두 번째로, 그리스도인은 완전하다. 그리스도인은 (1) 하나님께로 났다는 의미에 있어서 완전하다. 그러하기에 그리스도인은 죄를 이길 능력을 갖고 있으며, 따라서 죄를 짓지 않는다. 이러한 의미에서 그리스도인은 완전하다(35.2.1~20). (2) 그리스도인은 모든 악한 생각이나 기질로부터 해방되었으며, 인간의 악한 본성, 죄의 몸이 죽었다는 의미에서 완전하다(35.2.21~28).

기도(prayer): "기도하는 목적은 하나님께서 마치 우리가 원하는 것을 모르고 계신다고 생각하여 그분께 그것을 알려드리기 위한 것이 아니다. 오히려 기도는 우리 자신으로 하여금 스스로 무엇을 필요로 하는 존재라는 것을 알도록 하려고 하는 것이다. 즉, 우리가 필요로 하는 것을 마음속 깊이 인식하는 한편, 우리가 원하는 것을 채워 주실 수 있는 유일한 분이신 하나님께 대해 한결같은 신뢰를 가지는 것이다. 기도는 이미 우리가 구하는 것 이상으로 항상 채워 주시는 하나님을 움직이기 위한 것이 아니라, 우리 자신을 움직여서 하나님께서 여러분을 위해 준비해 놓으신 그 좋은 것들을 받을 수 있도록 하기 위한 것이다"(21.2.5). 기도 안에는 (1) 우리가 하나님을 거스르면서까지 구하게 되는 것은 직접적으로든 간접적으로든 하나도 없다. 이 기도 안에는 (2) 우리가 이성적으로나 무흠하게 원하는 모든 것들이 담겨 있다. 우리가 순수하게 원한다고 하는 것들은 (가) 하나님의 영광을 위한 모든 것도 되고, (나) 우리 자신들을 위한 것, (다) 하늘과 땅의 모든 피조물들에게 필요하거나 이익이 되는 것들도 가리킨다. 따라서 우리가 하는 기도는 우리가 원하는 것들에 대하여 적절하게 검증해 주는 역할을 한다. 기도로 적절하지 않은 것들을 원해서는 안 된다. 이 기도 안에는 (3) 우리가 하나님과 사람들에게 해야 하는 우리의 모든 의무들이 담겨 있다. 무엇이든지 순결하고 거룩하며, 하나님께서 사람들에게 요구하시는 모든 것들, 그분께서 보시기에 받으실 만한 모든 것들, 우리의 이웃에게 유익이 되는 모든 것들, 이러한 것들이 이 기도 가운데 표현되어 있거나 암시되어 있다(21.3.2). 궁극적으로, 기도는 하나님에 대한 신뢰를 표현하는 것이며, 그 가운데서 이루어지는 하나님과의 사귐이다.

기독교(Christianity): 예수 그리스도를 통하여 인간에게 나타나신 하나님을 경배하는 수단(19.1.1). 기독교는 본질적으로 사회적 종교다(19.1.1).

내적 종교(inward religion): 외적 종교(outward religion)와 짝을 이루는 말로서, 우리 신앙생활에 있어서 내면적인 상태와 관련한 것이다. 내적 종교의 핵심적 요소로서 가장 중요한 것은 우리의 의도, 즉 우리의 눈이 하나님을 향해 고정되어 있는가(단순함, simplicity), 그리고 우리의 감정이 하나님 안에서 성결한가(purity in affection)에 대한 물음이다. 21.0.1; 22.0.1

단순함, 단순한(singularity, singular, single, simple, simplicity): 세상의 다른 것들을 바라보지 않고 오직 눈을 하나님께로만 고정시켜서 마음속에 하나님과 세상(맘몬), 이 두 가지를 품지 않는 것을 가리킨다. 이것은 보통 "눈이 성하다, *haplous*" (마 6:22)와 연결하여 설명된다. 눈이 "합루스"하다는 것은 건강하다는 의미가 아닌 단순하다(simple, simplicity)는 의미를 지니고 있으며, 이것은 눈을 하나님께로만 고정시켜서 그분만을 바라보는 것을 의미한다. 이에 대하여는 23.2~7을 보라. 이것은 보통 의도의 순수성이라는 개념과 연결되며, 감정에 있어서 이러한 모습은 순수성(purity, purity in affection)이라는 개념과 연결된다(설교 118.1, 'On a Single Eye').

무기력함, 어쩔 수 없는 한계(helpless, helplessness): 신앙의 여정에 있어서 첫걸음에 해당하는 중요한 요소다. 자신의 힘으로, 자신의 의로써 구원을 이룰 수 있다는 것을 포기하고 자신의 한계를 느끼고 고백하는 겸손의 모습이 있을 때 우리는 비로소 하나님의 도우심을 구하게 되며, 이러한 상태를 가리켜서 심령의 가난함이라고 말한다. 심령의 가난함은 신앙의 여정을 시작하는 가장 첫 번째 걸음이자 가장 중요한 요소다. 16.1.6

성결, 성결한(pure, purity), 마음의 성결(purity of heart): 예수 그리스도의 피를 믿는 믿음으로 말미암아 모든 거룩하지 못한 것에서 깨끗하게 되는 것(18.1.2). 특히 마음의 성결을 가리킴. 이것은 하나님 외에 다른 것을 마음에 두지 않는 것(단순함, simplicity)이며, 의도(intention)에 있어서 하나님 외에 다른 것을 두지 않는 것을 가리켜서 단순함(simplicity)이라 하고, 감정에 있어서 하나님만을 두는 것을 가리켜 성결(purity in affection)이라고 한다. 즉, 단순함은 의도와 관련하여, 성결은 감정적 차원과 관련하여 이해된다. 성결은 마음속에 하나님만을 두는 것이며 이때 비로소 우리는 거룩하게 된다. 16.1.3; 18.1.3

성화(Sanctification): 하나님께서 성령으로써 우리 안에서 행하시는 일이다(5.2.1). 인간은 죄로 인해 타락했으나 하나님은 일방적이고도 거저 주시는 은혜로써 죄 사함을 선포하셨고(칭의), 인간은 그 거저 주시는 은혜를 믿음으로 받아들일 때 거듭나게 된다(신생). 이 칭의의 선포, 즉 죄의 용서로 우리는 당장 천국으로 들어가는 것이 아니라 거룩함의 길을 걷는 성화의 여정을 거치게 된다(20.3.9). 칭의하심을 믿음으로 받아들여 거듭나게 되면 우리는 죄의 권세를 이길 힘과 하나님을 사랑할 수 있는 능력, 거룩한 길을 갈 수 있는 능력을 얻게 된다(20.3.9). 신생의 순간부터 거듭난 자는 거룩함의 길을 걷기 시작하기 때문에 신생은 성화의 문과 같으며(39.4.3), 신생과 성화는 거의 동시적이다. 신생이 점적이라면 성화는 선적이다.

신사적인 태도(gentleness, gentle): 온유함의 특징 가운데 하나로서, 악에 대하여 보여야 하는 태도를 가리킨다. 신사적인 태도는 온유함의 두 번째 특징인 사람에 대한 부드러운 태도 가운데 하나로서, 악에 대하여 단호한 태도, 그러나 악을 행한 사람을 사랑하는 마음을 가리킨다(17.1.6, 8). 17.1.4; 18.3.1; 19.4.1; 20.4.13

신생(New Birth): 하나님께서 우리 안에 역사하셔서 우리의 타락한 본성을 새롭게 하시는 일(39.0.1). 신생이 필요한 이유는 거룩해지기 위해서이며 그 거룩함이 있어야 (1) 내세에서 하나님을 뵐 수 있고 (2) 현세에서 참된 행복을 누릴 수 있다(39.3.1~3). 신생은 성화에 이르는 출입문으로서, 신생과 동시에 성화의 과정이 시작된다(39.4.3). 새로 태어난 자는 (1) 믿음과 (2) 소망과 (3) 사랑의 표적을 갖고 있다. 믿음은 예수가 그리스도라는 사실에 대한 단순한 지적인 동의가 아니며 (14.1.2), 이러한 지적인 믿음은 마귀들도 갖고 있는 믿음이다(1.1.2). (1) 이 믿음은 하나님으로부터 난 것으로서 내적 변화이며, 죄 사함(칭의)을 받은 것에 대한 확신이다(14.1.3). 믿음은 죄를 이기는 능력을 의미하며(14.1.4), 이러한 의미에서 거듭난 그리스도인은 완전하다(35.2.1~23). (2) 소망은 우리가 하나님의 자녀, 상속자가 된다는 것에 대한 증거를 의미하며, 이에 대해 우리 영이 증거해 주고 또한 하나님의 영이 증거해 준다(14.2.2~3). 소망은 또한 우리가 넘어질 때에 하나님께서 다시 애통하는 심령에게 찾아오셔서 위로하실 것이라는 사실에 대한 소망을 의미한다 (14.2.5). (3) 사랑은 하나님을 사랑하고(14.3.1) 이웃을 사랑하는 것(14.3.3)을 의미하며, 이 이웃사랑은 우리에게 주신 예수 그리스도의 사랑에 근거한 것이다(14.3.3; 2.2.2).

심령이 가난함(poverty in spirit, poor in spirity): 우리 안과 밖에 있는 우리의 죄를 인식하는 것이며, 우리가 죄인이라는 사실과, 이 문제를 해결하는 데 있어서 자신은 아무런 힘도 없는 존재라는, 자신의 어쩔 수 없는 한계(helplessness)를 느끼면서 하나님의 도우심 없이는 단 한순간도 살아갈 수 없음을 느끼는 마음이다. 하나님을 필요로 하는 것으로서, 신앙의 여정 가운데 가장 기본이자 첫 번째 단계에 해당한다. 16.1.6~8.

애통함(mourn): 애통함은 두 가지 차원에서 이해된다. (1) 하나님으로 충만하던 마음이 다시 하나님과 멀어지고 죄의 유혹들이 찾아옴을 느낄 때 다시금 하나님을 갈망하여 애통하는 것과(16.2.3), (2) 이 세상에 아직도 죄와 불행이 가득 차 있고 하나님을 거스르는 모습들이 있는 현실을 가슴 아파하는 복된 애통함이다 (16.2.6). 거듭난 자(신생)의 표적 가운데 하나인 소망은 애통하는 자에게 찾아오셔서 다시 위로하시고 회복시켜 주실 것이라는 것에 대한 소망을 의미한다(14.2.5).

예배(worship), 영적 예배(worship in spirit): 예배한다는 것은 (1) 모든 죄악을 꿰뚫어 보시는 지혜롭고 공의로우시며 거룩하신 분이신 그분을 믿는 것이다. (2) 자비롭고 은혜로우시며 오래 참으시는 분이신 하나님을, 허물을 용서하시고 잘못과 죄과를 용서하시는 하나님을, 우리의 모든 죄를 당신의 등에 짊어지시고 당신의 사랑하시는 아드님 안에서 우리를 영접하시는 하나님을 믿는 것이다. (3) 우리의 온 마음과 생각과 영혼과 힘을 다해서 그분 안에서 기뻐하며, 그분을 갈망하는 것이다. (4) 그분께서 순결하신 것처럼 우리 자신들을 순결하게 함으로써 우리가 사랑하는 그분을 본받는 것이다. (5) 우리의 생각과 말과 행실 가운데서 우리가 믿는 그분께, 우리가 사랑하는 그분께 순종하는 것이다. 따라서 영과 진리로 하나님을 예배하는 한 방법은 그분께서 명하신 외적인 계명들을 지키는 것이다. (6) 우리의 영혼뿐만 아니라 우리의 몸으로써 그분을 영화롭게 해드리는 것이다. 즉, 우리의 마음을 그분께 올려드리면서 외적인 행실로 나아가는 것이다. (7) 날마다 하나님께 희생제사를 드리는 것이다. 무엇을 사든지 팔든지, 먹든지 마시든지 그분의 영광을 위하는 것이다. 19.3.4.

온유함(meekness, meek): 온유함이란 두 가지 차원의 의미를 갖고 있다. (1) 하나님과의 관계, (2) 이웃과의 관계. 하나님과의 관계로서 온유함이란 하나님께 모든 것을 맡겨드리는 것이다(17.1.4; 19.1.3). 따라서 온유하기 위해서는 하나님께 대한 전적인 신뢰(믿음)가 있어야 한다. 이웃과의 관계적 차원에서 온유함이란 선한 이들에게는 부드럽고 친절하게 대하는 태도이며 악에 대해서는 신사적인 태도로, 그러나 단호하게 대하는 모습을 의미한다(17.1.4~6). 온유함은 세상 물정에 어리숙함, 순진함, 낙천적이거나 무딘 성격을 의미하지 않고, 도리어 어떤 것에도 쉽게 휩쓸리지 않는 평정심을 의미한다(17.1.1~2).

외적 종교, 형식적 종교 (religion of outward, religion of form): 내적 종교(inward religion)와 짝을 이루는 개념으로서 우리의 경건한 태도가 겉으로 드러나 보이는 모습을 가리킨다. 외적 종교는 부정적인 개념이 아니라 매우 소중하고 중요한 개념이다. 외적 종교의 모습으로는 구제의 행위 등과 같은 자비의 행위(works of charity, works of mercy)와 기도와 금식과 성만찬 등과 같은 경건의 행위(works of piety)를 가리킨다. 웨슬리는 내면적인 상태만을 중시하고 외적으로 드러나는 경건이나 자비의 행위를 소홀히 여기는 것에 대해 경고한다. 17.2.6; 19.0.3; 19.3.3.

율법과 복음(law and gospel), 율법과 복음의 관계: "우리는 율법과 복음 사이에 어떠한 상반된 점이 없다는 것을 알게 되었습니다. 또한 복음을 세우기 위해서 율법이 폐지되어야 할 필요도 없다는 사실도 깨닫게 되었습니다. 이 둘 중에 어느 하나도 다른 하나보다 우선되지 않고, 이 둘은 완벽하게 서로 일치하고 있습니다. 그렇습니다. 다른 측면에서 생각해 보더라도 율법과 복음은 결국 같은 말의 일부분들입니다. 만약에 이 두 가지를 계명이라는 것으로 생각한다면 이것들은 모두 율법의 일부분들입니다. 만일 이것들을 약속이라는 것으로 생각한다면 이것들은 모두 복음의 일부분들입니다. 따라서 "네 마음을 다하여 주 너의 하나님을 사랑하라."는 말씀은 계명이라는 것으로서 생각해 볼 때, 율법의 한 가지에 해당합니다. 그런데 이 말씀을 약속으로서 생각해 보면, 이것은 복음의 핵심적인 한 부분입니다. 이 복음은 다름 아닌 약속의 방식으로 주어진 율법의 계명입니다. 따라서 영적인 가난, 마음의 성결, 그리고 그 외에 다른 것들이 하나님의 거룩한 율법 안에서 명령받은 것이라면, 이것들은 복음이라는 빛에서 보았을 때 결국 많은 위대하고 소중한 약속인 것입니다"(20.2.2). "한편으로 율법은 계속해서 우리가 복음을 위해 길을 열어 주며 우리에게 복음을 가리켜 주고 있습니다. 다른 한편으로 복음은 계속해서 우리를 율법을 좀 더 제대로 성취하는 길로 인도하고 있습니다"(20.2.3).

은혜의 수단(means of grace): 하나님께서 정하신 외적 표시, 즉 말이나 행동으로서, 하나님께서 선행은총, 칭의, 성화의 은총을 사람들에게 전달하기 위해 정하시고 사용하시는 통상적인 통로들이다(12.2.1). 은혜의 수단들로서 성례전, 개인기도, 회중기도, 성경연구, 말씀묵상, 설교듣기, 성만찬 등을 예로 들 수 있다(12.2.1). 은혜의 수단들은 어디까지나 수단일 뿐 목적 자체가 될 수 없으며, 굳이 이 수단을 통하지 않더라도 하나님께서는 당신의 은혜를 사람들에게 주실 수 있다(12.5.4). 따라서 우리가 은혜의 수단을 사용할 때에 이러한 사실들을 기억하면서 오직 하나님만을 구하도록 해야 하며, 그 행위 자체에 집착하지 않도록 주의하고, 그 수단들로 인해 교만해지지 않도록 주의해야 한다(12.5.4). 17.2.4; 20.4.8~9; 20.4.12

의(righteousness): 하나님의 형상이며 예수 그리스도 안에 있는 마음으로서 모든 거룩함과 하늘의 성품이다(17.2.2). 의는 두 가지 차원에서 이해되는데 (1) 하나님 사랑 (2) 이웃사랑이다. 의를 추구한다는 것은 하나님을 갈급해하는 행위이며, 이것은 이웃에 대한 사랑으로 드러난다(17.2.4).

의, 내면의 의(internal righteousness), 외면의 의(external righteousness): 그리스도인의 의는 율법의 문자적인 것뿐만 아니라 율법의 정신(spirit)까지도 충족시킨다. 그리스도인의 의는 외적인 순종뿐만 아니라 내적인 순종까지 하는 것이다. 그리스도인의 의는 사람의 내면에 있는 것이다. 바리새인들은 "잔과 쟁반의 겉만 깨끗하게" 했지만 그리스도인은 안쪽도 깨끗하게 한다. 바리새인들은 하나님께 선한 삶을 내어놓기 위해 노력했으나 그리스도인은 거룩한 마음을 내어놓으려 애쓴다. 따라서 어떠한 해를 끼치지 않는다거나, 선을 행한다거나, 하나님의 계명을 준수한다거나 하는 것은 (바리새인들의 의) 모두 외적인 것이다. 반면에, 심령의 가난, 애통함, 온유함, 의에 주리고 목마름, 이웃을 사랑함, 그리고 마음의 청결함, 혹은 성결함(그리스도인의 의) 같은 것들은 모두 내적인 것이다. 평화를 일구는 행위(혹은 선을 행하는 일)나 의를 위해 고난받는 행동조차도 이러한 내면적인 성품들을 포함하고 있을 때, 그러한 내면적인 것에서 우러나오고 실천될 때에, 그리고 그러한 내면적인 것에 의해 확인될 때에야 비로소 그 덕목에 연결된 축복을 받을 수 있는 것이다. 따라서 율법학자들과 바리새인들의 의가 외적인 것일 따름인 반면에, 그리스도인의 의는 어떤 면에서는 오로지 내적인 것이다(20.4.11).

의도(intention), 의도의 순수성, 순수한 의도, 거룩한 의도: 우리의 외적 행위 (outward works)를 함에 있어서 중요한 점검 사항이 되는 것으로서, 그것이 하나님의 영광을 위한 것인지(표준설교 13.2.10, '마음의 할례'를 보라.), 아니면 사람 앞에 자기의 의를 내세워 보이려는 것인지 점검하는 것이 그 의도의 순수성을 판가름하는 기준이 된다(표준설교 22.4.1~3, '산상수훈 강해 7'을 보라). 단순함(simplicity)과 순수함(purity)은 우리의 영혼을 하나님께로 인도하는 두 개의 날개인데, 단순함은 보통 의도의 순수성(intention)과 연결되고, 순수함은 감정에 있어서의 순수함 (purity in affection)과 연결된다(설교 118.1, 'On a Single Eye') - 16.0.10; 20.4.11; 21.0.1; 21.0.2; 21.2.2

자비, 사랑(charity): 우리 신앙의 열매는 사랑으로 나타나는데, 사랑은 두 가지, 즉 하나님 사랑과 이웃 사랑으로 종결된다. 사랑에 대하여는 17.3.1~18을 보라.

자비의 행위(works of charity, works of mercy): 경건의 행위(works of piety)와 짝을 이루는 개념이다. 자비의 행위는 우리가 주거나 말하거나 어떤 행위를 함으로써 우리의 이웃이 이익을 얻도록 하는 행위를 가리킨다. 이것은 다른 사람들이 이 행위를 통하여 육신이든 영혼이든 상관없이 어떠한 유익을 얻는 것을 말한다(21.1.1). 경건의 행위와 마찬가지로 자비의 행위를 할 때에 중요한 것은 우리의 눈이 하나님 한 분만을 향해서 고정되어 있는가(simple, single), 우리의 의도가 순수한가라는 (purity) 문제다. 17.1.10; 19.4.4.

칭의(Justification): 하나님께서 자신의 아들을 통해 우리를 위해 행하신 일(5.2.1). 한마디로 말하면 죄의 용서, 죄 사함이다(39.0.1). 칭의 이후에 신생이 있고, 신생은 성화가 시작되는 출입문과 같다(39.4.3). 칭의는 죄와 형벌로부터의 해방과 죄의 권세로부터의 해방을 의미한다(1.2.5~7). 이러한 의미에서 구원받은 그리스도인은 죄를 짓지 않으며(1.2.6), 이러한 의미에서 그리스도인은 완전하다(35.2.1~23).

성경관주 찾아보기 Index

왕상 21:20	22.2.7
왕상 21:27~29	22.2.7
왕하 10:16	17.1.5
왕하 17:24~41	24.1
왕하 17:29	24.1; 24.1
왕하 17:32	24.1
왕하 17:33	24.2
왕하 17:34~35	24.2
왕하 17:41	24.1
대상 16:29	18.1.8
대상 28:9	18.1.3
대하 20:1	22.1.6
대하 20:3	22.1.6; 22.3.4
스 8:21	22.3.4; 22.2.9
느 1:4~11	22.3.4; 22.2.9
욥 1:10	18.1.7
욥 1:21	23.19
욥 15:2	17.2.4
욥 25:5	21.3.9
욥 38:2	16.0.5
욥 38:11	28.2.4
욥 42:6	25.7
시 2:8	21.3.8
시 2:11	21.3.6
시 3:3	24.4
시 4:6	24.26
시 8:9	18.1.6
시 17:15	28.3.12
시 17:15	26.3.5

시 18:13	16.0.8
시 18:46	27.3.12; 23.21
시 19:5	18.1.6
시 22:6	25.7
시 22:28	17.3.18
시 22:30	19.2.6
시 26:8	21.3.6
시 27:6	24.4
시 29:2	18.1.8
시 32:7	24.4
시 30:6~7	16.2.1
시 33:1	24.15
시 35:12	25.17
시 36:8	17.2.5
시 36:9	23.3
시 37:4	24.4
시 39:1	26.2.4
시 39:6	16.2.2
시 41:3	23.21; 23.21
시 46:1	23.21; 24.4
시 46:2	28.2.4
시 47:1	23.21
시 49:19	24.28
시 51:5	28.3.6; 16.1.4; 16.1.10
시 51:16	19.3.1
시 51:17	19.3.1
시 52:7	23.14
시 55:5	22.2.2
시 65:6	21.3.6
시 69:10	22.2.5
시 76:9	17.1.12
시 89:14	23.4
시 89:37	20.1.2
시 91:1	23.21; 28.2.4
시 91:4	23.21
시 94:2	17.1.9; 17.1.11

시 96:8	18.1.8	잠 26:11	23.3; 19.3.8
시 96:9	18.1.8	잠 27:1	24.28
시 102:25~27	28.2.3	잠 29:25	21.3.15
시 102:26	23.13		
시 103:5	24.4	전 1:14	23.8
시 104:3	18.1.6	전 4:7	23.20
시 104:14	18.1.6	전 4:8	23.8
시 104:29	16.2.3	전 7:16	27.2.5
시 105:40	17.2.5	전 7:16	27.3.11
시 107:18	22.2.2	전 9:10	19.4.4; 23.28
시 109:5	25.17	전 11:1	19.3.8
시 118:14	24.4	전 11:6	19.3.8
시 119:10	23.8	전 11:7	23.5
시 119:18	23.3; 23.4	전 11:8	23.8
시 119:104	20.4.13	전 11:9	24.28
시 119:160	16.0.3		
시 120:5	17.3.18	아 2:12	17.1.1
시 127:1	27.3.14	아 8:7	17.3.17
시 145:13	16.0.2		
시 145:13	21.3.16	사 1:16~17	26.2.2
		사 1:17	23.27
잠 1:27	16.2.8	사 2:2	17.3.18; 21.3.8
잠 2:6	27.3.9	사 2:4	17.3.18
잠 4:27	17.1.3	사 3:12	27.0.2
잠 5:18	23.18	사 5:7	18.3.5
잠 8:7	26.2.4	사 5:8	23.22
잠 10:12	28.1.1	사 5:20	27.3.10
잠 12:1	24.10	사 6:3	21.3.6
잠 12:16	24.10	사 6:9	23.7
잠 13:12	16.2.2	사 8:20	27.3.9
잠 19:17	23.26	사 9:2	23.8
잠 21:2	26.2.4	사 11:9	16.2.8; 17.3.18
잠 21:2	25.9	사 14:9	27.1.7; 20.3.5
잠 23:5	23.18	사 26:7	23.3
잠 24:17~18	17.3.12	사 27:3	28.3.6; 16.1.13
잠 25:21	17.3.3	사 30:10	27.0.2

외경

마 13:52	22.3.2
마 16:24	25.7; 26.3.6
마 17:19	22.2.10
마 18:15	25.14
마 18:16	25.14
마 18:17	25.14
마 18:22	19.3.8
마 18:23~35	21.3.13
마 18:34	21.3.13
마 19:8	20.1.2
마 19:21	28.1.3
마 19:23	23.14
마 19:26	20.2.3
마 22:37	28.2.1
마 22:39	17.3.1
마 23:2~3	27.3.6
마 23:13	27.3.11; 20.3.3
마 23:16	18.1.3; 27.3.11
마 23:23	22.3.2; 28.3.3; 20.4.2
마 23:27	26.1.5
마 24:4	27.3.9
마 24:24	19.0.4
마 24:35	25.19
마 24:45	23.26
마 25:21	18.2.4
마 25:29	24.26
마 25:30	27.3.14; 20.3.4
마 25:34	17.3.17
마 25:34~46	23.28
마 25:35	28.3.4; 21.1.1; 18.2.5
마 25:35~36	20.4.12
마 25:35~36	23.27
마 25:40	23.26; 18.2.5
마 25:41	23.15
마 26:39~44	21.2.4
마 26:49	20.3.8

막 1:15	21.3.8
막 2:20	22.3.4
막 3:5	17.1.8
막 3:5	28.3.8
막 4:3~8	18.2.6
막 4:12	23.7
막 4:23	23.16
막 4:38	22.2.2
막 6:30~31	22.3.4
막 7:4	20.4.11
막 7:11	23.26
막 8:34	25.7
막 8:34	26.3.6
막 9:29	18.1.4
막 9:43	20.3.6
막 9:48	16.1.5
막 10:21	25.7
막 10:21~22	23.17
막 10:27	20.2.3
막 10:48	17.2.6
막 12:30	28.2.1
막 13:5	27.3.9
막 13:22	19.0.4
막 13:31	25.19
막 14:36	17.1.6
막 16:9	28.3.4
눅 1:38	20.2.3
눅 1:79	19.2.6
눅 2:14	28.3.10; 17.3.13
눅 3:7	23.16
눅 3:9	20.4.11
눅 6:28	18.3.13; 19.1.6
눅 6:36	23.27; 24.14; 28.3.10; 24.6
눅 6:38	24.23
눅 6:46	23.22

눅 8:2	28.3.4	눅 22:48	20.3.8
눅 8:18	27.3.9	눅 23:34	20.3.7
눅 9:23	26.3.6; 25.7	눅 23:40~43	28.3.4
눅 9:55~56	22.1.2	눅 24:38	23.3
눅 9:60	28.3.9		
눅 10:6	23.27	요 1:29	28.1.1
눅 10:27	28.2.1	요 1:36	16.1.12
눅 10:37	25.13	요 2:17	17.3.9
눅 11:2	21.3.1	요 3:8	18.3.2
눅 11:13	25.20	요 3:16	21.3.5
눅 11:31	25.13	요 3:18	16.1.5; 16.1.5
눅 11:42	22.3.2	요 3:19	19.2.3
눅 11:51	23.25	요 3:31	23.2
눅 12:7	18.1.7	요 3:36	16.1.5
눅 12:8~9	18.2.7	요 4:14	17.2.5
눅 12:15	24.8	요 4:24	24.6; 19.3.4; 20.0.1
눅 12:20	23.19	요 4:34	21.3.9
눅 12:32	17.3.18	요 5:25	28.1.5
눅 12:35	20.3.6	요 6:27	21.3.11; 23.28; 28.3.9
눅 13:24	26.3.1	요 6:38	25.7; 28.2.2
눅 15:7	17.3.16	요 8:44	24.14
눅 15:16	23.13	요 12:31	23.18
눅 16:9	20.4.12; 23.26	요 12:35	23.3
눅 16:10	24.26	요 12:50	16.0.3
눅 16:15	23.13	요 14:3	18.1.8
눅 16:20	23.17	요 14:16	17.1.1
눅 16:26	25.7	요 14:22	18.1.6
눅 18:7	21.3.15	요 14:27	25.18
눅 18:9	20.4.6	요 15:2	19.1.8
눅 18:11~12	20.4.3	요 15:4	17.2.6
눅 18:12	20.4.5; 20.4.4	요 15:5	19.1.8
눅 18:22	23.17	요 15:6	19.1.8
눅 18:27	20.2.3	요 15:15	28.2.2
눅 18:28~29	26.3.6	요 15:19	18.3.3; 18.3.8
눅 21:8	27.3.9	요 15:20	18.3.10
눅 21:33	25.19	요 15:21	18.3.4

요 16:19~20	16.2.5
요 16:20~21	16.2.5
요 17:3	21.3.8; 23.2
요 17:23	23.2
요 19:30	24.21
행 2:44	23.28
행 3:6	26.2.10
행 4:32	23.28
행 5:29	20.4.7
행 6:3	22.3.4
행 7:60	20.3.7
행 9:9	22.2.2
행 9:18	23.10
행 9:31	16.2.4
행 10:4	22.4.7; 23.1
행 10:38	27.2.3
행 11:24~26	22.3.4
행 13:1~3	22.2.10
행 13:10	27.3.10
행 14:17	19.2.6
행 15:5	20.1.1
행 15:10	20.1.1
행 15:22	20.1.1
행 15:28	20.1.1
행 15:40	17.3.10
행 15:41	17.3.10
행 16:30	23.17
행 16:31	25.27
행 17:24~28	18.1.11
행 17:27	23.2
행 20:32	24.22; 21.3.13
행 22:16	16.1.12; 16.1.12
행 23:1	20.4.6; 28.3.2
행 23:6	20.4.2
행 24:16	20.4.12; 20.4.6

행 24:25	25.16
행 25:16	25.12
행 26:5	20.4.2
행 28:31	22.3.4
행 27:33	22.2.1
롬 1:7	18.2.2
롬 1:16	24.26
롬 1:17	22.0.1
롬 1:19	24.2
롬 1:32	27.0.2
롬 2:7	19.2.3; 20.3.9; 23.28; 20.4.1
롬 2:8	18.3.5
롬 2:11	23.17
롬 2:18	24.2
롬 2:20~24	27.0.2
롬 3:16~17	23.8
롬 3:19	16.1.8
롬 3:20	16.1.8
롬 3:21~22	16.1.8
롬 3:24	16.1.11; 21.3.4
롬 3:25	24.4; 24.21; 16.1.11
롬 3:27	16.1.8
롬 3:28	24.21; 16.1.8
롬 5:1	24.21
롬 5:2	23.5
롬 5:5	19.1.9
롬 6:14~15	21.3.13
롬 7:18	16.1.4
롬 8:1	21.3.13
롬 8:4	20.2.3; 21.3.13; 22.0.1
롬 8:5	18.2.7
롬 8:17	18.2.7; 18.3.10
롬 8:18	18.3.11
롬 8:22	22.2.8
롬 8:26	26.3.5

고후 1:2	18.2.2
고후 2:11	22.0.1
고후 3:3	20.1.2
고후 3:16	23.7
고후 3:18	23.4; 18.1.6; 19.0.1
고후 4:4	21.2.4; 23.7
고후 4:6	19.2.6; 23.3; 17.2.4
고후 4:17	17.3.17; 28.2.1
고후 5:18	24.4
고후 5:20	20.4.12; 25.16
고후 6:7	22.3.4
고후 7:1	18.1.2; 28.3.11
고후 7:9	22.4.5; 22.4.5
고후 7:10	22.4.5; 26.3.5
고후 7:10~11	22.2.5
고후 8:21	24.17
고후 10:5	24.20; 21.3.8
고후 11:14	19.0.5
고후 11:15	27.1.7
고후 11:29	16.2.6
고후 12:2	22.2.6
고후 12:9	24.27
고후 13:13	18.1.6
갈 1:8	23.28
갈 1:10	18.3.8
갈 2:14	28.1.5
갈 2:16	24.21
갈 2:20	17.2.6; 28.2.3
갈 4:6	21.3.4
갈 4:29	18.3.4
갈 5:6	20.3.9; 27.3.14
갈 5:24	24.14
갈 6:9	23.27
갈 6:10	18.3.2; 18.3.12; 19.3.3; 18.2.4; 18.2.3

갈 6:14	24.14; 25.7; 26.2.8
갈 6:16	25.27
엡 1:4	27.3.2
엡 1:6	21.3.5
엡 1:14	16.1.11; 25.18
엡 1:23	18.1.6
엡 2:2	21.3.15; 24.11; 24.14; 28.2.4
엡 2:6	17.2.6; 28.3.9
엡 2:8	23.4; 28.3.4
엡 2:8~9	20.3.9
엡 3:18	20.1.3
엡 4:1~3	18.2.3
엡 4:2	28.1.5
엡 4:4	18.2.3
엡 4:5	18.2.3
엡 4:6	23.21; 16.0.9
엡 4:16	19.3.7
엡 4:24	22.4.5; 16.1.13; 28.1.4
엡 4:26	28.3.8; 17.1.8; 17.1.5
엡 4:29	16.1.4; 28.3.10; 23.7
엡 4:30	16.1.4; 23.7
엡 5:8	23.3
엡 5:16	24.26; 18.2.4
엡 5:18	24.16
엡 5:21	27.3.9
엡 5:27	27.3.2
엡 6:9	23.17
빌 2:1	23.5
빌 2:3	17.3.7
빌 2:5	23.4; 27.3.2; 27.3.3
빌 2:6~8	16.0.2
빌 2:12	20.3.6; 27.3.9
빌 3:6	24.22; 28.1.2
빌 3:8	17.2.6; 23.17; 17.2.6; 24.28;

	28.3.4; 24.22
빌 3:9	24.22; 24.22; 19.1.8
빌 3:12~16	16.1.1
빌 3:14	25.3; 25.18
빌 3:19	24.11
빌 3:21	21.3.8
빌 4:4	24.5
빌 4:7	23.5
빌 4:8	24.20
빌 4:11~13	28.3.8
빌 4:13	17.3.17; 20.4.13
골 1:16~17	18.1.11
골 1:17	23.2; 18.1.6
골 1:26	28.1.1; 25.16
골 1:27	23.3
골 2:9	18.1.6
골 2:14	20.1.1
골 2:18	24.11
골 2:20~23	24.16
골 2:22	16.2.4
골 3:1~2	22.4.1
골 3:2	26.2.8; 23.13; 23.23
골 3:3	28.2.3; 17.2.4
골 3:10	21.3.4; 24.14; 24.23; 28.1.5; 23.4; 19.0.1; 17.2.6
골 3:12	28.1.5
골 3:25	23.17
골 4:6	23.7
살전 1:3	24.20; 18.2.7; 19.2.2
살전 2:4	24.14
살전 2:12	16.0.3
살전 4:11	23.11
살전 5:5	23.3
살전 5:15	24.10; 25.6
살전 5:16~17	20.2.3
살전 5:16~18	23.5
살전 5:17	21.3.4; 26.3.5
살전 5:22	17.2.4; 22.4.5; 26.3.6
살후 1:9	16.0.2
살후 2:7	18.3.5
살후 2:11	27.3.9; 27.3.12; 18.1.4
살후 3:12	24.16; 23.11
살후 3:15	19.1.5
딤전 1:6	28.3.10
딤전 5:8	23.11; 23.12
딤전 5:12	23.12
딤전 5:13	28.3.10
딤전 5:22	17.3.14
딤전 6:9	16.1.4; 26.2.8; 23.15; 22.2.4
딤전 6:10	23.15; 16.1.3
딤전 6:15	21.3.8
딤전 6:17	16.1.10; 23.18; 23.21
딤전 6:18	23.27; 23.27
딤전 6:19	23.28
딤후 1:6	18.2.6
딤후 1:10	20.3.1
딤후 2:12	18.3.10
딤후 2:22	24.7
딤후 2:26	23.10
딤후 3:2	24.10
딤후 3:4	27.1.7
딤후 3:5	17.2.6; 28.3.9; 20.0.1; 25.6
딤후 3:12	18.3.2
딤후 3:17	21.3.10
딤후 4:5	27.3.14
딤후 4:8	16.1.11; 21.3.8
딤후 4:10	24.9

웨슬리가 전한 **산상수훈**

초판 1쇄 2015년 3월 3일
2쇄 2020년 1월 10일

존 웨슬리 지음
양재훈 번역·주해

발행인 | 전명구
편집인 | 한만철

펴 낸 곳 | 도서출판 kmc
등록번호 | 제2-1607호
등록일자 | 1993년 9월 4일

03186 서울특별시 종로구 세종대로 149 감리회관 16층
(재)기독교대한감리회 도서출판 kmc
대표전화 | 02-399-2008 **팩스** | 02-399-4365
홈페이지 | http://www.kmcpress.co.kr

디자인·인쇄 | 코람데오

값 20,000원
ISBN 978-89-8430-672-1 03230

「이 도서의 국립중앙도서관 출판시도서목록(CIP)은 서지정보유통
지원시스템 홈페이지(http://seoji.nl.go.kr)와 국가자료공동목록시스템
(http://www.nl.go.kr/kolisnet)에서 이용하실 수 있습니다.
(CIP제어번호: CIP2015004993)」